T0239027

Immersive Virtuelle Realität

Matthias Wölfel

Immersive Virtuelle Realität

Grundlagen, Technologien, Anwendungen

 Springer Vieweg

Matthias Wölfel ⓘ
Karlsruhe University of Applied Sciences
Karlsruhe, Deutschland

ISBN 978-3-662-66907-5   ISBN 978-3-662-66908-2 (eBook)
https://doi.org/10.1007/978-3-662-66908-2

Die Deutsche Nationalbibliothek verzeichnet diese Publikation in der Deutschen Nationalbibliografie; detaillierte
bibliografische Daten sind im Internet über http://dnb.d-nb.de abrufbar.

Planung/Lektorat: Leonardo Milla
Springer Vieweg ist ein Imprint der eingetragenen Gesellschaft Springer-Verlag GmbH, DE und ist ein Teil von
Springer Nature.
Die Anschrift der Gesellschaft ist: Heidelberger Platz 3, 14197 Berlin, Germany

Vorwort

Dieses Buch richtet sich an ein interdisziplinäres Publikum, insbesondere an Interessierte in den Bereichen Medien, Technik, Informatik, Soziologie und Psychologie, die sich mit dem Themenbereich der immersiven virtuellen Realität näher beschäftigen möchten. Es werden ebenso Studierende, die einen einschlägigen Kurs belegen, und Praktiker angesprochen, die das Buch als begleitende Literatur zur Vorlesung, zum Selbststudium oder als Nachschlagewerk nutzen möchten.

Der Aufbau des Buches unterteilt sich in drei Teile. Der erste Teil beschäftigt sich mit den theoretischen Grundlagen immersiver virtueller Realität. Der zweite Teil setzt sich mit den Technologien der Sensorik und Aktorik auseinander. Der dritte und letzte Teil gibt einen Überblick über mögliche Anwendungsbereiche. Die Kapitel bauen nicht aufeinander auf, jedoch werden Begriffe nur dann definiert, wenn sie zum ersten Mal verwendet werden. Kapitel können somit unabhängig der gegebenen Reihenfolge gelesen werden, unbekannte Begriffe sind dann über den Index auffindbar.

Die Entstehung dieses Buches wurde von vielen Personen unterstützt. All ihnen möchte ich meinen Dank aussprechen. Ein besonderer Dank geht an Helmut Wölfel und Irina Wölfel, die mit viel Engagement jedes Kapitel gegengelesen und kritisch hinterfragt haben. Daniel Hepperle bin ich sehr dankbar für die Erstellung der 3D-Grafiken, die das Buch sicher bereichern. Weiterhin gilt mein Dank den Menschen, die wertvolles Feedback zu einzelnen Kapiteln gegeben haben (in alphabetischer Reihenfolge): Prof. Dr.-Ing. Fahmi Bellalouna, Jonas Deuchler, Evelyn Heller, Daniel Hepperle, Wladimir Hettmann, Dr. Oliver Langewitz, Christian Felix Purps, Andreas Reich, Prof. Dominik Rinnhofer, Prof. Dr.-Ing. Tim Schlippe, Darja Stepanova, Prof. Dr.-Ing. Marcus Strand und Prof. Dr. Raphael Zender.

Auch die Zusammenarbeit mit meinen Studierenden, die sich jeden Tag aufs Neue begeistern lassen, möchte ich an dieser Stelle nicht vergessen. Ihr seid großartig! Dies zeigen auch eure selbstentwickelten Konzepte und Umsetzungen, die ihr begleitend zur Vorlesung, in Projektarbeiten oder Abschlussarbeiten umgesetzt habt.

Die Realisierung eines Buches ist begleitet mit zeitlichen Einschränkungen, daher bleibt das eine oder andere liegen. Ich hoffe dies entsprechend nachholen zu können. Dank geht insbesondere an meine Familie und Freunde für die Freiräume, die ihr mir gegeben habt.

Aus Gründen der Lesbarkeit werden Personenbezeichnungen und personenbezogene Hauptwörter in der männlichen Form verwendet. Entsprechende Begriffe gelten im Sinne der Gleichbehandlung grundsätzlich für alle Geschlechter. Die gewählte Sprachform stellt keine Wertung dar. Der hohe Anteil der Studentinnen und die Begeisterung der Mädchen, die uns z. B. am Girls' Day im iXperience Lab (intelligent interaction & immersive experience Lab an der Hochschule Karlsruhe) besuchen, zeigen, dass das Thema der immersiven virtuellen Realität sowohl für Frauen als auch Männer relevant ist.

Es hat mir viel Freude und Spaß gemacht, dieses Buch zu schreiben. Ich hoffe, dass Sie, liebe Leserin und lieber Leser, ebenso viel Freude am Buch haben und etwas Spannendes für sich entdecken.

Karlsruhe und Paris   *Matthias Wölfel*
2023

Inhaltsverzeichnis

Teil I   Theorie

1   Dimensionen der Realität 3
   1.1   Virtuelle Welt 7
   1.2   Immersion 9
   1.3   Präsenz 9
         1.3.1   Physische Präsenz 10
         1.3.2   Soziale Präsenz 11
         1.3.3   Persönliche Präsenz (Verkörperung) 11
   1.4   Einteilung technischer Umgebungen 12
         1.4.1   Ubiquitäre Systeme 13
         1.4.2   Standortbezogene Dienste 14
         1.4.3   Telepräsenz 15
         1.4.4   Gemischte Realität 16
         1.4.5   Reduzierte Realität 20
         1.4.6   Ersetzende Realität 20
         1.4.7   X-Reality 21
         1.4.8   Virtuelle Realität 22
   1.5   Das erweiterte Realitäts-Virtualitäts-Kontinuum 24
         1.5.1   Mentale Realität 24
         1.5.2   Mentales Modell 25
   1.6   Cyberspace und Metaversum 27
   Literaturverzeichnis 29

2   Künstliche Welten im historischen Überblick 31
   2.1   Bilder, Stereoskopie und Panoramen (bis 1890) 31
         2.1.1   1611: Dióptrik, Grundlagen der Lichtbrechung 32
         2.1.2   1787: Panoramabild 32
         2.1.3   1838: Stereoskopie 32

2.1.4   1839: Daguerreotypien.. 32
2.1.5   1849: Zweiobjektiv-Kamera und Prismen-Stereoskop 33
2.1.6   1862: Pepper's Ghost, erste AR-Anwendung................... 34
2.2 Bilder lernen Laufen (1890 bis 1950) 34
2.2.1   1895: Film erreicht breite Öffentlichkeit...................... 34
2.2.2   1900: Cinéorama, erster Panoramafilm 34
2.2.3   1945: Stereoskopisches Fernsehgerät 35
2.3 Erste Realisierungen von VR-Systemen (1950 bis 1980) 35
2.3.1   1956: Sensorama 36
2.3.2   1960: Telesphere Mask, erstes HMD............................ 36
2.3.3   1961: Headsight, erstes HMD mit Tracking 36
2.3.4   1965: Ultimate Display 38
2.3.5   1968: Sword of Damocles 38
2.3.6   1974: SIGGRAPH-Konferenzen 39
2.3.7   1976: VIDEOPLACE, soziale Interaktion im Virtuellen....... 39
2.3.8   1977: Sayre Glove, erster Datenhandschuh 39
2.3.9   1978: Movie Map 40
2.3.10   1979: LEEP-System, großes stereoskopisches Sichtfeld....... 40
2.4 Kommerzialisierung von VR (1980 bis 1990) 41
2.4.1   1980: Vicon, erstes kommerzielles
         Motion-Capture-System 41
2.4.2   1981: Silicon Graphics... 41
2.4.3   1985: VPL Research 41
2.4.4   1985: Virtual Visual Environment Display (VIVED) 41
2.4.5   1989: Power Glove, Datenhandschuh für Spielkonsole 42
2.5 VR in Videospiel und Medienkunst (1990 bis 2000) 43
2.5.1   1990: W.Industries, erstes VR-System für öffentlichen
         Raum... 43
2.5.2   1993: Die ersten VR-spezifischen Konferenzen 43
2.5.3   1993: Synthese akustischer Umgebungen...................... 44
2.5.4   1993: SEGA VR, ein HMD, welches nie auf den Markt
         kam.. 44
2.5.5   1995: Virtual Boy 44
2.5.6   1995: Virtual Perambulator, virtuelle Bewegung in VR....... 44
2.5.7   1993: CyberGrasp, Force-Feedback-Handschuh 44
2.5.8   1995: The Golden Calf.. 45
2.5.9   1996: Öffentliche CAVE.. 45
2.5.10   1997: Window-into-Virtuality 45
2.5.11   1997: Ultima Online, das erste
         Mehrspieler-Online-Rollenspiel 45
2.5.12   1998: PanoramaKamera & PanoramaScreen 46
2.5.13   1999: ARToolKit, Open-Source-Trackingbibliothek 46

2.6 VR erreicht großen Bekanntheitsgrad (2000 bis 2010) 46
    2.6.1 2003: Second Life, die erste 3D-Onlinewelt 47
    2.6.2 2006: Wii Remote, 3D-Gestensteuerung 47
    2.6.3 2010: Kinect, berührungslose 3D-Gestensteuerung 47
2.7 VR, gekommen, um zu bleiben (2010 bis 2020) 48
    2.7.1 2010–2014: Oculus Rift 48
    2.7.2 2012/2013: Lytro, Lichtfeldfotografie 48
    2.7.3 2013: Leap Motion Controller, kostengünstiges
           Finger-Tracking 49
    2.7.4 2013–2016: Omni & Virtualizer, kostengünstige
           Bewegungsplattformen 49
    2.7.5 2014: Cardboard & Gear VR, kostengünstiges VR 49
    2.7.6 2015: VR Coaster 50
    2.7.7 2016: VIVE, erschwingliche VR für Forschung und
           Wirtschaft 50
    2.7.8 2016: PlayStation VR, weite Verbreitung im
           Spieleumfeld 50
    2.7.9 2019: Beat Saber, erster VR-Blockbuster 50
2.8 VR etabliert sich (ab 2020) 51
    2.8.1 2020: Videokonferenzen werden Alltag 51
    2.8.2 2021: Vorlesungen in immersiver VR 51
Literaturverzeichnis 52

3 **Wie wir die Welt wahrnehmen** 55
3.1 Visuelle Wahrnehmung 57
    3.1.1 Bildentstehung im Auge 57
    3.1.2 Akkommodation (Scharfstellung) 58
    3.1.3 Konvergenz 59
    3.1.4 Hell-Dunkel-Adaptation 60
    3.1.5 Farbwahrnehmung 61
    3.1.6 Bildliche und zeitliche Auflösung des Auges 62
    3.1.7 Gesichtsfeld, Blickfeld und Sichtfeld 63
    3.1.8 Visuelle Überforderung 64
    3.1.9 Parallaxe, Disparität und Stereopsis 64
    3.1.10 Raumwahrnehmung 68
3.2 Auditive Wahrnehmung 72
    3.2.1 Eigenschaften des Hörens 73
    3.2.2 Binaurales Hören 75
    3.2.3 Wahrnehmung der horizontalen Schalleinfallsrichtung 76
    3.2.4 Wahrnehmung der vertikalen Richtung 78
    3.2.5 Mögliche Fehler in der Richtungswahrnehmung 79

	3.2.6	Wahrnehmung der Distanz	79
	3.2.7	Wahrnehmung von Raumeigenschaften	80
3.3		Somatosensorische Wahrnehmung	80
	3.3.1	Berührung	81
	3.3.2	Propriozeption	83
3.4		Vestibuläre Wahrnehmung (Gleichgewichtssinn)	83
3.5		Multimodale Sinneswahrnehmung	85
Literaturverzeichnis			86

4	**Gesundheitliche und soziale Aspekte**		**89**
4.1		Cyberkrankheit	90
	4.1.1	Unnatürliche Szenenbewegung	90
	4.1.2	Theorie der Sinneskonflikte	91
	4.1.3	Mögliche Auswirkungen auf den Sehapparat	91
	4.1.4	Nachwirkungen und Wiederanpassung	93
4.2		Mechanische Belastung und hygienische Herausforderung	94
	4.2.1	Gewicht, Sitz und Passform des Headsets	95
	4.2.2	Verletzungsrisiko	95
	4.2.3	Hygiene	97
4.3		Außerkörperliche Erfahrung	98
4.4		Belästigung	99
4.5		Sucht nach VR	100
4.6		Datenschutz	101
4.7		Manipulation und verstörende Inhalte	101
4.8		Altersempfehlung	102
Literaturverzeichnis			104

5	**Interaktion**		**107**
5.1		Grundlagen des Interaktionsdesigns	109
	5.1.1	Entdeckbarkeit	110
	5.1.2	Angebotscharakter	110
	5.1.3	Hinweisreiz	111
	5.1.4	Rückmeldung	112
	5.1.5	Abbildung	112
	5.1.6	Beschränkung des Interaktionsspielraums	115
	5.1.7	Prinzip des geringsten Aufwandes	116
	5.1.8	Gorilla-Arm-Syndrom	117
5.2		Interaktionsformen	118
	5.2.1	Interaktionsmetaphern	118
	5.2.2	Realistische und unrealistische Interaktion	119
	5.2.3	Direkte, indirekte und agentenbasierte Interaktion	120
	5.2.4	Egozentrische und exozentrische Interaktion	121

	5.2.5	Explizite und implizite Interaktion	122
	5.2.6	Gestenerkennung und -interaktion	123
5.3		Eingabegeräte für immersive Umgebungen	125
	5.3.1	Freiheitsgrade & Koordinaten	126
	5.3.2	Interaktionsaufgaben in der immersiven VR	127
	5.3.3	Anforderungen an das Eingabegerät	128
	5.3.4	Hand-Eingabegeräte	129
	5.3.5	Anwendungsspezifische Eingabegeräte	130
	5.3.6	Eingabegeräte selbst entwickeln	130
5.4		Einhändige Interaktionstechniken	131
	5.4.1	Virtuelle Hand-Interaktionstechnik	132
	5.4.2	Go-Go-Interaktionstechnik	132
	5.4.3	Raycasting-Interaktionstechnik	133
	5.4.4	Okklusion-Interaktionstechnik	137
	5.4.5	Welt-im-Kleinen-Interaktionstechnik	138
	5.4.6	HOMER-Hybrid-Interaktionstechnik	139
	5.4.7	Scaled-World-Grab-Hybrid-Interaktionstechnik	140
5.5		Zweihändige Interaktionstechniken	141
	5.5.1	Griffleistenmetapher	142
	5.5.2	Voodoo-Puppen-Interaktionstechnik	143
5.6		Freihändige Interaktionstechniken	144
	5.6.1	Blickrichtung & Kopforientierung	145
	5.6.2	Stimme & Sprache	145
	5.6.3	Gehirnschnittstellen	147
5.7		Vergleich der Eingabemodalitäten	148
		Literaturverzeichnis	149

6	**Benutzungsoberfläche**		153
6.1		Referenzrahmen	154
	6.1.1	Bezugssystem der realen Welt	155
	6.1.2	Bezugssystem der virtuellen Welt	156
	6.1.3	Kopf-Bezugssystem	156
	6.1.4	Freischwebendes Bezugssystem	158
	6.1.5	Hand-Bezugssystem	158
	6.1.6	Torso-Bezugssystem	160
	6.1.7	Objekt-Bezugssystem	160
6.2		Platzierung von Informations- und Interaktionskomponenten	161
6.3		Grafische Menüs im virtuellen Raum	164
	6.3.1	2D-Menüs	166
	6.3.2	Ringmenüs	167
	6.3.3	Tortenmenüs	167

6.3.4   Finger-Menüs... 168
6.3.5   3D-Widgets.. 169
6.4   Gestaltungsempfehlungen für grafische Schnittstellen 170
Literaturverzeichnis... 172

7   **Fortbewegung** 173
7.1   Kategorisierung der Bewegungsmethoden 174
7.1.1   Bewegungsarten 174
7.1.2   Bewegungsräume... 175
7.1.3   Bewegungsmethoden.. 176
7.2   Autonome Fortbewegung 178
7.2.1   Fahr-Metapher... 178
7.2.2   Schnitt-Metapher 179
7.3   Künstliche Fortbewegung... 180
7.3.1   Controllersteuerung 180
7.3.2   Blickgeführte Steuerung 181
7.3.3   Zeigetechnik.. 182
7.3.4   Lehntechnik 182
7.3.5   Teleportation.. 182
7.3.6   Miniaturkarten.. 184
7.4   Physische Fortbewegung... 184
7.4.1   Natürliches Laufen 185
7.4.2   Simuliertes Laufen 185
7.4.3   In-die-Luft-Greif-Technik 186
7.4.4   Laufbänder und Tretmühlen 187
7.4.5   Umgelenktes Laufen 188
7.4.6   Unmögliche Räume 191
7.5   Reduktion fortbewegungsausgelöster Cyberkrankheit 191
7.5.1   Vermeiden von virtueller Bewegung 193
7.5.2   Ruherahmen 194
7.5.3   Dynamische Beschränkung des Sichtfeldes...................... 195
7.6   Vergleich zwischen Bewegungsmethoden 196
Literaturverzeichnis... 198

Teil II   Technologie

8   **Erfassung des Nutzers**... 203
8.1   Sensorik.. 205
8.2   Erfassung der Kopfposition und -rotation 207
8.3   Erfassung der Hände und Finger 208
8.3.1   Handmodell.. 208
8.3.2   Mögliche Probleme der Handerfassung 209

	8.3.3	Handgehaltene Controller	211
	8.3.4	Datenhandschuhe	211
	8.3.5	Optische Hand- und Fingererkennung	212
	8.3.6	Elektromyographiebasierte Handgestenerkennung	212
	8.3.7	Korrektur der Handdarstellung	213
8.4	Erfassung des Körpers		214
	8.4.1	Körpermodell	215
	8.4.2	Inertialsensorbasierte Erfassung	215
	8.4.3	Markerbasierte Erfassung	215
	8.4.4	Markerlose Erfassung	217
8.5	Augen- und Blickerfassung		219
8.6	Gesichtserfassung		221
	8.6.1	Erkennen der oberen Gesichtsmerkmale	223
	8.6.2	Erkennen der unteren Gesichtsmerkmale	224
	8.6.3	Fusion der unteren und oberen Gesichtsmerkmale	225
Literaturverzeichnis			226

9	**Tracking**		229
	9.1	Positionsbestimmung	230
	9.2	Tracking	230
		9.2.1	Trackingfehler und ihre Auswirkungen	231
		9.2.2	Kalibrierung	232
	9.3	Inertiales Tracking	233
	9.4	Optisches Tracking	235
		9.4.1	Markerbasiertes Tracking	236
		9.4.2	Markerloses Tracking	236
		9.4.3	Unprepared Tracking	237
	9.5	Outside-In, Inside-Out und Inside-In Tracking	238
		9.5.1	Outside-In Tracking	239
		9.5.2	Inside-Out Tracking	239
		9.5.3	Lighthouse Tracking	240
		9.5.4	Inside-In Tracking	242
		9.5.5	Vergleich zwischen den Trackingvarianten	242
	9.6	Skelettverfolgung	243
	9.7	Zustandsschätzung	245
		9.7.1	Sequenzielle Bayes'sche Schätzung	245
		9.7.2	Kalman-Filter	248
	9.8	Sensorfusion	248
	Literaturverzeichnis		250

| 10 | **Ausgabesysteme** | | 251 |
| | 10.1 | Visuelle Ausgabe | 252 |

	10.1.1	Kontaktlinsen-Displays	252
	10.1.2	Kopfbasierte Displays	253
	10.1.3	Aufbau und Formfaktor	256
	10.1.4	Objektivverzeichnung	260
	10.1.5	Variable Bildschirmauflösung (Foveated Imaging)	263
	10.1.6	Variable Bildschirmdistanz	264
	10.1.7	Handgehaltene Displays	264
	10.1.8	Stationäre Displays	264
	10.1.9	Darstellung stereoskopischer Bilder	267
	10.1.10	Vermeidung visueller Überforderung	268
10.2	Akustische Ausgabe		271
	10.2.1	Schallausbreitung	273
	10.2.2	Kopfbezogene Übertragungsfunktion	274
	10.2.3	Wellenfeldsynthese	277
10.3	Haptische Ausgabe		278
	10.3.1	Vibration	281
	10.3.2	Oberflächenvariation und -simulation	282
	10.3.3	Hautverformung	282
	10.3.4	Kraftrückkopplung	283
	10.3.5	Berührungsfreie Haptik	284
10.4	Vestibuläre Ausgabe		286
10.5	Olfaktorische Ausgabe		288
	Literaturverzeichnis		289

Teil III   Anwendung

11	**Filmische virtuelle Realität**			**293**
	11.1	Die Rolle des Nutzers		295
		11.1.1	Passiver Beobachter	296
		11.1.2	Aktiver Beobachter	296
		11.1.3	Passiver Teilnehmer	296
		11.1.4	Aktiver Teilnehmer	296
	11.2	Regie für filmische virtuelle Realität		297
		11.2.1	Lenkung der Aufmerksamkeit	298
		11.2.2	Szenenwechsel	300
	11.3	Besonderheiten bei sitzender Betrachtung		301
	11.4	Erstellen von 360°-Videos		302
		11.4.1	Stereoskopisches 360°-Video	303
		11.4.2	Stitching	306
		11.4.3	Stitchingfehler	308
	Literaturverzeichnis			309

12 Soziale virtuelle Realität 311
   12.1 Verkörperung 313
      12.1.1 Darstellung von Menschen 314
      12.1.2 Unheimliches Tal 315
   12.2 Soziale Präsenz und Verhalten 317
      12.2.1 Proxemik 318
      12.2.2 Proteus-Effekt 319
   Literaturverzeichnis 320

13 Immersives Lernen 323
   13.1 Bildung mentaler Modelle 325
      13.1.1 Differenzen zwischen mentalen Modellen 325
      13.1.2 Transferleistung 327
   13.2 Bereiche des immersiven Lernens 329
      13.2.1 Trainingswelten 329
      13.2.2 Konstruktionswelten 330
      13.2.3 Explorationswelten 330
      13.2.4 Experimentalwelten 330
      13.2.5 Expositionswelten 330
      13.2.6 Lehrwelten (immersive Lehre) 331
   13.3 Faktoren, die das Lernen in VR fördern 331
   Literaturverzeichnis 334

14 VR-Spiele 337
   14.1 Besonderheiten von VR-Spielen 338
   14.2 VR-Spielmechaniken 339
      14.2.1 Onboarding 340
      14.2.2 Informationselemente 341
      14.2.3 Interaktionen 341
      14.2.4 Fortbewegung 342
   Literaturverzeichnis 343

15 Standortbezogene virtuelle Realität 345
   15.1 Nutzerakzeptanz und -beteiligung 346
      15.1.1 Sprung ins Ungewisse 347
      15.1.2 Zuschauerblindheit 348
      15.1.3 Umgebungsblindheit 348
      15.1.4 Soziale Isolation des Nutzers 348
   15.2 Publikumstrichter 349
   15.3 Gestaltungsempfehlungen für die Inszenierung ortsbezogener
      virtueller Realität 351
   Literaturverzeichnis 352

16   Immersive Entwicklung 353
   16.1   Kollaboratives Design 354
   16.2   3D-Modellierung 355
   16.3   Prototyping 355
   16.4   Produktbewertung 356
   16.5   Herausforderungen 357
          16.5.1   Herausforderungen der Datenaufbereitung 357
          16.5.2   Herausforderungen in der Dateninteraktion 357
   Literaturverzeichnis 358

17   Forschungsgegenstand und -tool 361
   17.1   Forschungsethik 362
   17.2   Reproduzierbarkeit, Replizierbarkeit und Validität 364
          17.2.1   Reproduzierbarkeit 364
          17.2.2   Replizierbarkeit 364
          17.2.3   Validität 365
   17.3   Erfassen des Nutzerzustands 365
          17.3.1   Zusätzliche Sensorik 366
          17.3.2   Befragungsmethoden 366
   17.4   Messen von Präsenz 368
          17.4.1   Selbstbericht-Fragebögen zu Präsenz 368
          17.4.2   Physiologische Merkmale zum Messen von Präsenz 370
   17.5   Messen von Cyberkrankheit 371
          17.5.1   Selbstbericht-Fragebögen zu Cyberkrankheit 371
          17.5.2   Physiologische Merkmale zum Messen von
                   Cyberkrankheit 373
   Literaturverzeichnis 373

Stichwortverzeichnis 377

Acronyms

AFL	Anthropological Face Landmarks, dt. anthropologische Gesichtslandmarken
AKD	Akkommodations-Konvergenz-Diskrepanz
AR	Augmented Reality, dt. erweiterte Realität
AU	Action Unit, dt. Bewegungseinheit
AV	Augmented Virtuality, dt. erweiterte Virtualität
BCI	Brain-Computer-Interface, dt. Gehirnschnittstelle
CAD	Computed Aided Design
CAVE	Cave Automatic Virtual Environment
CMC	Computer-Mediated Communication, dt. computervermittelte Kommunikation
CVE	Collaborative Virtual Environment, dt. kollaborative virtuelle Umgebung
CVR	Cinematic Virtual Reality, dt. filmische virtuelle Realität
DIY	Do It Yourself
DoF	Degrees of Freedom, dt. Anzahl der Freiheitsgrade
dpt	Dioptrien
DR	Diminished Reality, dt. reduzierte Realität
EEG	Elektroenzephalographi
EGG	Elektrogastrographie
EKG	Elektrokardiographi
FACS	Facial Expression Recognition System
FAST	Features from Accelerated Segment Test
FAU	Facial Action Unit
FoR	Field-of-Regard, dt. Blickfeld
FoV	Field-of-View, dt. Sichtfeld
FPS	First-Person Shooter, auch ego-shooter
GPS	Global Positioning System
GPU	Grapical Processing Unit
GSR	Galvanic Skin Response, dt. galvanische Hautreaktion
GUESS	Game User Experience Satisfaction Scale
GUI	Graphical User Interface, dt. grafische Nutzeroberfläche
GVS	Galvanic Vestibular Stimulation, dt. galvanische vestibuläre Stimulation

HBD	Head-Based Display
HCI	Mensch-Computer-Interaktion
HMD	Head-Mounted Display, dt. am Kopf befestigtes Display
HRIR	Head-Related Impulse Response, dt. kopfbezogene Impulsantwort
HRTF	Head-Related Transfer Function, dt. kopfbezogene Übertragungsfunktion
HUD	Head-up-Display, dt. kopfbasiertes Display
ILD	Interaural Level Difference, dt. interauraler Lautstärkenunterschied
IMU	Inertial Measurement Unit, dt. Inertialmesseinheit
IPD	Inter-Pupillary Distance, dt. Augenabstand
IPQ	iGroup Presence Questionnaire
ITD	Interaural Time Difference, dt. interaurale Zeitdifferenz
IxD	Interaktionsdesign
JPEG	Joint Photographic Experts Group
LBVR	Location-Based Virtual Reality, dt. standortbezogene virtuelle Realität
LCD	Liquid Crystal Display, dt. Flüssigkristallbildschirm
LED	Light-Emitting Diode, dt. Leuchtdiode
MMI	Mensch-Maschine-Interaktion
MMOG	Massively Multiplayer Online Game, dt. Massen-Mehrspieler-Online-Spiele
MR	Mixed Reality, dt. gemischte Realität
MVR	Mobile Virtuelle Realität
NFT	Non-Fungible Token
NUI	Natural User Interface
ODT	OmniDirectional Treadmill, dt. omnidirektionale Tretmühle
OER	Overall Effectiveness Ratio
OLED	Organic Light-Emitting Diode, dt. organische Leuchtdioden
ppi	pixel per inch
RGB	Rot, Grün und Blau
SLAM	Simultaneous Localization And Mapping, dt. simultane Lokalisierung und Kartierung
SoA	Sense of Agency, dt. Gefühl der Handlungsfähigkeit
SPL	Sound Pressure Level, dt. Schalldruckpegel
SR	Substitutional Reality, dt. ersetzende Realität
SSQ	Simulator Sickness Questionnaire
SVR	Soziale Virtuelle Realität, dt. soziale virtuelle Realität
TER	Transfer Effectiveness Ratio
VR	Virtual Reality, dt. virtuelle Realität
VRD	Virtual Retina Display, dt. virtuelle Netzhautanzeige
WFS	Wave Field Synthesis, dt. Wellenfeldsynthese
WIM	World-in-Miniature, dt. Welt-im-Kleinen
WIP	Walking in Place, dt. Gehen auf der Stelle
XR	X-Reality, Cross Reality oder Extended Reality

Teil I

Theorie

Dimensionen der Realität

Spätestens mit dem Auftreten der Sprache haben die Menschen immer wieder neue Methoden gefunden, um sich ihre eigene Wirklichkeit zu schaffen. Dabei werden nicht nur authentische, also tatsächlich passierte Ereignisse, sondern auch fiktionale, also erdachte, Geschichten erzählt und weitergegeben. Geschichten erzeugen beim *Rezipienten*, also dem Leser, Zuhörer oder Zuschauer, lebendige Bilder, Handlungen, Figuren und Ereignisse in seinem Kopf und schaffen so seine persönliche Version der Geschichte. Die Persönlichkeit des Rezipients mit all seinen Erfahrungen, Überzeugungen und Einsichten spielt dabei eine nicht unerhebliche Rolle bei der Interpretation der Erzählung. So schafft jeder Mensch seine eigene Realität, die durch ihn unbewusst mitgestaltet ist, und er fühlt sich mit ihr verbunden.

Vor dem Aufkommen von Medien war die Weitergabe von Geschichten eine wechselseitige Beziehung zwischen dem Erzähler und einem oder mehreren Zuhörern. Heutzutage erreicht, z. B. bei der Lektüre eines Buches oder beim Konsum beliebiger linearer[1] oder Offline-Medien,[2] die Information den Empfänger *unidirektional*, also nur in eine Richtung, und unabhängig von Ort und Zeit. Die Reaktionen, die bei einer *Einwegkommunikation* wie Radio oder Fernsehen beim Rezipienten ausgelöst werden, können durch den Sender nicht wahrgenommen werden. Erst durch einen Rückkanal,[3] wie beim Internet, können diese Reaktionen erfasst und statistisch analysiert oder interaktiv angepasst werden.

---

[1] *Lineare Medien* haben einen festen Programmablauf, bei dem der Nutzer nicht über Zeitpunkt und Reihenfolge selbst bestimmt.

[2] *Offline-Medien* sind traditionelle Massenmedien wie Zeitungen, Zeitschriften, Bücher, Radio und Fernsehen.

[3] Der *Rückkanal* bezeichnet in der Telekommunikation die bidirektionale Verbindung zwischen dem ursprünglichen unidirektionalen Sender über Rundfunkmedien wie Fernsehen und Hörfunk sowie einem Empfänger.

M. Wölfel, *Immersive Virtuelle Realität*, https://doi.org/10.1007/978-3-662-66908-2_1

Virtuelle Welten spannen einen imaginären Raum auf, der auf den Empfänger reagiert und Inhalte anhand der Nutzeraktion verändert. Die passive Rolle des Rezipienten verändert sich somit zur aktiven Rolle des Anwenders, der interaktiv in die Umgebung und Handlung eingreifen kann. Für den Anwender entsteht so eine virtuelle Umgebung, die nicht unähnlich zu unseren bisherigen Erfahrungen in einer vermeintlich echten Umgebung sein kann.

Wir, die Menschen, springen zwischen verschiedenen *Realitäten* (lat. realitas für Sache, Ding, Wirklichkeit), also dem, was scheinbar wirklich ist. Dabei wird der *Realitätsbegriff*, für sich alleinstehend, als die Summe alles Vorhandenen oder Gegenständlichen definiert und grenzt sich somit zum lediglich Simulierten oder Vorgestellten ab. In Kombination mit davorgestellten Wörtern beschreibt der Begriff allerdings verschiedene Realitätsebenen. Dabei beziehen wir uns auf virtuelle Orte so, als ob diese real existieren, z. B., „wir treffen uns im Internet". Was real existiert oder nur real erscheint, ist somit nicht mehr offensichtlich. Doch auch bereits vor der Entstehung des digitalen Raums beschäftigten sich die Menschen mit den Fragen „Was ist real?" und „Wie nehmen wir die Realität wahr?". Bis heute werden die Antworten auf diese Fragen von Physikern, Theologen, Psychologen und anderen Gruppen umstritten diskutiert und unterschiedlich beantwortet.

Eines der ältesten Gedankenexperimente, das sich mit der sinnlich wahrnehmbaren Welt beschäftigt, wurde von dem griechischen Philosophen *Platon*, unter dem Namen *Höhlengleichnis*, aufgestellt: Platon hinterfragt dabei, wie Menschen die Welt wahrnehmen, wenn sie in einer Höhle, gefesselt und mit ihrem Blick auf eine Wand gerichtet, nur Schatten sehen. Ohne eine andere Perspektive auf die Umwelt würde diese Wahrnehmung ihre Realität darstellen. Nach Platons Ideenlehre können wir die Realität nicht direkt erkennen, sondern interpretieren nur ein Abbild dieser, geformt durch unsere Sinneswahrnehmung (Heidegger 1988).

Der Skeptizismus, eine Richtung der Philosophie, geht sogar so weit, infrage zu stellen, ob es so etwas wie eine Wahrheit oder eine Wirklichkeit überhaupt gibt. Der Skeptizismus wird durch das *Gehirn im Tank* (engl. brain in a vat) Gedankenexperiment bestärkt, welches von Harman (2015) vorgeschlagen wurde, siehe auch Abb. 1.1. Dabei schwimmt ein Gehirn vom Körper getrennt in einer Nährflüssigkeit und wird von einem Computer durch elektrische Impulse mit Informationen versorgt, welche die Realität simulieren. Ob ein so stimuliertes Hirn in der Lage ist, die vorgetäuschte Realität von der echten zu unterscheiden, ist in der Philosophie eine viel diskutierte Fragestellung, die auch gerne in Filmen wie *Welt am Draht* (von Rainer Fassbinder 1973 verfilmt, nach der Vorlage des 1964 erschienenen Romans *Simulacron-3* von Daniel Galouye), *Inception*, 2010, und *Matrix*, 1999, aufgegriffen wird. So wurde von *Morpheus* in Matrix formuliert:

> Was ist die Wirklichkeit? Wie definiert man das … Realität? Wenn du darunter verstehst, was du fühlst, was du riechen, schmecken oder sehen kannst, ist die Wirklichkeit nichts weiter als elektrische Signale interpretiert von deinem Verstand.

Seiner Argumentation folgend besteht unsere Wahrnehmung aus Signalen, die wir in unserem Gehirn interpretieren. Um nun eine künstliche Realität zu erschaffen, ist es nötig, die menschliche Sinneswahrnehmung durch Technologie so zu täuschen, dass die

Abb. 1.1 Ein vom Körper losgelöstes und in einer Nährflüssigkeit befindendes Gehirn wird durch künstliche Signale stimuliert und denkt, es würde laufen

erzeugten Stimuli (Reize) ähnlich zu denen der physischen Welt sind. Wie in Abb. 1.2 dargestellt, wird für eine perfekte Täuschung nicht nur eine vorberechnete, deterministische Simulation der virtuellen Welt benötigt, die über Ausgabegeräte dargestellt wird, sondern die Simulation muss entsprechend auf die Aktionen des Nutzers in Echtzeit reagieren. Zur Erfassung dieser Nutzeraktionen müssen Eingabegeräte in die Interaktionsschleife mit integriert werden.

In der Popkultur gibt es viele Beschreibungen dieser *simulierten Realität* (engl. simulated reality); das *Holodeck*[4] aus Star Trek, William Gibson's *Neuromancer*, in welchem das Konzept des *Cyberspaces* entworfen wird, Neal Stephenson's *Snow Crash* (der hier den Begriff *Metaversum* prägte) oder Ernest Cline's *Ready Player One*. So ist z. B. der Cyberspace aus Neuromancer ein Beispiel für eine vollständig immersive Umgebung. An einer Stelle des Romans äußert sich der Protagonist Case über den Cyberspace:

> Cyberspace. Eine einvernehmliche Halluzination, die täglich von Milliarden legitimer Betreiber in jedem Land von Kindern erlebt wird, die mathematische Konzepte lernen [...] Eine grafische Darstellung von Daten, die aus den Banken jedes Computers im menschlichen System extrahiert wurden. Undenkbare Komplexität. Die Lichtlinien variierten im Nicht-Raum des Geistes, die Cluster und Konstellationen von Daten. Wie die Lichter der Stadt, die sich zurückziehen.

---

[4] Holodecks wurden 1974 unter dem Begriff „*Rec room*" (recreation room) in der Episode „The Practical Joker" eingeführt.

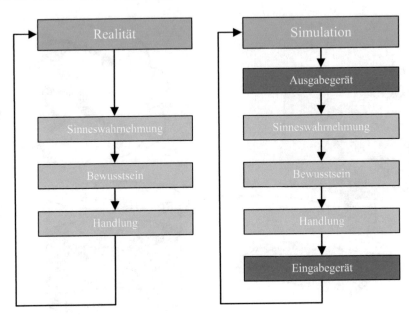

Abb. 1.2 Erschaffung einer Illusion der Realität anhand einer Interaktionsschleife

Die oft in Science-Fiction beschriebene perfekte *virtuelle Realität* (engl. virtual reality, kurz VR), die eine Umgebung täuschend echt simuliert, scheint auch in Wirklichkeit erstrebenswert: Es werden immer ausgereiftere Geräte entwickelt, mit denen unsere Sinne stimuliert und manipuliert werden können, um eine realistischere VR-Erfahrung zu ermöglichen.

Oder leben wir bereits in einer Simulation – in einer virtuellen Realität – und merken dies nicht einmal? Die vom Philosophen Bostrom (2003) vorgeschlagene *Simulationshypothese* besagt, dass die gesamte Existenz nur eine künstliche Simulation ist. Die Hypothese basiert auf drei Alternativen, von denen mindestens eine wahr sein sollte:

Option 1: Keine Zivilisation erreicht jemals den Punkt, eine perfekte Simulation zu erschaffen.

Option 2: Der Anteil von Zivilisationen, die daran interessiert sind, Simulationen ihrer eigenen Entwicklungsgeschichten oder Variationen derselben zu schaffen, ist nahezu null.

Option 3: Mindestens eine Zivilisation erreicht eine perfekte Simulation und schafft nicht nur eine, sondern eine große Anzahl an simulierten Welten.

Wenn Option 1 oder 2 zutreffen, ist es unwahrscheinlich, dass wir uns bereits in einer Simulation befinden. Wenn jedoch Option 3 zutrifft, dann ist es wahrscheinlich, dass eine weiter fortgeschrittene Zivilisation diesen Punkt bereits erreicht hat. Sie würde dann viele simulierte Welten mit simulierten Wesen erschaffen, die nicht wissen, dass sie sich in einer Simulation befinden.

Wenn es somit statistisch gesehen viele simulierte Welten und nur eine real existierende Welt gibt, ist es dann nicht wahrscheinlicher, dass wir uns in einer Simulation befinden?

Bostrom folgert, indem wir virtuelle Welten technisch realisieren und weiter perfektionieren, nicht nur, dass Option 3 möglich ist, sondern auch, dass sie wahrscheinlich ist.

Aktuell ist die technologische Entwicklung noch weit von dieser idealen Simulation entfernt, sodass die Simulationshypothese weiterhin ein Gedankenexperiment bleibt. Vielmehr ist die immersive VR noch ein recht junges Wissenschaftsgebiet, das durch technologische Fortschritte und soziotechnische Erkenntnisse aktiv weiterentwickelt wird. Im Silicon Valley, in der Greater Bay Area zwischen Shenzhen und Hongkong und auch in Europa wurde aber bereits mit dem Aufbau einer Reihe virtueller Welten begonnen. Die Computertechnik insbesondere im Bereich der Computergrafik und der künstlichen Intelligenz entwickelt sich weiterhin rasant. Daher ist es nicht unwahrscheinlich, dass wir uns in naher Zukunft in ultrarealistischen, computergenerierten, simulierten Welten aufhalten, die wir nicht von der physischen Realität unterscheiden können.

1.1 Virtuelle Welt

Es gibt keine allgemein anerkannte Definition des Begriffs der *virtuellen Welt* (engl. virtual world, auch virtual space) und das Konzept ist wesentlich älter als der Computer (Girvan 2018). Konkret handelt es sich dabei um alternative Orte, die künstlich erzeugt werden und sowohl erfundene Orte darstellen als auch existierenden Orten nachempfunden sind. Virtuelle Welten können nur in der Vorstellung ihres Schöpfers existieren oder durch ein Medium manifestiert werden, durch welches die Welt mit anderen geteilt und von diesen erlebt werden kann. Eine virtuelle Welt ist folglich die Illusion einer Umgebung als private Fantasie, die durch innere oder äußere Reize ausgelöst werden kann.

Obwohl virtuelle Welten künstlich erzeugt werden, erscheinen diese zumeist realistisch und der Rezipient ist sich des Künstlichen nicht zwangsläufig bewusst. Virtuelle Welten können mit allen Arten von Medien wie z. B. Büchern, Videos oder Videospielen erzeugt werden, sei es die Darstellung in literarischer (verbaler oder schriftlicher), visueller oder physikalischer Form. Die übermittelten Inhalte werden im Allgemeinen durch die Beschreibung einer Welt zum Leben erweckt, in welcher der Rezipient die Orte, Gegenstände und Bewohner dieser Welt erlebt.

Eine virtuelle Welt kann eine künstliche Welt sein, die in der materiellen Welt existiert, oder eine Simulation, die in einem Medium dargestellt und durch Verhaltensregeln gesteuert wird. Diese Regeln, die unterschiedliche Komplexität aufweisen, können z. B. als Computerprogramm oder in Form von Spielregeln eines Brettspiels umgesetzt sein.

Die gängigen Definitionen der virtuellen Welt beziehen sich primär auf computergenerierte digitale Umgebungen und nennen häufig Massen-Mehrspieler-Online-Spiele[5]

---

[5] Massen-Mehrspieler-Online-Spiele haben bereits eine große Fangemeinde und täglich spielen laut Statista allein in Deutschland mehr als 2,5 Mio. Personen, siehe https://de.statista.com/themen/106/online-games.

(engl. massively multiplayer online game, kurz MMOG) als Anwendung. Weiter gefasste Definitionen sind sowohl unabhängig von der Wahl des Inhalts als auch des Mediums. Der Inhalt, der durch ein Medium vermittelt wird, ist die virtuelle Welt und nicht das Medium selbst. Einige Beispiele für virtuelle Welten, die in verschiedenen Medien umgesetzt werden, sind:

Visuelle Repräsentation: Das Gemälde auf einer Felswand in den Höhlen von Lascaux zeigt (vor 17.300 Jahren), dass Menschen bereits sehr früh visualisierte Imitationen der Realität geschaffen haben. Es war das erste Mal, dass die Menschheit der buchstäblichen Realität ihrer Umgebung entging, wie sie scheinbar real war, und eine Vision von anderen möglichen Welten hervorbrachte.

Literarische Repräsentation: Mündliche Überlieferungen von Mythen und Legenden erschaffen die ersten virtuellen nichtvisuellen Welten. Bereits im 4. Jahrtausend vor Christus verwandelten sich diese in Literatur, indem sie in schriftlicher Form festgehalten wurden. Die Geschichten sind nicht bloß eine Menge von Symbolen, sondern der Leser/Zuhörer taucht in die fiktive Umgebung ein. Die Welt entsteht, weil sie in unseren Köpfen, Vorstellungen und Erinnerungen existiert, genau wie Erinnerungen an vergangene Erfahrungen. Entsprechend hat es Dyson (2012) ausgedrückt:

> Books are strings of code. But they have mysterious properties – like strings of DNA. Somehow the author captures a fragment of the universe, unravels it into a one-dimensional sequence, sequenzes it through a keyhole, and hopes that a three-dimensional vision emerges in the reader's mind. The translation is never exact.

Abstrakte Repräsentation: Eine Karte ist eine symbolische Darstellung, die den Zusammenhang zwischen Elementen im realen oder imaginären Raum beschreibt. Karten umfassen auch abstrakte Welten mit einer oft vereinfachten, räumlich inkohärenten Darstellung. Bereits in der jüngeren Altsteinzeit (ca. 40.000 bis 10.000 Jahre vor Christus) wurde durch Zeichen, die von Menschen in Stein, Knochen oder Horn geritzt wurden, versucht, die Orientierung zu erleichtern. Erste detailliertere Landschaftdarstellungen entstanden bereits vor 8000 Jahren.

Materielle Repräsentation: Theaterbühnen und Freizeitparks wie der Europa-Park oder das Walt Disney World Resort sind künstliche Welten im realen Raum. Sie existieren zwar als materielle Manifestation, repräsentieren aber Scheinwelten und sind damit ebenso virtuell wie andere Formen virtueller Welten.

Digitale Repräsentation: Computergestützte simulierte Umgebung, als 2D- oder 3D-Grafik, und durch Nutzer kontrollierte virtuelle Inhalte ermöglichen zahlreiche digitale Abbildungen virtueller Umgebungen. Die Nutzer können unabhängig voneinander die virtuelle Welt erkunden, an diversen Aktivitäten teilnehmen, mit anderen kommunizieren und auf die Welt einwirken. Je nach Umsetzung können die von den Nutzern vorgenommenen Manipulationen langfristige Veränderungen in der virtuellen Welt bewirken, auch dann, wenn der Nutzer selbst nicht mehr dort ist.

1.2 Immersion

Der Begriff *Immersion* leitet sich aus dem Lateinischen *immersio* (dt. Eintauchen) ab und ist aus technologischer Sicht der Prozess und die Art des Eintauchens in eine virtuelle Welt. Die Immersion wird von Slater und Wilbur (1997) definiert als eine Beschreibung, die angibt, inwieweit eine Technologie in der Lage ist, dem Menschen eine reichhaltige und lebendige Illusion der Realität zu vermitteln. Bei Medien wie Bücher, Filme oder virtuelle Umgebungen wird der Begriff Immersion genutzt, um ein nachhaltiges Eintauchen in die (fiktive) Welt des jeweiligen Mediums zu charakterisieren. Der Grad der gefühlten Immersion steigt i. d. R. mit dem Grad der äußeren weltlichen Einflüsse, die vom Nutzer *nicht mehr* wahrgenommen werden.

Eine hohe Immersion kann durch die Reichhaltigkeit, Passgenauigkeit, Umschlossenheit, Klarheit, Interaktionsfähigkeit und Handlung gefördert werden (Slater und Wilbur 1997). Diese sind wie folgt definiert:

- Die *Reichhaltigkeit* beschreibt die Bandbreite an sensorischen Modalitäten (z. B. optische, auditive oder auch physische Reize).
- Die *Passgenauigkeit* gibt die Übereinstimmung zwischen den sensorischen Modalitäten wieder (z. B. bei der Wahrnehmung der Form eines Objektes, seiner Größe und der Rauheit seiner Oberflächen sowohl durch das Sehen als auch das Fühlen).
- Die *Umschlossenheit* ist das räumliche Ausmaß der jeweiligen Reize (z. B. Sichtfeld, Raumklang).
- Die *Klarheit* stellt die Qualität der übermittelten Reize dar (z. B. Auflösung, Bildrate, Audio-Bitrate).
- Die *Interaktionsfähigkeit* beschreibt die Fähigkeit des Nutzers, innerhalb der virtuellen Umgebung zu interagieren (z. B. durch Freihandgestik oder Controller).
- Die *Handlung* ist das eigentliche Narrativ (Erzählung); die kohärente Schilderung und die dramaturgische Entfaltung des Geschehens.

Eine *Modalität* (lat. modus für Art und Weise, engl. modality) bezieht sich hier auf die Art und Weise, wie etwas existiert, geschieht, gedacht oder angewendet wird. Die *Sinnesmodalität* bezieht sich dabei exklusiv auf die Modalität der Wahrnehmung und somit auf die Gesamtheit der Reizqualitäten eines Sinnes.

1.3 Präsenz

Präsenz (engl. presense) ist, kurz gesagt, die subjektive Erfahrung, sich an einem Ort zu befinden oder „dort zu sein" (engl. being there), auch wenn man sich physisch an einer anderen Stelle befindet (Lombard und Ditton 1997). Fühlen sich Nutzer in einer virtuellen Umgebung präsent, werden die künstlich erzeugten Stimuli nicht als mediale Inhalte wahrgenommen, sondern als ein real existierender Ort, den man besucht. Die reale Welt und das technische Medium werden, bei einem hohen Präsenzgefühl, während man in eine virtuelle Welt eingetaucht ist, vorübergehend aus der Wahrnehmung ausgeschlossen.

Während es bei der Immersion um die Eigenschaften der Technologie geht, ist die Präsenz ein innerer psychologischer und physiologischer Zustand des Nutzers. Präsenz bezieht sich somit auch auf das gesamte Erleben der virtuellen Welt und ist abhängig von der Geschichte, der Gestaltung, den Charakteren und davon, wie sich all dies glaubwürdig für den Nutzer zusammensetzt. Präsenz ist folglich eine Kombination aus der Immersion und dem individuellen Nutzer: Je mehr Immersion eine Technologie, z. B. durch ein größeres Sichtfeld, mit entsprechenden Inhalten bietet, desto größer ist das Potenzial für den Nutzer, sich in dieser virtuellen Welt anwesend zu fühlen – also präsent zu sein.

Ein *Präsenzbruch* (engl. break in presence) ist ein Moment, in dem die von einer virtuellen Umgebung erzeugte Illusion zusammenbricht und der Nutzer sich wieder seinem Ort – an dem er sich wirklich befindet – bewusst wird. Präsenzbrüche können immersive Erlebnisse zerstören, und es sollten Vorkehrungen getroffen werden, um diese zu vermeiden. Nach einem Präsenzbruch benötigt der Nutzer eine gewisse Zeit, um die gefühlte Präsenz wiederzuerlangen. Präsenzverlust kann sowohl durch technische Probleme, z. B. Abbruch oder lange Verzögerungen (Latenz) bei der Erkennung und Verfolgung von Merkmalen, Einbruch der Bildwiederholrate, als auch durch unvorhergesehene Ereignisse der Umgebung entstehen, wie z. B. von einer realen Person angesprochen oder berührt zu werden. Das eigene versehentliche Anstoßen an oder schlimmer noch Stolpern über reale Gegenstände, die in der VR-Welt nicht abgebildet sind, führen ebenso zum Präsenzverlust. Aber auch Geräusche aus der realen Umgebung, wie Straßenverkehr, können eine verringerte Präsenz bis hin zum Präsenzverlust hervorrufen.

Das Präsenzgefühl kann in verschiedene Formen unterteilt werden. Eine einheitliche Unterteilung steht jedoch noch aus. So stellten Ijsselsteijn und Riva (2003) z. B. fest, dass das ursprüngliche Konzept der Präsenz von Lombard und Ditton (1997) in zwei große Kategorien eingeteilt werden kann: in die physische Präsenz und in die soziale Präsenz. Während sich diese Konzepte des Präsenzgefühls auf äußere Einflüsse beziehen, kann das Präsenzgefühl auch auf die Wahrnehmung des eigenen Körpers bezogen werden. Dies wird dann als das Gefühl der persönlichen Präsenz bezeichnet.

1.3.1 Physische Präsenz

Die *physische Präsenz* (engl. physical presence) bezieht sich auf das Gefühl, Teil einer Umgebung zu sein und sich dort zu befinden. Dies ist eine Untergruppe dessen, was Slater (2009) als *Ortsillusion* (engl. place illusion) bezeichnet. Diese entsteht dadurch, dass alle sensorischen Modalitäten eines Nutzers kongruent sind: Stimuli, die dem Nutzer dargeboten werden, verhalten sich so, als ob diese Stimuli von realen Objekten stammen. Den eigenen Körperbewegungen und -interaktionen muss somit ein gewisser

Handlungsspielraum zugewiesen werden (Illusion der körperlichen Interaktion). Wenn die Umgebung auf die Anwesenheit des Anwenders reagiert, kann dies dazu beitragen, dass der Anwender eher glaubt, an diesem Ort zu sein, als wenn er keinen Einfluss auf die Umgebung ausüben kann.

1.3.2 Soziale Präsenz

Die *soziale Präsenz* (engl. social presence) bezieht sich auf das Ausmaß, in dem andere Lebewesen ebenfalls in der virtuellen Welt existieren und auf die Anwesenheit, Handlung und Interaktion des Individuums reagieren oder zumindest den Anschein erwecken. Die soziale Präsenz setzt somit voraus, dass sowohl verbal als auch nonverbal, z. B. durch Körpersprache, mit anderen Charakteren, ganz gleich ob als computergesteuerter verkörperter Agent oder als nutzergesteuerter Avatar, in derselben Umgebung kommuniziert werden kann.

Interessanterweise erfordert das Erlangen eines hohen sozialen Präsenzgefühls keinen hohen Anspruch an Darstellungsgenauigkeit und physischen Realismus. So zeigen z. B. Nutzer, mit Angst vor öffentlichen Auftritten, bereits ängstliche Reaktionen, wenn sie vor einem virtuellen Publikum mit geringer Realitätsnähe sprechen müssen (Slater et al. 2006). Der Grad der sozialen Präsenz hängt somit maßgeblich davon ab, ob ein Individuum in einer VR-Umgebung mit anderen durch Interaktion und Reaktion sich selbst erfahren kann. Ein hohes soziales Präsenzgefühl kann sich z. B. aus Gesprächen mit anderen Menschen oder aus der Interaktion mit animierten Figuren innerhalb der virtuellen Umgebung ergeben. Von anderen wahrgenommen zu werden, verschafft dem Individuum das subjektive Gefühl seiner eigenen Existenz.

1.3.3 Persönliche Präsenz (Verkörperung)

Wir nehmen täglich unseren eigenen Körper wahr, wenn wir z. B. mit Objekten interagieren oder nach unten schauen. Die in den Kognitionswissenschaften als *verkörperte Kognition* (engl. embodied cognition) bekannte Sichtweise geht davon aus, dass kognitive Prozesse tief in den Interaktionen des Körpers mit der Welt verwurzelt sind (Wilson 2002). Als zentrales Element in der Wahrnehmungsschleife fungiert unser Körper, der sowohl in seiner zentralen Beziehung zur Umwelt steht als auch diese sensomotorisch erfasst. Somit stellt die verkörperte Wahrnehmung immer Beziehungen zwischen dem Körper und den Handlungsmöglichkeiten in der Umgebung her.

Die *persönliche Präsenz* (engl. self-presence) bezieht sich auf das Gefühl, mit dem das Vorhandensein des eigenen Körpers in einer virtuellen Umgebung wahrgenommen wird und auf diese einwirken kann bzw. diese auf einen reagiert; z. B. durch Geräusche, die beim Laufen entstehen. Je reichhaltiger und konsistenter die sensorische Stimulation ist, z. B. durch visuelle, auditive und taktile Aktivierung, desto stärker ist auch das Gefühl der persönlichen Präsenz – ein visuelles Objekt, das durch eine Stimulation auf der Haut eine Berührung simuliert, erzeugt i. d. R. eine höhere persönliche Präsenz, als wenn die Hand in den luftleeren Raum greift.

Viele immersive Anwendungen verzichten aus verschiedenen Gründen auf eine vollständige oder teilweise Darstellung des eigenen Körpers. In einigen Anwendungen werden z. B. nur der Kopf und die Hände dargestellt. Der Grund dafür kann z. B. an einer eingeschränkten Erfassung der Körperteile liegen. Werden nur die in den Händen gehaltenen Controller und das Headset erfasst, ist die Information nicht ausreichend, um die Körperhaltung für eine plausible Darstellung fehlerfrei zu approximieren. Ein weiterer Grund kann die Minimierung des Rechenaufwands sein, indem eine möglichst minimale Anzahl von Polygonen pro Charakter angestrebt wird. Trotz des Fehlens sichtbarer Gliedmaßen sind die Menschen in einer VR-Umgebung sich ihres eigenen Körpers bewusst. Überhaupt keine oder – schlimmer noch – falsche Darstellung des eigenen Körpers kann zu einer negativen Auswirkung auf die *Eigenverkörperung* (engl. self-embodiment) führen, d. h. die Selbstwahrnehmung, dass der Nutzer einen Körper in der virtuellen Welt hat. Eine von Gorisse et al. (2017) durchgeführte empirische Studie vergleicht zwei Ansichten des Nutzers miteinander. Zum einen die *Egoperspektive* (auch *Ich-Perspektive*), bei der aus den Augen der eigenen Verkörperung geblickt wird, und zum anderen die *Dritte-Person-Perspektive*, bei der der eigene Körper von außerhalb wahrgenommen wird. In der Studie wurde festgestellt, dass ein signifikanter Unterschied in Bezug auf das Gefühl der Verkörperung gegenüber einem virtuellen Körper besteht, insbesondere in Bezug auf die Selbstverortung und den Besitz. Hier hat die Egoperspektive deutlich besser abgeschnitten.

Überraschenderweise kann ein virtueller Körper auch dann als der eigene wahrgenommen werden, wenn die Darstellung dieses Körpers von dem eigenen Aussehen stark abweicht. Der Verstand assoziiert sowohl Bewegungen, die synchron zu den eigenen Bewegungen ablaufen, als auch visuelle Abbildungen, die sich am Ort des eigenen Körpers befinden, mit der Zugehörigkeit zum eigenen Körper. Dies hat wiederum Einfluss auf das Verhalten: Der *Proteus-Effekt* besagt, dass die Erwartungshaltung, die mit dem Aussehen assoziiert wird, sich auf das tatsächliche Verhalten auswirkt. Eine detaillierte Ausführung dieser und ähnlicher Effekte findet sich in Abschn. 12.1.1.

1.4 Einteilung technischer Umgebungen

Neben der klassischen Verwendung eines Computers, der auf einem Tisch steht, gibt es viele weitere Möglichkeiten, um mit Informationstechnologie zu interagieren. Neben stationären Desktopcomputern hat sich insbesondere die Nutzung von mobilen Geräten durchgesetzt. Typische Vertreter dieser Geräteklasse sind Laptops, Smartphones und Tablets. Diese und weitere Möglichkeiten der Technologienutzung werden im Folgenden voneinander abgegrenzt und beschrieben. Die Struktur folgt einer zunehmenden Abschottung durch digitale Inhalte, von ubiquitären Systemen, standortbezogenen Diensten und

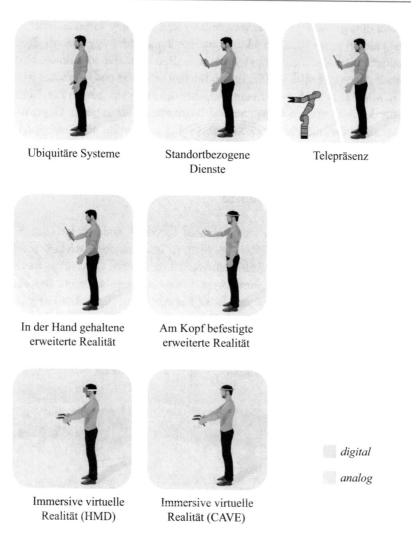

Abb. 1.3 Einteilung verschiedener technischer Umgebungen

Telepräsenz, über verschiedene Formen der gemischten Realität bis zur virtuellen Realität. Die Einteilung der relevantesten Umgebungen ist für einen besseren Überblick in Abb. 1.3 zusammengefasst.

1.4.1   Ubiquitäre Systeme

Mark Weiser definierte den Begriff *ubiquitäre Systeme* (engl. ubiquitous computing) am Anfang der 1990er-Jahre als „allgegenwärtig verfügbare Rechenleistung" (Weiser 1993). Dabei bezeichnet der Begriff ubiquitäre Systeme keine konkrete Technologie, sondern eine Vision allgegenwärtiger Datenverarbeitung und Nutzung informatischer Systeme, die quasi unsichtbar im Hintergrund unseres Handlungsfeldes agieren. Allgegenwärtige Informationstechnologie durchdringt heute alle Bereiche: die industrielle Produktion genauso wie Alltagsgegenstände (Stichwort: Internet of Things und Internet of Everything, siehe z. B. Miraz et al. 2015) vom Automobil, über den Parkplatz, bis hin zum Kühlschrank und zu der Kaffeemaschine. Computer und Smartphones als explizite Gegenstände der menschlichen Aufmerksamkeit sollen durch intelligente Geräte im Hintergrund ergänzt werden, um Hilfestellung zu leisten, ohne abzulenken oder aufzufallen.

1.4.2 Standortbezogene Dienste

Standortbezogene Dienste (engl. location-based services) sind mobile Dienste, die in Abhängigkeit der aktuellen Position des Nutzers Informationen selektiv bereitstellen (Junglas und Watson 2008). Das Auffinden von nahegelegenen Geschäften, touristischen Angeboten sowie eine intuitive Navigation zählen zu den zentralen Anforderungen von standortbezogenen Anwendungen. In Kombination mit Techniken der gemischten Realität (siehe Abschn. 1.4.4), dann auch als *Location Based Augmented Reality Service* bezeichnet, ergeben sich weitere interessante Anwendungsmöglichkeiten. So kann ein Nutzer, z. B. wie in Abb. 1.4 dargestellt, durch einen Park navigiert werden, indem er Enten folgt, die in das Kamerabild der Umgebung eingeblendet werden.

Abb. 1.4 In das Kamerabild der Umgebung werden Enten eingeblendet, um die Richtung anzuzeigen, in der das gewählte Ziel liegt

1.4.3 Telepräsenz

Telepräsenz (engl. telepresence) ist die Übertragung der eigenen Präsenz an einen entfernten, real existierenden Ort (Steuer 1992). Im Gegensatz zu den zuvor erwähnten Präsenzbegriffen bezieht sich die Telepräsenz nicht auf ein Gefühl, sondern auf ein Konzept. Der Begriff setzt sich dabei aus zwei Teilen zusammen: tele, was fern bedeutet, und Präsenz, was in dieser Bedeutung den Zustand des Dortseins repräsentiert. Je nach Anwendungsfall umfasst die Telepräsenz die virtuelle Darstellung der eigenen Person an einem anderen Ort (Telepräsenz im Zusammenhang mit Videokonferenzsystemen) oder das aktive Eingreifen in die entfernte Umgebung durch die Steuerung von Kameraposition und Roboterarm. Der Nutzer kann mit der entfernten Umgebung interagieren und sie durch eigene Aktionen beeinflussen.

Telepräsenz unterscheidet sich vom allgemeinen Fall der VR durch die Übertragung von Live-Inhalten und von medialen Übertragungen wie 360°-Fernsehen durch den Rückkanal. D. h. im Gegensatz zu einer Fernsehübertragung kann der Nutzer in das Geschehen eingreifen. Das verwendete Ausgabegerät ist nicht Bestandteil der Definition. Sowohl ein Flachbildschirm, in monoskopischer oder stereoskopischer Darstellung (siehe Abschn. 10.1.9), als auch eine VR-Brille sind mögliche Ausgabemedien für Telepräsenz.

Die Definition von Telepräsenz bezieht sich auf die Egoperspektive. Bei anderen Perspektiven ist der Begriff der *Teleoperation* üblicher. Der Unterschied zwischen Telepräsenz und Teleoperation lässt sich am Beispiel der Steuerung eines Quadrokopters verdeutlichen, siehe Abb. 1.5. Bei der Telepräsenz sieht der Nutzer die Umgebung und interagiert mit ihr so, als wäre er physisch im Fluggerät anwesend, während bei der einfachen Fernsteuerung die Sicht und die Interaktion von außen (aus der Dritte-Person-Perspektive) erfolgen.

Abb. 1.5 Darstellung eines ferngesteuerten Quadrokopters in Telepräsenz (linkes Bild) als Egoperspektive des Fluggeräts, wie sie über ein Smartphonedisplay dargestellt wird, und in der Dritte-Person-Perspektive (rechtes Bild)

1.4.4   Gemischte Realität

Die sogenannte *gemischte Realität* (engl. mixed reality, kurz MR) kombiniert nahtlos die digitale mit der physischen Welt. Dabei bildet die MR ein *Realitäts-Virtualitäts-Kontinuum* (engl. reality-virtuality continuum), welches an einem Ende die physische Realität und am anderen Ende die virtuelle Realität abbildet, wobei diese selbst aber nicht in der Definition mit eingeschlossen sind. Die *physische Realität* bezieht sich auf den Zustand der Dinge, wie sie als materielle Verkörperung existieren und von der Physik beschrieben werden.

Innerhalb des Realitäts-Virtualitäts-Kontinuums wird nach Milgram und Kishino (1994) noch zwischen der erweiterten Realität und der erweiterten Virtualität unterschieden. Das Realitäts-Virtualitäts-Kontinuum nach Milgram und Kishino ist in Abb. 1.6 dargestellt. Eine erweiterete Version des Realitäts-Virtualitäts-Kontinuums wird in Abschn. 1.5 eingeführt.

1.4.4.1 Erweiterte Realität

Die *erweiterte Realität* (engl. augmented reality, kurz AR) bezieht sich auf eine Ergänzung der Realität um digitale Informationen oder Einblendungen, wobei nur ein geringer Teil der von den Sinnen erfassten Information digital überlagert ist.

Nach Azuma (1997) sind für AR die drei grundlegenden Bedingungen zu erfüllen:

- Kombination von virtueller Realität und realer Umwelt mit teilweiser Überlagerung,
- Interaktion in Echtzeit,
- dreidimensionaler Bezug von virtuellen und realen Objekten.

Diese Festlegung nach Azuma hat jedoch den Nachteil, dass sie nur auf technische Merkmale Bezug nimmt. Es sei angemerkt, dass die Definition von AR nach Azuma in der Bevölkerung nicht so eng gesehen wird und daher oft nicht alle Punkte berücksichtigt

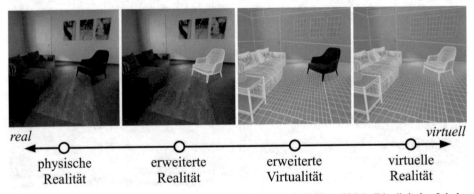

Abb. 1.6 Realitäts-Virtualitäts-Kontinuum nach Milgram und Kishino (1994). Die digitalen Inhalte sind hier symbolisch als blaue Drahtgitter dargestellt. Die 3D-Umgebung wurde von Flavio Della Tommasa erstellt

werden. So werden teilweise Einblendungen als AR bezeichnet, die keinen eindeutigen örtlichen Bezug (3D-Registrierung) mit der Umwelt aufweisen; z. B. eingeblendete Informationen, die nicht in der Umgebung verortet sind, sondern frei im Raum schweben und sich dabei am Anzeigegerät orientieren. Auch wird der Begriff AR des Öfteren für Einblendungen verwendet, die keine Interaktion mit den Informationselementen durch den Endnutzer ermöglichen, so z. B. für virtuelle Überlagerung von Informationen bei Sportsendungen im Fernsehen, um Erklärungen der Moderatoren visuell zu ergänzen.

AR setzt voraus, dass eine Verankerung an ein bestimmtes reales Objekt stattfindet. Durch die *Verankerung* wird die Einblendung Bestandteil einer festen Position im realen Raum, der entsprechend als *Anker* bezeichnet wird. Neben der Position werden bei 3D-Objekten auch die Orientierung und Perspektive korrekt dargestellt, bei Texten bleibt i. d. R. die Position erhalten, die Orientierung wird so ausgerichtet, dass der Text gut lesbar bleibt.

Handelt es sich beim Anker z. B. um ein Gebäude, kann die Anwendung nur dort vor Ort genutzt werden. Ist der Anker ein bewegliches Objekt oder ein Objekt, das mehrfach vorkommt, z. B. ein Geldschein, kann dieser an verschiedenen Orten durch digitale Inhalte ergänzt werden. Somit gibt es AR-Anwendungen, die an einen bestimmten Ort gebunden sind, und solche, die vom Ort unabhängig verwendet werden können.

Eine weitere Abgrenzung von AR ist über den Kontaktpunkt des Ausgabegeräts gegeben: Hier unterscheidet man zwischen in der Hand gehaltenen, am Kopf oder an der Wand befestigten Displays sowie Head-up-Displays, die an der Fensterscheibe verankert sind.

1.4.4.2 In der Hand gehaltene erweiterte Realität
In der Hand gehaltene erweiterte Realität (engl. hand-held augmented reality, auch mobile augmented reality) bietet die Illusion, dass virtuelle Einblendungen in die durch eine Kamera auf dem Smartphone- oder Tabletdisplay betrachtete physische Umgebung integriert erscheinen. Hier kann es sich sowohl um virtuelle Objekte, Ergänzungen, z. B. eines virtuellen Barts, oder Veränderungen, z. B. durch Nachfärben der Lippen oder Glätten der Haut des Gesichts, handeln. Dabei greifen die Geräte je nach Anwendung auf ihre vordere oder hintere Kamera zurück. In der Hand gehaltene erweiterte Realität bietet derzeit die am weitesten verbreitete gemischte Realitäts-Hardwareplattform an, da die meisten Smartphones und Tablets, ohne zusätzliche externe Hardware, die Möglichkeit bieten, AR zu nutzen. Gegebenenfalls merken die Nutzer nicht einmal, dass sie gerade eine AR-Anwendung nutzen, wie z. B. bei der Verwendung von AR-Filtern auf Instagram, TikTok oder Snapchat, die das Gesicht leicht verändern.

1.4.4.3 Am Kopf befestigte erweiterte Realität
Ebenso wie in VR kann AR auch durch am Kopf getragene Geräte ermöglicht werden. Die *Augmented-Reality-Brille* (auch *Datenbrille* genannt, wenn die Kopforientierung nicht erfasst wird) projiziert Informationen entweder vor die Augen oder direkt in die Augen des Trägers. Alternativ kann die Einblendung auch durch entsprechende Kontaktlinsen

realisiert werden, was dann genau genommen keiner Kopfbefestigung mehr entspricht, aber in der Anwendung ähnlich genutzt werden kann.

Im Gegensatz zu VR wird hier die Außenwelt nicht abgeschirmt. Die Durchsicht bei AR-Displays lässt sich durch zwei unterschiedliche Funktionsweisen realisieren:

- Displays mit *optischer Durchsicht*, die sogenannten *Optical See-Through Head-Mounted Displays*, bei denen eine freie Sicht auf die reale Umgebung möglich ist. Dabei werden die Informationen entweder direkt ins Auge projiziert oder indirekt über ein semitransparentes Display angezeigt.
- Displays mit *Videodurchsicht*, die sogenannten *Video See-Through Head-Mounted Displays*, die wie gewöhnliche VR-Headsets aufgebaut sind. Diese sind jedoch mit einer oder mehreren Kameras kombiniert, durch die der Blick im Headset in die Außenwelt möglich wird.

1.4.4.4 An der Wand befestigte erweiterte Realität

An der Wand befestigte erweiterte Realität (engl. wall-mounted augmented reality) bietet eine ähnliche optische Illusion, wie die in der Hand gehaltene erweiterte Realität. Jedoch werden die Kamera und der Flachbildschirm dabei nicht in der Hand gehalten, sondern sind an der Wand verankert oder stehen auf dem Boden. Die Ästhetik entspricht eher einem großen Spiegel. Abb. 1.7 zeigt eine typische Anwendung, wobei die Box, die vor das System gehalten wird, durch digitale Inhalte überlagert wird.

1.4.4.5 Head-up Augmented Reality

Eine weitere Möglichkeit von AR kommt in Cockpits zum Einsatz. Bei dem *Head-up-Display* (HUD) werden auf transparenten Oberflächen Informationen projiziert, z. B. auf die Windschutzscheibe. So scheinen Texte und Bilder vor dem Betrachter zu schweben. Eine entsprechende Beispielanwendung ist in Abb. 1.8 zu sehen.

Für das Head-up-Display hat sich im Deutschen der englische Begriff etabliert. Wörtlich übersetzt bedeutet dieser *Kopf-hoch-Anzeige*. Der Name bezieht sich darauf, dass Informationen im Gesichtsfeld angezeigt werden und der Nutzer nicht mehr nach unten auf Anzeigeinstrumente schauen muss, die entsprechend als *Head-down-Displays* bezeichnet werden.

1.4.4.6 Erweiterte Virtualität

Die *erweiterte Virtualität* (engl. augmented virtuality, kurz AV) ist das entgegengesetzte Konzept von AR und gehört ebenso wie die AR zu der gemischten Realität. Diese bezieht sich auf die Einblendung von realen Inhalten in eine digitale Umgebung, wobei ein großer Teil der von den Sinnen erfassten Information digital ist. Ebenso wie bei AR gelten hier die drei grundlegenden Bedingungen von Azuma.

Abb. 1.7 Mädchen betrachtet im Flachbildschirm ein auf der Verpackung verankertes virtuelles Modell

Abb. 1.8 Head-up-Display im Auto

Mittels der erweiterten Virtualität können z. B. reale Personen vor einem *Greenscreen* in eine digitale Umgebung eingeblendet werden. Durch das *Chroma Keying*-Verfahren wird die sogenannte Key-Farbe (dt. Schlüsselfarbe), meistens ein Grünton, des Kamerabildes durch digitale Bildanteile ersetzt. Ein anderes Beispiel der erweiterten Virtualität ist das Ersetzen der Autoscheiben eines digitalen Fahrzeuginterieurs durch Live-Kamerabilder.

1.4.5 Reduzierte Realität

Bei der *reduzierten Realität* (engl. diminished reality, kurz DR) werden reale Objekte aus der Umgebung ausgeblendet, indem die entfernten Objekte mit scheinbar glaubwürdigen Hintergründen, anderen Bildelementen oder digitalen 3D-Objekten überlagert werden (Mori et al. 2017). In Abb. 1.9 ist ein Beispiel der reduzierten Realität dargestellt, wobei zwei Objekte aus dem Bild entfernt werden.

Das englische Wort diminish bedeutet „sich zu verringern" oder „weniger zu werden". Daher sprechen manche deutschsprachigen Quellen auch von der *verminderten Realität*. Die reduzierte Realität kann als Gegenteil zur erweiterten Realität gesehen werden, bei der Bestandteile der Realität aus der Sicht des Betrachters entfernt werden. Daher scheint der Begriff der verminderten Realität nicht ganz passend.

Mit der reduzierten Realität ist es z. B. möglich, Möbel einer Wohnung zu entfernen, um sie durch virtuelle Möbelstücke zu ergänzen. Dadurch können sich Nutzer direkt im Wohnzimmer einen Eindruck davon verschaffen, wie sich das Möbelstück in das Wohnzimmer einpasst, ohne dass die vorhandenen Möbel stören.

1.4.6 Ersetzende Realität

In einer *ersetzenden Realität* (engl. substitutional reality, kurz SR) wird jedes – in Reichweite des Anwenders – physische Objekt und architektonische Merkmal in der virtuellen Umgebung durch ein entsprechendes Gegenstück, einen *Proxy*, ersetzt

Abb. 1.9 Beispiel der reduzierten Realität, bei der zwei Objekte aus dem Bild entfernt werden

(Simeone et al. 2015). Die dabei resultierende Umgebung basiert weiterhin auf der gleichen physikalischen Grundlage, weicht von dieser aber im Aussehen ab. Auf diese Weise lässt sich die Physikalität der realen Welt nutzen, um virtuelle Objekte greifbar zu machen. Dadurch werden VR-Erlebnisse möglich, die physische Objekte in die virtuelle Welt einbeziehen, indem diese zur Darstellung von Objekten verwendet werden, die für den virtuellen Kontext relevant sind (Simeone et al. 2015). Dies kann zu einem höheren Gefühl der Präsenz beitragen, wie von Hoffman (1998) bestätigt.

Es liegt auf der Hand, dass die virtuellen Objekte so genau wie möglich ihren jeweiligen physischen Proxys nachempfunden werden. Dies gilt nicht nur für die Geometrie, sondern auch für die Oberflächenbeschaffenheit (Hepperle und Wölfel 2017). Dies schränkt naturgemäß die kreative Freiheit und Flexibilität bei der Gestaltung virtueller Welten stark ein. Jedoch ist es in bestimmten Grenzen möglich, von einer detailgetreuen Nachbildung abzuweichen, ohne dass diese Diskrepanz zwischen virtuellen Elementen und ihrem physischen Proxy für den Anwender als störend empfunden wird (Eckstein et al. 2019). Beispielsweise kann mit der ersetzenden Realität eine ganze Umgebung durch eine alternative Darstellung, z. B. im Science-Fiction-Look wie in Abb. 1.10, oder nur einzelne physische Objekte ersetzt werden, wie z. B. ein Kaktus durch ein Feuer, bei dem die virtuelle Darstellung so gewählt ist, dass es abschreckt, dort hinzufassen.

1.4.7 X-Reality

Neben dem von Milgram und Koshino eingeführten Realitäts-Virtualitäts-Kontinuum gibt es noch X weitere Varianten digitaler Realitäten, die konsequenterweise als *X-Reality* (XR) bezeichnet werden. Dabei wird die Verwendung des Buchstabens X unterschiedlich interpretiert: In der Kurzform XR kann es sowohl für *Cross Reality* als auch *Extended*

Abb. 1.10 Beispiel für eine ersetzende Realität: reale Umgebung (links) und alternative virtuelle Umgebung (rechts)

Reality stehen. Andere Definitionen fassen X als Ersatzbuchstabe auf, der durch beliebige Varianten wie A für AR, M für MR oder V für VR ersetzbar ist. So oder so steht XR für eine Obermenge des Realitäts-Virtualitäts-Kontinuums und umfasst das gesamte Spektrum zwischen „dem vollständig Realen" und „dem vollständig Virtuellen".

1.4.8   Virtuelle Realität

Der Begriff der *virtuellen Realität* stammt ursprünglich aus dem Science-Fiction-Genre und wurde erstmals in der von Stanley G. Weinbaum geschriebenen Kurzgeschichte *Pygmaion's Spectacles* aus dem Jahr 1935 erwähnt. Weinbaum beschrieb den Begriff als durch eine Videobrille entstehende künstliche Sinneserfahrung: Größere Popularität erlangte der Begriff jedoch erst durch den Autor Damien Broderick, der 1982 einen Science-Fiction-Roman namens *The Judas Mandala* veröffentlichte. Broderick wird oft auch das erste Auftauchen des Begriffs virtuelle Realität in einer Science-Fiction nachgesagt. Jaron Lanier, Entrepreneur, Informatiker, Künstler und Autor, gilt als der Erste, der den Begriff virtuelle Realität in einem wissenschaftlichen bzw. wirtschaftlichen Kontext gebrauchte (Faisal 2017).

Das Wortpaar virtuelle Realität ist ein Oxymoron, da es aus zwei sich widersprechenden Begriffen zusammengesetzt ist: Der vordere Teil steht für „nicht in Wirklichkeit vorhanden" und der hintere Teil für eine „tatsächliche Gegebenheit". Zusammengenommen beschreibt VR somit eine (simulierte) Wirklichkeit, die in der (realen) Wirklichkeit nicht vorhanden ist.

Jerald (2015) benutzt in seinem Buch die Definition, dass die virtuelle Realität eine „computergenerierte digitale Umgebung ist, die erkundet und mit der interagiert werden kann, als ob diese real wäre". Die VR ist somit die Illusion einer Umgebung, die durch externe Stimuli ausgelöst wird. Diese kann beobachtet, erforscht oder manipuliert werden und fühlt sich so an, als ob sie existiert. Somit wäre die ultimative virtuelle Realität eine Realität, in welcher der Nutzer das Gefühl hat, sich physikalisch frei überall hinbewegen zu können (Zheng et al. 1998).

Im Laufe der Jahre haben sich viele verschiedene Formen medialer Repräsentationen entwickelt, die unter dem Begriff der virtuellen Realität zusammengefasst werden. Dies mag dem stetigen technologischen Fortschritt auf diesem Gebiet geschuldet sein, weshalb zumindest alltagssprachlich das Verständnis von VR stark an die aktuell verfügbaren und zugänglichen[6] Technologien angelehnt ist. Dies hat jedoch dazu geführt, dass der Begriff virtuelle Realität nicht eindeutig einer spezifischen Darstellungsform einer virtuellen Welt zugeordnet wird. So wird VR sowohl für die Darstellung über Flachbildschirm,

---

[6] Teure und aufwendige Forschungslabore sind z. B. nicht für jedermann zugänglich.

3D-Displays, als Projektion auf mehrere Flächen einer CAVE (Cave Automatic Virtual Environment) als auch über am Kopf befestigte Displays (engl. head-mounted displays, kurz HMD) verwendet. Daher ist eine weitere Abgrenzung nötig.

Im Folgenden wollen wir auf nichtimmersive und immersive virtuelle Realität eingehen. Weitere Abgrenzungen immersiver VR werden in dem jeweiligen Kapitel ausgeführt, diese sind filmische VR in Kap. 11, soziale VR in Kap. 12 und standortbezogene VR in Kap. 15.

1.4.8.1 Nichtimmersive virtuelle Realität

Wie zuvor erwähnt, gibt es keine gute Abgrenzung bei der Nutzung des Ausgabegeräts in Bezug auf VR. Um zu verdeutlichen, dass es sich um die Nutzung am Flachbildschirm (gewöhnlich monoskopisch) und nicht um CAVEs oder am Kopf getragene Geräte handelt, soll der VR-Begriff um den Zusatz „nichtimmersiv" bzw. „immersiv" ergänzt werden. Die Darstellung von virtuellen Welten am Flachbildschirm bezieht sich auf *nichtimmersive VR* und die Nutzung von virtuellen Welten in der CAVE und in HMDs auf immersive VR. Neben dem Ausgabemedium ist die dynamische Anpassung an die Kopfposition und- orientierung ein weiteres Abgrenzungskriterium: Ohne diese ist auch eine CAVE oder ein HMD nicht der immersiven VR zuzuordnen.

Somit bezieht sich die nichtimmersive VR auf virtuelle Erfahrungen, wobei der Anwender

- nicht im Mittelpunkt steht,
- nicht vollständig von digitalen Inhalten umgeben ist und
- diese eher als Beobachter, anstelle als Teilnehmer, wahrnimmt.

Beispielsweise kann in einem Videospiel, welches am Fernseher oder am Computerbildschirm gespielt wird, mittels eines Spielcharakters und einer Tastatur- oder Joystickinteraktion in die Umgebung eingegriffen werden. Die Interaktion entspricht aber nicht einer realistischen Erfahrung der virtuellen Welt, sondern man hat das Gefühl, von außen in das Geschehen einzugreifen.

1.4.8.2 Immersive virtuelle Realität

Die *immersive virtuelle Realität* (engl. immersive virtual reality) schafft eine vollständige Illusion der Anwesenheit in einer virtuellen Umgebung, bei der das Gefühl entsteht, sich „an einem anderen Ort" zu befinden. Sie wird von äußeren Einflüssen (der Außenwelt) isoliert, i. d. R. aus der Egoperspektive erlebt, während darin durch natürliche Interaktion agiert und sich fortbewegt wird. Die konstante Anpassung an die Kopfposition und -orientierung erhöht das in sich geschlossene immersive Gesamterlebnis. Als Ausgabemedium kommen CAVEs oder HMDs zum Einsatz, bei denen jeweils ein großer Bereich des Sichtfeldes abgedeckt wird.

Bei der immersiven VR sind äußere Einflüsse möglichst ausgeschlossen, während bei dem Blick auf einen Flachbildschirm weiterhin ein Teil der Umgebung wahrgenommen wird und der Nutzer sich seiner Umwelt bewusst bleibt. Somit haben äußere Einflüsse in immersiver VR ein geringeres Ablenkungspotenzial. Zusätzlich bietet die immersive VR im Gegensatz zu anderen Ein- und Ausgabemedien ein großes Spektrum an Interaktions- und Bewegungsmethoden.

1.5   Das erweiterte Realitäts-Virtualitäts-Kontinuum

Das von Milgram und Kishino (1994) eingeführte *Realitäts-Virtualitäts-Kontinuum* berücksichtigt die physische Realität, die gemischte Realität und die virtuelle Realität. Diese Klassifizierung der Realitätsebenen beschränkt sich somit auf die *Außenwelt* – also auf die äußere Welt außerhalb des eigenen Körpers – und berücksichtigt nicht die *Innenwelt* – also den dem eigenen Ich zugehörenden geistigen und seelischen Bereich einer Person.

Die Wahrnehmung der Außenwelt, ob real oder simuliert, wird durch kognitive Prozesse weiterverarbeitet, gefiltert und interpretiert. So entsteht unsere innere Vorstellung der Realität. Auch wenn sich der Mensch dies nicht alltäglich in Erinnerung ruft, ist er sich oftmals der Tatsache bewusst, dass die Realität, wie sie von einer Person wahrgenommen wird, nicht der Realität der anderen entspricht. Es gibt also keine absolute Realität, die von allen gleich wahrgenommen wird (Hoffman 2019). Beispielsweise gibt es große Unterschiede in der Wahrnehmung des Lichtspektrums.

Um ein vollständiges Bild der verschiedenen Realitätsebenen zu skizzieren und diese mit den mentalen Modellen zu verknüpfen, muss das Realitäts-Virtualitäts-Kontinuum um die mentale Realität erweitert werden. Daraus ergibt sich eine *erweiterte Version* des *Realitäts-Virtualitäts-Kontinuums*, bei dem sich die vier grundlegenden Realitätsebenen, die physische Realität, die gemischte Realität, die virtuelle Realität und die mentale Realität, unterscheiden lassen.

Neben der Ergänzung um die mentale Realität, auf die im folgenden Abschnitt näher eingegangen wird, ist anzumerken, dass die gemischte Realität auch neuere Entwicklungen umfasst, die im Realitäts-Virtualitäts-Kontinuum bisher nicht enthalten sind. Die gemischte Realität bezieht sich somit neben der erweiterten Realität und erweiterten Virtualität auch auf weitere Mischformen wie die reduzierte Realität und die ersetzende Realität.

1.5.1   Mentale Realität

Dinge, die wir mit unseren Augen, Ohren und unserem Körper wahrnehmen, sind nicht einfach ein reales Abbild der Welt um uns herum. Wir erschaffen in unseren Köpfen eine Vorstellung der Umgebung, in der wir zu leben glauben. Vieles von dem, was wir wahrnehmen, ist das Ergebnis unserer eigenen Erfindung dessen, was in der Vergangenheit geschehen ist und was wir jetzt für real halten, obwohl es eigentlich künstlich, fiktiv, imaginär und immateriell ist.

Die *mentale Realität* basiert auf dem inneren Zustand des Geistes einschließlich Erinnerungen, Tagträumen und geplanten Aktivitäten und kann sowohl durch äußere als auch innere Reize ausgelöst werden. Sie ist die Art und Weise, wie eine Person die äußere Welt in ihrem eigenen Kopf wahrnimmt, und existiert nur in unseren Gedanken, Fantasien und Träumen. Neben der Repräsentation der Außenwelt kann die mentale Realität aber auch rein fiktionale Elemente beinhalten. Dieser Elemente sind sich die Menschen nicht immer bewusst. Beim Aufwachen kann es passieren, dass es nicht offensichtlich ist, woher die Erinnerungen stammen. Ob ein Mensch sich an einen Traum, ein mediales Erlebnis oder doch an ein tatsächliches Ereignis erinnert, ist nicht unbedingt offensichtlich.

1.5.2 Mentales Modell

Ein *mentales Modell* ist ein stark vereinfachtes Abbild im Kopf über die Funktionsweise von uns selbst, von anderen, von der Umwelt und von Objekten, mit denen wir interagieren. Dessen Hauptzweck ist es, realweltliche Sachverhalte und Abläufe als modellhafte Vorstellung aufzubauen und in Gedanken zu simulieren, um auf geeignete Weise auf Situationen reagieren zu können. Unterschiedliche Menschen haben i. d. R. unterschiedliche mentale Modelle derselben Sache oder Abläufe, da diese Modelle durch Top-down-Prozesse entstehen, die aus früheren Erfahrungen, Schulungen und Anleitungen abgeleitet sind. Der Mehrwert der Modellbildung liegt in dem Ergebnis, das erzielt wird, beispielsweise wenn neue Fähigkeiten erlernt und diese danach in unterschiedlichen Situationen angewendet werden. Um so einfacher ein mentales Modell aufgebaut ist und weiterhin eine präzise Vorhersage liefert, sollte dieses komplexeren mentalen Modellen vorgezogen werden.

Als Analogie zu einem mentalen Modell kann eine Karte der realen Welt herangezogen werden (Korzybski 1958): Die Karte ist nicht das Territorium selbst, d. h., wir bilden eine subjektive Repräsentation (als Karte) der äußeren Gegebenheiten (das Territorium) ab. Aber die Repräsentation ist nicht tatsächlich die Realität, so wie eine Karte eines Ortes nicht tatsächlich der Ort selbst ist, sondern eine mehr oder weniger genaue Repräsentation. Je nach Aufgabe kann die Karte räumliche Zusammenhänge (Landkarte) oder die Beziehungen zwischen Elementen ohne direkten räumlichen Bezug darstellen (Netzplan).

Wie Norman (2013) darlegt, kann eine Person sogar mehrere mentale Modelle derselben Sache oder Abläufe haben, um jeweils andere Aspekte ihrer Funktionsweise abzubilden. Ein anwendbares mentales Modell muss weder vollständig noch präzise sein, solange es die gewünschte Funktionalität hinreichend genau beschreibt.

Da die Menschen den Großteil ihrer Zeit in der realen Welt verbringen, entwickeln sie mentale Modelle, um die reale Welt zu repräsentieren. Wechselt ein Mensch in die gemischte oder virtuelle Realität, werden die künstlich erzeugten Inhalte und Interaktionsmöglichkeiten mit dem, durch die Realität gebildeten, mentalen Modell abgeglichen. Stimmen diese überein, wird die Simulation akzeptiert. Bei größeren Abweichungen kann es zu Irritationen kommen, die jedoch durch andere Effekte, wie z. B. die willentliche Aussetzung der Ungläubigkeit, kompensiert werden können. Die *willentliche Aussetzung der Ungläubigkeit* (engl. suspension of disbelief) beschreibt die Bereitschaft eines Rezipienten, Fiktionen auch dann zu akzeptieren, wenn diese der Realität nicht entsprechen können.

Betrachten wir ein Beispiel aus dem Film: Physikalisch ist bekannt, dass im Weltraum, wo es keine Materie gibt, auch kein Schall übertragen werden kann. In Weltraumfilmen wundert man sich jedoch, wenn die Explosion eines Raumschiffs nicht zu hören ist, z. B. im Film Gravity. Im Laufe der Jahre wurden Menschen darauf konditioniert, unrealistische Geräusche zu erwarten – nicht nur bei Explosionen und Raumschiffen, sondern auch bei Schritten, Schüssen usw. Wenn ein Film nicht dem mentalen Modell des Rezipienten entspricht (wie z. B. der unrealistischen Erwartungshaltung, dass eine Explosion im Weltall zu hören ist), ist der Rezipient irritiert.

Bei häufiger Nutzung von Anwendungen, bei denen vorhandene mentale Modelle nicht passen, werden diese adaptiert oder neue mentale Modelle angelegt, um eine gute Repräsentation der virtuellen Welt abzubilden (Wölfel 2021). Die Veränderung des mentalen Modells beim immersiven Lernen wird in Abschn. 13.1 behandelt.

Wie zuvor kurz erwähnt, kann unsere Vorstellung durch äußere oder innere Stimuli ausgelöst werden. Fehlen äußere Stimuli oder sind diese unterdrückt, wie beim Träumen, wird unsere mentale Realität durch unser mentales Modell generiert. Der Zusammenhang der verschiedenen Realitäten und die Verknüpfung mit dem mentalen Modell ist in Abb. 1.11 dargestellt.

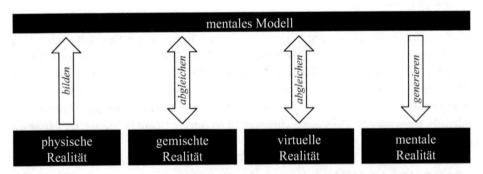

Abb. 1.11 Dimensionen der Realitäten und deren Zusammenhang mit dem mentalen Modell

1.6 Cyberspace und Metaversum

Vieles, was in der immersiven VR passiert, wurde zuvor in fiktiven Geschichten erzählt. So wurden auch die Begriffe Cyberspace und Metaversum durch Science-Fiction-Autoren geprägt und sind eng mit VR verbunden.

Der *Cyberspace* (engl. cyber als Kurzform für Kybernetik und space für Raum, Weltall), auch *Datenraum*, ist ein Konzept, das eine weitverbreitete, vernetzte digitale Technologie beschreibt. Der Begriff bezieht sich auf die Online-Welt (das gesamte Internet), als eine Welt abseits des Alltäglichen (engl. world apart), die sich von der uns umgebenden Realität unterscheidet. Der Cyberspace kann sich dabei auf eine konkrete virtuelle Welt oder die über das Internet verbundene Gesamtheit des globalen Netzes voneinander abhängiger IT-Infrastrukturen, Telekommunikationsnetze und Computerverarbeitungssysteme beziehen. Einzelpersonen können über dieses globale Netzwerk u. a. mit anderen Menschen interagieren oder sich besprechen, sich informieren und Informationen weitergeben, etwas lernen oder spielen, Geschäfte abwickeln oder künstlerisch tätig sein. Unter den Menschen, die den Cyberspace nutzen, gibt es eine Art gemeinsamen Kodex an Regeln und ethischen Grundsätzen, der als *Cyberethik* bezeichnet wird. Nicht nur Datenschützer sind der Ansicht, dass das Recht auf Privatsphäre für einen funktionierenden Cyberethik-Kodex wichtig ist. Aber es gibt auch im Cyberspace soziale Probleme wie das *Cybermobbing* (auch *Cyberbulling*), mit dem verschiedene Formen der Verleumdung, Belästigung, Bedrängung und Nötigung im Internet bezeichnet werden (Marx 2017). Auch die VR ist nicht frei von solchen Problemen, siehe hierzu Abschn. 4.4.

Ein weiterer Begriff, der eng mit dem Cyberspace verbunden ist, ist das *Metaversum* (engl. metaverse), welches auch als gigantischer Cyberspace angesehen werden kann. Der Begriff des Metaversums wurde erstmals 1992 von dem Science-Fiction-Autor Neal Stephenson erwähnt und bezeichnet eine Reihe miteinander verbundener virtueller Welten, die für alles Mögliche genutzt werden können, von Unterhaltung über Handel bis hin zu Arbeit.

Das *Metaversum*, abseits der Science-Fiction, wird als die nächste Generation des Internets bezeichnet und erlebt durch die Nutzung des Begriffs durch Mark Zuckerberg einen Hype. Hier sei angemerkt, dass derzeit keine einheitliche Definition des Metaversums existiert und der Begriff weiterhin stark im Wandel ist. Die aktuelle Vision des Metaversums geht weit über die Nutzung von immersiven Medien hinaus und umfasst neben gemischter sowie virtueller Realität, tragbare digitale Güter und Währungen in Form von Non-Fungible Tokens (NFTs) und Kryptowährungen, realistische durch künstliche Intelligenz gesteuerte Charaktere, die den *Turing-Test*[7] bestehen können, und Brain-

---

[7] Der Turing-Test, nach Alan Turing, versucht zu prüfen, ob eine Maschine Menschen im Denkvermögen gleichkommt. Der Turing-Test gilt als bestanden, wenn die Maschine einen Menschen täuscht, sie für einen Menschen zu halten.

Computer-Interface-Technologie. Häufig wird das *Metaversum* fälschlicherweise als VR bezeichnet oder sogar mit dieser gleichgesetzt. Doch dieser Bezug greift zu kurz. Tatsächlich ist die VR lediglich eine Möglichkeit, das Metaversum zu erleben. Grundlegend gesehen besteht das Metaversum aus drei aufeinander aufbauenden Schichten:

Schicht 1: Die *Infrastruktur* ist ähnlich zum Internet, wie es bereits heute existiert. Dieses wird im Metaversum um eine einheitliche Ökonomie wie z. B. die Blockchain und NFTs ergänzt.

Schicht 2: Der *3D-Content* besteht aus interaktiven 3D-Inhalten, wie Massen-Mehrspieler-Online-Spiele. Dieser 3D-Content wird um Inhalte ergänzt, die sich nicht mit Spielen auseinandersetzen, wie soziale VR oder immersive Lernanwedungen.

Schicht 3: Die *immersiven Interfaces* geben den Nutzern die Möglichkeit zur Ein- und Ausgabe.

Nach Lee et al. (2021) hat das Metaversum bereits vier Übergänge durchlaufen: von textbasierten interaktiven Spielen über virtuelle offene Welten zu Massen-Mehrspieler-Online-Spielen und weiter als immersive virtuelle Umgebungen bis hin zum aktuellen Status des Metaversums. Jeder Übergang wurde dabei durch das Auftauchen neuer Technologien geprägt, wie z. B. die Geburt des Internets, 3D-Echtzeitgrafik oder Blockchain-Technologien. Am ehesten kann das Metaversum beschrieben werden als ein massiv skaliertes und interoperables Netzwerk von in Echtzeit gerenderten, d. h. zu Bildern umgewandelten, virtuellen 3D-Welten, die synchron und dauerhaft von einer praktisch unbegrenzten Anzahl von Nutzern besucht werden können. Dabei spielen auch weitere Faktoren, wie das Gefühl der Präsenz und die Kontinuität der Daten in Bezug auf Identität, Historie, Kommunikation und Zahlungen, eine wesentliche Rolle.

Merkmale, die für das Metaversum mindestens vorhanden sein müssen, sind:

- eine kollektive, geteilte, technische Infrastruktur (Firmen besitzen das Metaversum nicht),
- eine in Echtzeit gerenderte, nicht begrenzte, persistente virtuelle Welt,
- virtuelle Räume, die sich von Nutzern erschaffen lassen und für andere Nutzer zugänglich sind,
- Avatare, die nutzergesteuert sich frei in der virtuellen Welt bewegen,
- virtuelle und reale Währungen, die eine einheitliche Ökonomie für digitale und physische Räume bilden,
- Mixed-Reality-Technologien und KI-basierte Interfaces, die eine natürliche Interaktion ermöglichen.

Diese Infrastruktur kann von Nutzern verwendet werden, um zu erforschen, zu gestalten, zu spielen, zu arbeiten, Kontakte zu knüpfen und Geschäfte zu tätigen, ohne dass Nutzer sich am selben Ort befinden.

Literaturverzeichnis

Azuma RT (1997) A survey of augmented reality. Presence Teleop Virt Environ 6(4):355–385

Bostrom N (2003) Are we living in a computer simulation? Philos Q 53(211):243–255

Dyson G (2012) Turing's cathedral: the origins of the digital universe. Pantheon, München

Eckstein B, Krapp E, Elsässer A, Lugrin B (2019) Smart substitutional reality: integrating the smart home into virtual reality. Entertain Comput 31:100306

Faisal A (2017) Computer science: visionary of virtual reality. Nature 551(7680):298–299

Girvan C (2018) What is a virtual world? Definition and classification. Educ Technol Res Dev 66(5):1087–1100

Gorisse G, Christmann O, Etienne-Armand A, Richir S (2017) First- and third-person perspectives in immersive virtual environments: presence and performance analysis of embodied users. Front Robot AI 4:33

Harman G (2015) Thought. Princeton University Press, Princeton

Heidegger M (1988) Vom Wesen der Wahrheit: Zu Platons Höhlengleichnis und Theätet, vol 34. V. Klostermann

Hepperle D, Wölfel M (2017) Do you feel what you see? Multimodal perception in virtual reality. In: Proceedings of the 23rd ACM Symposium on Virtual Reality Software and Technology, VRST '17. Association for Computing Machinery, New York

Hoffman D (2019) The case against reality: why evolution hid the truth from our eyes. WW Norton & Company, New York

Hoffman HG (1998) Physically touching virtual objects using tactile augmentation enhances the realism of virtual environments. In: Proceedings. IEEE 1998 Virtual Reality Annual International Symposium (Cat. No. 98CB36180). IEEE, S 59–63

Ijsselsteijn W, Riva G (2003) Being there: the experience of presence in mediated environments. Being there: concepts, effects and measurement of user presence in synthetic environments 5

Jerald J (2015) The VR book: human-centered design for virtual reality. Morgan & Claypool, San Rafael

Junglas IA, Watson RT (2008) Location-based services. Commun ACM 51(3):65–69

Korzybski A (1958) Science and sanity: an introduction to non-Aristotelian systems and general semantics. Institute of GS, New York

Lee LH, Braud T, Zhou P, Wang L, Xu D, Lin Z, Kumar A, Bermejo C, Hui P (2021) All one needs to know about metaverse: a complete survey on technological singularity, virtual ecosystem, and research agenda. arXiv preprint arXiv:211005352

Lombard M, Ditton T (1997) At the heart of it all: the concept of presence. J Comput-Mediat Commun 3(2):jCMC321

Marx K (2017) Diskursphänomen Cybermobbing – Ein internetlinguistischer Zugang zu [digitaler] Gewalt. De Gruyter, Berlin, Boston

Maschmann M (2017) Virtual Reality Blueprint: Ein kurzer Einblick in die neue virtuelle Welt der Virtual, Augmented und Mixed Reality. Maximilian C. Maschmann

Milgram P, Kishino F (1994) A taxonomy of mixed reality visual displays. IEICE Trans Inf Syst 77(12):1321–1329

Miraz MH, Ali M, Excell PS, Picking R (2015) A review on internet of things (IoT), internet of everything (IoE) and internet of nano things (IoNT). In: 2015 Internet Technologies and Applications (ITA), S 219–224

Mori S, Ikeda S, Saito H (2017) A survey of diminished reality: techniques for visually concealing, eliminating, and seeing through real objects. IPSJ Trans Comput Vis Appl 9(1):1–14

Norman D (2013) The design of everyday things, Revised and expanded edition. Basic books, New York

Simeone AL, Velloso E, Gellersen H (2015) Substitutional reality: using the physical environment to design virtual reality experiences. In: Proceedings of the 33rd Annual ACM Conference on Human Factors in Computing Systems, CHI '15. Association for Computing Machinery, New York, S 3307–3316

Slater M (2009) Place illusion and plausibility can lead to realistic behaviour in immersive virtual environments. Philos Trans R Soc B: Biol Sci 364(1535):3549–3557

Slater M, Wilbur S (1997) A framework for immersive virtual environments (five): speculations on the role of presence in virtual environments. Presence Teleop Virt Environ 6:603–616

Slater M, Pertaub DP, Barker C, Clark DM (2006) An experimental study on fear of public speaking using a virtual environment. CyberPsychol Behav 9(5):627–633

Steuer J (1992) Defining virtual reality: dimensions determining telepresence. J Commun 42(4): 73–93

Weiser M (1993) Hot topics-ubiquitous computing. Computer 26(10):71–72

Wilson M (2002) Six views of embodied cognition. Psychon Bull Rev 9(4):625–636

Wölfel M (2021) Besonderheiten beim Einsatz von immersiven Augmented und Virtual Reality Lernanwendungen, in Künstliche Intelligenz in der beruflichen Bildung. Franz Steiner, Stuttgart

Zheng J, Chan K, Gibson I (1998) Virtual reality. IEEE Potentials 17(2):20–23

Künstliche Welten im historischen Überblick

2

Die Erschaffung künstlicher Welten, die begehbar und erlebbar sind, ist seit langem ein Menschheitstraum. Die ersten Umsetzungen dieses Traums begannen bereits vor fast 20.000 Jahren mit den ersten Höhlenmalereien, z. B. in Lascaux, Frankreich. Mit dem Aufkommen der Panoramabilder vor ca. 250 Jahren wurden bereits künstliche Welten geschaffen, die ein großes Sichtfeld abdeckten und den Betrachter vollständig umschlossen. In den darauffolgenden Jahren wurden alle möglichen Tricks, Konstruktionen und bildgebende Technologien eingesetzt, um dem Publikum eine Art Bewegung durch Zeit und Raum zu ermöglichen. Die Entwicklung wurde und wird getrieben durch Erfindergeist, Entrepreneurship, Forschung und Wissenschaft. Dabei gibt es Erfolge, aber auch Misserfolge.

Im Folgenden betrachten wir einen kleinen Teil der Entwicklung immersiver Medien. Einen ausführlichen Überblick zur Entwicklung von Optik, Perspektive, Bildgenerierung und -erfassung findet der interessierte Leser in Grasnick (2020). Ein ausführlicher Überblick über die Entwicklung der Computergrafik und -animation findet sich in Carlson (2017).

2.1 Bilder, Stereoskopie und Panoramen (bis 1890)

Bis zum Ende des 19. Jahrhunderts waren Kunstwerke und Fotografien die einzige Möglichkeit, Menschen, Orte oder Dinge abzubilden. Die Künstler experimentierten dabei mit verschiedenen Formaten, darunter großformatige Wandbilder und Panoramen sowie stereoskopische Bilder.

M. Wölfel, *Immersive Virtuelle Realität*, https://doi.org/10.1007/978-3-662-66908-2_2

2.1.1   1611: Dióptrik, Grundlagen der Lichtbrechung

Obwohl die Brechung des Lichts schon seit etwa 1150 Gegenstand der Forschung ist u. a. durch den Araber Alhazen, wurden erst mit dem im Jahr 1611 erschienenen Werk zur *Dióptrik* des Auges von Johannes Kepler die Grundlagen über die Brechung des Lichtes, insbesondere in Linsengläsern, gelegt. Mit Descartes *Dioptrique* (1639) und Newtons *Optics* (1704) konnte sich das Wissenschaftsgebiet weiter etablieren.

2.1.2   1787: Panoramabild

Das erste *Panorama* stammt von dem Maler Robert Barker, der 1787 in Edinburgh eine Ansicht dieser Stadt ausstellte. Den Namen seines Bildes setzte er aus den beiden griechischen Wörter pan für all und horama für Sicht zusammen. Weitere Panoramen von Barker zeigten London und Schlachtszenen aus den Napoleonischen Kriegen.

Barker hat nicht nur das 360°-Bild erfunden, sondern auch die Szenografie. Das erste Patent zu Panoramen wurde aber dem amerikanischen Ingenieur Robert Fulton 1791 erteilt. Es bezieht sich auf „ein kreisförmiges Bild ohne Grenzen" und umfasst sowohl die Architektur, die Position der Betrachter, als auch den Weg zum Ein- und Aussteigen.

2.1.3   1838: Stereoskopie

Im Jahr 1838 veröffentlichte Sir Charles Wheatstone, Professor für experimentelle Naturwissenschaften am King's College in London, seine ersten Forschungsergebnisse über räumliches Sehen. Seine Forschung über das binokulare Sehen zeigte, dass das Gehirn bei der Betrachtung zweier Abbildungen – jeweils eine pro Auge – desselben Objektes, die aus verschiedenen Blickwinkeln aufgenommen wurden, so im Kopf miteinander kombiniert werden, dass ein Gefühl der Tiefe entsteht. Für diese Erkenntnis erhielt Wheatstone 1840 die Royal Medal der Royal Society. Eine Skizze des reflektierenden Stereoskops nach Wheatstone ist in Abb. 2.1 dargestellt. Dieser Apparat besteht aus zwei gleichen Spiegeln, die jeweils in einem 45°-Winkel (im rechten Winkel zueinander) zu den Augen des Rezipienten angeordnet sind und das Bildpaar so umlenken, dass mit dem linken Auge nur das linke Bild und mit dem rechten Auge nur das rechte Bild betrachtet wird. Der mechanische Aufbau war dabei so konzipiert, dass mehrere Einstellungen vorgenommen werden konnten.

2.1.4   1839: Daguerreotypien

Die *Daguerreotypie*, benannt nach dem Maler Louis Daguerre, der das Verfahren mitentwickelt hat, war das erste kommerziell nutzbare Fotografieverfahren. Es wurde zum ersten

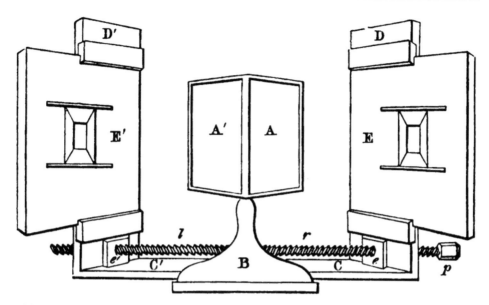

Abb. 2.1 Reflektierendes Stereoskop nach Charles Wheatstone, aus Brewster (1856)

Mal im Jahr 1839 auf einer gemeinsamen Sitzung der Pariser Académie des sciences und der Académie des Beaux-Arts vorgestellt. Die Belichtung findet dabei auf austauschbaren, spiegelglatt polierten Metalloberflächen statt.

2.1.5 1849: Zweiobjektiv-Kamera und Prismen-Stereoskop

Im Jahr 1849 stellte der Physiker David Brewster die erste *Zweiobjektiv-Kamera* vor. Damit war es zum ersten Mal möglich, Aufnahmen gleichzeitig stereoskopisch festzuhalten. Zuvor wurden Stereo-Halbbilder nacheinander aufgenommen, wobei die Kamera zwischen den beiden Aufnahmen um den Augenabstand verschoben wurde.

Im selben Jahr stellte Brewster mit dem *Prismen-Stereoskop* ein Gerät vor, mit dem die Aufnahmen, die mit der Brewster-Kamera fotografiert wurden, einfach betrachtet werden konnten (Brewster 1856). Die heute gebräuchlichsten HMDs verwenden, dem optischen Layout von Brewster folgend, einen kleinen selbstleuchtenden oder hinterleuchteten Bildschirm und optische Linsen, um Licht vom Bildschirm auf die Augen des Nutzers zu projizieren. Dadurch entsteht eine vergrößerte Version des Bildschirms in einer festen Tiefe. Eine Abbildung des Prismen-Stereoskops, das vom Aufbau bereits sehr an heutige HMDs erinnert, ist in Abschn. 10.1.9 dargestellt. Die Idee von Brewster wurde schnell aufgegriffen. Auf der Weltausstellung 1851 in London demonstrierte der Optiker Jules Dobascq einen Apparat, nach dem Konstruktionsprinzip von Brewster, mit dem er Stereo-Daguerreotypien zeigte. Innerhalb von nur 10 Jahren wurden in Europa über 1 Mio. Stereoskope und ein Vielfaches an Stereokarten verkauft. Das Interesse an Stereobildern hielt bis zur Jahrhundertwende an.

2.1.6   1862: Pepper's Ghost, erste AR-Anwendung

John Pepper entwickelte im Jahr 1862 einen Illusionstrick, der heute als *Pepper's Ghost* bekannt ist. Mittels eines Flachglases und spezieller Beleuchtung lässt sich so ein Objekt in den Raum projizieren. Einfache AR-Displays und Head-up-Displays basieren bis heute auf diesem Effekt.

2.2   Bilder lernen Laufen (1890 bis 1950)

Bereits in den 1830er-Jahren wurde beim *Phenakistoskop* und *Zoetrop* der Effekt genutzt, dass eine Abfolge von Standbildern eine kontinuierliche Bewegung erzeugt.

Doch erst durch Hannibal Goodwins Idee im Jahr 1887, Zelluloid als Grundlage für fotografische Emulsionen zu verwenden, wurde es möglich, Zelluloid-Rollfilmen herzustellen (durch den Industriellen George Eastman) und Tausende von Bildern in kurzer Zeit zu belichten.

William Dickson, ein junger Laborant der Edison Company, erfand in den 1890er-Jahren den *Kinetographen* zum Aufnehmen und das *Kinetoskop* zum Betrachten von Bewegtbildern. Da sich die Synchronisierung von Tonaufnahmen, die mit dem *Phonographen* (1877 von Edison als Patent eingereicht) abgespielt wurden, und Bildfolgen als schwierig erwies, blieb der Film zunächst stumm. Erst in den 1920er-Jahren gelang dem Tonfilm der kommerzielle Durchbruch.

2.2.1   1895: Film erreicht breite Öffentlichkeit

Im Jahr 1895 wurden die ersten Filmproduktionen öffentlich aufgeführt (am 1. November von Emil & Max Skladanowsky in Berlin, am 28. Dezember von Auguste & Louis Lumière in Paris) und erreichten in den Folgejahren ein großes Publikum.

2.2.2   1900: Cinéorama, erster Panoramafilm

Bereits im Jahr 1900 wurden das *Maréorama* und das *Cinéorama* als Unterhaltungsattraktionen für die Pariser Weltausstellung geschaffen. Das Maréorama wurde von Hugo d'Alesi mit einer Kombination aus beweglichen Panoramagemälden und einer großen beweglichen Plattform umgesetzt, um die Illusion einer Schiffsfahrt zu erzeugen. Das Cinéorama von Raoul Grimoin-Sanson verwendete 10 synchronisierte 70-mm-Filmprojektoren, um die Illusion einer Heißluftballonfahrt zu simulieren (Mancini 1983). Eine Zeichnung des Cinéoramas ist in Abb. 2.2 dargestellt.

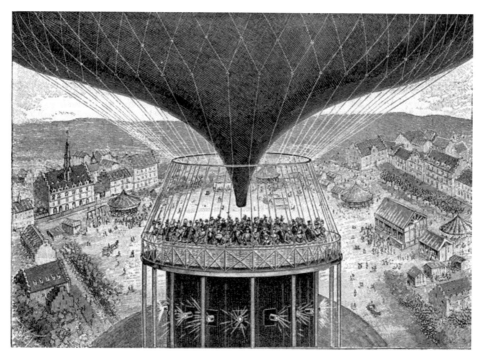

Abb. 2.2 Das Cinéorama auf der Pariser Weltausstellung im Jahr 1900. (Quelle: Scientific American 1. September 1900)

2.2.3   1945: Stereoskopisches Fernsehgerät

Henry McCollum patentierte ein stereoskopisches Fernsehgerät (Patentnummer US2388170), das auf der Nase getragen wird, siehe Abb. 2.3. Leider gibt es keine Information darüber, ob das Gerät jemals gebaut wurde und funktionsfähig war.

2.3   Erste Realisierungen von VR-Systemen (1950 bis 1980)

Mitte der 1950er-Jahre wurde das „Kino der Zukunft" von Morton Heilig entwickelt, das alle Sinne anregte. Mit der Telesphere Mask und dem Headsight entstanden die ersten VR-Headsets der Welt. Doch erst Ivan Sutherland entwickelte ein Headset, bei dem die Bildinhalte in Abhängigkeit der Kopfposition generiert wurden. Im Jahr 1969 wurde der Begriff *Artificial Reality* (künstliche Realität) von dem Computerkünstler Myron Krueger geprägt, der interaktive Umgebungen entwickelte.

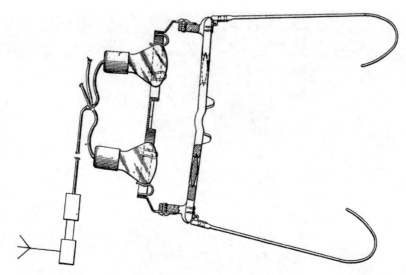

Abb. 2.3 Stereoskopisches Fernsehgerät. (Quelle: US-Patent 2388170, retuschiert)

2.3.1 1956: Sensorama

Im Jahr 1956 präsentierte (1962 patentiert, US-Patent 3050870) der Kameramann Morton Heilig mit dem *Sensorama* die erste Maschine, mit der alle Sinne, durch eine Kombination aus einem stereoskopischen 3D-Bildschirm, Stereolautsprechern, einem vibrierenden Stuhl, Lüfter und Geruchsgeneratoren, stimuliert werden konnten. Das Sensorama als „Kino der Zukunft" sollte das Individuum vollständig in den Film eintauchen lassen. Heilig schuf für seine Erfindung sechs Kurzfilme.

2.3.2 1960: Telesphere Mask, erstes HMD

Neben dem Sensorama patentierte Morton Heilig auch einen weiteren Apparat, den er *Telesphere Mask* nannte. Die Telesphere Mask, siehe Abb. 2.4, lieferte stereoskopische Bilder mit Weitsicht und Stereoklang und kann somit als das erste HMD gesehen werden, es verfügte aber über keine Bewegungsverfolgung (Tracking) im Headset.

2.3.3 1961: Headsight, erstes HMD mit Tracking

Headsight wurde im Jahr 1961 von Charles Comeau und James Bryan, zwei Ingenieuren der Philco Corporation, entwickelt und war das erste HMD mit Bewegungsverfolgung (Comeau und Bryan 1961). Es hatte eingebaute Videobildschirme für jedes Auge und ein

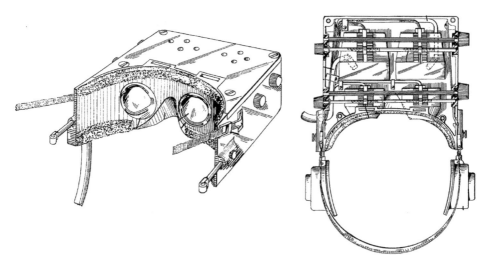

Abb. 2.4 Morton Heilig, Telesphere Mask, 1960. (Quelle: US-Patent 2955156, retuschiert)

Abb. 2.5 Headsight. (Quelle: Philco Corporation, retuschiert)

Head-Trackingsystem. Das System generierte aber nicht virtuelle Bilder, sondern steuerte eine Kamera in der Ferne, die die Kopfbewegungen nachahmte, sodass sich der Nutzer umsehen konnte, siehe Abb. 2.5.

2.3.4   1965: Ultimate Display

Im Jahr 1965 präsentierte der Informatiker Ivan Sutherland seine Vision eines *Ultimate Displays*. Das Konzept bestand aus einer virtuellen Welt, die durch ein HMD betrachtet wurde, das die Realität so gut replizierte, dass der Nutzer nicht in der Lage sein würde, sie von der tatsächlichen Realität zu unterscheiden. Sutherland beschrieb sein Ultimate Display als

> ein[en] Raum, in dem der Computer die Existenz von Materie kontrollieren kann. Ein Stuhl, der in einem solchen Raum angezeigt wird, wäre gut genug, um darin zu sitzen. Handschellen, die in einem solchen Raum angezeigt werden, wären einengend, und eine Kugel, die in einem solchen Raum angezeigt wird, wäre tödlich. Bei entsprechender Programmierung könnte ein solches Display buchstäblich das Wunderland sein, in das Alice ging.

Sutherlands Publikation (Sutherland 1965) gilt weiterhin als die Blaupause für heutige immersive VR-Erfahrungen.

2.3.5   1968: Sword of Damocles

Ivan Sutherland (1968) und Bob Sproull realisierten mit dem *Sword of Damocles*,[1] dargestellt in Abb. 2.6, die erste Umsetzung von Sutherlands Vision des Ultimate Displays.

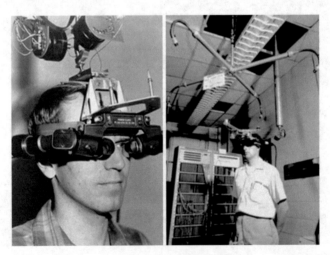

Abb. 2.6 Kopfbasiertes Display von Sutherland (1968). Das vertikale Aluminiumrohr ist das sogenannte Sword of Damocles (nicht das Gesamtsystem). Zur Erfassung der Kopforientierung sind am unteren Ende des Aluminiumrohrs Drehgeber (die schwarzen runden Objekte im linken Bild) angebracht

---

[1] Nach der Legende vom Damoklesschwert.

Das Sword of Damocles ist von dieser Vorstellung natürlich noch weit entfernt. Das als echtes erstes Virtual-Reality-HMD geltende Gerät war eher primitiv, da nur einfache virtuelle Drahtmodellformen gezeigt werden konnten. Diese änderten die Perspektive, wenn der Nutzer seinen Kopf bewegte. Da das Trackingsystem für Nutzer zu schwer und zu unbequem zu tragen war, blieb das Sword of Damocles ein Laborprojekt.

2.3.6 1974: SIGGRAPH-Konferenzen

Seit ihren Anfängen im Jahr 1974 haben sich die *SIGGRAPH*[2] und ihr Ableger *SIG-GRAPH Asia* zu zwei der wichtigsten Technologiekonferenzen mit Fokus auf Computergrafik und interaktive Techniken entwickelt. Neben Wissenschaftlern bieten die Konferenzen auch Künstlern eine Bühne.

2.3.7 1976: VIDEOPLACE, soziale Interaktion im Virtuellen

Mit *VIDEOPLACE* stellt Myron Krueger die erste interaktive VR-Plattform vor (Krueger 1991). Seine Idee war es, eine künstliche Realität zu schaffen, die den Nutzer umgibt und auf seine Bewegungen reagiert, ohne Brille oder Handschuhe. Um seine Vorstellungen zu realisieren, verwendete er Computergrafiken, Projektoren, Videokameras, Videodisplays und Positionserfassungstechnologie. In VIDEOPLACE konnten Nutzer ihre computergenerierten Silhouetten sehen, die ihre eigenen Bewegungen und Handlungen nachahmten und mit Nutzern, in physikalisch separaten Räumen, miteinander im virtuellen Raum interagierten. Die Arbeiten von Krueger förderten die Idee, dass Menschen im virtuellen Miteinander interagieren und kommunizieren können, auch wenn sie sich physisch nicht am gleichen Ort befinden.

2.3.8 1977: Sayre Glove, erster Datenhandschuh

Im Jahr 1977 schufen Daniel Sandin und Thomas DeFanti vom Electronic Visualization Laboratory der University of Illinois in Chicago, basierend auf der Idee des Laborkollegen Richard Sayre, den *Sayre Glove*, den ersten Datenhandschuh, siehe Abb. 2.7. Der Sayre Glove erfasst Fingerbewegungen, indem sich auf jedem Finger in einem flexiblen Schlauch auf der einen Seite Fotozellen und auf der anderen Seite Lichtquellen befinden. Wenn der Nutzer seine Finger beugt, variiert die Lichtmenge, die auf die Fotozellen trifft, wodurch der Grad der Fingerbeugung als veränderliches elektrisches Signal abgebildet werden konnte.

---

[2] https://www.siggraph.org.

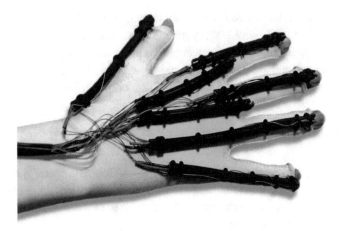

Abb. 2.7 Der erste Datenhandschuh Sayre Glove. (Bild: Daniel Sandin)

2.3.9 1978: Movie Map

Die *Movie Map* wurde von Peter Clay, Bob Mohl, Michael Naimark und weiteren Beteiligten am MIT 1978 erstellt.[3] Die Movie Map ermöglichte es Nutzern, sich virtuell durch die Stadt Aspen in Colorado zu bewegen, ähnlich zu Google *Street View*, nur mehr als 30 Jahre früher. Die Movie Map verwendete zwar keine HMDs, aber es war die erste Verwendung von Interaktivität aus der Egoperspektive. Im Jahr 1991 zeigte Michael Naimark eine Adaption, die *Karlsruhe Moviemap* im ZKM | Zentrum für Kunst und Medien, bei der es möglich war, selbst durch die Innenstadt und das Umland von Karlsruhe mit der Straßenbahn zu fahren.

2.3.10 1979: LEEP-System, großes stereoskopisches Sichtfeld

Das optische System *Large Expanse Extra Perspective* (LEEP) wurde im Jahr 1979 von Eric Howlett entwickelt. Das System lieferte ein stereoskopisches Bild mit einem Sichtfeld von ca. 100°. Das LEEP bildete die Grundlage für weitere Entwicklungen und kommerzielle Produkte. Das ursprüngliche LEEP-System wurde später (im Jahr 1985) für die *Virtual Interactive Environment Workstation* (VIEW), siehe auch Abschn. 2.4.4, des NASA Ames Research Centers von Scott Fisher adaptiert.

---

[3] http://www.naimark.net/projects/aspen.html.

2.4   Kommerzialisierung von VR (1980 bis 1990)

Die Vision, in künstliche Welten eintauchen zu können und ihre technischen Reali-
sierungsmöglichkeiten wurden in den 1980ern stark weiterentwickelt und der Begriff
virtuelle Realität wurde durch Jaron Lanier in den allgemeinen Sprachgebrauch eingeführt. Es entstanden die ersten Unternehmen, die immersive VR-Systeme für den
kommerziellen Gebrauch entwickelten und verkauften. Der Preis dieser VR-Systeme war
jedoch so hoch, dass sie für die meisten Verbraucher unerschwinglich blieben.

2.4.1   1980: Vicon, erstes kommerzielles Motion-Capture-System

Vicon Motion Systems, bis 1984 Oxford Medical Systems, entwickelte im Jahr 1980 das
erste kommerzielle Motion-Capture-System und legte somit nicht nur die Grundlagen für
den Trickfilm und medizinische Bewegungsanalysen, sondern auch für den Einsatz in
immersiver VR.

2.4.2   1981: Silicon Graphics

Silicon Graphics Inc., kurz SGI, wurde vom Stanford-Professor und ehemaligen
Sutherland-Studenten Jim Clark mit sechs seiner Studenten gegründet. SGI stellte
High-End-Grafik-Workstations her, initiierte die *OpenGL*[4]-Spezifikation und inspirierte
zahlreiche Weiterentwicklungen im Bereich der Echtzeitcomputergrafik.

2.4.3   1985: VPL Research

Jaron Lanier und Thomas Zimmerman gründeten VPL Research Inc. Dieses Unternehmen
war das erste, welches VR-Brillen und Datenhandschuhe verkaufte. VPL Research
entwickelte eine Reihe von kommerziellen VR-Geräten wie den DataGlove, das EyePhone
HMD und die AudioSphere.

2.4.4   1985: Virtual Visual Environment Display (VIVED)

Das Ames Research Center der NASA entwickelte innerhalb eines Jahres einen funktionierenden Prototyp des *Virtual Visual Environment Displays* (VIVED), siehe Abb. 2.8,

---

[4] Die Open Graphics Library, kurz OpenGL, unterstützt die Entwicklung von Hochleistungsgrafiken.

Abb. 2.8 Virtual Visual Environment Display (VIVED) der NASA. (Quelle: NASA)

der auf der CES[5] 1986 der Öffentlichkeit vorgestellt wurde. Das VIVED verwendete ein stereoskopisches Weitwinkel-Anzeigesystem aus zwei monochromatischen 2,7-Zoll-LCD-Bildschirmen, die für jedes Auge ein effektives Sichtfeld von 120° boten (mit der LEEP-Optik).

2.4.5 1989: Power Glove, Datenhandschuh für Spielkonsole

Der *Power Glove*, basierend auf einer vereinfachten Technologie des DataGloves von VPL Research, ist der erste Datenhandschuh, der als Controller-Zubehör für eine Spielkonsole (Nintendo Entertainment System, kurz NES) vertrieben wurde. Der Power Glove ermittelt über akustische Sensoren seine Lage und Bewegung. Er wurde ca. 100.000 Mal verkauft.

---

[5] Die CES, Consumer Electronics Show, ist eine der größten, jährlich stattfindenden, Fachmessen für alle Aspekte des Technologiesektors und wird von der Consumer Technology Association ausgerichtet.

2.5   VR in Videospiel und Medienkunst (1990 bis 2000)

In den 1990er-Jahren wurde versucht, immersive VR in Videospiele zu integrieren, obwohl die Technologie noch weit von verbrauchsgerechter und bezahlbarer Hardware entfernt war. Neben dem Versuch, Spielkonsolen um immersive VR zu erweitern, kam eine Reihe von Arcade-Spielen und -Automaten auf den Markt, die für Einzel- und Gruppenspiele bestimmt waren. Auch in der Medienkunst wurde die Technologie aufgegriffen und weiterentwickelt. Dadurch wurde immersive VR zum ersten Mal für einen größeren Personenkreis zugänglich.

2.5.1   1990: W.Industries, erstes VR-System für öffentlichen Raum

W.Industries, im Jahr 1987 gegründet von Jonathan Waldern mit Al Humbrich, Richard Holmes und Terry Rowley, brachte 1990 das erste VR-System für öffentliche Veranstaltungsorte auf den Markt und präsentierte die *Virtuality 1000CS* (CS = Cyber Space) und *1000SD* (SD = Sit Down) VR-Arcade-Systeme, basierend auf einem Commodore AMIGA[6] 3000. Das HMD wog ein ganzes Kilo und bot bei einem Sichtfeld von 65° eine Auflösung von gerade einmal 276 × 372 Pixeln bei lediglich 20 Bildern pro Sekunde. Beim ersten VR-Spiel *Dactyl Nightmare* traten die Spieler in einer einfachen Welt gegeneinander an und versuchten, sich gegenseitig abzuschießen.

2.5.2   1993: Die ersten VR-spezifischen Konferenzen

Im Jahr 1993 fanden die ersten VR-spezifischen akademischen Veranstaltungen statt, das Virtual Reality Annual International Symposium (VRAIS) in Seattle und der Research Frontiers in Virtual Reality Workshop in San Jose. Die beiden Veranstaltungen wurden 1995 unter dem Namen IEEE VRAIS zusammengelegt. Die VR und die 3DUI (das IEEE Symposium on 3D User Interfaces, welches 2004 als Workshop im Rahmen der IEEE VR-Konferenz begann) wurden 2018 zur IEEE Conference on Virtual Reality and 3D User Interfaces mit dem Kurznamen IEEE VR[7] zusammengelegt. Sie ist bis heute einer der wichtigsten Treffpunkte für den Austausch von Forschungsergebnissen im weiten Bereich der VR.

---

[6] Der *AMIGA* war von Mitte der 1980er bis Mitte der 1990er ein weitverbreiteter Heimcomputer mit ausgeprägten Multimediafähigkeiten.

[7] http://ieeevr.org.

2.5.3 1993: Synthese akustischer Umgebungen

An der TU Delft wurde 1993 begonnen, akustisch korrekte Schallfelder in der Umgebung des Hörers mit der *Wellenfeldsynthese* zu realisieren. Es ist damit zum ersten Mal möglich, ein Schallfeld an einem beliebigen Ort, unabhängig von der Position der Lautsprecher, darzustellen.

2.5.4 1993: SEGA VR, ein HMD, welches nie auf den Markt kam

Für seine Genesis-Spielkonsole plante der Videospielehersteller Sega, ein HMD einzuführen, das nach vielen Vorankündigungen auf der CES 1993 präsentiert wurde. Es war mit einem neuartigen Orientierungssensor ausgestattet, der die Winkelorientierung und den Impuls eines Spielers relativ zum Magnetfeld und Gravitationsfeld der Erde aufnahm. Tests des SEGA VR am Stanford Research Institute ergaben jedoch ernsthafte Probleme mit der Cyberkrankheit, weshalb die Markteinführung zunächst verschoben und dann abgesagt wurde.

2.5.5 1995: Virtual Boy

Nintendo brachte im Jahr 1995 die VR-Konsole *Virtual Boy* auf den japanischen und amerikanischen Markt. Mit dieser konnten monochrome 3D-Videospiele mittels Headset gespielt werden. Es war die erste tragbare Konsole, die 3D-Grafiken anzeigte, erwies sich aber kommerziell nicht als erfolgreich.

2.5.6 1995: Virtual Perambulator, virtuelle Bewegung in VR

In den späten 1980ern wurde mit Laufbändern experimentiert, um unendliches Laufen in der immersiven VR zu ermöglichen. Auf der SIGGRAPH'95 demonstrierten Hiroo Iwata und Takashi Fujii ihren *Virtual Perambulator*. Über eine reibungsarme Schnittstelle zwischen den Füßen und dem Boden sowie über die Erfassung der Laufbewegung wurde es einem Nutzer so ermöglicht, sich in einer virtuellen Welt fortzubewegen (Iwata und Fujii 1996).

2.5.7 1993: CyberGrasp, Force-Feedback-Handschuh

Virtual Technologies Inc. stellt den Force-Feedback-Handschuh *CyberGrasp* vor. Dieser ermöglicht, die Freiheitsgrade der Finger gesteuert einzuschränken, wodurch das Gefühl des Berührens und Greifens in einer virtuellen Welt verbessert wird.

2.5.8 1995: The Golden Calf

The Golden Calf[8] von Jeffrey Shaw (damals Leiter des Instituts für Bildmedien am ZKM in Karlsruhe) ist ein frühes Beispiel einer Augmented-Reality-Installation. 1994 auf der Ars Electronica in Linz zum ersten Mal ausgestellt, erscheint ein goldenes Kalb als virtuelle 3D-Skulptur auf einem beweglichen Bildschirm, den der Betrachter in seinen Händen hält. Der tragbare Bildschirm ist mit einem Trackingsystem ausgestattet, welches dem Anwender erlaubt, sich frei um einen im Raum stehenden leeren Sockel zu bewegen, auf dem das virtuelle Objekt verankert scheint.

2.5.9 1996: Öffentliche CAVE

Im Ars Electronica Center for Electronic Art in Linz wurde das erste öffentlich zugängliche Cave Automatic Virtual Enviroment (CAVE) VR-System eröffnet.[9] Die Installation mit 3D-Projektionen auf drei Seiten und dem Boden mit einer Fläche von 3x3 m wurde von einem Team unter Leitung von Dan Sandin und Thomas DeFanti entwickelt und war die erste CAVE außerhalb der USA.

2.5.10 1997: Window-into-Virtuality

Im Jahr 1997 entwickelte *ART+COM* im Auftrag von Mercedes-Benz eine Installation zum Betrachten und Konfigurieren von virtuellen Fahrzeugen mit realen Größenverhältnissen (Stratmann 1998). Durch einen an einem mechanischen Teleskoparm befestigten Touchscreen, dessen Bewegungen sensorisch erfasst wurde, konnte ein virtuelles Auto betrachtet werden. Mit dem Display in der Hand konnte um das virtuelle Objekt herumgegangen werden. Durch Berühren der Teile des Fahrzeugs am Touchscreen konnten Informationen angezeigt und Funktionen gewählt werden.

2.5.11 1997: Ultima Online, das erste Mehrspieler-Online-Rollenspiel

Im Jahr 1997 wurde *Ultima Online* als erstes Mehrspieler-Online-Rollenspiel veröffentlicht. Kurz darauf folgten weitere Online-Rollenspiele wie *EverQuest* und *World of Warcraft*. Diese Online-Rollenspiele stellten die ersten persistenten virtuellen Welten dar. Millionen von Menschen, unabhängig von Ort und Zeit, begannen als Avatare dort

---

[8] https://www.jeffreyshawcompendium.com/portfolio/golden-calf/.

[9] https://ars.electronica.art/aeblog/de/2021/07/29/throwback-the-cave/.

alternative Leben zu führen, die auch Auswirkungen auf das reale Leben hatten: Es wurden nicht nur Freundschaften, sondern auch Ehen geschlossen.

2.5.12 1998: PanoramaKamera & PanoramaScreen

Das ZKM | Institut für Bildmedien in Karlsuhre realisiert in den Jahren von 1998 bis 2006 vier Prototypen der *PanoramaKamera*, die von Jeffrey Shaw konzipiert und von Bernd Lintermann entwickelt wurden. Die Aufzeichnung der Bildströme aus bis zu 25 Kameras wird zentral gesteuert und elektronisch synchronisiert. U. a. entstand mit der PanoramaKamera die Videoinstallation *CaMg* des französischen Künstlers Jean Michel Bruyère mit spektakulären Panoramaaufnahmen der italienischen Dolomiten, die von einem Helikopter aus aufgenommen[10] und auf dem vom ZKM selbstentwickelten *PanoramaScreen* gezeigt wurden.

2.5.13 1999: ARToolKit, Open-Source-Trackingbibliothek

Das *ARToolKit* ist eine kostenlose Open-Source-Bibliothek zum Tracking von Markern, die aus einer Zusammenarbeit zwischen der University of Washington, Seattle und dem Advanced Telecommunications Research Institute International (ATR) in Kyoto, Japan, hervorging. Es bot die Möglichkeit, Objekte im Videobild zu verfolgen. Zwar für AR entwickelt, wurde das Toolkit auch für viele VR-Anwendungen eingesetzt.

2.6 VR erreicht großen Bekanntheitsgrad (2000 bis 2010)

Mit der steigenden Popularität von frei begehbaren, vernetzten, dreidimensionalen Spielewelten (Online-Rollenspiel und Ego-Shooter) und mit der Einführung von Second Life, als von Nutzern mitgestaltete virtuelle Welt, in der Menschen durch Avatare interagieren können, entstanden Online-Communities, die sich abseits von 2D-basierten Webanwendungen austauschten. Jedoch beschränkte sich der Zugang zu diesen Welten auf Flachbildschirme. Der Videospielemarkt eroberte durch die Einführung körpergesteuerter Spiele neue Nutzergruppen. Der Großteil der immersiven VR-Entwicklung konzentrierte sich jedoch, nach den Misserfolgen der 1980er, auf kommerzielle und institutionelle Anwendungen.

---

[10] https://zkm.de/media/video/jeffrey-shaw-360deg-panoramacamera-1998--2006.

2.6.1   2003: Second Life, die erste 3D-Onlinewelt

Das *Second Life*[11] Shared Virtual World Systeme wird von *Linden Labs*, gegründet von Philip Rosedale, veröffentlicht. Second Life bietet – bis heute – eine riesige virtuelle Welt, in der Menschen und Institutionen ihre eigenen Inhalte anlegen können. Obwohl Second Life über Tastatur, Maus und Computerbildschirm gesteuert wird (also nicht immersiv), prägt es bis heute die Vorstellung von virtuellen 3D-Communities und inspirierte zahlreiche immersive soziale VR-Anwendungen.

Der Bekanntheitsgrad von Second Life war am Anfang des 20. Jahrhunderts so groß, dass Baden-Württemberg im Jahr 2007 eine eigene Vertretung (eine Insel) anlegte.[12]

2.6.2   2006: Wii Remote, 3D-Gestensteuerung

Die Wii Remote von Nintendo, kurz auch *Wiimote*, ist ein Spielecontroller, der im Jahr 2006 für die Videospielkonsole Wii veröffentlicht wurde. Wird die Wiimote in der Hand gehalten, können über Armbewegungen, im freien Raum, Spiele gesteuert werden. Durch die Wii Remote wurde eine körperbasierte Steuerung einem größeren Publikum bekannt und begeisterte insbesondere Gelegenheitsspieler.

2.6.3   2010: Kinect, berührungslose 3D-Gestensteuerung

Der *Kinect* Sensor wurde im Jahr 2010 von Microsoft als Hardware zur berührungsfreien Steuerung der Videospielkonsolen Xbox 360 durch Körperbewegungen eingeführt. Die erste Kinect basiert auf Entwicklungen der Firma PrimeSense. Bereits wenige Tage nach der kommerziellen Veröffentlichung von Kinect durch Microsoft wurden Gerätetreiber für die Nutzung in Linux, Windows und Mac OS durch die Community verfügbar. Der Sensor wurde euphorisch in der Wissenschaft und Medienkunstszene aufgegriffen. Mit der Anwendung *Kinetic Space* konnten durch einmaliges Vormachen Gesten trainiert werden, die dann vom System erkannt wurden (Wölfel 2012). Die Kinect Sensorfamilie wird weiterhin für viele kreative Anwendungen auch in Zusammenhang mit immersiver VR eingesetzt.

---

[11] https://secondlife.com.

[12] https://www.heise.de/newsticker/meldung/Erste-Bilanz-zu-SeconD-Life-faellt-im-Laendle-vorsichtig-aus-167917.html?view=audio.

2.7   VR, gekommen, um zu bleiben (2010 bis 2020)

Durch Palmer Luckey, der den ersten Prototyp des Oculus-Rift-Headsets entwickelte, erlebte die immersive VR ein Wiedererwachen. Mehrere internationale Technologieunternehmen begannen, in Forschung und Entwicklung zu investieren und brachten schon bald eigene VR-Produkte auf den Markt.

Mit der Massenproduktion von einfacher Hardware, in die ein Smartphone eingeschoben wird und mit optischen Linsen kombiniert ist, wurde immersive VR erschwinglich. Bekannte Produkte sind das Cardboard von Google oder das Galaxy Gear von Samsung.

2.7.1   2010–2014: Oculus Rift

Palmer Luckey, als damals 18-Jähriger, baute im Jahr 2010 den ersten Prototyp des *Oculus Rift*-Headsets und startete 2012 eine sehr erfolgreiche Kickstarterkampagne, die 2,4 Mio. Dollar einbrachte. Das HMD verfügte über ein 90°-Sichtfeld und verließ sich auf die Rechenleistung eines Computers, um die Bilder zu liefern. Das Oculus Rift hat das Interesse an immersiver VR wiederbelebt, was dazu führte, dass Facebook (heute Meta) das Oculus VR-Unternehmen für 2 Mrd. US-Dollar kaufte. Dieser Kauf war ein entscheidender Moment in der Geschichte immersiver VR und führte dazu, dass Meta sich heute stark auf die Weiterentwicklung von immersiven Technologien, neben ihrem Kerngeschäft, konzentriert. Im Jahr 2016 veröffentlichte Oculus sein erstes verbraucherorientiertes VR-Display *CV-1*, bestehend aus einem HMD, integriertem Kopfhörer, einer Kamera für die videobasierte Positionsverfolgung und einem Xbox-Spielecontroller ohne Verortung.

Die Geschichte um Palmer Luckey und Oculus Rift ist in dem Buch „The History of the Future: Oculus, Facebook, and the Revolution That Swept Virtual Reality" von Harris (2019) als spannende Erzählung wiedergegeben.

2.7.2   2012/2013: Lytro, Lichtfeldfotografie

Der Informatiker Ren Ng gründete im Jahr 2006 Refocus Imaging, später in *Lytro* umbenannt, um kostengünstige Lichtfeldkameras zu entwickeln. Im Gegensatz zu einem Bild, welches die Umgebung auf einer zweidimensionalen Fläche abbildet, beschreibt das *Lichtfeld* die Verteilung der Lichtintensitäten im Raum, in dem nicht nur die Intensität, sondern auch die Richtung gemessen wird (daraus lassen sich zweidimensionale Bilder berechnen, bei denen die Fokusebene frei gesetzt werden kann, daher auch der ursprüngliche Name der von Ng gegründeten Firma). Die erste Kamera brachte Lytro 2012 in den USA und 2013 auch auf den deutschen Markt.

2.7.3   2013: Leap Motion Controller, kostengünstiges Finger-Tracking

Der *Leap Motion* Controller ist ein kostengünstiger Tiefensensor der 2010 in Amerika gegründeten Firma Leap Motion Inc., um mit Fingern und Händen berührungslos den Computer zu steuern. Leap Motion wurde 2019 an die Firma Ultrahaptics verkauft, die den Controller unter dem Markennamen *Ultraleap* vertreibt.

Der Leap Motion Controller besteht aus zwei monochromatischen IR-Kameras und drei Infrarot-LEDs. Er kann entweder auf dem Schreibtisch platziert (der ursprünglich angedachte Einsatzbereich) oder an einem VR-Headset befestigt werden.

2.7.4   2013–2016: Omni & Virtualizer, kostengünstige Bewegungsplattformen

Die Firmen Virtuix Omni, Kickstarter-Kampagne 2013, mit dem *Omni*, und Cyberith GmbH, gegründet 2014, mit dem *Virtualizer* (Cakmak und Hager 2014), führten kostengünstige Bewegungsplattformen ein. Diese bestehen aus einer Kombination aus reibungsreduzierter Lauffläche und Schuhen. Beim Laufen gleitet der Nutzer in die Mitte einer ringförmigen Plattform zurück, siehe Abb. 2.9. Trotz Laufbewegung bleibt der Nutzer so an einer Stelle und bewegt sich ausschließlich im virtuellen Raum fort. Im Jahr 2016 wurden von beiden Firmen die ersten Systeme ausgeliefert.

2.7.5   2014: Cardboard & Gear VR, kostengünstiges VR

Google veröffentlichte das *Cardboard*, einen kostengünstigen und stereoskopischen VR-Viewer für Smartphones. Während das Cardboard, aus einfacher Pappe, billigen Linsen

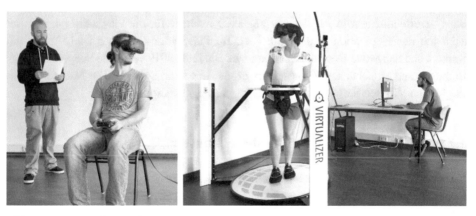

Abb. 2.9 Um sich in VR fortzubewegen, können, anstelle von Steuerbefehlen über einen Spielecontroller, Laufbewegungen auf einer omnidirektionalen Bewegungsplattform ausgeführt werden

und ohne Elektronik auskommt, setzt Samsung mit dem Samsung *Gear VR* auf ein VR-Headset, das ein Samsung Galaxy-Smartphone als Viewer verwendet und mit Plastik, besserer Optik und eigenen elektronischen Komponenten ein etwas anspruchsvolleres Publikum adressierten.

2.7.6　2015: VR Coaster

Thomas Wagner, Professor an der Hochschule Kaiserslautern, gründete im Jahr 2015 mit Mack Rides und Michael Mack, Geschäftsführer des Europa-Parks, das Unternehmen VR Coaster GmbH & Co. KG. VR Coaster entwickelt virtuelle Realitätsfahrgeschäfte, wie Achterbahnen, siehe Abb. 15.1. Durch eine präzise Synchronisierung der Bildinhalte mit den Fahrbewegungen ist es nicht nur möglich, die Cyberkrankheit in den Griff zu bekommen, sondern Simulationsfahrten mit kontinuierlichen G-Kräften und Schwerelosigkeit zu ermöglichen. Die erste immersive VR-Achterbahnanlage wurde Ende 2015 im Europa-Park eröffnet.

2.7.7　2016: VIVE, erschwingliche VR für Forschung und Wirtschaft

HTC und Valve veröffentlichten im Jahr 2016 die HTC VIVE, die mittels mindestens zweier *Lighthouse Tracking*-Einheiten ermöglicht, das Headset und die Controller sehr präzise zu verorten. Mit der VIVE-Familie werden Produkte angeboten, die sich trotz relativ hohem Preis und hohen Hardwareanforderungen des Zuspieler-PCs insbesondere in der Forschung und im geschäftlichen Umfeld etablieren konnten.

2.7.8　2016: PlayStation VR, weite Verbreitung im Spieleumfeld

Sony veröffentlichte sein *PlayStation VR*-HMD exklusiv für die PlayStation 4, welches auch mit der PlayStation 5 kompatibel ist. Im PlayStation-Ökosystem arbeitet es mit Kamera und den Move-Controllern zusammen. Bis Ende 2019 verkaufte Sony über 5 Mio. Einheiten und erreichte somit eine relativ große Anzahl an Spielern. Der Nachfolger des Playstation VR-Headsets wurde von Sony bereits angekündigt.

2.7.9　2019: Beat Saber, erster VR-Blockbuster

Forbes nannte das Jahr 2019 als „The Year Virtual Reality Gets Real". Dies zeigt sich nicht nur an dem großen Interesse des von Meta (früher Facebook) entwickelten Headsets *Oculus Quest*, sondern stellt auch eine Veränderung des Marktes von kabelgebundenen HMDs, die einen entsprechenden PC voraussetzen, hin zu eigenständigen VR-Headsets dar. Mit dem Musik-Videospiel *Beat Saber* gibt es die erste VR-Anwendung, die in weniger als einem Jahr über 1 Mio. Mal verkauft wurde.

Das Spielprinzip von Beat Saber, vom tschechischen Spieleentwickler Beat Games entwickelt und von Facebook aufgekauft, ist einfach: Im Takt der Musik zerhackt der Spieler mit zwei Lichtschwertern farbige Würfel, die aus dem Hintergrund auftauchen.

2.8 VR etabliert sich (ab 2020)

VR etabliert sich als allgegenwärtige Technologie, die – wenn auch nicht in privaten Haushalten – viele Berührungspunkte am Ausbildungs- oder Arbeitsplatz, in Freizeitparks, im Vertrieb oder bei der Therapie bietet. Die Technologie wird nicht weiterhin primär von Early Adoptern, Technik-Enthusiasten und Forschungseinrichtungen genutzt, sondern immer mehr Firmen erkennen das Potenzial von immersiver VR und entwickeln eigene VR-Anwendungen oder lassen diese entwickeln.

2.8.1 2020: Videokonferenzen werden Alltag

Bedingt durch die weltweite Pandemie sitzen Millionen Schüler, Studierende und Arbeitende vor den Bildschirmen in Videokonferenzen. Es entstehen über 100 Anwendungen – von Hochschulen, Start-ups bis Großkonzernen –, die eine Kollaboration im immersiven Raum ermöglichen. Bedingt durch soziale Einschränkungen wird das Interesse an immersiver VR weiter beflügelt und insbesondere Fitnessanwendungen und solche mit kommunikativem Charakter scheinen besonders nachgefragt. Im Vergleich zu herkömmlichen Videokonferenzen bleibt es aber weiterhin bei einem Nischenmarkt.

2.8.2 2021: Vorlesungen in immersiver VR

Stanford und die Hochschule Karlsruhe starten die ersten Vorlesungen, die vollständig in der immersiven VR unterrichtet werden.[13],[14] Beide Hochschulen setzen auf die autarke VR-Brille Oculus Quest 2, von denen die Hochschule Karlsruhe 60 hochschuleigene Brillen ausgegeben kann. Während das Team um Jeremy Bailenson (Stanford) die kommerzielle Aus- und Weiterbildungsplattform ENGAGE einsetzte, entwickelte das Team um Matthias Wölfel (Hochschule Karlsruhe) eine eigene Anwendung mit Unity

---

[13] https://stanforddaily.com/2021/12/01/stanford-launches-first-class-taught-completely-in-virtual-reality/.

[14] https://mixed.de/vr-vorlesung-hochschule-karlsruhe/.

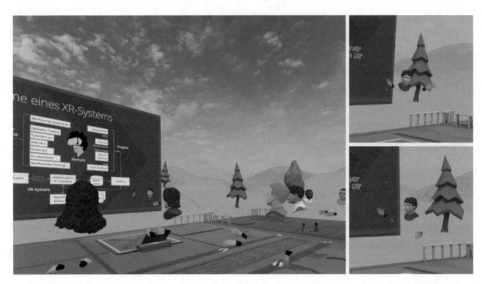

Abb. 2.10 Screenshots aus der Vorlesung in immersiver VR der Hochschule Karlsruhe. Rechts gut zu sehen die nonverbale Kommunikation des Dozenten

(Deuchler und Wölfel 2022), siehe Abb. 2.10. Durch die eigene Entwicklung ist es nicht nur möglich, Vorlesungen im 3D-Raum zu besuchen und Fragen zu stellen, sondern Vorlesungsinhalte können auch direkt in immersiver VR ausprobiert werden. Durch den offenen Ansatz besteht die Möglichkeit, die gemeinsame Lernumgebung mitzugestalten und auch technologisch weiterzuentwickeln.

Literaturverzeichnis

Brewster D (1856) The stereoscope; its history, theory, and construction: with its application to the fine and useful arts and to education. John Murray, London

Cakmak T, Hager H (2014) Cyberith virtualizer: a locomotion device for virtual reality. In: ACM SIGGRAPH 2014 Emerging Technologies, Vancouver, S 1–1

Carlson WE (2017) Computer graphics and computer animation: a retrospective overview. Ohio State University, Columbus

Comeau C, Bryan J (1961) Headsight television system provides remote surveillance. Electronics 34(45):86–90

Deuchler J, Wölfel M (2022) Lessons learned in transferring a lecture on virtual reality into immersive virtual reality. In: 20. Fachtagung Bildungstechnologien (DELFI). Gesellschaft für Informatik e.V., Bonn

Grasnick A (2020) Grundlagen der virtuellen Realität: Von der Entdeckung der Perspektive bis zur VR-Brille. Springer, Berlin

Harris BJ (2019) The history of the future: Oculus, facebook, and the revolution that swept virtual reality. HarperCollins, New York

Iwata H, Fujii T (1996) Virtual perambulator: a novel interface device for locomotion in virtual environment. In: Proceedings of the IEEE 1996 Virtual Reality Annual International Symposium. IEEE, Santa Clara, S 60–65

Krueger MW (1991) Artificial reality II. Addison-Wesley, Boston

Mancini M (1983) Pictures at an exposition. Film Comment 19(1):43

Stratmann C (1998) Window into virtuality–a sales-support-system based on ideas and technology components out of the virtual reality area. In: Virtual Environments '98. Springer, Vienna, S 280–281

Sutherland IE (1965) The ultimate display. In: Proceedings of the Congress of the Internation Federation of Information Processing (IFIP), Bd 2. New York, S 506–508

Sutherland IE (1968) A head-mounted three dimensional display. In: Proceedings of the 9–11 Dec, 1968, Fall Joint Computer Conference, Part I, AFIPS '68. Association for Computing Machinery, New York (Fall, part I), S 757–764

Wölfel M (2012) Kinetic Space: 3D-Gestenerkennung für dich und mich. Konturen, Ausgabe 31:58–63

Wie wir die Welt wahrnehmen

Um eine möglichst hohe Immersion durch technische Systeme realisieren zu können, sind ein grundlegendes Verständnis der menschlichen Sinneswahrnehmung und die konsequente Berücksichtigung in der Umsetzung nötig. Nach Bellebaum et al. (2012) bedeutet *Wahrnehmung* „die Umwelt in all ihren Eigenschaften mit den zur Verfügung stehenden Sinnen zu erfahren, Ereignisse und Dinge zu erkennen und zu klassifizieren [...]". Dabei werden Sinnesreize von Rezeptoren in elektrische Signale umgesetzt (*Transduktion*), was sekundäre Vorgänge hervorruft (*Transformation*). Die *Rezeptoren* sind entweder in Sinnesorganen gruppiert (z. B. Zapfen und Stäbchen im Auge oder Haarzellen im Ohr) oder befinden sich im Gewebe verteilt (z. B. Schmerzrezeptoren). Die wahrgenommene Reizstärke kann dabei proportional zur Intensität der Stimulation sein oder bei konstanter Stimulation mit der Zeit abnehmen (*Differentialempfindlichkeit*). Nachdem die Sinnesorgane die Reize registriert haben, werden diese über sensorische Neuronen als Information an das Gehirn (Zentralnervensystem) weitergeleitet, wo sie weiterverarbeitet und interpretiert werden. Ein Reiz erreicht die Nervenzellen jedoch nur dann, wenn er einen bestimmten Schwellwert übersteigt (stark genug ist).

In unserem alltäglichen Leben interagiert der Mensch mit der Umwelt über die *Sinneskanäle*: visuell, auditiv, somatosensorisch, vestibulär (haptisch), gustatorisch und olfaktorisch. Dabei unterscheidet sich der Prozentsatz der Neuronen im Gehirn, die dem jeweiligen Sinn zugewiesen sind, stark. Verschiedene Quellen variieren in den Prozentangaben, weshalb die folgenden Angaben nur als grobe Orientierung aufgefasst werden sollten. Ungefähr die Hälfte der menschlichen Großhirnrinde (Neokortex) ist mit dem Sehen beschäftigt, mit Tasten ca. 10 %, mit Hören um die 2 bis 3 % und das Riechen hat einen Anteil von weniger als 1 % (Hutmacher 2019).

M. Wölfel, *Immersive Virtuelle Realität*, https://doi.org/10.1007/978-3-662-66908-2_3

Neben der Wahrnehmung der Umwelt (*Fremdwahrnehmung*) kann ein Lebewesen durch die *Eigenwahrnehmungen* auch Informationen über die Lage und den Zustand des eigenen Organismus erhalten; z. B. über Körperbewegung und -lage im Raum und die Stellung einzelner Körperteile zueinander (Propriozeption), Gleichgewicht, Beschleunigung, Schmerz, Temperatur, Sättigung, Durst, Hunger und Harndrang. Neben der hier eingeführten Verwendung von Eigenwahrnehmungen wird der Begriff auch in einem psychologischen Sinn verwendet und bezieht sich dann auf die Wahrnehmung der eigenen Person. Mehr zur Eigenwahrnehmung bzw. Selbstwahrnehmung im psychologischen Sinn, wie das Gefühl der Selbstverortung, der Handlungsfähigkeit und des Körperbesitzes, findet sich in Kap. 12.

In Tab. 3.1 ist eine Übersicht über die menschliche Wahrnehmung, ihre Modalität und die zugehörigen sensorischen Rezeptoren gegeben. Im Folgenden werden die Modalitäten

Tab. 3.1 Übersicht über die Wahrnehmung, Modalität und ihre zugehörigen sensorischen Rezeptoren; in Anlehnung an Kandell et al. (2021)

Wahrnehmung	Modalität	Reiz	Rezeptor	Ort
Visuell	Sehen	Photonen	Fotorezeptor (Stäbchen, Zapfen)	Netzhaut
Auditiv	Hören	Schallwellen	Mechanorezeptor (Haarzellen)	Cochlea (Innenohr)
Somatosensorisch	Berührung	Verformung, Bewegung	Mechanorezeptor	Haut
	Propriozeption	Muskellänge, Muskelkraft, Gelenkswinkel	Mechanorezeptor	Muskelspindeln, Sehnenspindeln, Gelenkskapseln
	Schmerz	Mechanisch, thermisch, chemisch	Mechanorezeptor, Thermorezeptor, Chemorezeptor	Alle Gewebe außer Zentralnervensystem
	Jucken	Histamin, Pruritogene	Chemorezeptor	Haut
	Viszeral	Mechanisch, thermisch, chemisch	Mechanorezeptor, Thermorezeptor, Chemorezeptor	Kardiovaskuläres, gastrointestinales System, Harnblase, Lunge
Vestibulär	Bewegung	Schwerkraft, Beschleunigung, Kopfbewegung	Mechanorezeptor (Haarzellen)	Bogengänge (Innenohr)
Gustatorisch	Geschmack	Substanzen	Chemorezeptor	Geschmacksknospen, intraorale Thermorezeptoren, Chemorezeptoren
Olfaktorisch	Geruch	Substanzen	Chemorezeptor	Olfaktorische sensorische Neurone

Geschmack (gustatorisch) und Geruch (olfaktorisch) sowie Jucken und Viszeral[1] innerhalb der somatosensorischen Wahrnehmung nicht weiter betrachtet, da diese für ein Verständnis der Funktionsweise von immersiven VR-Anwendungen vernachlässigbar sind.

3.1 Visuelle Wahrnehmung

Die *visuelle Wahrnehmung* (abgeleitet aus dem lat. videre, dt. sehen, auch Sehsinn) bezieht sich auf die Aufnahme von Lichtreizen durch das Auge sowie deren Verarbeitung und Speicherung im Gehirn. Der Prozess der visuellen Wahrnehmung ist ein aktiver, konstruktiver Vorgang, bei dem die mit dem Sehen verbundenen Bereiche des Gehirns jeden einzelnen visuellen Reiz verarbeiten und zu einem kohärenten visuellen Gesamteindruck zusammensetzen.

Zur Umwandlung von Lichtenergie befindet sich an der Hinterwand des Auges die *Netzhaut* (auch als *Retina* bezeichnet) mit den Fotorezeptoren. Hier findet bereits eine umfangreiche Bildverarbeitung statt, noch bevor die visuellen Signale an das Gehirn weitergeleitet werden. Eine adaptive Linse, eine Blende und die veränderbare Lichtempfindlichkeit der Fotorezeptoren sorgen dafür, dass Objekte in der Umgebung scharf auf der Netzhaut abgebildet und unterschiedliche Lichtverhältnisse berücksichtigt werden können. Darüber hinaus ermöglichen Augenbewegungen den Sichtbereich bis zu einem gewissen Grad zu vergrößern, auch ohne den Kopf zu drehen. Das Auge kann selbstständig durch Tränen und Blinzeln seine Oberfläche von Verunreinigungen befreien und sich durch die Augenlider vor möglichen Beschädigungen schützen.

3.1.1 Bildentstehung im Auge

Die visuelle Wahrnehmung ermöglicht es, Dinge zu erkennen, die ein paar Zentimeter bis unendlich weit von unseren Augen entfernt sind. Dafür werden ins Auge fallende Lichtstrahlen von Primär- und Sekundärstrahlern (also solchen, die selbst Licht erzeugen oder nur reflektieren) gebündelt und treffen dann auf die Netzhaut, deren Rezeptoren für ein elektromagnetisches Spektrum der Wellenlängen von ca. 400 bis 700 nm empfindlich sind. Die lichtempfindlichen Rezeptoren werden aufgrund ihrer Form *Stäbchen* und *Zapfen* genannt und unterscheiden sich sowohl in ihren Eigenschaften als auch in ihrer Verteilung über die Netzhaut. Um auf der Netzhaut eine klare Abbildung eines sich im Fokus befindenden Objektes zu erzeugen, wird die vereinte Brechkraft von *Hornhaut* (auch als *Cornea* bezeichnet) und Linse benötigt. Die Hornhaut ist der vordere Teil der äußeren Augenhaut und leistet, im Vergleich zu den Augenkammern, der Linse und dem

---

[1] *Viszeral* bezeichnet die Zugehörigkeit zu den Eingeweiden.

Abb. 3.1 Schematische
Darstellung der Brechung
durch die Cornea (ohne
Berücksichtigung der
Linsenbrechung)

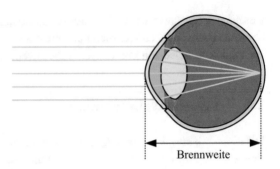

Brennweite

Glaskörper, den größten Anteil der Brechkraft, da hier das Licht aus der Luft auf das
überwiegend aus Wasser bestehende Innenauge trifft.

Abb. 3.1 veranschaulicht die Brechung des Lichts, welches in ein anderes Medium
übergeht: Licht, das senkrecht auf die Oberfläche der Cornea trifft, fällt auf geradem
Weg auf die Retina. Die Distanz zwischen der Brechungsoberfläche und dem Punkt, an
dem die parallelen Lichtstrahlen zusammentreffen, wird als *Brennweite* bezeichnet. Die
Krümmung der Hornhaut beeinflusst die Brennweite. Dabei gilt: Je stärker die Krümmung,
desto kürzer die Brennweite.

Die *Brechkraft* kann durch den Kehrwert der Brennweite berechnet werden, die Einheit
wird dabei in *Dioptrien* (dpt) angegeben.

$$\text{Brechkraft} = \frac{1}{\text{Brennweite}[m]}[dpt]$$

Die Cornea hat eine Brechkraft von ca. 42 bis 43 dpt. Dies entspricht einer Brennweite,
die ungefähr dem Abstand zwischen Hornhaut und Netzhaut gleichkommt.

3.1.2 Akkommodation (Scharfstellung)

Die *Hornhaut*, die den größten Anteil der Lichtbrechung des Auges beiträgt, wird
durch eine Linse ergänzt, die eine zusätzliche Brechkraft von ca. 16 dpt hinzufügt. Die
Anpassungsfähigkeit der Linse, sich mehr oder weniger stark zu krümmen, und die damit
einhergehende Brechkraftänderung ermöglichen die Erzeugung von scharfen Abbildern,
auch dann, wenn Objekte weniger als 9 m vom (normal sehenden) Auge entfernt sind.
Für Objekte, die sich näher als 9 m Entfernung zum Auge befinden, können die von
einer Lichtquelle oder einem Punkt ausgehenden Lichtstrahlen nicht mehr als parallel
angenommen werden, sondern laufen auseinander. Daher wird für die korrekte Bündelung

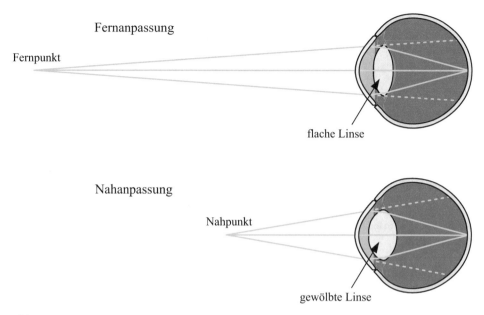

Abb. 3.2 Schematische Darstellung der Akkommodation durch die Anpassung der Linse auf die Distanz (Fernanpassung) oder die Nähe (Nahanpassung)

der Lichtstrahlen auf die Netzhaut, in diesem Fall, eine größere Brechkraft benötigt. Diese dynamische Anpassung der Linsenform wird als *Akkomodation* bezeichnet und erlaubt eine Scharfstellung des anvisierten Objektes von etwa 25 cm (für Normalsichtige) bis ins Unendliche. Der Prozess der Akkommodation ist in Abb. 3.2 für zwei Distanzen schematisch dargestellt. Die Fähigkeit zur Akkommodation verändert sich mit zunehmendem Alter, während Kinder Objekte direkt vor ihrer Nase fokussieren können, ist dies normalsichtigen Menschen mittleren Alters nicht mehr möglich.

3.1.3 Konvergenz

Als *Konvergenz* (lat. convergere, dt. zueinander neigen) wird beim Sehen die motorische Leistung gegensätzlicher Augenbewegungen (*Vergenz*) bezeichnet, die beim Sehen in der Nähe (20 bis 300 cm) auftritt. Dabei werden beide Sehachsen der Augen zur Überschneidung gebracht. Der Schnittpunkt der beiden Sehachsen wird als *Konvergenzpunkt* oder auch *Fixationspunkt* bezeichnet.

Der *Konvergenzwinkel* gibt dabei an, in welchem relativen Winkel die Augen auf einen Gegenstand schauen. Er kann zwischen 0° beim Blick auf sehr weit entfernte Gegenstände und 15° beim Blick auf sehr nahe Gegenstände variieren. Die Konvergenz bei Nah- und Fernanpassung ist in Abb. 3.3 skizziert.

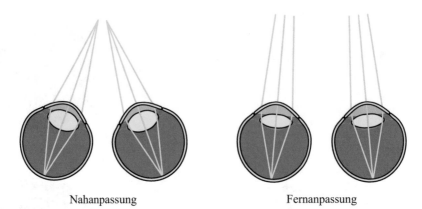

Nahanpassung   Fernanpassung

Abb. 3.3 Nicht maßstabsgetreue Skizze zur Verdeutlichung der Konvergenz bei Nah- und Fernanpassung

3.1.4 Hell-Dunkel-Adaptation

Die *Hell-Dunkel-Adaptation* ist die Anpassung des Auges an unterschiedliche Lichtintensitäten. Diese ermöglicht dem visuellen System, bei sehr unterschiedlichen Lichtverhältnissen von mondloser Nacht bis zur hellsten Mittagssonne ein Abbild der Umgebung einzufangen. Bei der Hell-Dunkel-Adaptation wird ein komplizierter Vorgang ausgelöst, der durch eine Vielzahl von Faktoren bestimmt ist, die in Tab. 3.2 zusammengestellt sind. Die Hell-Dunkel-Adaptation findet generell in zwei Stufen statt:

1. **Veränderung der Pupillengröße:** Die reflektorische Verengung oder Erweiterung der Pupille durch die Irisblende ermöglicht, dass mehr Licht in das Auge einfällt. Der Durchmesser der menschlichen Pupille schwankt zwischen min. 1 mm und max. 9 mm, womit bei geöffneter Irisblende bis zu ca. 60-mal mehr Licht ins Auge gelangt als bei nahezu geschlossener Irisblende.

Tab. 3.2 Faktoren und Auswirkungen der Hell-Dunkel-Adaptation

	Dunkel-Adaption	Hell-Adaption
Umschaltung	Zapfen- auf Stäbchensehen	Stäbchen- auf Zapfensehen
Pupillenweite	Weitgestellt, sodass viel Licht in das Auge fällt	Enggestellt, sodass wenig Licht in das Auge fällt
Rhodopsinkonzentration	Lichtempfindlichkeit steigt durch Regeneration und Produktion des Rhodopsins	Lichtempfindlichkeit fällt durch sinkende Rhodopsinkonzentration
Rezeptive Felder	Ausdehnung (Abnahme der lateralen Hemmung)	Verkleinerung
Farbwahrnehmung	Nur noch schlecht möglich	Gut möglich
Sehschärfe	Eingeschränkt	Nicht eingeschränkt
Flickerfrequenz	20 bis 25 Hz	Ca. 80 Hz

2. **(De-)Aktivierung von Stäbchen oder Zapfen:** Das menschliche Auge verfügt gewissermaßen über zwei sich überlappende Netzhäute, wobei die eine, aus Stäbchen bestehend, speziell für niedrige Lichtstärken, und die andere, aus drei verschiedenen Zapfentypen bestehend, speziell für hohe Lichtintensitäten und die Farberfassung zuständig sind. Je nach Lichtverhältnissen werden besonders die Stäbchen oder die Zapfen aktiviert: Die Stäbchen, die nur Schwarzweißsehen ermöglichen und 20-mal so oft vorkommen wie Zapfen, werden im Dunklen aktiv (*skotopisches Sehen*) und die Zapfen bei hellem Licht (*photopisches Sehen*).

Während die Anpassung der Pupillengröße sehr schnell erfolgt, dauert die Umstellung zwischen dem skotopischen und photopischen Sehen wesentlich länger. Je nach Ausgangslichtstärke dauert die *Dunkeladaptation*, oder Anpassung an die Dunkelheit, zwischen ein paar Minuten bis nahezu zwei Stunden, wobei die Stäbchen dann etwa 1000-mal lichtempfindlicher sind als die Zapfen. Die *Helladaption* läuft sehr viel schneller ab: Sie dauert zwischen fünf und zehn Minuten und kehrt die Veränderungen der Netzhaut um, die mit der Dunkeladaptation einhergingen.

3.1.5 Farbwahrnehmung

Der Mensch verfügt über drei *Zapfentypen*, deren Sensitivitätsmaxima bei ca. 420 nm (S-Zapfen, engl. short wavelength receptor), 534 nm (M-Zapfen, engl. medium wavelength receptor) und 564 nm (L-Zapfen, engl. long wavelength receptor) liegen, siehe Abb. 3.4. Diese Wellenlängen entsprechen der menschlichen Farbwahrnehmung blauviolett, smaragdgrün und gelbgrün. Durch die unterschiedlichen spektralen Empfindlichkeiten wird die Farbwahrnehmung ermöglicht. Da der Mensch nur einen Typ von Stäbchen besitzt, ist in dunklen Umgebungen kein Farbeindruck möglich und alles wirkt gräulich.

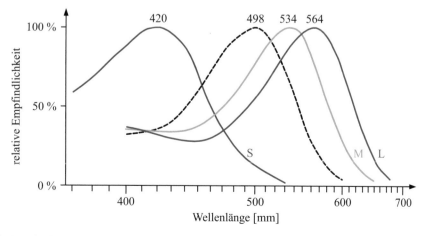

Abb. 3.4 Spektrale Empfindlichkeiten (normalisierte Empfindlichkeitsspektren) von menschlichen Zapfenzellen, S-, M- und L-Typen, und Stäbchen (gestrichelte Linie)

Hier sei noch angemerkt, dass die Farbwahrnehmung mit dem Winkel variiert, mit dem das Licht auf das Auge trifft. Auch gibt es Differenzen zwischen den Geschlechtern: So können Frauen feinere Farbunterschiede wahrnehmen und bevorzugen eine kältere Einstellung der Farbtemperatur innerhalb eines HMDs als Männer (Siess und Wölfel 2019).

3.1.6 Bildliche und zeitliche Auflösung des Auges

Die *Sehschärfe* (*Visus*) des Auges ist definiert als die Distanz von zwei Punkten, die noch aufgelöst werden können. Die Sehschärfe wird durch die Lichtbrechung des Auges und die Verteilung der beteiligten Fotorezeptoren auf der Netzhaut beeinflusst. In der Netzhaut sind die verschiedenen Bildrezeptoren nicht gleich verteilt, weshalb auch die Auflösung nicht überall gleich ist. Der Bereich, der als *zentrale Sehgrube* oder *Fovea centralis* bezeichnet wird, ist relativ klein, im Durchmesser etwa 1,5 mm, und umfasst nur ca. 0,04 % aller Rezeptoren. Die Auflösung beträgt dort rund eine Bogenminute.[2] Während sich in diesem kleinen Bereich nur Zapfenzellen befinden, sind in den umliegenden Bereichen sowohl Zapfen- als auch Stäbchenzellen vorhanden. Aus diesem Grund ist die Sehschärfe beim menschlichen Auge in der Fovea-Region am höchsten und nimmt mit zunehmender Distanz zu dieser Region rasch ab. Entsprechend ist scharfes Sehen in der Dunkelheit nicht möglich, da sich nur wenige Zapfenzellen im Zentrum der Retina befinden. Die Wahrnehmung in den Bereichen des Gesichtsfeldes, die nicht auf der Fovea abgebildet werden, wird als *peripheres Sehen* bezeichnet.

Bei der Betrachtung der Umgebung macht das Auge ständig minimalste Bewegungen (die sogenannten *Sakkaden* oder auch „Abtastsprung im Blickverlauf") und das Gehirn setzt diese Informationen zu einem Gesamtbildeindruck zusammen. Während einer Sakkade ist die visuelle Wahrnehmung stark eingeschränkt.

Die kritische *Flickerfrequenz* ist die Frequenz von Lichtblitzen, bei der ein kontinuierliches Licht wahrgenommen wird. Die Grenzfrequenz liegt zwischen 22 und 90 Hz und hängt ab von

- der Stärke der Reize (absolut und min/max),
- der Wellenlänge,
- der Position auf der Retina,
- dem Empfänger (Alter etc.) und
- dem Adaptationszustand der Netzhaut.

---

[2] Eine Bogenminute ist der 60. Teil eines Winkelgrads.

Es ist zu beachten, dass die Flickerfrequenz sich stark von der Frequenz unterscheidet, die erforderlich ist, um beim Betrachter den Eindruck einer kontinuierlichen Bewegung zu erzeugen. Unterscheiden sich die aufeinanderfolgenden Einzelbilder nur geringfügig, reicht eine Bildrate von ca. 15 Bildern pro Sekunde aus, bei größeren Bewegungen ist eine höhere Bildrate nötig.

3.1.7 Gesichtsfeld, Blickfeld und Sichtfeld

Sowohl der Aufbau der Augen als auch die Lage der Augen im Schädel schränken ein, was von dem Umfeld gleichzeitig wahrgenommen werden kann. Das *Gesichtsfeld* (engl. visual field) beschreibt die Bereiche, die beim Sehen erfasst werden können, wenn eine Person geradeaus schaut, ohne ihren Kopf oder ihre Augen zu bewegen. Dabei gibt es einen Bereich, der von beiden Augen gleichzeitig wahrgenommen wird (*stereoskopisches Sehen*, auch *Binokularsehen*), und einen Bereich, der je nur von einem Auge (*monokulares Sehen*, auch Monosehen) wahrgenommen werden kann. Bei einem Erwachsenen beträgt das horizontale Gesichtsfeld beim binokularen Sehen ca. 210° und beim stereoskopischen Sehen 120 bis 130°, die einzelnen Bereiche sind in Abb. 3.5 dargestellt. Nach oben reicht das Gesichtsfeld bis max. 70° und nach unten bis max. 80°.

Das Gesichtsfeld ist vom Blickfeld als auch Sichtfeld zu unterscheiden. Das *Blickfeld* (engl. field-of-regard, kurz FoR) beschreibt den Bereich, innerhalb dessen Fixationen durch Augenbewegungen möglich sind. Wenn alle Blickbewegungen und maximale Kopf- und Körperdrehungen miteinbezogen werden, bei unveränderter Position, spricht man auch vom *Umblickfeld*. Das *Sichtfeld* (engl. field-of-view, kurz FoV) beschreibt den Bereich des Außenraums, der durch eine technische Vorrichtung (wie Fernglas oder HMD) sichtbar ist. Es entspricht somit dem Äquivalent des Gesichtsfelds, jedoch bezogen auf optische Instrumente und Bildsensoren.

Abb. 3.5 Horizontales Gesichtsfeld für binokulares und stereoskopisches Sehen

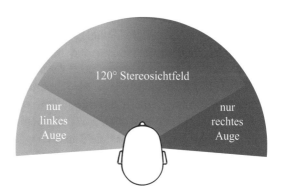

3.1.8 Visuelle Überforderung

Als *visuelle Überforderung* wird der Fall bezeichnet, bei dem beim Betrachten der Umwelt oder von monoskopischen oder stereoskopischen Bildern ein unangenehmes Gefühl in den Augen entsteht und i. d. R. mit einer reduzierten Leistungsfähigkeit des visuellen Systems einhergeht. Im Englischen gibt es hierfür keine umfassende Bezeichnung und es werden die Begriffe visual strain, visual fatigue, eyestrain oder visual discomfort verwendet, die sich auf jeweils einen bestimmten Effekt beziehen (Tauer 2010). Die visuelle Überforderung kann unterschiedliche Gründe haben und z. B. bei einer längeren Fixation auf eine konstante Entfernung auftreten, wie es bei der Displayarbeit oder im HMD der Fall ist.

Beim Betrachten von stereoskopischen Bildern kann es eher zur visuellen Überforderung kommen als bei der Betrachtung von monoskopischen Bildern, da es z. B. zu ungewollten Unterschieden zwischen den Teilbildern und dadurch zu bedingten Fusionsschwierigkeiten oder unnatürlichen Augenstellungen kommen kann. Wie visuelle Überforderung bei stereoskopischen Bildern reduziert werden kann, wird in Abschn. 10.1.10 behandelt.

3.1.9 Parallaxe, Disparität und Stereopsis

Da unsere Augen ca. 6,5 cm auseinanderliegen, sehen wir mit dem linken und dem rechten Auge die Umgebung und Objekte aus leicht unterschiedlicher Perspektive mit jeweils eigener Sehachse. Die *Parallaxe* ist definiert als der Unterschied zwischen den beiden Sehachsen und bildet den *Parallaxenwinkel*. Die binokulare *Disparität* oder *Querdisparation* ist dabei definiert als der Unterschied zwischen den Abbildern eines dreidimensionalen Objektes auf der linken und rechten Retina.

Die Unterschiede zwischen den beiden Netzhautbildern und der Augenstellung geben uns Hinweise darauf, wie weit verschiedene Gegenstände entfernt liegen. Die Wahrnehmung von Tiefe, die auf der Grundlage von Unterschieden in der Querdisparität zwischen den Netzhautbildern des linken und des rechten Auges beruht, wird als *Stereopsis* (gr. stereos für fest, räumlich und opsis für Sehen, Sehvermögen) bezeichnet.

Hier sei noch angemerkt, dass die Disparität, für sich alleine genommen, noch keine absolute Entfernung eines Objektes liefert, sondern lediglich Informationen über die Entfernung zum Fixationspunkt. zur Tiefenbestimmung der Fixationspunkt fest, weshalb sich in diesem Fall die absolute Entfernung anhand der Disparität und technischen Spezifikationen bestimmen lässt.

Die *binokulare Summation* beschreibt den Mechanismus des Gehirns, die Unterschiede der Teilbilder zu analysieren. Die Unterschiede der zusammengehörigen Punkte, wie Farbe und Helligkeit, werden summiert. Dabei entsteht ein Mittelwert der beiden Teilbilder, sowohl für die Helligkeit als auch für die Farbe. Auch die perspektivischen Unterschiede der Augen werden zu einem Gesamtbild verrechnet.

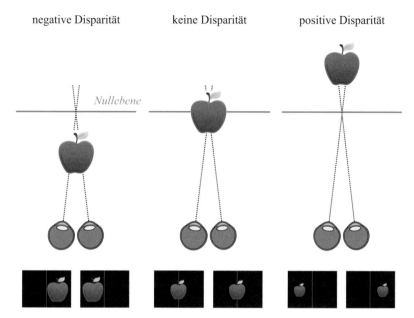

Abb. 3.6 Zusammenhang zwischen der Disparität, Nullebene und der wahrgenommenen Tiefe eines Objektes

3.1.9.1 Akkommodations-Konvergenz-Diskrepanz

In der Stereoskopie sind Objekte, die im Konvergenzpunkt[3] liegen, deckungsgleich und werden somit genau auf der physikalischen Bildebene, also auf dem Monitor oder der Leinwand, dargestellt. Diese Ebene wird als *Nullebene* oder *Scheinfensterebene* bezeichnet. Befindet sich ein Punkt auf der Nullebene, sind die Abbildungen auf den Teilbildern deckungsgleich und es gibt keine Disparität. Liegt ein Punkt vor oder hinter der Nullebene, ergibt sich eine Disparität, siehe Abb. 3.6.

Eine *negative Disparität* liegt vor der Bildebene und erzeugt *gekreuzte Doppelbilder*. Bei einer negativen Disparität, die dem Augenabstand entspricht, wird ein Objekt auf halber Distanz zwischen der Nullebene und dem Auge wahrgenommen. Eine *positive Disparität* bildet Gegenstände hinter der Bildebene ab und erzeugt *ungekreuzte Doppelbilder*. Bei einer positiven Disparität, die dem Augenabstand entspricht, erscheinen Objekte im Unendlichen. Ist die positive Disparität größer als der Augenabstand, kommt es zu einer unnatürlichen Augenstellung. Warum sich manche Doppelbilder kreuzen und andere nicht, wird auch aus Abb. 3.7 deutlich. Die Abbildung des Punktes V liegt hier außerhalb der Abbildung der Nullebene, die Abbildung des Punktes H entsprechend innerhalb.

---

[3] Ein *Konvergenzpunkt* ist der Ort, an dem zwei Linien aufeinandertreffen.

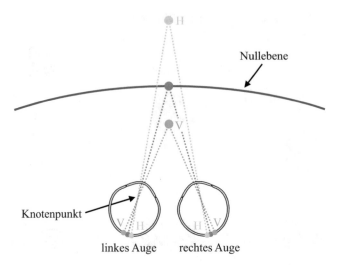

Abb. 3.7 Zusammenhang zwischen Nullebene und der Abbildung als gekreuztes (Punkt V) oder ungekreuztes Doppelbild (Punkt H)

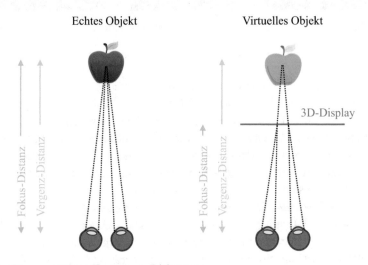

Abb. 3.8 Akkommodations-Konvergenz-Diskrepanz

Beim natürlichen Sehen sind diese beiden Mechanismen miteinander gekoppelt; bei vielen 3D-Stereo-Anzeigetechniken, wie den HMDs, sind diese beiden Mechanismen entkoppelt. Es kommt zu einer *Akkommodations-Konvergenz-Diskrepanz*, die für den Betrachter unangenehm ist. Dieser Zusammenhang ist in Abb. 3.8 dargestellt: Unabhängig davon, ob ein Bild mit einem oder zwei Augen betrachtet wird, muss jedes Auge auf die Distanz zur Displayfläche (entsprechend durch die Optik verlängert) eingestellt sein und nicht auf die des virtuellen Objektes. Würde die Konvergenz auf die scheinbare Entfernung des virtuellen Objekts eingestellt, welches sich vor oder hinter der Anzeigefläche befindet, wäre das Objekt unscharf. Auswirkungen von *Konvergenzfehlern* sind Müdigkeit, Überlappung, Unschärfe, müde und trockene Augen, Kopfweh und Probleme bei der Konzentration.

3.1.9.2 Horopter

Der *Horopter* (gr. hóres für Grenze, optēr für Späher) ist eine imaginäre und leicht gewölbte Linie, die an einem fixierten Punkt im Raum vor den menschlichen Augen liegt. In diesem Fixationspunkt trifft das einfallende Licht auf identische Stellen der beiden Netzhäute, wie in Abb. 3.9 dargestellt.

Man unterscheidet dabei den *theoretischen* und den *empirischen Horopter*: Theoretisch bildet der Horopter einen Kreis, der sich durch die Knotenpunkte (engl. nodal points) beider Augen, den Fixationspunkt und korrespondierende Punkte auf beiden Netzhäuten (gestrichelte Linien in Abb. 3.9), ergibt. Der tatsächliche, empirisch beobachtbare Horopter entspricht nicht einem idealen Kreis.

Der Bereich vor und hinter dem Horopter wird *Panumraum*[4] (engl. Panum's fusional area, auch Panum's space) genannt. Objekte oder Punkte, die in diesem Panumraum liegen, treffen nicht auf identische Stellen der Netzhäute, sondern haben einen Versatz. Die Fusionierung der beiden Teilbilder ist im Panumraum möglich. Befindet sich ein Objekt außerhalb des Panumraums, kommt es zum Doppeltsehen.

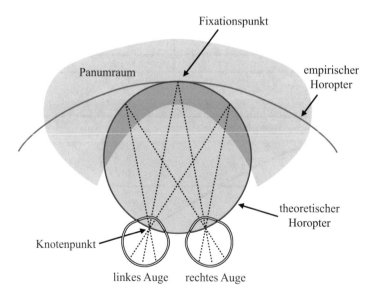

Abb. 3.9 Horopter und Panumraum

---

[4] Nach dem dänischen Physiologen *Peter Panum*.

3.1.10 Raumwahrnehmung

Die *räumliche Wahrnehmung* basiert auf vielen Reizen. Diese unterteilen sich in bildliche (z. B. relative Größe), kinetische (z. B. Bewegungsparallaxe), blickmotorische (okulomotorische, physiologische) Tiefenreize, kontextbezogene und beidäugige Tiefenfaktoren. Jedoch können ca. 5 bis 10 % der Menschen beidäugige Tiefenfaktoren gar nicht (in diesem Zusammenhang wird dann von *Stereoblindheit* gesprochen) und ca. 20 % nur eingeschränkt (*Stereosehschwäche*) wahrnehmen.

Eine Übersicht über verschiedene monokulare und binokulare Indikatoren ist in Tab. 3.3 zusammengestellt. Die einzelnen Indikatoren werden im Folgenden kurz beschrieben.

Der ungefähre Einfluss der jeweiligen Tiefenindikatoren in Abhängigkeit der Entfernung wurde von Cutting und Vishton (1995) zusammengestellt und wird in Abb. 3.10

Tab. 3.3 Die Tiefenschätzung verlässt sich auf eine Vielzahl von Hinweisen

Monokulare Indikatoren	Binokulare Indikatoren
Linearperspektive	Parallaxe und Disparität
Farb- und atmosphärische Perspektive	Okulomotorisch
Verdeckung und Überlappung	
Licht und Schatten	
Texturgradient	
Relative Größe und gewohnte Größe	
Relative Höhe	
Bewegungsparallaxe	

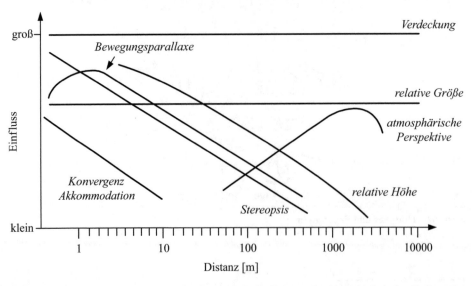

Abb. 3.10 Ungefährer Einfluss verschiedener Tiefenindikatoren in Abhängigkeit der Entfernung. Eigene Darstellung in Anlehnung an Cutting und Vishton (1995)

wiedergegeben. Wie der Abbildung zu entnehmen ist, haben manche Indikatoren, wie die binokularen Indikatoren, eine hohe Relevanz im Nahbereich, während andere Indikatoren, wie die atmosphärische Perspektive, nur bei größerer Distanz bedeutsam sind. Weitere Indikatoren, wie die Verdeckung und Überlappung als auch die relative Größe, haben eine gleichbleibende Relevanz unabhängig von der Distanz.

3.1.10.1 Linearperspektive

Die *Linearperspektive* (lat. perspicere für hindurchsehen) führt dazu, dass parallel verlaufende Linien in weiterer Entfernung scheinbar auf einen Fluchtpunkt zulaufen. Die Tiefenwirkung ist umso größer, je mehr sichtbare Konturen sich in der Ferne annähern.

3.1.10.2 Farb- und atmosphärische Perspektive

Durch die Beschaffenheit der Atmosphäre, also der Gasmischung der Luft und der darin enthaltenen Partikel wie Wasser und Staub, kommt es zur Streuung des Lichts. Diese Streuung verursacht in großer Entfernung weiche Kontraste, blasse Farben und eine farbliche Änderung ins Blaue oder Graue, siehe Abb. 3.11. Kräftige Farben und Kontraste werden als nah empfunden, weiche Kontraste und blasse Farben als fern.

3.1.10.3 Verdeckung und Überlappung

Ein weiteres Kriterium zur Einschätzung der Lage eines Objektes im Raum ist die Verdeckung. Überschneiden sich mehrere Objekte, so können daraus Informationen über den Raum gewonnen werden. Somit ist es möglich zu erkennen, ob sich ein Objekt vor oder hinter einem anderen befindet. Der teilweise verborgene Gegenstand befindet sich

Abb. 3.11 Farb- und atmosphärische Perspektive. In der Ferne werden Kontraste geringer und die Farben bläulicher

hinter dem verdeckenden Gegenstand. Lediglich durch Verdeckung oder Überlappungen auf die Entfernung zu schließen, ist jedoch nicht möglich. Das gelingt nur durch die Kombination mehrerer Tiefenhinweise.

3.1.10.4 Licht und Schatten

Das Zusammenspiel von Licht und Schatten ermöglicht es dem Menschen, sich im Raum zu orientieren. Der Schlagschatten hilft dabei das räumliche Verhältnis zwischen einem Objekt und seiner Umgebung zu erkennen. Die Eigenschatten ermöglichen das Erkennen von Formen und Strukturen. Ohne Schatten ist die Einschätzung der Lage im Raum erschwert, bei abstrakten Umgebungen sogar unmöglich, vergleiche hierzu Abb. 3.12.

3.1.10.5 Texturgradient

Einen weiteren Tiefenhinweis bilden Texturen auf Oberflächen. *Texturen* sind wahrnehmbare Oberflächenstrukturen, die zur Charakterisierung von Objekten oder Elementen dienen. Der Texturgradient beschreibt dabei das Wissen darüber, dass sich die Abstände von Strukturen in der Ferne verkleinern, siehe Abb. 3.13.

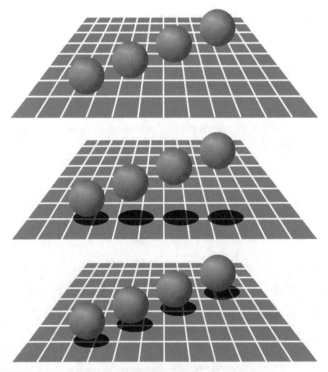

Abb. 3.12 Bestimmen Sie, auf welcher Höhe sich die jeweiligen Kugeln befinden. Schweben oder liegen diese auf dem Boden?

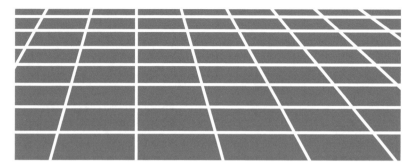

Abb. 3.13 Durch den Texturgradient wird das Rechteck nicht als Fläche parallel zur Anzeige wahrgenommen, sondern als in den Raum geneigt

So ist der Mensch in der Lage, Gegenstände im Raum und Oberflächen zu erkennen. Besonders wichtig ist das bei der Betrachtung von Bodentexturen, um deren Beschaffenheit zu erkennen und die nahe Umgebung einzuordnen.

3.1.10.6 Relative Größe und gewohnte Größe

Bei der Betrachtung von Objekten gleicher Größe erscheint das Objekt näher, das größer wahrgenommen wird. Aus der Erfahrung heraus werden weit entfernte Dinge als klein beobachtet. Dieses Prinzip funktioniert auch bei ungleichen Objekten, jedoch nur, wenn die Größenverhältnisse bekannt sind. Dazu greift das Gehirn auf alltägliche Dinge zurück und nutzt diese als Vergleichsmaßstab.

3.1.10.7 Relative Höhe

Um einen Tiefeneindruck zu bestimmen, werden gleichzeitig mehrere Hinweise genutzt. Dabei wird der Raum stets nach einer Horizontallinie untersucht. Diese horizontalen Linien helfen dem visuellen System, die Entfernung von Objekten einzuschätzen. In Abb. 3.14 sind jeweils zwei Kugeln dargestellt, einmal ohne und einmal mit einem Horizont. Während ohne die Darstellung des Horizonts die Kugeln (da gleich groß) in gleicher Entfernung erscheinen, verändert sich diese Tiefeneinschätzung, wenn der Horizont sichtbar ist. Hier scheint sich die linke Kugel vor der rechten Kugel zu befinden.

3.1.10.8 Bewegungsparallaxe

In der Wahrnehmungspsychologie versteht man unter *Bewegungsparallaxe* den Effekt, dass verschiedene ortsfeste Objekte, die unterschiedlich weit vom Betrachter entfernt sind, sich unterschiedlich schnell bewegen, wenn dieser sich parallel zu diesen Objekten fortbewegt. Diejenigen Objekte, die nahe beim Betrachter sind, bewegen sich schneller, die weiter entfernten bewegen sich langsamer.

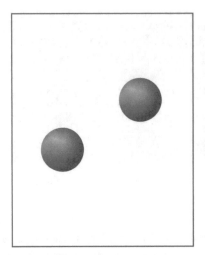 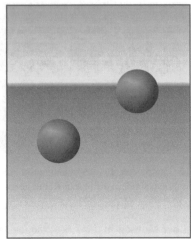

Abb. 3.14 Bestimmen Sie, in welcher Distanz sich die jeweiligen Kugeln befinden

3.1.10.9 Parallaxe und Disparität

Konvergenz und Akkomodation geben Hinweise auf die Tiefe eines Raums und der darin befindlichen Gegenstände. Je nachdem, wie nah oder fern ein beobachteter Gegenstand ist, verändern sich Linsenform und Stellung der Augen.

3.1.10.10 Okulomotorische Tiefenkriterien

Okulomotorische Tiefenkriterien berücksichtigen die Stellung der Augen zueinander, die Anspannung der Augenmuskeln und die Augenbewegungen. Die beiden wichtigsten Hinweisgeber sind die Konvergenz der Augen und die Akkomodation. Befindet sich ein Gegenstand in der Nähe, müssen sich die Augen zueinander eindrehen. Bei einem entfernten Objekt ist die Stellung der Augen zueinander annähernd parallel. Ebenso müssen die Augen auf die Distanz zum Objekt fokussieren.

3.2   Auditive Wahrnehmung

Die *auditive Wahrnehmung* (auch *akustische Wahrnehmung*) bezieht sich auf die Sinneswahrnehmung von Schall, also von Tönen, Klängen und Geräuschen, durch das Ohr sowie die Weiterverarbeitung und Speicherung im Gehirn. Dabei wird zunächst Schall aus der Umgebung von dem Außenohr und der Ohrmuschel aufgefangen und in den äußeren Gehörgang weitergeleitet. Der Schall trifft dort auf das Trommelfell auf und versetzt dieses in Schwingung. Hier ist eine Wandlung der Schallenergie in Nervenimpulse noch nicht möglich, sondern der Schall muss erneut weitergeleitet werden. Dies geschieht über die gesamte Gehörknöchelchenkette (Hammer, Amboss, Steigbügel) im Mittelohr hinweg bis zum ovalen Fenster am Übergang zum flüssigkeitsgefüllten Innenohr. Die hier auftreffenden Schallwellen werden an die Flüssigkeit weitergegeben und erzeugen dort sogenannte Wanderwellen. Diese Schwingungen werden dann von den Härchen der Sinneszellen registriert und in Nervenimpulse umgesetzt, die über den Hörnerv ans Gehirn weitergegeben werden.

Eine Schallwelle, die das Trommelfell eines Zuhörers erreicht, löst eine Empfindung aus, die wir als Klangbild oder als Hörereignis wahrnehmen. Ein *Klangbild* besteht dabei aus

- *zeitlichen Merkmalen* wie Nachhall, Rhythmus, Dauer,
- *räumlichen Merkmalen* wie Richtung, Entfernung und
- *qualitativen Merkmalen* wie Lautstärke, Tonhöhe, Klangfarbe

und sagt somit nicht nur etwas über die akustische Quelle, sondern auch über den akustischen Raum aus, den der Schall von der Quelle bis zur Senke (Ohr oder Mikrofon) zurückgelegt hat.

3.2.1 Eigenschaften des Hörens

Die Frequenzempfindlichkeit des menschlichen Hörvermögens reicht bei jungen Menschen von 20 Hz bis 20 kHz. Bei älteren Menschen ist sie jedoch etwas geringer und reicht bis maximal 18 kHz. Das menschliche Ohr ist größtenteils phasenunempfindlich und nimmt Töne auf der Grundlage des Magnitudenspektrums wahr. Durch psychoakustische Experimente wurde festgestellt, dass der komplexe Mechanismus des Innenohrs und des Hörnervs eine Verarbeitung des Signals vornimmt. Daher kann die subjektive menschliche Wahrnehmung der Tonhöhe nicht durch eine lineare Beziehung dargestellt werden. Die Tonhöhendifferenz zwischen zwei Paaren reiner Töne (f_{a1}, f_{a2}) und (f_{b1}, f_{b2}) wird als gleichwertig wahrgenommen, wenn das Verhältnis der beiden Frequenzpaare gleich ist, sodass

$$\frac{f_{a1}}{f_{a2}} = \frac{f_{b1}}{f_{b2}}.$$

Die Tonhöhendifferenz in der Tonhöhe wird nicht als gleichwertig wahrgenommen, wenn die Differenz zwischen Frequenzpaaren gleich groß ist. So wird z. B. der Übergang von 100 Hz auf 125 Hz als eine viel größere Tonhöhenänderung wahrgenommen als der Übergang von 1000 Hz auf 1025 Hz. Das Auflösungsvermögen des menschlichen Gehörs wird durch Maskierungseffekte beeinträchtigt. Ein Geräusch kann nicht wahrgenommen werden, wenn es von einem räumlichen und zeitlichen in der Nähe befindenden lauteren Geräusch überdeckt wird.

Tab. 3.4 Schalldruckpegel (SPL) mit Beispielen und subjektiver Bewertung

SPL [dB]	Beispielschallquelle	Subjektive Bewertung
140	Artillerie	Schmerzgrenze, Hörverlust
120	Düsenstart (bei 60 m Abstand)	Unerträglich
100	Sirene, Presslufthammer	Sehr laut
80	Schreie, belebte Straße	Laut
60	Gespräch (bei 1 m Abstand), Büro	Mäßig
40	Bibliothek, ruhiges Wohngebiet	Ruhig
20	Wald, Tonstudio	Sehr leise
0		Hörschwelle

Die Lautstärkeempfindlichkeit des menschlichen Hörvermögens beginnt bei einem Schalldruckpegel von ca. 0 dB und sollte einen Pegel von um die 120 dB nicht längerfristig überschreiten. Der *Schalldruckpegel* (engl. sound pressure level, kurz SPL) ist definiert als

$$L_p \triangleq 20 \log \left(\frac{p}{p_r} \right) \quad [\text{dB SPL}], \tag{3.1}$$

wobei der Bezugsschalldruck $p_r = 20\,\mu$Pa als die Hörschwelle bei 1 kHz[5] definiert ist. Zum besseren Verständnis des Schalldruckpegels listet Tab. 3.4 eine Reihe von gängigen Schallquellen zusammen mit den entsprechenden subjektiven Bewertungen auf, die von der Hörschwelle bis zum Hörverlust reichen.

Auch wenn zu erwarten wäre, dass Schall mit höherer Intensität als lauter empfunden wird, gilt dies nur für gleiche Frequenzen. Tatsächlich hängt die wahrgenommene Lautheit eines reinen Tons nicht nur von der Schallintensität, sondern auch von seiner Frequenz ab. Die Wahrnehmung der äquivalenten Lautheit für verschiedene Frequenzen (Tonhöhe) und verschiedene diskrete Schalldruckpegel bei 1 kHz werden in Abb. 3.15 durch *Konturen gleicher Lautheit* (engl. equal loudness) dargestellt. Die wahrgenommene Lautheit für reine Töne wird im Gegensatz zum physikalischen Maß des Schalldruckpegels, der in *Dezibel* (dB) gemessen wird, durch die Einheit *Phon* angegeben. Aus Abb. 3.15 ist ersichtlich, dass das Ohr für Frequenzen zwischen 1 kHz und 5 kHz empfindlicher ist als für Frequenzen unter 1 kHz und über 5 kHz.

---

[5] Einige Zeit nach der Einführung dieser Definition wurde entdeckt, dass die Schwelle tatsächlich etwas niedriger liegt. Die Definition der Schwelle p_r, die ursprünglich für 1 kHz festgelegt wurde, blieb beibehalten, da sie für 2 kHz nahezu perfekt passt.

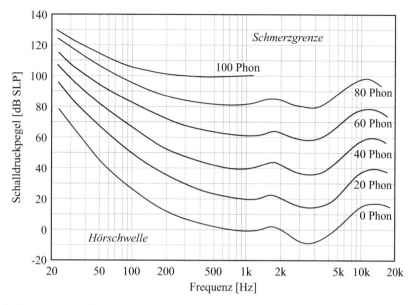

Abb. 3.15 Lautheitswahrnehmung, ausgedrückt durch Konturen gleicher Lautheit

3.2.2 Binaurales Hören

Durch *binaurales Hören* (mit zwei Ohren) ist es einer Person oft möglich, die Richtung zu lokalisieren, aus der ein Ton kommt. Dabei werden die Differenzen zwischen den von den beiden Ohren empfangenen Schallwellen ausgewertet, die je nach Ausgangspunkt der Schallquelle in Zeit und Amplitude variieren. Der Unterschied in der Ankunftszeit an den beiden Ohren wird als *interaurale Zeitdifferenz* (engl. interaural time difference, kurz ITD) bezeichnet und ist auf die unterschiedlichen Entfernungen zurückzuführen, die der Schall zurücklegen muss, bevor er an den beiden Ohren ankommt. Unter optimalen Bedingungen können Zuhörer interaurale Zeitdifferenz ab 10 μs wahrnehmen.

Der Unterschied in der Amplitude wird als *interauraler Lautstärkeunterschied* (engl. interaural level difference, kurz ILD, oder auch interaural intensitive difference) bezeichnet und ist auf die durch den Kopf erzeugte frequenzabhängige Dämpfung durch Beugung und Absorption zurückzuführen. Die kleinste Lautstärkendifferenz, die zuverlässig erkannt werden kann, beträgt etwa 1 dB. Sowohl diese als auch die interaurale Zeitdifferenz liefern Informationen über die Schalleinfallsrichtung zum Zuhörer. Sie liefern jedoch keine Informationen zur Bestimmung der Entfernung einer Schallquelle oder ihrer relativen Höhe zum Zuhörer. Daher müssen andere Anhaltspunkte zur Bestimmung dieser Parameter herangezogen werden, wie z. B. die Gesamtlautstärke eines Klangs (der dem Zuhörer bekannt sein muss, damit er einen Referenzwert kennt), die Menge des Nachhalls in einem Raum oder seine Klangfarbe.

Auch wenn der offensichtlichste Vorteil des binauralen Hörens in der Quellenlokalisierung liegt, gibt es durch das binaurale Hören weitere interessante Effekte. Beispielsweise beschreibt der *Cocktailparty-Effekt* die Eigenschaft des binauralen Hörens, Umgebungsgeräusche, wie andere Stimmen während einer Cocktailparty, auszublenden und das gewünschte Signal, wie z. B. die Stimme eines Gesprächspartners, hervorzuheben (Handel 1989).

3.2.3 Wahrnehmung der horizontalen Schalleinfallsrichtung

Da sich die Ohren auf beiden Seiten des Kopfes befinden, gibt es Unterschiede in der Ankunftszeit des Schalls und im Schalldruck zwischen dem linken und dem rechten Ohr, wenn der Schall von der Seite kommt. Auch verändert sich das Klangbild mit der Position der Schallquelle. Kopf und Schulter beeinflussen die Schallübertragung in den Gehörgang bei mittleren Frequenzen, während die Ohrmuschel zu Verzerrungen im höheren Frequenzbereich (über 3 kHz) beiträgt.

Seit Anfang des 20. Jahrhunderts ist bekannt, dass die interaurale Zeitdifferenz und die interaurale Lautstärkendifferenz Anhaltspunkte für die Wahrnehmung der lateralen (seitlichen) Richtung sind. Am kugelförmigen Kopf sind sie an allen Punkten auf dem Kreis der vertikalen Ebene identisch. Daher lässt sich durch interaurale Zeit- und Lautstärkendifferenz nur bestimmen, in welcher horizontalen Ebene sich eine Schallquelle befindet. Diese Ungewissheit wird als *Konfusionskegel* (engl. cone of confusion) bezeichnet.

Die quantitativen Beziehungen zwischen diesen interauralen Unterschieden und der Links-rechts-Richtung eines Klangbildes werden in den nächsten Abschnitten beschrieben.

3.2.3.1 Interaurale Zeitdifferenz

Werden eine einfallende Schallwelle als eine ebene Welle und der Kopf als eine perfekte Kugel angenommen, kann die Beziehung zwischen dem einfallenden Azimutwinkel und der *interauralen Zeitdifferenz* wie folgt dargestellt werden:

$$t_{\text{ITD}} = \frac{D}{2c}(\phi + \sin\phi)[s],$$

wobei c die Schallgeschwindigkeit[6] in m/s, D den Abstand zwischen beiden Ohren und ϕ den einfallenden Azimut im Bogenmaß beschreiben. Wie bereits erwähnt, kann das Gehör Laufzeitdifferenzen ab $10\,\mu s$ unterscheiden. Die größte auftretende Laufzeitdifferenz ist durch den Kopfumfang begrenzt und beträgt 0,63 ms, wenn die Schallquelle sich seitlich zum Kopf befindet.

---

[6] Die Schallgeschwindigkeit in trockener Luft bei 20 °C ist 343,2 m/s.

3.2.3.2 Interaurale Pegeldifferenz

Die *interaurale Pegeldifferenz* variiert entsprechend mit dem Azimutwinkel einer Schallwelle. Der absolute Wert der interauralen Pegeldifferenz hängt von der Frequenz der Schallquelle ab: diese beträgt bei 90° ca. 4 dB bei 250 Hz, ca. 10 dB bei 1 kHz und ca. 18 dB bei 4 kHz. Die Ursache für die unterschiedliche Dämpfung liegt in der Frequenzabhängigkeit der Beugung einer Schallwelle. Die größere Beugung für niedere Frequenzen erklärt auch die geringere räumliche Ortungsgenauigkeit von Schallquellen mit niedriger im Vergleich zu höherer Frequenz.

Abb. 3.16 links zeigt beispielhaft die Veränderungen im Amplitudenspektrum der *kopfbezogenen Übertragungsfunktion* (engl. head-related transfer function, kurz HRTF) für eine Schallquelle aus verschiedenen, horizontalen Richtungen. Hier kann Folgendes beobachtet werden:

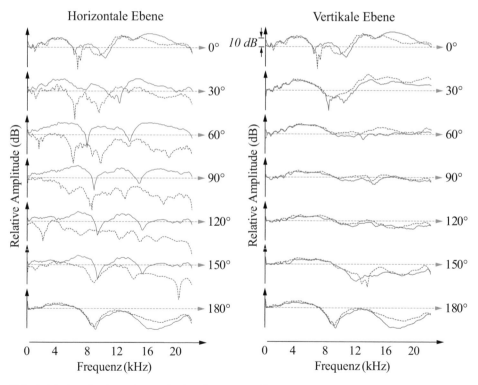

Abb. 3.16 Amplitudenspektren der kopfbezogenen Übertragungsfunktion für eine Schallquelle, die aus unterschiedlichen Richtungen einfällt. Die durchgezogenen roten Linien zeigen die kopfbezogene Übertragungsfunktion des rechten Ohrs, die blau gepunkteten Linien zeigen die des linken Ohrs, in Anlehnung an Iida (2019). Das rechte Ohr ist in der vertikalen Ebene der Schallquelle zugewandt, das linke Ohr ist abgewandt

- Die Kerben und die Spitzen in der kopfbezogenen Übertragungsfunktion des schall-quellenzugewandten Ohrs sind deutlich ausgeprägter. Die Frequenzen der Kerben verschieben sich nach oben, wenn sich die Schallquelle von vorne nach hinten bewegt, während die Frequenzen der Spitzen annähernd konstant bleiben.
- Für das Ohr, welches sich entfernt von der Schallquelle befindet, ist das Spektrum der kopfbezogenen Übertragungsfunktion relativ flach, da der Einfluss durch die Ohrmuschel geringer ist.
- Die interaurale Pegeldifferenz erreicht bei einer Schallquelle in seitlicher Richtung ein Maximum.
- Die kopfbezogenen Übertragungsfunktionen des linken und des rechten Ohrs sind auch für eine Schallquelle bei 0° oder 180° nicht identisch, da der Kopf und die Ohrmuscheln nicht perfekt symmetrisch sind.
- Die Hauptkomponenten der kopfbezogenen Übertragungsfunktion liegen oberhalb von 200 Hz, wo die lineare Schallfeldverzerrung aufgrund von Beugung signifikant wird.

3.2.4 Wahrnehmung der vertikalen Richtung

Auch Hinweise zur Wahrnehmung der vertikalen Richtung existieren im Amplitudenspek-trum der kopfbezogenen Übertragungsfunktion (sogenannte spektrale Hinweise). Jedoch fallen diese, wie aus Abb. 3.16 zu entnehmen ist, geringer aus als bei der horizontalen Ebene. Insbesondere spielen bei der Wahrnehmung der vertikalen Richtung spektrale Auskerbungen und Spitzen ab 4 kHz eine wichtige Rolle und der grobe Umriss des Amplitudenspektrums ist wichtiger als seine detaillierte Struktur.

Abb. 3.16 rechts zeigt die Veränderungen im Amplitudenspektrum der kopfbezogenen Übertragungsfunktion für eine Schallquelle aus verschiedenen, vertikalen Richtungen. Hier kann Folgendes beobachtet werden:

- Die Frequenz der Spitze ist um 4 kHz ungefähr konstant, unabhängig vom vertikalen Winkel der Schallquelle.
- Die Frequenzen der Kerben verschieben sich nach oben, wenn sich die Schallquelle von der Vorderseite der Person nach oben bewegt, und erreichen ein Maximum bei einem vertikalen Winkel von 120°.
- Die Kerben sind tiefer für eine Schallquelle nahe der horizontalen Ebene und flacher für eine Schallquelle oberhalb der horizontalen Ebene.
- Die kopfbezogenen Übertragungsfunktionen für das linke und das rechte Ohr sind nur annähernd ähnlich, da der Kopf und die Ohrmuscheln nicht perfekt symmetrisch sind.
- Die Hauptkomponenten der kopfbezogenen Übertragungsfunktion liegen ebenfalls, wie bei der horizontalen Richtung, oberhalb von 200 Hz.

3.2.5 Mögliche Fehler in der Richtungswahrnehmung

Menschen nehmen ein Klangbild oft in einer anderen Richtung als der Richtung der Quelle wahr. In halliger Umgebung ist z. B. eine Neulokalisation einer Schallquelle nur dann möglich, wenn es stärkere Änderungen im Schallsignal gibt, sonst bleibt die zuvor bestimmte Richtung erhalten (dies wird als *Franssen-Effekt* bezeichnet).

Die Fehler lassen sich in die folgenden drei Kategorien einteilen:

- *Vorne-hinten-Verwechslung*, bei der ein Ton von vorne wahrgenommen wird, obwohl er tatsächlich hinter dem Zuhörer ertönt oder entsprechend umgekehrt.
- *Örtliche Anhebung des Klangbildes*, bei der ein Ton aus einer höheren Position wahrgenommen wird.
- *Lokalisierung innerhalb des Kopfes*, bei der ein Klangbild in der Wahrnehmung des Zuhörers direkt im Inneren des Kopfes wahrgenommen wird.

3.2.6 Wahrnehmung der Distanz

Für eine Schallquelle in einer Entfernung von mehr als einem Meter liefert die kopfbezogene Übertragungsfunktion keine Hinweise auf die Distanz zwischen der Quelle und der Senke, da Veränderungen im Audiosignal, die durch die Form des menschlichen Körpers abgeleitet sind, sich ab dieser Entfernung der Schallquelle nicht wirklich unterscheiden. Jedoch gibt es bei der Ausbreitung von Schallwellen im Raum mehrere physikalische Eigenschaften, die durch den Abstand zur Schallquelle beeinflusst werden.

Bei konstantem Schalldruck der Schallquelle verringert sich der Schalldruckpegel mit jeder Verdoppelung des Abstands um 6 dB (Wölfel und McDonough 2009) und infolgedessen ändert sich auch die Lautstärke. Damit der Schalldruckpegel, ähnlich wie die Größe von Objekten bei der Abschätzung der Distanz beim Sehen, ein Anhaltspunkt für die Entfernung sein kann, muss der Zuhörer den Hörschalldruckpegel bzw. die Lautstärke der Referenzschallquelle in einer bestimmten Entfernung im Voraus kennen. Da dies für viele Geräusche, die nicht Alltagsgeräuschen wie Sprache, Staubsauger oder Martinshorn entsprechen, nicht zutrifft und selbst bekannte Alltagsgeräusche in ihrer Lautstärke stark variieren, ist die Einschätzung der Distanz der Schallquelle anhand des Schalldruckpegels nur mit hoher Ungenauigkeit möglich.

In einem normalen Schallfeld fallen neben dem Direktschall auch viele reflektierte Töne ein. Es gibt experimentelle Ergebnisse, die darauf hindeuten, dass Menschen Reflexionen als Hinweis für die Entfernungswahrnehmung nutzen.

3.2.7   Wahrnehmung von Raumeigenschaften

Die Raumakustik weist einen sehr komplexen Zusammenhang zum wahrgenommenen akustischen Ausgangssignal auf, denn zum einen wird das Signal durch sie stark verändert und der subjektive Höreindruck wird von vielen weiteren Faktoren beeinflusst. Die wichtigste Auswirkung auf den Höreindruck in geschlossenen Räumen ist der Nachhall, der maßgebend zur akustischen Charakterisierung eines Ortes beiträgt. Der *Nachhall* in einem Raum ist das Ergebnis von Schallenergie, die mehrfach an Oberflächen reflektiert wird. Der Zuhörer nimmt also nicht nur den direkten Schall wahr, sondern auch eine Reihe von verzögerten Reflexionen. Dabei hängt die Nachhallzeit maßgebend von der Raumgröße ab, hier gilt verallgemeinert, je größer der Raum, desto größer der Nachhall.

Eine weitere spezifische Größe, die für die Beschreibung der subjektiven Gesamtwirkung eines Ortes wichtig ist, ist die *Färbung* (engl. coloration). Jeder geschlossene Raum schwingt bei denjenigen Frequenzen mit, bei denen sich eine stehende Welle bildet. Diese Frequenzen werden in ihrer akustischen Energie, je nach Ort, verstärkt oder abgeschwächt und als *Raummoden* (engl. room mode) bezeichnet. Die Färbung ist bei kleinen Räumen am stärksten bei Bassfrequenzen zwischen 20 Hz und 200 Hz. Bei höheren Frequenzen hat der Raum immer noch einen Einfluss, aber die Resonanzen sind aufgrund der höheren Dämpfung durch Absorption nicht so stark.

Die Ausprägung der Resonanzspitzen hängt – wie der Hall auch – nicht nur von der Geometrie des Raums ab, sondern auch von seinen schallabsorbierenden Eigenschaften. Während der Nachhall von der Position im Raum relativ unabhängig ist, sind die anderen Größen stark von der jeweiligen Position des Zuhörers im Raum abhängig.

3.3   Somatosensorische Wahrnehmung

Die *somatosensorische Wahrnehmung* ermöglicht es u. a. zu tasten, die Position und Bewegung des eigenen Körpers wahrzunehmen und Schmerzen zu empfinden. Das somatosensorische System unterscheidet sich von den anderen Sinnessystemen dadurch, dass seine Rezeptoren über den ganzen Körper verteilt sind und sich nicht auf die Wahrnehmung einer einzigen Art von Reizen beschränken, sondern auf eine Vielzahl verschiedener Arten von Reizen reagieren.

Nach dem Sehen belegt der Tastsinn den zweitgrößten Bereich im Gehirn, womit dem haptischen Sinneseindruck eine wichtige Rolle zugewiesen wird. Dies ist damit zu begründen, dass er sowohl aktive Erkundung (Wahrnehmung) der physischen Welt ermöglicht als auch die Manipulation dieser, siehe auch Abb. 3.17. Eine solche Fähigkeit des Tastsinns ist den anderen Sinnen vorenthalten. Somit ist der Tastsinn auch der einzige Sinneskanal, der eine bidirektionale Kommunikation zwischen dem Menschen und seiner physischen Umgebung aufbaut. Merkmale, die ausschließlich über die Haptik wahrgenommen werden können, sind die Härte, die Rauheit (Reibung oder Glätte), die Textur, die Form und das Gewicht.

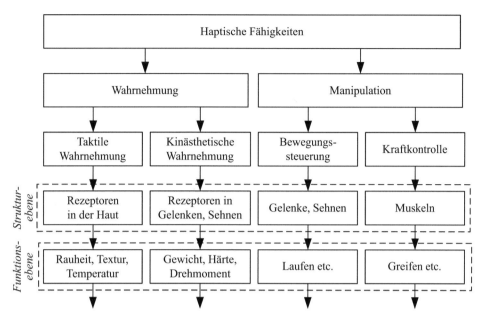

Abb. 3.17 Klassifizierung der menschlichen haptischen Wahrnehmung und Manipulationsfähigkeit

3.3.1 Berührung

Die *Berührung*, bzw. der *Tastsinn*, kann auf der Grundlage der zugrundeliegenden neuronalen Eingänge in drei Sinnessysteme unterteilt werden (Lin und Otaduy 2008):

- in ein *kutanes Sinnessystem* (engl. cutaneous), welches mit Rezeptoren in der Haut arbeitet,
- in ein *kinästhetisches Sinnessystem* (engl. kinesthetic), welches Rezeptoren in Muskeln, Sehnen und Gelenken nutzt, und
- in ein *haptisches Sinnessystem* (engl. haptic), wobei hier sowohl kutane als auch kinästhetische Rezeptoren genutzt werden. Es unterscheidet sich aber dadurch, dass es mit einem aktiven, durch Körperbewegungen gesteuerten Vorgang verbunden ist.

Das kutane Sinnessystem ist unser primäres taktiles Sinnesorgan, welches sich in drei funktionelle Tastsinnesrezeptoren, die sich alle in verschiedenen Schichten der Haut befinden, einteilen lässt:

- die *Thermorezeptoren* erkennen Veränderungen der Hauttemperatur,
- die *Mechanorezeptoren* nehmen Druck, Vibration und Rutschen wahr und
- die *Soziorezeptoren* nehmen Schmerzen wahr.

Um unterschiedlichste Empfindungen erfassen zu können, variieren die Mechanorezeptoren in ihrem mechanischen Wirkprinzip, der Hauttiefe und der Reaktionsgeschwindigkeit.
Dadurch ist es möglich, eine Erhebung von 0,006 mm und einer Breite von 0,04 mm
zu ertasten, wenn mit der Fingerkuppe darübergestrichen wird. Am empfindlichsten
sind die Pacini-Körperchen, die auf ein relativ breiteres Spektrum hochfrequenter Vibrationen zwischen 200 und 300 Hz ansprechen. Meissner-Körperchen reagieren besonders sensitiv im niederfrequenten Vibrationsbereich um 50 Hz. Beim Streichen über
eine strukturierte Oberfläche bewirken die einzelnen Kontaktpunkte eine Aktivierung
der Meissner-Körperchen und die Oberflächenstruktur wird entsprechend wahrgenommen. Anregungen von 1 bis 10 Hz aktivieren zum einen Ruffini-Zylinder, die Deh-
nungen der Haut wahrnehmen und die Wahrnehmung der Richtung von Objektbewe-
gungen oder Kräften ermöglichen, und zum anderen Merkel-Zellen, die auf sanften
Druck auf die Haut reagieren und geeignet sind, Kanten und räumliche Merkmale zu
erkennen.

Die Dichte der Mechanorezeptoren ist dabei über verschiedene Körperstellen unterschiedlich verteilt. Beispielsweise ist in der kahlen Haut der Hände und Füße die Anzahl
der Mechanorezeptoren höher als in der behaarten Haut, sodass Berührungen dort mit einer
höheren Präzision wahrgenommen werden (Bolanowski et al. 1994). Mechanorezeptoren
unterscheiden sich nicht nur in ihrer Häufigkeit, Dichte und Frequenzabhängigkeit, sondern auch in der Antwortzeit und Länge der Reaktion. Meissner- und Pacini-Körperchen,
die zur Klasse der schnell adaptierenden Rezeptoren gehören, reagieren ohne merkliche
Verzögerung auf einen Reiz. Ihre Reaktion nimmt in der Intensität aber schnell ab, auch
dann, wenn der Reiz weiterhin vorhanden ist. Merkel-Zellen und Ruffini-Körperchen, die
zur Klasse der langsam adaptierenden Rezeptoren gehören, reagieren auf langanhaltende
Reize auch mit einer entsprechend lang andauernden Antwort.

Mit der Fähigkeit, Objekte zu berühren, geht die Fähigkeit einher, Kraft auf Objekte
auszuüben und sie zu manipulieren. Die dafür benötigte motorische Kontrolle lässt sich
unterteilen in die Bewegungs- und Kraftkontrolle, Gelenkart sowie Anzahl der gleichzeitig
beteiligten Gelenke. Menschen können kleine Kräfte unter idealen Bedingungen (mit
visueller Rückmeldung) mit Abweichungen um ca. 2 bis 3 % beim Greifen und ca. 15 %
beim Drücken gegen eine Oberfläche einschätzen (Mai et al. 1985).

Schmerz ist eine äußerst unangenehme, aber lebenswichtige Sinnes- und Gefühlsemp-
findung, die von den *Nozizeptoren* des peripheren Nervensystems ausgelöst wird. Diese
reagieren nicht nur auf einen definierten Reiz, sondern allgemein auf Gewebezerstörungen.
Da die Simulation von Schmerz in immersiver VR ein bisher so gut wie nicht adressiertes
Forschungsgebiet ist und zweifelsfrei einen moralischen Grenzbereich darstellt, wird sich
hier nicht weiter mit den Soziorezeptoren auseinandergesetzt. Der interessierte Leser
sei auf die Publikation von Wölfel und Schubert (2018) verwiesen, die sich mit den
Auswirkungen von Schmerz in VR auf die Entscheidungsfindung beschäftigt.

3.3.2 Propriozeption

Die *Propriozeption* (lat. proprius, dt. eigen), auch *Kinästhesie* genannt, ist die Wahrnehmung der Position und Bewegung des eigenen Körpers im Raum und der Stellung einzelner Körperteile zueinander. Die *kinästhetische Wahrnehmung* oder kurz *Kinästhesie*, als Teil der Propriozeption, ist die Fähigkeit, Körperbewegungen wahrzunehmen und zu steuern.

In unseren Muskelfasern und Gelenken sind Muskelmechanorezeptoren eingebettet, die in zwei Haupttypen unterteilt werden:

* *Kraftsensoren* (Golgi-Sehnenorgane), die Kraft über die lokale Spannung messen und sich zwischen Muskeln und Sehnen befinden.
* *Positions- und Bewegungssensoren* (Muskelspindeln), die sich parallel zu den Muskelfasern befinden und durch Veränderungen der Muskellänge erregt werden (z. B. durch aktive und passive Dehnung).

Weitere Hinweise kann die Hautdehnung liefern. Die propriozeptive Wahrnehmungsgeschwindigkeit liegt bei etwa 20 bis 30 Hz.

3.4 Vestibuläre Wahrnehmung (Gleichgewichtssinn)

Die *vestibuläre Wahrnehmung* erfasst Beschleunigungen des Kopfes. Sie trägt neben der visuellen Wahrnehmung und der Propriozeption zum *Gleichgewichtssinn* bei und dient somit der Orientierung des Körpers im Raum. So erhält das Gehirn präzise Information über Drehbewegungen bzw. Veränderungen der Kopfposition. Insbesondere die Augenmuskeln werden angesteuert, sodass Kopfdrehungen automatisch Gegendrehungen der Augen bewirken (Folgebewegungen) und das Abbild der Umgebung auf der Netzhaut stabil bleibt.

Das *vestibuläre System* hat die meisten Verbindungen zu anderen Sinnessystemen und ist insbesondere eng verbunden mit dem taktilen und dem propriozeptiven System. Seine Aufgaben sind nach Bear et al. (2018)

* die Überwachung der Position und Bewegung des Kopfes,
* die Vermittlung des Gleichgewichtssinnes und
* die Unterstützung bei der Koordinierung der Kopf- und Augenbewegungen und der Anpassung an die Körperhaltung.

Zusätzlich beeinflusst die vestibuläre Wahrnehmung auch die auditive und visuelle Wahrnehmung sowie die Auge-Hand-Koordination. Ist die Funktion des vestibulären Systems

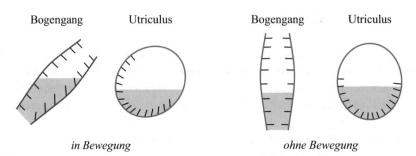

Abb. 3.18 Gleichgewichtsorgan, in Bewegung (Zilien seitlich abgewinkelt) und in Ruhe (Zilien nicht abgewinkelt)

beeinträchtigt, kann dies zu dem unangenehmen Gefühl führen, das normalerweise mit der Reisekrankheit in Verbindung gebracht wird: Schwindel, Übelkeit in Kombination mit Gleichgewichtsstörungen und unkontrollierbaren Augenbewegungen.

Das *Gleichgewichtsorgan* (Vestibularapparat) befindet sich im Innenohr und besteht aus einer Reihe miteinander verbundener Kammern, dem *vestibulären Labyrinth*. Die in einer Schleimschicht befindlichen Calciumkristalle (auch Otolithen oder Statolithen), die an den Härchen (Zilien) der *Haarzellen* fixiert sind, widerstehen aufgrund ihrer größeren Massendichte Beschleunigungen stärker als die sie umgebende Endolymphe,[7] wodurch die Zilien seitlich abgewinkelt werden, siehe Abb. 3.18. Dabei nehmen die Maculaorgane die Schwerkraft sowie die Neigung des Kopfes wahr und die Bogengänge die Kopfdrehung. Die *Maculaorgane* bestehen aus dem Sacculus und dem Utriculus, die fast im Zentrum des vestibulären Labyrinths liegen und in etwa senkrecht zueinander stehen. *Sacculus* und *Utriculus* sprechen auf geradlinige Beschleunigung an und können sowohl Linearbeschleunigungen des Kopfes als auch Veränderungen des Neigungswinkels erfassen: Wird der Kopf geneigt, verändert sich der Winkel zwischen den Maculaorganen und dem Schwerkraftvektor (der eine Kraft nach unten ausübt). Bei konstanter Bewegung ist die Beschleunigung annähernd null und abgesehen von der Schwerkraft wirkt keine Kraft. Die *Bogengänge* sind die gebogenen Kanäle des Labyrinths und mit Endolymphe gefüllt. Jeder der sechs Bogengänge, drei pro Ohr, steht im Kopf in einer anderen Ebene und reagiert auf Drehbewegungen. Wenn ein Bogengang um seine Achse beschleunigt (in einer rotierenden Bewegung) wird, werden die Stereocilien der Haarzellen abgebogen, da die Endolymphe, aufgrund ihrer Massenträgheit, zunächst zurückbleibt.

---

[7] Als *Endolymphe* wird eine wässrige Körperflüssigkeit bezeichnet, die sich u. a. im Sacculus, Utriculus und Bogengängen des Innenohrs befindet.

3.5   Multimodale Sinneswahrnehmung

Die Menschen sind „visuelle Kreaturen" in einer visuellen Gesellschaft und die meisten Medien sind stark visuell orientiert. Auch in der immersiven VR wird der primäre Fokus auf die Darstellung visueller Inhalte gelegt. Doch warum ist dies so? Wie zuvor bereits erwähnt, unterscheidet sich die Größe des Neokortex, der an der Verarbeitung visueller Informationen beteiligt ist, erheblich von anderen Sinnesmodalitäten. Man könnte also einfach argumentieren, dass für die Verarbeitung visueller Informationen mehr kognitive Ressourcen zur Verfügung stehen. Der Begriff der *visuellen Dominanz* wurde von der Idee geprägt, dass das Sehen tatsächlich die wichtigste Sinnesmodalität und somit anderen Sinnen übergeordnet ist. Die Gründe dafür sind noch immer umstritten, jedoch wird der Effekt in vielen Studien belegt (siehe z. B. Hecht und Reiner 2009).

Der *Colavita-Effekt* (Colavita 1974) besagt, wenn visuelle und auditive Stimuli gleichzeitig präsentiert werden, zeigen Menschen eine starke Tendenz, nur auf den visuellen Stimulus zu reagieren und teilweise den auditiven Reiz nicht bewusst wahrzunehmen. Wie Hirst et al. (2018) zeigen, scheint der Colavita-Effekt ein robustes Phänomen bei Erwachsenen zu sein, bei Kindern ist er jedoch weniger ausgeprägt bzw. nachgewiesen. Neben der Dominanz visueller Reize im Vergleich zu auditiven Reizen gibt es auch Untersuchungen, die die visuelle Dominanz gegenüber haptischen Reizen bestätigen (Hecht und Reiner 2009).

Die Bewertung der Bedeutung der verschiedenen Sinnesmodalitäten scheint also zu dem Schluss zu führen, dass das Sehen wichtiger ist als die anderen Modalitäten. Jedoch gibt es auch andere Strategien, um mit gegensätzlichen Reizen aus verschiedenen Sinnesmodalitäten umzugehen. Ein anschauliches Beispiel für die Multimodalität bei der Sprachwahrnehmung ist der *McGurk-Effekt*, der oft auch als McGurk-MacDonald-Effekt bezeichnet wird, wenn menschlichen Versuchspersonen gegensätzliche audiovisuelle Informationen präsentiert werden. So wird in einem Video, das ein visuelles /ga/ in Kombination mit einem akustischen /ba/ zeigt, von 98 % der Erwachsenen die Silbe /da/ wahrgenommen (McGurk und MacDonald 1976). Neben einzelnen Lauten funktioniert dieser Effekt auch für ganze Sätze.

Somit kommt es beim Menschen zu verschiedenen Strategien, um mit konträren Informationen verschiedener Eingabemodalitäten umzugehen und um verschiedene Stimuli möglichst richtig interpretieren zu können (Ernst und Bülthoff 2004 und Jacobs 2002). Dabei werden vom Menschen primär zwei verschiedene Strategien angewendet:

- *Informationsmaximierung* (Sensorkombination)
  Wenn die verschiedenen Modalitäten komplementär sind, werden die verschiedenen Informationen kombiniert, um das Wissen über die jeweilige Beobachtung zu maximieren. Nehmen wir z. B. ein dreidimensionales Objekt, dessen korrekte Erkennung von der Ausrichtung des Objektes zum Betrachter abhängt. Wenn das Objekt nicht gedreht wird, bringt das Sehvermögen nur zweidimensionale Informationen über das Objekt, während der Tastsinn die fehlenden dreidimensionalen Informationen liefert.

- *Verringernde Varianz* (Sensorintegration)

  Wenn sich verschiedene Modalitäten überschneiden, wird die Varianz[8] der Informationen reduziert. Unter der Unabhängigkeits- und Gauß'schen Annahme des Rauschens ist die Schätzung mit der geringsten Varianz identisch mit der Maximum-Likelihood-Schätzung. Ein Beispiel für die Integration von Audio- und Videoinformationen zur Lokalisierung, das die Theorie der Varianzreduzierung unterstützt, findet sich bei Alais und Burr (2004).

Können unterschiedliche Informationen nicht plausibel kombiniert werden, kommt es zu einer *Dissonanz*. Dissonanzen werden als unangenehmer Gefühlszustand empfunden und können sogar negative Körperreaktionen auslösen, siehe Abschn. 4.1.

Literaturverzeichnis

Alais D, Burr D (2004) The ventriloquist effect results from near optimal cossmodal integration. Curr Biol 14:257–262

Bear MF, Connors BW, Paradiso MA (2018) Das auditorische und das vestibuläre System. Springer, Berlin/Heidelberg, S 389–435

Bellebaum C, Thoma P, Daum I (2012) Visuelle Wahrnehmung: Was, Wo und Wie, VS Verlag für Sozialwissenschaften, Wiesbaden, S 31–46

Bolanowski SJ, Gescheider GA, Verrillo RT (1994) Hairy skin: psychophysical channels and their physiological substrates. Somatosens Mot Res 11(3):279–290

Colavita FB (1974) Human sensory dominance. Percept Psychophys 16(2):409–412

Cutting JE, Vishton PM (1995) Perceiving layout and knowing distances: The integration, relative potency, and contextual use of different information about depth. In: Perception of space and motion. Elsevier, Amsterdam, S 69–117

Ernst M, Bülthoff H (2004) Merging the senses into a robust perception. Trends Cogn Sci, Elsevier 8(4):162–169

Handel S (1989) Listening: an introduction to the perception of auditory events. MIT Press, New York

Hecht D, Reiner M (2009) Sensory dominance in combinations of audio, visual and haptic stimuli. Exp Brain Res 193(2):307–314

Hirst RJ, Cragg L, Allen HA (2018) Vision dominates audition in adults but not children: a meta-analysis of the colavita effect. Neurosci Biobehav Rev 94:286–301

Hutmacher F (2019) Why is there so much more research on vision than on any other sensory modality? Front Psychol 10:2246

Iida K (2019) Head-related transfer function and acoustic virtual reality. Springer, Singapore

Jacobs R (2002) What determines visual cue reliability. Trends Cogn Sci 6:345–350

Kandell ER, Koester JD, Mack SH, Ssiegelbaum S (2021) Principles of neural science. McGraw-Hill, New York

Lin MC, Otaduy M (2008) Haptic rendering: foundations, algorithms, and applications. CRC Press, Boca Raton

---

[8] Die *Varianz* beschreibt die Streuung einer endlichen Zahl von Werten um ihren Mittelwert.

Mai N, Avarello M, Bolsinger P (1985) Maintenance of low isometric forces during prehensile grasping. Neuropsychologia 23(6):805–812

McGurk H, MacDonald J (1976) Hearing lips and seeing voices. Nature 264(5588):746–748

Siess A, Wölfel M (2019) User color temperature preferences in immersive virtual realities. Comput Graph 81:20–31

Tauer H (2010) Stereo-3D: Grundlagen, Technik und Bildgestaltung. Fachverlag Schiele & Schoen, Berlin

Wölfel M, McDonough J (2009) Distant speech recognition. Wiley, Hoboken

Wölfel M, Schubert J (2018) Effects of electrical pain stimuli on immersion in virtual reality. In: 2018 International Conference on Cyberworlds (CW). IEEE, Singapore, S 168–171

Gesundheitliche und soziale Aspekte 4

Wie bei allen großen technologischen Disruptionen, d. h. der Verdrängung alter durch neue Entwicklungen, gibt es in Bezug auf immersive VR – und dies zu Recht – auch kritische Stimmen. Von VR-Kritikern werden der Sinn und Nutzen dieser neuen Technologie infrage gestellt. Andere wiederum sind kritisch, ob sich eine Technologie durchsetzen wird, die ergonomischen Ansprüchen nur bedingt genügt, wegen des schweren Headsets mit klobigem Formfaktor[1]. Besorgte Eltern hinterfragen mögliche Langzeitfolgen auf ihre Kinder, die sich stundenlang hinter den VR-Brillen verstecken und womöglich gewalttätige oder sexuelle Inhalte konsumieren. Andere Gruppen sind euphorisch und Eskapisten[2] bereiten sich schon zum Aufbruch in eine neue, vermeintlich bessere Welt vor.

Trockene Augen, Kopfschmerzen oder verspannte Schultern sind Erscheinungen, die bei zu langer Computernutzung nicht ungewöhnlich sind. Da diese negativen Effekte vielen Nutzern bereits bekannt sind, befürchten sie diese auch bei der Nutzung immersiver VR-Systeme. Zur Nutzung von VR-Brillen erscheinen in der Presse Artikel über Cyberkrankheit, Schädigung des Sehapparats und Verletzungen. Dies führt verständlicherweise zur Verunsicherung und es entstehen zahlreiche Fragen zu gesundheitlichen sowie sozialen Aspekten von immersiver VR während und nach der Nutzung. Wie bei anderen jungen Technologien gibt es zur VR-Nutzung noch keine Langzeitstudien, jedoch gibt es bereits viele Publikationen, die sich mit möglichen Folgen von immersiver VR auseinandersetzen.

---

[1] Der *Formfaktor* bei elektronischen Geräten bezieht sich auf die Größe, Form, das Gewicht und die physikalischen Spezifikationen der Hardwarekomponenten.

[2] Der *Eskapismus* steht für die Flucht aus oder vor der realen Welt zugunsten einer vermeintlich besseren Scheinwelt.

© Der/die Autor(en), exklusiv lizenziert an Springer-Verlag GmbH, DE, ein Teil von Springer Nature 2023
M. Wölfel, *Immersive Virtuelle Realität*, https://doi.org/10.1007/978-3-662-66908-2_4

4.1   Cyberkrankheit

Mit dem Begriff *Cyberkrankheit* (engl. cybersickness, auch *Simulatorübelkeit* oder *VR-Krankheit*) wird sich auf unerwünschte Symptome bei der Nutzung von immersiven Medien bezogen. Zu den Symptomen der Cyberkrankheit gehören allgemeines Unwohlsein, Übelkeit, Schwindel, Kopfschmerzen, Orientierungslosigkeit, Schläfrigkeit, Blässe, Schweißausbrüche und – im schlimmsten Fall – sogar Erbrechen (Chang et al. 2020). Für das Auftreten von Symptomen der Cyberkrankheit reicht meist schon die visuelle Darstellung von Bewegung aus, aber auch die tatsächliche physikalische Bewegung, z. B. in einem Bewegungssimulator, kann sie auslösen. Oft liegt es am Widerspruch zwischen Bild und Bewegung. Die Cyberkrankheit kann sich bereits während der VR-Nutzung bemerkbar machen oder aber erst nach dem Absetzen des VR-Headsets. Oft legen sich die Symptome kurz nach der Nutzung.

Die Cyberkrankheit wird oft auch mit der *Bewegungskrankheit* (engl. motion sickness) bzw. mit der *Reisekrankheit* (auch *Kinetose* genannt) in Verbindung gebracht, da sie ähnliche gesundheitliche Auswirkung zeigt, wie sie bei manchen Menschen auch durch scheinbare oder tatsächliche Bewegungen auftreten kann. Obwohl die visuell ausgelöste Cyberkrankheit zur Reisekrankheit ähnlich sein kann, können die spezifischen Ursachen und Auswirkungen ganz unterschiedlich sein. Beispielsweise tritt Erbrechen bei der Cyberkrankheit seltener auf als bei der herkömmlichen Reisekrankheit.

4.1.1   Unnatürliche Szenenbewegung

Unnatürliche *Szenenbewegungen* sind unerwünschte Bewegungserfahrungen in der gesamten virtuellen Umgebung, die im Widerspruch zu Bewegungserfahrungen in der realen Welt stehen. Unnatürliche Szenenbewegungen können ausgelöst werden durch vom Nutzer beabsichtigte oder unbeabsichtigte Bewegungen, die durch technologische Unzulänglichkeiten verursacht werden, siehe hierzu auch Abschn. 9.2.1. Auffällig sind diese insbesondere

- bei *schnellen Kopfbewegungen*, wenn die Latenzzeit, d. h. das Nachziehen des Bildes zur Kopfbewegung, zu hoch ist,
- durch eine *ungenaue Kalibrierung* (unpassendes Sichtfeld, optische Verzerrung, Trackingfehler, falsche Interpupilardistanz usw.) oder
- beim Versuch, durch *Wände hindurchzulaufen*. Um das zu verhindern, könnte die Wand stehen bleiben, obwohl sich der Anwender im physikalischen Raum oder in einem Laufsimulator weiterbewegt. Es entsteht jedoch Gefühl, die Wand vor sich herzuschieben.

4.1.2 Theorie der Sinneskonflikte

Es gibt mehrere Theorien, warum Cyberkrankheit auftritt. Die *Theorie der Sinneskonflikte* ist die akzeptierteste Erklärung für die Auslösung von Symptomen der Cyberkrankheit (Harm 2002). Die Theorie besagt, dass Cyberkrankheit entstehen kann, wenn eine Umgebung so verändert ist, dass die eingehenden Informationen der verschiedenen Sinnesmodalitäten (hauptsächlich visuell und vestibulär) nicht miteinander vereinbar sind und nicht mit unserem mentalen Erwartungsmodell übereinstimmen. Wenn ein Beobachter eine bewegte Szenerie in der immersiven VR sieht und bei ihm dadurch der Eindruck entsteht, er selbst würde sich bewegen (auch als *Vektion* bezeichnet, engl. vection, siehe z. B. Keshavarz et al. 2015), müssen sich nicht automatisch Effekte der Cyberkrankheit bemerkbar machen. Die Auswirkung und Schwere, die Geschwindigkeit des Auftretens und Anhaltedauer variieren in Abhängigkeit der Empfindlichkeit des Nutzers.

Wenn sich die VR-Szene mit konstanter linearer Geschwindigkeit bewegt, hat dies keinen großen Einflussfaktor auf das Auslösen der Cyberkrankheit, eine Beschleunigung kann aber ein starker Auslöser sein. Der Grund dafür ist, dass eine Beschleunigung über die Otolithen (siehe Abschn. 3.4) im Ohr wahrgenommen werden. Bei einer konstanten Bewegung ist dies nicht der Fall, da die Otolithen keine Geschwindigkeit, sondern nur die Änderung wahrnehmen können. Noch größeres Unbehagen kann durch virtuelle Drehbewegungen hervorgerufen werden, weil die Bogengänge unseres Gleichgewichts-organs sowohl Geschwindigkeit als auch Beschleunigung wahrnehmen. Eine konstante Winkelgeschwindigkeit der Drehbewegung hat somit einen größeren Einfluss auf das Auslösen von Cyberkrankheit als eine konstante lineare Geschwindigkeit.

Die Theorie der Sinneskonflikte liefert eine mögliche Erklärung für das Auftreten der Cyberkrankheit in immersiven VR-Umgebungen. Diese Theorie ist aber nicht vollständig, da sie nicht erklärt, warum ein Sinneskonflikt überhaupt zu einer solchen körperlichen Reaktion führt. Treisman (1977) führt diesen Effekt auf die sogenannte *Gifttheorie* zurück: Treten widersprüchliche Informationen auf, die von unseren Sinnesorganen bereitgestellt werden, ist das Wahrnehmungs- und Bewegungssystem nicht voll funktionsfähig. Diese Einschränkung in der Funktionalität kann durch eine Vergiftung ausgelöst sein, wovor der Körper versucht, sich zu schützen. Die Schutzreaktion des Körpers versucht, das vermeintlich eingenommene Gift durch Schwitzen und Erbrechen auszuscheiden. Durch das gleichzeitige Auftreten von Unwohlsein soll der Mensch davon abgehalten werden, sich wieder in eine solche Situation zu begeben. Dies hat zur Folge, dass Personen, die bereits negative Erfahrungen mit Cyberkrankheit gemacht haben, zögerlich sind, wenn es darum geht, erneut eine immersive VR-Anwendung auszuprobieren.

4.1.3 Mögliche Auswirkungen auf den Sehapparat

Jegliche Bildschirmarbeit ist auf Dauer anstrengend für den Sehapparat und es kann zur Reizung, Rötung und Trockenheit der Augen kommen oder das dargestellte Bild scheint verschwommen oder doppelt (Loh und Redd 2008). Hier bilden VR-Brillen keine Ausnahme, da sie, zumindest aktuell, ähnlichen Einschränkungen unterliegen.

Kurzsichtigkeit (Myopie) kann dadurch verursacht werden, dass beim Lesen oder Betrachten von Gegenständen zu lange in die Nähe geschaut wird, insbesondere in der Kindheit. Zwar sind die VR-Bildschirme nur wenige Zentimeter vor den Augen, durch die Linsen erscheinen die Inhalte aber ca. 1,5 m entfernt, was ein wesentlich größerer Abstand zum Auge ist als beim Lesen von Büchern oder bei der Smartphonenutzung. Jedoch sind beim Lesen eines Buches oder beim Betrachten eines Smartphonedisplays die Augen durchgehend mit der Akkomodation beschäftigt, da die Distanz leicht schwankt. Dies ist aktuell bei VR-Headsets nicht der Fall, da die Distanz fixiert ist.

Bei der Bildschirmarbeit gibt es für Erwachsene keinerlei Belege, dass die Augen geschädigt werden oder Kurzsichtigkeit erzeugt wird. Bei Kindern gibt es aber Hinweise darauf, dass lange Nutzung von Bildschirmen Kurzsichtigkeit erzeugen könnte.[3]

Der natürliche Vorgang von Akkommodation und Konvergenz, siehe Abschn. 3.1.2 und 3.1.3, ist bei Stereodisplays entkoppelt. Ob diese Entkopplung negative Auswirkungen auf die Augen hat, ist bisher noch nicht ausreichend untersucht worden, sodass hier noch keine finalen Ergebnisse vorhanden sind. Jedoch muss der Betrachter sich erst an die ungewöhnliche Sichtweise gewöhnen, was das Gehirn zusätzlich fordert. Bei der Rückkehr in die Realität gilt das Gleiche, auch hier benötigt der Mensch wieder eine Umgewöhnungszeit, was dazu führen kann, dass nach einer VR-Sitzung eine Weile unscharf oder doppelt gesehen wird oder Abstände nicht mehr richtig eingeschätzt werden können. Diese negativen Auswirkungen sollten jedem VR-Nutzer bekannt sein. Daher wird allgemein empfohlen, sich nach jeder Nutzung immersiver Medien eine Pause von mindestens 30 min zu gönnen, in der man nicht aktiv am Straßenverkehr teilnimmt oder andere Aktivitäten ausübt, die eine ausgeprägte Bewegungskontrolle erfordern.

Um für den individuellen Abstand zwischen den beiden Augen zu kompensieren, ist es empfohlen, den Augenabstand in der VR-Brille entsprechend anzupassen. So haben Kim et al. (2018) z. B. gezeigt, dass der eingestellte Augenabstand die Blinzelhäufigkeit beeinflusst und dass diese bei HMD-Nutzung im Vergleich zur natürlichen Umgebung im Allgemeinen verringert ist. Wird der individuelle Abstand zwischen den beiden Augen nicht entsprechend eingestellt, ist die Betrachtung der Bilderpaare anstrengender, denn es gibt eine größere Diskrepanz zwischen dem gewöhnlichen Sehen und der Darstellung im Headset. Je nach Einstellung des Augenabstands (Woldegiorgis et al. 2019) oder Größendarstellung von Menschen (Linkenauger et al. 2010) erscheint die virtuelle Welt perspektivisch kleiner oder größer, als man es von der Realität her gewohnt ist, was zu

---

[3] Laut einer Studie, die von der britischen Optikerkette Scrivens in Auftrag gegeben wurde, hat sich die Anzahl der Jugendlichen, bei denen eine Sehschwäche korrigiert werden muss, auf 35 %, im Jahr 2018 im Vergleich zu 2012 fast verdoppelt. Den Grund sahen die Autoren der Studie bei zu geringer Abwechslung für die Augen beim Blick auf die Displays. Quelle: https://www.studyfinds.org/study-blames-disturbing-rise-in-teens-who-need-glasses-on-excessive-screen-time/.

Irritationen führen kann. Aber auch hier, bei falscher Einstellung des Augenabstands, gibt es bisher noch keine Nachweise einer möglichen Augenschädigung.

Im Allgemeinen wird Personen, die schielen oder keine stabile Augenposition haben, von der Verwendung von VR-Brillen abgeraten oder empfohlen, die Nutzungsdauer entsprechend einzuschränken. Bei Kindern unter zehn Jahren könnte eine häufige Nutzung möglicherweise die Sehentwicklung beeinträchtigen, zumindest ist dies nach dem derzeitigen Forschungsstand nicht völlig auszuschließen (Tychsen und Foeller 2020).

4.1.4 Nachwirkungen und Wiederanpassung

Die unmittelbaren Auswirkungen innerhalb der immersiven Erfahrungen sind nicht die einzigen negativen körperlichen Auswirkungen der VR-Nutzung. Auftretende Probleme innerhalb der VR-Umgebung können auch nach der Rückkehr in die reale Welt bestehen bleiben, sogar erst kurz nach der VR-Nutzung auftreten oder sich verstärken. Instabilität, Desorientierung und Cyberkrankheit sind typische Nachwirkungen, von denen laut Johnson (2007) etwa 10 % der VR-Nutzer betroffen sind. Hier sei angemerkt, dass das Auftreten von Cyberkrankheit und entsprechender Nachwirkungen stark von der Nutzungsdauer, Anwendung und Technologie abhängig ist und somit Prozentangaben nur als Orientierung genommen werden können. Personen, die innerhalb der VR-Anwendung die stärksten Effekte von Cyberkrankheit aufweisen, sind i. d. R. auch von den meisten Nachwirkungen betroffen. Nachwirkungssymptome halten nicht lange an und sind innerhalb einer Stunde wieder verschwunden.

Neben den direkten Auswirkungen der Cyberkrankheit gibt es beim Wiedereintritt in die reale Umgebung weitere Anpassungen unserer Sinneswahrnehmung, die eventuell nicht direkt vom Nutzer bemerkt werden, aber dennoch zu Problemen in der Realumgebung führen können. Bei längerer VR-Nutzung passt sich die Wahrnehmung an die veränderte Stimulation innerhalb der VR-Umgebung an, bei der *Readaptation* wird diese Anpassung wieder auf die normale reale Umgebung zurückgeführt. Bis sich der Nutzer an die reale Welt gewöhnt hat, können Nachwirkungen wie Schläfrigkeit, gestörte Bewegungs- und Haltungskontrolle und mangelnde Hand-Augen-Koordination bestehen bleiben (Keshavarz et al. 2015).

Das wohl bekannteste Experiment einer Wahrnehmungsanpassung wurde von Stratton (1897) durchgeführt. George Stratton trug über einen Zeitraum von acht Tagen eine *Inversionsbrille*, die seine visuelle Welt „auf den Kopf" stellte. Nach einer gewissen Zeit gewöhnte er sich an die neue Sicht und erreichte eine nahezu vollständige Anpassung, sodass das Bild im Gehirn wieder korrekt verarbeitet wurde – also die Welt nicht mehr auf dem Kopf zu stehen schien. Beim Abnehmen der Inversionsbrille kam es zum umgekehrten Effekt, zunächst erschien ihm die Welt, ohne die Brille, auf dem Kopf zu stehen, bis er sich wieder daran angepasst hat.

VR-Nutzer sind teilweise in der Lage, sich an widersprüchliche sensorische Informationen anzupassen. Das Hin- und Herwechseln zwischen häufig verwendeten

VR-Anwendungen und der realen Welt dürfte für erfahrene Nutzer weniger Probleme bereiten. Dies ist vergleichbar zu geübten Autofahrern, die beim Umstieg zwischen Automatik und Handschaltung keine Probleme haben, da sie zwei verschiedene mentale Modelle verinnerlicht haben und zwischen diesen (unterbewusst) hin- und herschalten können. Ein ungeübter Autofahrer muss sein mentales Modell aber erst an die neue Situation adaptieren und hat bei einem erneuten Wechsel wieder Probleme.

4.2   Mechanische Belastung und hygienische Herausforderung

Bei der Nutzung von Headsets ist es wichtig, auch mechanische Belastungen, die zu physischer Ermüdung und sogar Schmerzen führen können, sowie hygienische Herausforderungen zu berücksichtigen. Physische Ermüdung kann durch das Gewicht der am Kopf oder Körper getragenen bzw. der in der Hand gehaltenen Ausrüstung durch unnatürliche Posen (z. B. über Kopf) oder Gesten sowie durch körperlich anstrengende und monotone Bewegungen auftreten.

Während das Gewicht von einfachen Controllern inzwischen vernachlässigbar klein ist, kann dies bei aktiver Ausrüstung wie Haptikwesten oder VR-Handschuhen mit Kraftrückkopplung weiterhin ins Gewicht fallen. Je nach Körperschwerpunkt des Gerätes tritt neben der Kraft nach unten zusätzlich ein Torsionsmoment auf, das vom VR-Nutzer kompensiert werden muss. Gerade viele Headsets sind so konstruiert, dass der Großteil ihrer Masse vor dem Kopf liegt. Bei der Verwendung dieser Geräte sollte sich der Nutzer über die Auswirkungen auf die mechanische Belastung bewusst sein und die Art und Länge der Verwendung sollten sorgfältig abgewogen werden.

Je nach Anwendung, z. B. in virtuellen Trainingsszenarien oder einer realistischen Handhabung, z. B. von Waffen wie einem Langschwert, kann ein entsprechendes Gewicht und dessen Verteilung aber durchaus sinnvoll sein. Trainiert man z. B. die Handhabung einer Kettensäge im Virtuellen und möchte das Gelernte in der realen Praxis anwenden, kann dies zu schwerwiegenden Folgen führen, wenn das Gewicht bzw. die aufzubringende Kraft falsch eingeschätzt wird. Aber auch die freihändige Nutzung von VR-Anwendungen oder von leichten Controllern kann belastend sein, siehe hierzu das Gorilla-Arm-Syndrom in Abschn. 5.1.8.

Neben der Interaktion mit den Armen kann auch das Stehen, oder das reale oder simulierte Laufen, zu schneller Ermüdung führen, sodass die Nutzung der Anwendung im Sitzen erwogen werden sollte. Auch eine abwechselnde Nutzung der Anwendung, mal sitzend, mal stehend, kann unnötigen Belastungen entgegenwirken. Ist die Anwendung im Sitzen vorgesehen, muss sichergestellt sein, dass entsprechende Sitzmöglichkeiten angeboten werden und diese nach Möglichkeit erreicht werden können, ohne dass hierfür das Headset abgesetzt werden muss.

4.2.1 Gewicht, Sitz und Passform des Headsets

Zu den größten Beeinträchtigungen bei der Headset-Nutzung zählen das Gewicht, die Form und teilweise – aber in geringerem Umfang dank der größeren Verbreitung von Stand-alone-Lösungen – die Verkabelung des HMDs. Obwohl sich das Gewicht von HMDs in letzter Zeit stark verringert hat, bleibt es vor allem dann problematisch, wenn der Schwerpunkt des HMDs weit vom Schwerpunkt des Kopfes entfernt ist. Durch die, in einem solchen Fall, unausgewogene Massenverteilung muss durch die Halsmuskulatur ein Gegendrehmoment aufgebaut werden, wodurch der Nacken ermüdet, was wiederum zu Verspannung bis hin zu Kopfschmerzen führen kann.

Neben dem Gewicht und dessen Masseverteilung kann der Sitz des Headsets ein weiterer Grund sein, warum die VR-Nutzung Unbehagen verursacht. Die *Passform* ist hier definiert als „wie bequem es sich anfühlt", das HMD zu tragen. Sitzt das Headset nicht, kann es zu kleinen Kontaktpunkten zwischen HMD und Kopf kommen, die unangenehmen Druck auf die Haut ausüben. Solche Druckpunkte sind je nach HMD sowie Gesichtsform und -größe unterschiedlich, treten aber i. d. R. in der Nähe der Augenhöhlen, der Nase oder der Stirn auf. Vereinzelnd klagen Nutzer auch über Druckstellen an den Ohren oder am Hinterkopf. Problematisch ist ein guter Sitz insbesondere für Kinder oder Brillenträger, da die Headsets i. d. R. für diese Nutzung nicht optimiert sind. Das Gesicht eines Kindes ist meistens zu klein, um gut vom Headset aufgenommen zu werden. Bei Brillenträgern ergibt sich oft das Problem, dass die Brillen nicht ausreichend Platz im Headset haben. Durch Adapter, die in dem HMD befestigt werden, kann teilweise der Tragekomfort verbessert werden.

Allgemein bieten die meisten HMDs mehrere Anpassungsmöglichkeiten, um für variierende Augenabstände und Kopfgrößen eingestellt werden zu können. Trotz dieser Möglichkeiten muss ein Gerät, wie zuvor beschrieben, nicht für alle Nutzer gut passen oder anpassbar sein. Die Zugkraft an der Befestigung, mit der das Headset am Kopf fixiert wird, ist oft zu eng oder zu locker eingestellt. Ist die Einstellung zu eng, kommt es zu besagten Druckstellen, ist der Sitz zu locker, können sich ebenfalls Probleme ergeben: Zum einen kann mehr Licht der realen Umgebung in das Headset eindringen, da die Abdeckung nicht überall plan auf der Haut aufliegt, und zum anderen kann sich das Headset, insbesondere bei schnellen Kopfbewegungen, gegenüber dem Kopf leicht bewegen, wodurch die Umgebung eine Eigenbewegung zu haben scheint.

4.2.2 Verletzungsrisiko

Die Nutzung von immersiven Systemen stellt gegenüber der Nutzung von herkömmlichen IT-Systemen ein erhöhtes Gesundheitsrisiko da. Es gibt mehrere Besonderheiten in der VR-Nutzung, die ein höheres Verletzungsrisiko fördern:

- Gefahren in der realen Welt können nicht erkannt werden, da sowohl der Sehsinn als auch der Hörsinn durch die Hardware stark eingeschränkt sind.
- Die Geräte sind gegebenenfalls über Kabel verbunden, in welchen sich der Nutzer verheddern oder darüber stolpern kann.
- VR-Anwendungen werden eher im Stehen genutzt als im Sitzen, weshalb das Risiko, die Orientierung zu verlieren, erhöht ist.

Um das Verletzungsrisiko zu minimieren, kann eine Reihe von Sicherheitsvorkehrungen vorgenommen werden. So ist aus Sicherheitsgründen das Sitzen zu bevorzugen, da hierbei die Gefahr von Kollisionen mit realen Wänden und Objekten, das Stolpern oder Hängenbleiben an Kabeln sowie der Verlust des Gleichgewichts geringer sind. Noch problematischer sind Anwendungen, in denen sich der Nutzer durch physikalische Bewegung frei im Raum bewegen kann. Sowohl im Stehen, aber insbesondere beim Laufen, verliert der Mensch die Orientierung, wo genau er sich im physischen Raum befindet, wenn er die reale Umgebung nicht wahrnehmen kann. In solchen Situationen ist es angebracht, den Bewegungsspielraum oder die Bewegungsfläche digital einzuschränken. Um den Nutzer zu warnen, können vor dem Verlassen des sicheren Bewegungsraums entsprechende Hinweise gegeben werden. Dafür stehen mehrere Möglichkeiten zur Verfügung, z. B. durch das Einblenden von einfachen Gitterlinien oder von Umrissen der realen Welt, siehe Abb. 4.1. Durch eine Kamera kann auch ein „freier Blick" (wenn auch über das

Abb. 4.1 Warnung des Nutzers mittels einfacher Gitterlinien oder als Umrisse der realen Welt beim Verlassen des sicheren Bewegungsbereiches

Headset) auf die Umgebung geworfen werden. Je nach Hersteller werden solche Systeme als *Guardian* von Meta oder *Chaperone* (zu Deutsch Anstandsdame) von HTC bezeichnet.

Besondere Vorsicht ist geboten, wenn das Headset mit einem Kabel verbunden ist, da die Möglichkeit eines leichten Schleudertraumas besteht, wenn ein kurzes, verheddertes oder verklemmtes Kabel die Bewegung des Kopfes plötzlich stoppt. Hier sollte immer sichergestellt sein, dass die Kabel so befestigt sind, dass dieses Problem vermieden oder zumindest verringert wird. Eine Befestigung der Zuleitungen an der Decke ist oft ratsam, sollte für jeden Einzelfall aber überprüft werden.

Bei unerfahrenen VR-Nutzern oder Kindern, insbesondere wenn diese stehen, sollte ein menschlicher Beobachter anwesend sein, um schnell eingreifen zu können. Selbst wenn es nicht gleich zu einer körperlichen Verletzung kommt, kann schon ein leichtes Anstoßen an einen Gegenstand zu unvorhergesehenem Verhalten des Nutzers führen. Dies kann auch durch Überraschung oder schnell erforderliche Reaktionen ausgelöst werden, z. B. beim Versuch, einem Angreifer in der immersiven VR auszuweichen.

Aktive haptische Geräte können besonders gefährlich sein, weshalb hier unbedingt darauf geachtet werden muss, dass die Kräfte eingeschränkt sind und vom Menschen jederzeit abgefangen werden können. Hier empfiehlt sich auch der Einsatz von aktiven Sicherheitsmechanismen, die sowohl die Person in der immersiven VR als auch die Position und Lage des haptischen Geräts erfassen und bei einer potenziellen Gefahr, wie z. B. einer ungewollten Kollision, entsprechende Maßnahmen einleiten können.

4.2.3 Hygiene

Die Beschäftigung mit möglichen *Hygienemaßnahmen* ist zwar lästig, aber notwendig. Insbesondere bei der Verwendung im öffentlichen oder semiöffentlichen Raum, wie in Museen oder frei zugänglichen Hochschullaboren, sind Hygienemaßnahmen unabdingbar. Dies betrifft vor allem die Desinfektion des Headsets und anderer Kontaktpunkte zwischen den Geräten und der Haut. Benutzen viele Menschen in kurzer Zeit dieselben Geräte, bestehen ähnliche Herausforderungen, wie sie auch bei anderer IT-Infrastruktur wie Touchscreens oder Tasten gegeben sind. Durch die Nähe der Hardware zu Augen und Schleimhäuten bei der Nutzung von VR-Headsets kann das Risiko aber größer sein. Da durch Berührung von Oberflächen, die Bakterien, Viren und Pilze beherbergen, Krankheiten zwischen verschiedenen Menschen übertragen werden können, ist auf eine gründliche Desinfektion sowohl der Geräte als auch der berührten Haut zu achten.

Hygienisch noch besser ist die Nutzung von berührungsfreien Schnittstellen wie der Freihandgestik, da hier der Kontakt vermieden wird und somit die auf den Oberflächen befindlichen pathogenen Organismen erst gar nicht auf die Haut übergehen können. Bei HMDs lässt sich eine Berührung der Gesichtshaut i. d. R. nicht gänzlich vermeiden, da bei freischwebenden Displays sonst zu viel Streulicht in die Augen fallen würde. Um dennoch zu verhindern, dass die von der Gesichtshaut produzierten Öle und Schweiß auf das Headset übertragen werden, können Stoffe zwischen dem HMD und dem Gesicht platziert bzw. befestigt werden. Hier gibt es textile Pads/Liner, die mit der Wäsche gewaschen werden können, und undurchlässige Liner, die mit Alkohol oder einem anderen Desinfektionsmittel abgewischt werden können. Bei der Verwendung von Controllern bietet es sich an, Händedesinfektionsmittel bereitzustellen. Die Verwendung von Ultraviolett-Sterilisationsverfahren ist eine weitere Option, dabei ist jedoch zu bedenken, dass solche Verfahren das Kunststoffmaterial (bekannt als UV-Degradation) angreifen und die häufige Anwendung von Ultraviolett-Sterilisation dazu führen kann, dass Materialien spröde werden und nicht mehr verwendet werden können. Problematisch bei der Sterilisation mit Licht sind auch verschattete Bereiche, da es dort zu keiner Desinfektion kommt. Zusätzlich sollten auch die Linsen vor der Wiederverwendung mit einem nicht scheuernden Mikrofasertuch und antibakterieller Seife abgewischt und getrocknet werden.

Falls Gegenstände „zur Beseitigung von Cyberkrankheit etc." bereitgestellt werden, sind diese so aufzustellen, dass sie sich außerhalb der Sicht des Nutzers befinden. Denn durch den Effekt der *Autosuggestion* könnte jeder Hinweis, der den Nutzer daran erinnert, dass bei immersiver VR „unerwünschte Nebeneffekte" auftreten könnten, diese tatsächlich ausgelöst werden.

4.3   Außerkörperliche Erfahrung

Der Mensch erlebt sein bewusstes Selbst normalerweise innerhalb seiner persönlichen körperlichen Grenzen. In bestimmten Situationen kann es zur Störung dieses körperlichen Selbstbewusstseins kommen, z. B. durch außerkörperliche Erfahrungen. Eine *außerkörperliche Erfahrung* ist ein Erlebnis, bei dem sich eine Person außerhalb ihres eigenen Körpers befindet und sich selbst von außen betrachten kann oder sich in anderer Form vom eigenen Körper losgelöst fühlt. In immersiver VR kann es zu solcher außerkörperlichen Erfahrung oder verwandten Effekten kommen, die entweder bewusst herbeigeführt werden oder aufgrund von technologischen Unzulänglichkeiten entstehen.

Bewusst hervorgerufene Effekte können sein:

- künstliche Körperteile, die dem eigenen Körper zugeordnet werden, z. B. die *Gummihand-Illusion* (Botvinick und Cohen 1998),
- eine Wahrnehmung, die nicht der Egoperspektive, sondern der Dritte-Person-Perspektive entspricht (Lenggenhager et al. 2007) oder
- ein Avatar, der z. B. ein anderes Geschlecht, eine andere Größe, Form oder Hautfarbe hat.

Technologische Unzulänglichkeiten können dazu führen, dass Körperteile z. B. zu groß oder zu klein dargestellt werden, die visuelle Darstellung zu stark von der tatsächlichen Position abweicht oder die Darstellung des eigenen Körpers komplett oder teilweise fehlt (eine nicht unübliche Darstellung bei sozialen VR-Anwendungen).

Bei den genannten Abweichungen kann es zu verschiedenen Effekten kommen (siehe z. B. Murray und Sixsmith 1999): So kann es sich anfühlen, als ob man sich außerhalb des eigenen Körpers befindet, gar keinen Körper oder sogar zu viele Gliedmaßen hat. Was passiert, wenn Menschen sich stundenlang in den Körpern von Avataren aufhalten, die nicht dem eigenen Aussehen entsprechen, ist noch nicht hinreichend untersucht.

Neben möglichen negativen Auswirkungen können diese Effekte aber auch in der Therapie eingesetzt werden. Ein Anwendungsfeld ist z. B. die Behandlung von Phantomschmerzen verlorener Gliedmaßen (Ambron et al. 2018). In einer anderen Studie untersuchten van Heugten-van der Kloet et al. (2018) die Wirksamkeit der VR bei der Auslösung dissoziativer Zustände[4] bei gesunden Probanden durch die Simulation außerkörperlicher Erfahrungen. Die Autoren kamen zu dem Schluss, dass in immersiver VR hervorgerufene außerkörperliche Erfahrungen zur Bewertung und Behandlung dissoziativer Symptome einen wertvollen Werkzeugkasten darstellen.

4.4 Belästigung

Seit den Anfängen des Internets und insbesondere mit dem Aufkommen von *sozialen Medien* sind verschiedene Formen der (sexuellen) *Belästigung* sowie negative Auswirkungen auf die Selbstwahrnehmung bzw. die Psyche bekannt. So kann z. B. die intensive Nutzung von sozialen Medien bei Teenagern zu Problemen mit ihrem Körperbild führen (Holland und Tiggemann 2016).

Durch die verkörperte Darstellung in sozialen VR-Anwendungen fühlen sich körperliche Erfahrungen in immersiver VR so an, als ob diese in der realen Welt passieren. Das Eindringen in den *persönlichen Raum* (siehe hierzu Proxemik in Abschn. 12.2.1) wird als genauso unangenehm empfunden, ganz gleich ob es im Realen oder im Virtuellen stattfindet. Negative Auswirkungen in immersiven VR-Umgebungen können noch deutlich unangenehmer sein als Formen der sexuellen Belästigung, wie sie im Internet und auf sozialen Medien auftreten: In sozialen VR-Umgebungen können Grapscher nun sogar andere Personen berühren und ihnen nachstellen.

Berichte von Nutzern sozialer VR-Anwendungen über ihre negativen Erfahrungen häufen sich (Freeman et al. 2022). Es scheint auch so zu sein, dass Abwehrreaktionen durch die des Avatars oder verbal, z. B. über Sprachchat, von den Eindringlingen weitestgehend missachtet werden (vermutlich, da sich die Täter in der anonymen virtuellen Welt unerkannt fühlen). Virtuelle Belästigung ist jedoch sehr ernst zu nehmen und mit einer Belästigung in der realen Welt gleichzusetzen.

---

[4] Ein *dissoziativer Zustand* (vom lat. dissonus, nicht im Einklang stehend) beschreibt die Empfindung, wenn unsere Wahrnehmung, unser Denken, Handeln und Empfinden sich voneinander losgelöst anfühlen.

Anbieter von sozialen VR-Anwendungen versuchen, auf die Beschwerden zu reagieren, indem diese z. B. einen Mindestabstand einführen, der zwischen Avataren nicht unterschritten werden kann, oder indem ein Beschwerdemanagement eingeführt wird.

4.5 Sucht nach VR

Die übermäßige Nutzung immersiver VR-Umgebungen kann sich negativ auf das reale Leben auswirken. Nicht unähnlich zu anderen Abhängigkeiten, wie z. b. nach sozialen Medien (Kumar Swain und Pati 2021) oder Computerspielen (Griffiths et al. 2012), kann es sogar zur Sucht kommen. Was wäre, wenn immersive VR z. B. in Form eines Metaversums zum vorherrschenden Ort wird, an dem Menschen die meiste Zeit verbringen? Somit stellt sich die Frage: „Was passiert eigentlich, wenn eine Person aus dem positiven Rausch, der in immersiver VR erlebt wird, in ein emotional und sozial wesentlich ärmeres Realleben zurückkehren muss?" Im schlimmsten Fall könnten Nutzer die immersive VR verwenden, um der realen Welt ganz zu entfliehen und nur zur Nahrungsaufnahme sowie für andere körperliche Bedürfnisse zurückzukehren (Holsapple und Wu 2007). Selbst *Steven Spielberg* äußert sich in diese Richtung[5]:

> I think in the future VR is going to be the super drug. [...] Where do you want to spend the majority of your time? Do you want to spend it with real people in a real-world, which is often harder than spending it in a virtual world where you can be the person you always wanted to be?

Die Abhängigkeit oder Sucht nach immersiver VR könnte zu psychologischen Problemen und psychischen Störungen wie Depressionen, Einsamkeit und Aggression führen. Forscher haben sich bereits mit diesem Thema befasst und beispielsweise sowohl die Ursachen als auch die entsprechenden Behandlungsmethoden untersucht, was die Abhängigkeit von immersiven Medien auslöst und wie sie reduziert werden kann (Segawa et al. 2020). Da es sich bei der immersiven VR um eine recht junge Technologie handelt, die bisher hauptsächlich im professionellen Umfeld eingesetzt wurde, und erst jetzt in die Hobby-, Kinder- und Wohnzimmer vordringt, sind mögliche Suchtrisiken und deren Vermeidung noch weitgehend unverstanden. Eine gesellschaftliche Debatte, ähnlich wie sie bereits im Diskurs über künstliche Intelligenz geführt wird, sowie sozialwissenschaftliche Überlegungen sind für einen gesunden Umgang mit den vielfältigen Möglichkeiten dieser faszinierenden Technologie unerlässlich.

---

[5] http://www.latimes.com/entertainment/movies/la-ca-mn-ready-player-one-spielberg-cline-20180323-htmlstory.html.

4.6 Datenschutz

Immersive VR-Technologie ist auf die Erfassung und Verarbeitung verschiedener Arten von Nutzerdaten wie Körperhaltung, Kopf- und Blickrichtung angewiesen, um überhaupt funktionsfähig zu sein, siehe hierzu auch Kap. 8. Aber auch Daten, die nicht direkt über Sensorik erfasst werden, wie die zwischenmenschliche Distanz in sozialer VR, geben reichhaltige Informationen über den Nutzer preis. Daraus ergeben sich weitreichende Analysemöglichkeiten, die weit über die nötige Verarbeitung und Auswertung, für die Schaffung einer immersiven Umgebung, hinausgehen. Während diese Daten, unter Einhaltung des Datenschutzes und der Einwilligung betroffener Personen, interessante neue Möglichkeiten der sozialwissenschaftlichen Forschung eröffnen (Wölfel et al. 2021), besteht grundsätzlich eine erhebliche Gefahr des *Datenmissbrauchs* und der Verletzung der *Privatsphäre* (Gaff 2022). Dies ist insbesondere kritisch, da immer mehr immersive VR-Technologien in die privaten Kinder- und Wohnzimmer einziehen und zunehmend auch mit anderen Nutzerdaten, wie digitalen Vertriebsplattformen oder Konten sozialer Medien, abgeglichen werden. Und selbst wenn kein Benutzerkonto angelegt und die IP-Adresse unbekannt ist, kann der Nutzer anhand von persönlichen Merkmalen, wie z. B. den Körperbewegungen beim Anschauen von 360°-Videos (Miller et al. 2020), eindeutig identifiziert bzw. einem gespeicherten Profil zugewiesen werden. Die Trackingdaten der VR-Nutzung werden, wie z. B. eine Netzwerkverkehrsanalyse von Trimananda et al. (2021) zeigt, nicht nur lokal verarbeitet, sondern für analytische Zwecke auch an Server der Soft- und Hardwarehersteller weitergereicht. Einem möglichen Missbrauch, auch durch Datendiebstahl, ohne Wissen der VR-Nutzer und Anbieter, sind somit Tür und Tor geöffnet.

Wie die Hersteller diese reichhaltigen Nutzerdaten verwenden und vor dem Zugriff anderer Anbieter schützen, ist somit grundlegend für einen sicheren und vertrauenswürdigen Umgang mit unseren persönlichen Daten. Obwohl solche Informationen in den Datenschutzrichtlinien der Anbieter definiert sein müssen, bleibt doch vieles weitestgehend unbekannt. Dies gibt Anlass zur Sorge, denn große IT-Firmen nutzen diese Daten, um daraus Kapital zu schlagen (Zuboff 2019), und wir geben diesen Firmen unfreiwillig Einblicke in unser Innerstes preis. Eine politisch-ökonomischer Einordnung der Datenschutzrichtlinien von Meta und ihre Beziehung zu gesellschaftlichen Belangen wird beispielsweise in Egliston und Carter (2021) betrachtet.

4.7 Manipulation und verstörende Inhalte

Es besteht kein Zweifel daran, dass immersive virtuelle Umgebungen sehr intensive Erfahrungen auslösen können. Daher liegt die Vermutung nahe, dass Inhalte, im Vergleich zu anderen Medien, noch manipulativer und verstörender wirken können. Dies birgt die Gefahr, dass immersive VR von verschiedenen Interessensgruppen bewusst missbraucht wird, um Menschen von gewissen Ideen zu überzeugen, aber auch, dass immersive VR unbeabsichtigte – ohne böse Absicht – Verhaltensänderungen hervorruft.

Jeder, der schon einmal so etwas wie „erzwungene Empathie", wie es Schlembach und Clewer (2021) nennen, in immersiven Umgebungen erlebt hat, weiß, wie intensiv und lang anhaltend die gezeigten Inhalte wirken können. Szenen wie in *Home after War*,[6] in denen der Zuschauer hautnah miterlebt, wie es sich anfühlt, nach dem Krieg in sein Haus zurückzukehren, oder in *On the Morning You Wake*[7] beobachtet, wie die Einwohner von Hawaii auf den Ernstfall eines nuklearen Angriffs reagieren, erscheinen in immersiver VR so real, dass sie lange Zeit nachwirken.

Doch inwieweit sind immersive VR-Medien in der Lage, Empathie zu wecken und eine größere Überzeugungskraft auszuüben? Von Sundar et al. (2017) wird die Hypothese aufgestellt, dass ein gesteigertes Präsenzgefühl nicht nur die körperliche Erregung und emotionalen Prozesse verstärkt, sondern auch die wahrgenommene Glaubwürdigkeit der Quelle erhöhen kann. Hinzu kommt, dass Mediennutzer, die ein hohes Maß an Präsenz erleben, nicht mehr in der Lage zu sein scheinen oder nicht mehr willens sind, sich auf kritisches Denken einzulassen (Ma 2020). Aktuelle Untersuchungen konzentrieren sich zunehmend auf die weitverbreitete Behauptung, dass immersive Technologie Empathie fördert, indem diese es ermöglicht, die Welt mit den Augen einer anderen Person zu sehen. Die Ergebnisse einer von Ventura et al. (2020) durchgeführten Metastudie liefern Hinweise darauf, dass immersive Medien im Vergleich zu traditionellen Interventionen wirkungsvoller sind, die Einstellung zu sozialen Zielen und die Motivation von prosozialem Verhalten zu beeinflussen. Bisher wurden z. B. Studien zu empathischen Reaktionen veröffentlicht, die das Auslösen von helfendem Verhalten, die Verringerung von Vorurteilen, häuslicher Gewalt oder impliziter rassistischer und gruppeninterner Voreingenommenheit aufzeigen. Jedoch wird in der Literatur auch hinterfragt, ob immersive VR tatsächlich ein entscheidendes Medium zur Erzeugung von Empathie sein könnte, da Empathie mehr als die bloße Verkörperung einer anderen Person in digitalen Medien ist (Schlembach und Clewer 2021).

4.8 Altersempfehlung

Sowohl die Wissenschaft als auch die Hersteller von VR-Headsets sind sich nicht einig, ab welchem Alter Kindern die Nutzung zu empfehlen oder sogar einzuschränken ist. Altersempfehlungen schwanken um ein Alter von 13 Jahren, jedoch ohne Belege anzugeben, weshalb dieses Alter gewählt wurde. Manch ein Hersteller empfiehlt die Nutzung von VR-Headset für Kinder nur unter elterlicher Aufsicht. In diesem Zusammenhang sei

---

[6] Gayatri Parameswaran, https://www.homeafterwar.net.

[7] Arnaud Colinart, Jo-Jo Ellison, Mike Brett und Steve Jamison, https://www.onthemorningyou wake.com.

angemerkt, dass es nur wenige Forschungsdaten gibt, da die VR-Technologie neu ist, sich schnell weiterentwickelt, und es aufgrund ethischer und rechtlicher Beschränkungen sehr schwierig ist, Probandentests mit Kindern durchzuführen.

Das Gehirn ist in jungen Jahren noch sehr plastisch und daher können sowohl negative als auch positive Erfahrungen sich stärker und langfristiger auswirken als bei Erwachsenen. Kinder sind möglicherweise nicht in der Lage zu verstehen, wie sie auf unliebsame Inhalte reagieren sollen, und im schlimmsten Fall fehlen ihnen sogar die Reflexe, um das Gerät abzunehmen oder zumindest die Augen zu schließen. Interessant ist in diesem Zusammenhang, dass der Nutzer aufgrund der hohen Immersion nicht mehr daran denkt, dass das Headset abgenommen werden kann, und versucht, der Situation auf andere Weise zu entkommen. Noch schlimmer könnte sein, dass der Nutzer zu sehr im Flow, einem Glücksgefühl (Csikszentmihalyi und Csikzentmihaly 1990), gefangen ist, um z. B. auf körperliche Schutzmechanismen entsprechend zu reagieren.

Eine primäre Sorge – in Anlehnung an die intensive Nutzung von Büchern oder Smartphones – ist, dass immersive VR schlecht für die Augen der Kinder ist und insbesondere die Kurzsichtigkeit fördert, siehe Abschn. 4.1.3. Eine weitere Beeinträchtigung beim Betrachten über HMDs ist, dass der Augenabstand nicht optimal für Kinder eingestellt werden kann, da die Headsets für Erwachsene optimiert sind. Während der Augenabstand bei Erwachsenen selten unter 60 mm liegt, sind die Augenabstände bei Kindern eher bei 40 mm.

In der Diskussion um die Altersempfehlung für immersive VR wird fast ausschließlich auf die Technologie verwiesen. Genau wie bei anderen Medien kommt es aber nicht nur auf die Technologie an, sondern insbesondere auch auf die Inhalte. Zu bedenken ist auch die Intensität, mit der VR-Inhalte wahrgenommen werden. Während beim Spielen von z. B. Gewaltspielen am Flachbildschirm noch ein gewisser Abstraktionsgrad besteht, versetzt die immersive VR den Spieler direkt in die virtuelle Welt und lässt alles realer erscheinen. Daher wird die immersive VR wahrscheinlich auf Kinder, aber auch auf Erwachsene, stärkere Auswirkungen als die Mediennutzung am Monitor haben, da die Reaktion auf immersive Erfahrungen eher realen Erfahrungen ähnelt. In dem Maße, in dem VR die reale Welt simuliert, kann es für Kinder schwierig sein zu erkennen, welche Komponenten virtuelle Ereignisse sind (Segovia und Bailenson 2009). Neben der Darstellung von Gewalt oder Sexualität gibt es mediale Produktionen, die darauf abzielen, das Kind zu manipulieren – sei es, um eine längere Nutzung zu erzielen oder aus werbetechnischen, politischen oder sogar ideologischen Gründen. Es besteht auch die Möglichkeit, dass eine Person in immersiver VR einen größeren Einfluss auf ein Kind hat als ihr Auftreten im Fernsehen. In einer Studie von Bailey et al. (2017) wurde gezeigt, dass Kinder im Alter von 4 bis 6 Jahren, die mit Grover aus der Sesamstraße über VR interagierten, ihn eher als Freund betrachteten als Kinder, die mit Grover über den Flachbildschirm interagierten.

Daher sollten sich die Eltern oder andere Erziehungsberechtigte selbst mit den Inhalten befassen. Nur so kann seriös beurteilt werden, ob der Inhalt tatsächlich für das betreffende Kind geeignet ist. Da die Entwicklung der Kinder sehr stark voneinander abweicht, sind allgemeingültige Altersempfehlungen auch immer mit Vorsicht zu genießen. Während es bei der Mediennutzung am Fernsehgerät oder Computermonitor für die Eltern möglich ist, den Kindern „über die Schulter zu schauen", um zu erkennen, mit welchen Inhalten sich die Kinder beschäftigen, gibt es diese Möglichkeit innerhalb von immersiver VR nicht mehr. Daher ist es hier umso wichtiger, dass bei der Nutzung von HMDs für Erziehungsberechtigte Möglichkeiten geschaffen werden, Inhalte der immersiven VR zu überprüfen.

Bei der Auswahl von VR-Inhalten sollten Eltern abwägen, ob sie wollen, dass ihre Kinder die gleiche Erfahrung in der realen Welt machen. Während Eltern es vielleicht für akzeptabel halten, wenn Kinder auf einer herkömmlichen Spielkonsole in die Rolle eines Soldaten schlüpfen, der an Kriegshandlungen beteiligt ist, würde das Spielen derselben Anwendung in immersiver VR vom Gehirn wahrscheinlich eher wie eine reale Erfahrung verarbeitet werden (Bohil et al. 2011).

Obwohl wir noch nicht hinreichend viel Erkenntnisse über die Auswirkungen von immersiver VR auf Kinder haben, können wir unseren Kindern einen vernünftigen Umgang mit VR-Inhalten bieten, wenn wir uns an den folgenden Punkten orientieren:

- Inhalte, die im VR-Headset konsumiert werden, erzeugen ein intensiveres Erlebnis als am Flachbildschirm. Wählen Sie deshalb VR-Inhalte mit Bedacht aus und prüfen Sie, ob der Inhalt und das Thema für das Kind geeignet sind.
- Achten Sie auf die körperlichen und emotionalen Gefühle des Kindes. Wenn es sich schwindlig, ängstlich, traurig, wütend oder schlecht fühlt, unterbrechen Sie die Nutzung.
- Versuchen Sie, dem Kind ein ruhiges, angenehmes, informatives und einzigartiges Erlebnis zu bieten, z. B. eine Reise in ein fremdes Land oder die Beobachtung von längst ausgestorbenen Tieren. Vermeiden Sie gewalttätige, lärmintensive und waffenlastige Inhalte und verzichten Sie auf schnelle Kamerafahrten (z. B. keine Achterbahnfahrt).
- Die immersive VR vermittelt so viel echtes Gefühl, dass es wichtig ist, mit den Kindern darüber zu sprechen, was sie erleben oder erlebt haben. Versuchen Sie herauszufinden, welchen Unterschied sie zwischen der realen und der virtuellen Welt spüren oder wie sie sich in die Lage eines anderen hineinversetzen können.
- Sollte ein kleines Kind ein VR-Headset ausprobieren, ist darauf zu achten, dass es weiß, dass Sie in der Nähe sind. Dies gelingt z. B. gut, wenn Sie das Kind halten.

Literaturverzeichnis

Ambron E, Miller A, Kuchenbecker KJ, Buxbaum LJ, Coslett HB (2018) Immersive low-cost virtual reality treatment for phantom limb pain: evidence from two cases. Front Neurol 9:67
Bailey J, Bailenson JN, Obradović J, Aguiar N (2017) Immersive virtual reality influences children's inhibitory control and social behavior. In: artículo presentado en International Communication's 67th Annual Conference en San Diego, California

Bohil CJ, Alicea B, Biocca FA (2011) Virtual reality in neuroscience research and therapy. Nat Rev Neurosci 12(12):752–762

Botvinick M, Cohen J (1998) Rubber hands 'feel' touch that eyes see. Nature 391(6669):756–756

Chang E, Kim HT, Yoo B (2020) Virtual reality sickness: a review of causes and measurements. Int J Human–Comput Interact 36:1658–1682

Csikszentmihalyi M, Csikzentmihaly M (1990) Flow: the psychology of optimal experience, vol 1990. Harper & Row, New York

Egliston B, Carter M (2021) Examining visions of surveillance in oculus' data and privacy policies, 2014–2020. Media International Australia, S 1329878X211041670

Freeman G, Zamanifard S, Maloney D, Acena D (2022) Disturbing the peace: experiencing and mitigating emerging harassment in social virtual reality. Proc ACM Hum-Comput Interact 6(CSCW1):1–30

Gaff L (2022) Datenschutz bei Virtual und Augmented Reality. Springer, Wiesbaden

Griffiths M, Kuss D, King DL (2012) Video game addiction: past, present and future. Curr Psychiatr Rev 8(4):308–318

Harm DL (2002) Motion sickness neurophysiology, physiological correlates, und treatment. In: Handbook of virtual environments. CRC Press, Boca Raton, S 677–702

Holland G, Tiggemann M (2016) A systematic review of the impact of the use of social networking sites on body image and disordered eating outcomes. Body Image 17:100–110

Holsapple CW, Wu J (2007) User acceptance of virtual worlds: the hedonic framework. ACM SIGMIS Database: Database Adv Inf Syst 38(4):86–89

Johnson DM (2007) Simulator sickness research summary. Technical report. Army research institute for the behavioral and social sciences. Fort Rucker, Alabama

Keshavarz B, Riecke BE, Hettinger LJ, Campos JL (2015) Vection and visually induced motion sickness: how are they related? Front Psychol 6:472

Kim J, Sunil Kumar Y, Yoo J, Kwon S (2018) Change of blink rate in viewing virtual reality with HMD. Symmetry 10(9):400

Van Heugten-van der Kloet D, Cosgrave J, van Rheede J, Hicks S (2018) Out-of-body experience in virtual reality induces acute dissociation. Psychol Conscious: Theory Res Pract 5(4):346

Kumar Swain R, Pati AK (2021) Use of social networking sites (SNSs) and its repercussions on sleep quality, psychosocial behavior, academic performance and circadian rhythm of humans–a brief review. Biol Rhythm Res 52(8):1139–1178

Lenggenhager B, Tadi T, Metzinger T, Blanke O (2007) Video ergo sum: manipulating bodily self-consciousness. Science 317(5841):1096–1099

Linkenauger SA, Ramenzoni V, Proffitt DR (2010) Illusory shrinkage and growth: body-based rescaling affects the perception of size. Psychol Sci 21(9):1318–1325

Loh K, Redd S (2008) Understanding and preventing computer vision syndrome. Malaysian Fam Physician: Off J Acad Fam Physicians Malaysia 3(3):128

Ma Z (2020) Effects of immersive stories on prosocial attitudes and willingness to help: testing psychological mechanisms. Media Psychol 23(6):865–890

Miller MR, Herrera F, Jun H, Landay JA, Bailenson JN (2020) Personal identifiability of user tracking data during observation of 360-degree VR video. Sci Rep 10(1):1–10

Murray CD, Sixsmith J (1999) The corporeal body in virtual reality. Ethos 27(3):315–343

Schlembach R, Clewer N (2021) 'Forced empathy': manipulation, trauma and affect in virtual reality film. Int J Cult Stud 24(5):827–843

Segawa T, Baudry T, Bourla A, Blanc JV, Peretti CS, Mouchabac S, Ferreri F (2020) Virtual reality (VR) in assessment and treatment of addictive disorders: a systematic review. Front Neurosci 13:1409

Segovia KY, Bailenson JN (2009) Virtually true: children's acquisition of false memories in virtual reality. Media Psychol 12(4):371–393

Stratton GM (1897) Vision without inversion of the retinal image. Psychol Rev 4(4):341

Sundar SS, Kang J, Oprean D (2017) Being there in the midst of the story: how immersive journalism affects our perceptions and cognitions. Cyberpsychol Behav Soc Netw 20(11):672–682

Treisman M (1977) Motion sickness: an evolutionary hypothesis. Science 197(4302):493–495

Trimananda R, Le H, Cui H, Ho JT, Shuba A, Markopoulou A (2021) OVRseen: auditing network traffic and privacy policies in oculus VR. arXiv preprint arXiv:210605407

Tychsen L, Foeller P (2020) Effects of immersive virtual reality headset viewing on young children: visuomotor function, postural stability, and motion sickness. Am J Ophthalmol 209:151–159

Ventura S, Badenes-Ribera L, Herrero R, Cebolla A, Galiana L, Baños R (2020) Virtual reality as a medium to elicit empathy: a meta-analysis. Cyberpsychol Behav Soc Netw 23(10):667–676

Woldegiorgis BH, Lin CJ, Liang WZ (2019) Impact of parallax and interpupillary distance on size judgment performances of virtual objects in stereoscopic displays. Ergonomics 62(1):76–87

Wölfel M, Hepperle D, Purps CF, Deuchler J, Hettmann W (2021) Entering a new dimension in virtual reality research: an overview of existing toolkits, their features and challenges. In: 2021 International Conference on Cyberworlds (CW). IEEE, Caen, S 180–187

Zuboff S (2019) The age of surveillance capitalism: The fight for a human future at the new frontier of power. Profile Books, London

Interaktion

5

Der Begriff der *Interaktion* (von lat. inter, dt. zwischen, und actio, dt. Tätigkeit) bezieht sich im Allgemeinen auf die gegenseitige Beeinflussung von Akteuren oder Systemen. Er wird in den verschiedensten Wissensbereichen in unterschiedlichen Auslegungen verwendet. In der Physik, als Beispiel, steht Interaktion für die fundamentale Wechselwirkung zwischen Elementarteilchen.

Die *soziale Interaktion* in der Soziologie, Psychologie und Pädagogik bezieht sich auf das aufeinander bezogene Handeln von zwei oder mehreren Personen. Das *Interaktionsdesign* (IxD) in der Gestaltung und die *Mensch-Maschine-Interaktion* (MMI) in den Ingenieur- und Arbeitswissenschaften beziehen sich auf die Eingaben des Nutzers und die Reaktion des Geräts. Während beim Interaktionsdesign dabei eher ästhetische Aspekte betrachtet werden, geht es bei der Mensch-Maschine-Interaktion eher um die technologische Realisierung. Die *Mensch-Maschine-Mensch-Interaktion* bezieht sich, ebenso wie die soziale Interaktion, auf das aufeinander bezogene Handeln von zwei oder mehreren Personen, jedoch über ein vermittelndes Medium. Somit können einzelne Fachgebiete nicht voneinander abgegrenzt werden und gehen fließend ineinander über.

Interaktive Systeme können nur dann einen hohen Nutzen bieten, wenn der Nutzungskontext bestimmt und die Anwendung für diesen optimiert ist. Ansonsten kann es zur Anwendung nicht passenden oder unzureichenden Funktionalitäten, zu Fehlern und im schlimmsten Fall zur Überforderung des Anwenders kommen. Nach DIN EN ISO 9241-11:2018 entspricht der *Nutzungskontext* der Gesamtheit von Nutzern, Arbeitsaufgaben, Arbeitsmitteln und der Umgebung, in der ein Produkt verwendet wird.

Zu einer *Interaktion in der VR* gehören nach Van der Straaten und Schuemie (2000) der *Teilnehmer* (Nutzer), der die Interaktion durchführt, der zu verfolgende *Zweck*, die *Inhalte* und das *Medium*, durch das die Inhalte erlebt werden. Je nach Nutzer, Zweck, Anwendung (Inhalte) und Hardware (Medium) können sich die zu erhebenden und analysierenden

M. Wölfel, *Immersive Virtuelle Realität*, https://doi.org/10.1007/978-3-662-66908-2_5

Eigenschaften des Nutzungskontexts stark unterscheiden. Die Eigenschaften können z. B. anhand von Kontextinterviews oder Fokusgruppen bestimmt werden. Bei einer VR-Interaktion ist die Wahl der geeigneten Interaktionsmethode dabei von folgendem Nutzungskontext abhängig, und zwar von

- der Aufgabe (z. B. welche Darstellung, Distanz und Größe der Objekte gewählt oder ob gelernt oder gespielt werden soll),
- der Umgebung (z. B. Lichtverhältnisse, Geräuschkulisse, Ort, Nutzung im semiöffentlichen Raum),
- der Technologie (z. B. Freiheitsgrade, Abtastrate und Erkennungsgenauigkeit der Eingabe, Displaygröße und -auflösung, Reaktionszeiten),
- dem Anwender (z. B. Vorlieben, Vorerfahrungen, Ziele, emotionaler Zustand, Erwartungshaltung, Kultur und Sozialisation, Sprache) und
- sozialen Aspekten (z. B. Privatsphäre, Kollaboration).

In Abhängigkeit des Nutzungskontextes können eine oder mehrere Interaktionsmethoden zur Verfügung gestellt werden. Stehen mehrere alternative Interaktionsmethoden bereit, kann der Anwender sich frei entscheiden, welche Interaktionsform oder welche Kombination er nutzen möchte.

Während die Möglichkeiten der Interaktion für zweidimensionale Benutzungsschnittstellen auf drei Freiheitsgrade eingeschränkt sind, von denen zumeist nur zwei genutzt werden (Translation auf der x- und y-Achse ohne Rotation), ergeben sich durch eine weitere Dimension insgesamt sechs Freiheitsgrade. Aber auch zwischen der Interaktion in virtuellen Umgebungen und der realen Welt bestehen wesentliche Unterschiede, siehe Tab. 5.1. Während ein Teil durch technische Weiterentwicklungen weitgehend behoben wird, sind andere Unterschiede konzeptioneller Natur und bleiben somit bestehen. Daher müssen viele der gängigen Interaktionsmethoden überdacht und an die spezifischen Anforderungen immersiver Technologien angepasst werden. Auch lohnt es sich, neue Interaktionsmethoden einzuführen, die aus bekannten Schnittstellen nicht abgeleitet wer-

Tab. 5.1 Unterschiede bei der Interaktion in virtuellen Welten im Vergleich zur realen Welt und 2D-Benutzungsschnittstellen

Interaktion im Vergleich zwischen immersiver VR und der realen Welt	Interaktion im Vergleich zwischen immersiver VR und 2D-Benutzungsschnittstellen
• Systemeinstellung über Menü benötigt • „Superhuman"-Fähigkeiten gewünscht • Oft fehlende Haptik • Geringe Präzision bei der Interaktion • Höhere Latenz	• Höherer Freiheitsgrad • Interface oft 3D, nicht 2D • Stereo-3D-Display, nicht mono • Dynamische Anpassung des Ansichtsfensters durch Kopfposition und -orientierung • Kein festgelegtes Sichtfenster • Abschottung der Außenwelt, im Gegensatz zu einer größtenteils wahrnehmbaren Außenwelt

den können. Um geeignete Interaktionen zu ermöglichen, kann es erforderlich sein, dass unterschiedliche Interaktionsstrategien angeboten werden, selbst innerhalb der gleichen Anwendung.

Ein mit der Interaktion eng verbundener Begriff ist das *Gefühl der Handlungsfähigkeit* (engl. sense of agency, kurz SoA). Es ist die Erfahrung, dass der Nutzer seine eigenen motorischen Handlungen und damit den Verlauf äußerer Ereignisse kontrollieren kann. Hier sei angemerkt, dass der Begriff „sense of agency" in der sozialwissenschaftlichen und der computerwissenschaftlichen Literatur mit einer etwas anderen Bedeutung verwendet wird (Van Heugten-van der Kloet et al. 2018; Jeunet et al. 2018). Während sich der Begriff in den Sozialwissenschaften auf das subjektive Bewusstsein bezieht, eigene willentliche Handlungen in der Welt zu initiieren, auszuführen und zu kontrollieren (gefühlte Handlungsfähigkeit), wird der Begriff in der Informatik mit dem Gefühl des Einflusses in Verbindung gebracht, den der Nutzer auf die digitale Welt hat, z. B. die Kontrolle über einen virtuellen Charakter, ein Bedienelement oder eine Umgebung. Kann der Nutzer durch eine virtuelle Welt navigieren, aber nicht mit Objekten und Personen interagieren, hat er keinen Einfluss auf den weiteren Verlauf der Narration. Das Gefühl der Handlungsfähigkeit ist somit gering. Reagieren viele Objekte und sogar Personen in der virtuellen Umgebung auf die eigene Handlung, ist das Gefühl der Handlungsfähigkeit hoch, denn die Änderungen der Umwelt werden auf einen selbst zurückgeführt. Es gibt somit einen direkten Zusammenhang mit der Interaktionsfähigkeit der virtuellen Umgebung und dem Gefühl der Handlungsfähigkeit. Auf die unterschiedlichen Rollen, die ein Nutzer in einer virtuellen Umgebung einnehmen kann, wird in Abschn. 11.1 eingegangen.

5.1 Grundlagen des Interaktionsdesigns

Wenn ein Nutzer mit einem interaktiven System interagieren möchte, muss er die Möglichkeiten, die das System bietet, kennen und bereits wissen, wie die Interaktionen anzuwenden sind, oder dies erkennen und herausfinden. In diesem Punkt unterscheiden sich immersive VR-Umgebungen nicht wesentlich von anderen interaktiven Systemen.

Neben VR-spezifischer Aspekte, wie eine gute Interaktion aufgebaut sein sollte, definierte Norman (2013) in seinem Buch über die Gestaltung von alltäglichen Dingen fünf grundlegende Prinzipien, die auch für die Gestaltung der Interaktion immersiver Medien hilfreich sind:

- die Entdeckbarkeit (zu erkennen, dass etwas interaktiv ist),
- der Angebotscharakter (wie mit etwas interagiert werden kann),
- die Hinweisreize (Indikatoren für die Interaktion),
- die Rückmeldung (Anzeige des Resultats der Interaktion) und
- die Abbildung (Beziehungen zwischen den Interaktionen).

Neben diesen grundlegenden Prinzipien wird in diesem Unterkapitel zusätzlich noch auf Beschränkungen (Limitierung des Interaktionsspielraums), das Prinzip des geringsten Aufwandes und das Gorilla-Arm-Syndrom eingegangen, da diese in immersiven Umgebungen eine wichtige Rolle einnehmen.

5.1.1 Entdeckbarkeit

Entdeckbarkeit (engl. discoverability) bedeutet bei interaktiven Systemen herauszufinden, dass etwas interaktiv ist, und zu erforschen, was etwas tut, wie es funktioniert und welche Operationen möglich sind. Die Entdeckbarkeit unterscheidet sich von der Auffindbarkeit, indem der Anwender sich über die Existenz dieser Funktionalität nicht vorher bewusst war. Bei der *Auffindbarkeit* vermutet der Anwender bereits, dass diese Funktionalität vorhanden ist – es ist nur unklar, wo diese zu finden ist.

So oder so sollte klar erkennbar sein, bei welchen Objekten in der Umgebung es sich um ein Interaktionselement, um ein Informationselement oder um ein Element ohne Funktion handelt. Während mit einem *Interaktionselement* interagiert werden kann, handelt es sich bei einem *Informationselement* um ein Element, mit dem *nicht* interagiert werden kann und welches nur zur Anzeige von Informationen dient. Bei klassischen Interaktionsschnittstellen können Interaktionselemente z. B. Schaltflächen (Buttons), Checkboxen oder Radiobuttons, aber auch Links und Menüs sein. In VR-Umgebungen kann prinzipiell jedes Element ein Interaktionselement sein, wodurch die Entdeckungsfähigkeit komplexer wird.

Bleiben mögliche Eingaben für den Nutzer im Verborgenen und dadurch unentdeckt, wird dies als das *Unsichtbarkeitsdilemma* (engl. invisibility dilemma) bezeichnet. Es tritt sowohl bei berührungsfreien gestenbasierten als auch bei sprachbasierten Interfaces auf, da es keinen direkten Bezug zu einem Objekt gibt, das seine Funktionalität entsprechend direkt kommunizieren könnte.

Ist sich der Nutzer bewusst darüber, dass er mit einem Objekt interagieren kann, gilt es herauszufinden, wie er es selektieren und manipulieren kann.

5.1.2 Angebotscharakter

Das von James Gibson geprägte Konzept des *Angebotscharakters* (engl. affordance, dt. auch Affordanz, aber selten verwendet) wurde durch Don Norman aus der Kognitionspsychologie auf den Bereich der Mensch-Maschine-Interaktion übertragen. Der Angebotscharakter bestimmt, welche Informationen im Design enthalten sind, die den Nutzer zu bestimmten Aktionen anregen. Der praktische Nutzen dieser Theorie für die Gestaltung von Mensch-Maschine-Interaktion wird in Hartson (2003) genauer erläutert. Das Konzept des Angebotscharakters wird verwendet, um den Nutzer auf die Handlungsmöglichkeiten hinzuweisen, die ein Gegenstand, ein Werkzeug oder eine Umgebung bieten.

Er i. d. R. bestimmte Eigenschaften mit spezifischen Objekten. Angebotscharakter ist aber keine Eigenschaft. Er setzt die Fähigkeiten eines Nutzers und die Eigenschaften einer Sache in Beziehung zueinander. Daher kann sich der Angebotscharakter eines Objektes je nach Nutzer unterscheiden: Ein Stuhl lädt einen Erwachsenen ein, darauf Platz zu nehmen. Einem Kleinkind nutzt diese Funktionalität nichts, aber der Stuhl könnte als Spielgerät dienen, unter dem es sich verstecken oder hindurchkrabbeln kann. Der Angebotscharakter ist nach Möglichkeit ohne Kategorisierung direkt wahrnehmbar. Beispielsweise sollte ein Gegenstand nicht erst der Kategorie „Stuhl" zugeordnet werden müssen, um zu erkennen, dass man darauf sitzen kann.

Bei dem Aufbau virtueller Umgebungen sollten entsprechende Angebotscharakter mitberücksichtigt werden, die den Nutzern deutliche Hinweise auf die Funktion von Dingen geben und eindeutige visuelle Anhaltspunkte für deren Anwendung und Nutzung liefern. Nur so können die gewünschten Aktionen mit den zur Verfügung stehenden technologischen Mitteln und von der beabsichtigten Nutzergruppe leicht ausgeführt werden. In Moloney et al. (2018) wird im Detail auf die Unterschiede des Angebotscharakters der immersiven VR im Vergleich zu nichtimmersiven Flachbildschirmen eingegangen.

5.1.3 Hinweisreiz

Hinweisreize (engl. signifier, dt. auch Signifikanten, aber selten verwendet) sind zusätzliche Informationen, die zu Interaktionen anregen. Ein Hinweisreiz ist jeder wahrnehmbare Indikator, der einem möglichen Nutzer den Zweck, das Verhalten und die Interaktionsfähigkeit eines Objektes vermittelt. Sie sind wichtig, um dem zukünftigen Nutzer mitzuteilen, ob eine Aktion möglich und wie diese durchzuführen ist. Hinweisreize können Informationen indirekt oder direkt vermitteln. Schilder, Etiketten oder Bilder, die in der Umgebung platziert sind und anzeigen, was zu tun ist, sind Beispiele für *indirekte Hinweisreize*. Der Griff an einer Tür und das visuelle Erscheinungsbild eines realen oder virtuellen Knopfs kommunizieren, wie mit dem jeweiligen Objekt selbst zu interagieren ist, sie geben somit *direkte Hinweisreize*. Hinweisreize sind nicht zwingend an ein bestimmtes Objekt oder einen spezifischen Ort gebunden. Sie können auch allgemeine Informationen vermitteln, wie den Interaktionsmodus des Nutzers.

Es gibt nicht nur Hinweisreize, die unterstützen, sondern auch solche, die irreführend bzw. mehrdeutig sein können oder keinen Angebotscharakter darstellen. So kann z. B. ein Objekt eine Funktion scheinbar anbieten, die nicht vorhanden ist. Ein Beispiel ist der Einsatz von optischen Verblendern, die einen Griff darstellen, mit dem sich aber die zugehörige Tür oder Schublade nicht öffnen lässt. Ein weiteres Beispiel findet sich im Armaturenbrett, wo teilweise blinde Tasten vorkommen; also Tasten ohne Funktion, da diese z. B. zur Sonderausstattung gehören. Viele solcher *irreführender Hinweisreize* sind nicht inszeniert (also mit Absicht hinzugefügt, was z. B. in Spielen ein interessantes Stilmittel sein kann), sondern durch Unachtsamkeit, Kostenersparnis oder Designaspekte entstanden. Diese Aspekte finden sich in der realen ebenso wie in der virtuellen Welt wieder. In der virtuellen Welt häufig vorkommende irreführende Hinweisreize sind Objekte, die so aussehen, als ob mit ihnen interagiert werden kann. Doch lassen sich viele Objekte nicht in die Hand nehmen, bewegen oder verändern, da diese Funktionen technisch zu viel Aufwand und Kosten verursachen würden und für die eigentliche Aufgabe nicht relevant sind.

5.1.4 Rückmeldung

Die *Rückmeldung* (engl. feedback) informiert den Nutzer über die Ergebnisse einer Aktion oder den Status einer Aufgabe, hilft ihm, den Zustand der Sache, mit der er interagiert, besser zu verstehen, und treibt ihn zu weiteren Aktionen an. Die Reaktion auf die Interaktion in der VR-Umgebung kann sowohl optisch, auditiv als auch haptisch erfolgen. Dabei ist die Platzierung der Rückmeldung wichtig, denn diese muss sich im Wahrnehmungsbereich des Nutzers befinden – eine Aufgabe, die in Anbetracht des sich konstant ändernden Blickbereichs des Nutzers nicht einfach ist. Eine Rückmeldung über mehrere Sinnesmodalitäten hinweg ist daher empfehlenswert, um die Wahrscheinlichkeit zu erhöhen, dass die Rückmeldung vom Anwender wahrgenommen wird. Wenn ein Objekt ausgewählt wird, kann beispielsweise ein Umriss um das Objekt gelegt werden (um es hervorzuheben), gleichzeitig kann ein Signal ertönen und der Controller kann vibrieren.

Zwar ist Feedback für die Interaktion unerlässlich, zu viel kann jedoch auch überfordern. Daher sollte bei der Gestaltung von Rückmeldungen genau überlegt werden, was wichtig ist und was weggelassen werden kann. Dies gelingt, indem mögliche Rückmeldungen nach ihren Prioritäten geordnet und so umgesetzt werden, dass wichtige Informationen immer die Aufmerksamkeit auf sich ziehen, weniger wichtige Informationen in den Hintergrund treten und unwichtige Informationen ganz weggelassen werden. In manchen Situationen kann es auch sinnvoll sein, Rückmeldungen zeitlich zu verzögern, um eine sequenzielle Ausgabe zu ermöglichen. Verzögerte Rückmeldungen sind z. B. geeignet, um zu verhindern, dass mehrere Sprachausgaben gleichzeitig ausgegeben werden. Im Falle einer gleichzeitigen Wiedergabe wären die einzelnen Rückmeldungen mit hoher Wahrscheinlichkeit unverständlich und dadurch nicht nur nutzlos, sondern sogar hinderlich.

5.1.5 Abbildung

Die *Abbildung* (engl. mapping) beschreibt die Beziehung oder Zuordnung zwischen zwei oder mehreren Dingen. In der Mensch-Maschine-Interaktion ist eine gute Abbildung gegeben, wenn die digitalen und die analogen Inhalte korrekt, oder zumindest plausibel, nahtlos und passgenau übereinstimmen. Um in immersiven VR-Anwendungen das Auftreten der Cyberkrankheit zu reduzieren oder Irritationen zu vermeiden, ist insbesondere die visuell-vestibuläre Übereinstimmung wichtig.

Die Beziehung zwischen einer Steuerung und ihren Ergebnissen ist dann am einfachsten zu erlernen, wenn es eine offensichtliche, verständliche Zuordnung zwischen Steuerung, Aktion und dem beabsichtigten Ergebnis gibt. Eine gute Übereinstimmung reduziert Irritationen und führt dazu, dass sich die Interaktion anfühlt, als würde mit einem einzigen kohärenten Objekt interagiert. Eine gute Abbildung ist auch dann nützlich, wenn mit einem Objekt berührungsfrei interagiert wird, z. B. zur Steuerung eines Rollladens. Soll der Rollladen geöffnet werden, ist unter Verwendung eines 3D-Gesteninterfaces eine gute Abbildung gegeben, wenn die auszuführende Geste die Aufwärts- oder Abwärtsbewegung des Rollladens nachahmt, z. B., indem der ausgestreckte Arm, der in Richtung des Rollladens zeigt, nach oben oder unten bewegt wird.

Eine stimmige Abbildung kann eine gute Übereinstimmung von sensorischem Feedback mit dem Eingabegerät gewährleisten. Dabei ist sowohl auf räumliche als auch zeitliche Übereinstimmung zu achten (LaViola Jr et al. 2017). Die räumliche Übereinstimmung besteht aus der Positionskonformität, der Richtungskonformität und der Nullkonformität, die zeitliche aus der Zeitkonformität. Verschiedene Modalitäten können auch aufeinander abgebildet oder ineinander, durch eine Transformationsregel, überführt werden.

5.1.5.1 Positionskonformität

Die *Positionskonformität* (engl. spatial compliance) ist die Übereinstimmung der sensorischen Rückmeldung mit der Position des Eingabegeräts. Dies ist besonders wichtig, wenn Objekte angefasst werden können und/oder mit ihnen interagiert werden kann. Eine räumliche Übereinstimmung ist z. B. dann gegeben, wenn der propriozeptive Sinn (wo man die Hand fühlt) mit dem visuellen Sinn (wo man die Hand sieht) übereinstimmt.

5.1.5.2 Richtungskonformität

Die *Richtungskonformität* (engl. directional compliance) ist dann gegeben, wenn ein virtuelles Objekt die Richtung und Drehung des Eingabegeräts widerspiegelt. Sie ist die wichtigste der drei räumlichen Konformitäten, denn sie ermöglicht dem Nutzer, Bewegungen als Reaktion auf physische Eingaben effektiv zu antizipieren und somit entsprechend zu planen und auszuführen. Bewegungsrichtungen sollten dementsprechend möglichst genau auf das ausgewählte Objekt abgebildet werden. Diese Anforderung besteht unabhängig davon, ob sich ein Objekt in unmittelbarer Nähe oder in einiger Entfernung befindet.

Ein bekanntes Beispiel ist die Mausinteraktion. Bei dieser Interaktion erfolgt die Zuordnung zwischen Maus und Cursor auf dem Bildschirm. Der Anwender denkt nicht über die Distanz zwischen der Maus und dem Cursor nach, solange die Richtungskonformität gegeben ist. Ist sie nicht mehr gegeben, z. B. durch die Verwendung einer um 90° gedrehten Maus, wird die Bedienung fast unmöglich. Eine fehlende Richtungskonformität hat auch negative Auswirkungen auf die Auge-Hand-Koordination.

Die *Auge-Hand-Koordination* ist ein Teil der *Visuomotorik*, die sich mit der Koordination zwischen der visuellen Wahrnehmung und der Motorik beschäftigt. Ohne eine ausreichende Koordinationsfähigkeit zwischen der Hand und dem Auge ist es nicht möglich, zielgerichtet mit der Umgebung zu interagieren. Ist die Abbildung, wie zuvor beschrieben, nicht hinreichend gut erfüllt, hat dies direkte Auswirkungen auf die Auge-Hand-Koordination und somit auch darauf, wie gut mit der virtuellen Welt interagiert werden kann. Möchte eine Person z. B. einen Ball fangen, muss dieser kontinuierlich die Bewegung der Hand über die Augen geleitet nachjustieren. Ist die Positionskonformität nicht gegeben, muss für den *Offset* kompensiert werden. Damit kann ein Anwender noch gut zurechtkommen. Fehlt jedoch die Richtungskonformität, ist eine Kompensation kaum möglich.

5.1.5.3 Nullkonformität

Die *Nullkonformität* (engl. nulling compliance) ist gegeben, wenn ein Eingabegerät zu seiner ursprünglichen Position zurückkehrt und das zugeordnete virtuelle Objekt ebenfalls zu seiner ursprünglichen Position zurückkehrt (Poupyrev et al. 2000).

Bei Geräten mit *absoluter Eingabe* wird die Distanz zu einem konstanten Referenzpunkt bestimmt. Daher ist die Nullkonformität anders als bei Geräten mit relativer Eingabe immer gegeben.

Bei Geräten mit *relativer Eingabe* wird nur die Abweichung zu einem vorherigen Zeitpunkt gemessen und durch Aufsummierung die aktuelle Position berechnet. Messfehler wirken sich somit auf alle weiteren Positionsbestimmungen aus. Die Eingabe ist dadurch stark durch *Drift* betroffen, also eine Abweichung der Position und Orientierung über die Zeit. Die Nullkonformität kann bei relativer Positionsbestimmung nicht gewährleistet werden.

5.1.5.4 Zeitkonformität

Die *Zeitkonformität* (engl. temporal compliance) ist gegeben, wenn sensorische Rückmeldungen unmittelbar und synchron erfolgen, insofern sie sich auf dieselbe Aktion oder dasselbe Ereignis beziehen. Eine zu hohe Verzögerung bei der Reaktion auf eine Eingabe oder ein Ereignis kann sogar schlimmer sein als gar keine Reaktion. In einem solchen Fall kann die Reaktion der auslösenden Ursache nicht mehr korrekt zugeordnet werden, was zu Ablenkung und Irritation führt. Aber auch eine zufällige Zeitkonformität zwischen unabhängigen Ereignissen kann zu Irritationen führen: Tritt neben einem Ereignis, das kurz nach einer Aktion ausgelöst wird, ein weiteres auf, das von der ursprünglichen Aktion unabhängig ist, wird auch dieses Ereignis oft gedanklich mit der Ursprungsaktion verknüpft.

5.1.5.5 Übersetzung zwischen Modalitäten

Neben Zuordnungen, die der gleichen Modalität entsprechen, gibt es auch Zuordnungen, die in eine andere Modalität überführt werden. Typisch für eine solche Transformation zwischen unterschiedlichen Modalitäten ist die Konvertierung von einer räumlichen Eingabe in eine nichträumliche Ausgabe oder die Umwandlung einer nichträumlichen Eingabe in eine räumliche Ausgabe.

Ein Beispiel für eine räumliche Eingabe sind 3D-Gesten, die in die nichträumliche Ausgabe einer kontinuierlichen Größe übersetzt werden: Wird eine ausgestreckte Hand nach oben bewegt, wird die Größe kontinuierlich erhöht, während das Senken der ausgestreckten Hand die Größe kontinuierlich verringert.

Ein Beispiel für eine nichträumliche Eingabe sind Sprachbefehle, die in eine räumliche Ausgabe wie absolute oder relative Raumkoordinaten übersetzt werden: So kann durch Sprachbefehle, wie „rücke den Schrank an die Wand" oder „rücke den Stuhl einen Meter zurück", ein Objekt im Raum platziert werden.

Entscheidend für die Übersetzung ist der Bezugsrahmen. Ist dieser unklar, kann es zu Missverständnissen und Problemen kommen. Aus dem Beispielsatz „schiebe den Stuhl um einen Meter nach hinten" geht nicht hervor, ob sich „hinten" auf die Orientierung des Objektes, des Raums oder des Sprechers bezieht (Hepperle et al. 2019).

5.1.5.6 Konflikt der Freiheitsgrade

Der *Konflikt der Freiheitsgrade* bezeichnet ein Problem in der Abbildung, das immer dann auftritt, wenn das Ein- und Ausgabemedium sich in der Anzahl der Freiheitsgrade unterscheiden.

Es gibt bei einem Eingabegerät mit drei (nur Translation) oder sechs (Translation und Rotation) Freiheitsgraden einen bzw. sogar vier Freiheitsgrade zu viel, wenn die Ausgabe auf einer Fläche stattfindet. Dabei ist es unerheblich, ob es sich um einen realen Flachbildschirm oder um die Darstellung einer Fläche in einer virtuellen Umgebung handelt, auf die die Nutzereingabe übertragen wird. Das Problem ist für beide Situationen gleich: Der Nutzer hat Freiheitsgrade, die er „nicht nutzen" kann. Diese nicht nutzbaren Freiheitsgrade beinhalten das Risiko, die Interaktion zu verschlechtern. Um dem entgegenzuwirken, ist es sinnvoll, die Freiheitsgrade einzuschränken, wie im folgenden Unterkapitel besprochen.

Hat die Ausgabe mehr Freiheitsgrade als die Eingabe, ist das Problem offensichtlich: Nicht alle Dimensionen können gleichzeitig adressiert werden. Daher ist es in immersiven VR-Umgebungen nicht ratsam, auf 2D-Eingabegeräte zurückzugreifen. Eine Ausnahme besteht, wenn innerhalb der virtuellen Umgebung auch eine Fläche abgebildet ist, auf der die Eingabe übertragen wird, z. B. beim Schreiben.

5.1.6 Beschränkung des Interaktionsspielraums

Beschränkungen (engl. constraints) des Interaktionsspielraums sind bewusste Limitierungen möglicher Handlungsspielräume und Verhaltensweisen. Sie können dem Nutzer bei der Aufgabenbewältigung helfen, etwas zu tun oder auch nicht zu tun. Eine Beschränkung kann im Kontext von 3D-Interfaces z. B. dafür angewendet werden, Nutzer daran zu hindern, sich zu sehr zu belasten, indem eine Überstreckung oder andere unbequeme Körperstellungen nicht möglich sind, siehe auch Abschn. 5.1.8.

Wird der Nutzer in seinen Möglichkeiten zu stark eingeschränkt, kann es zur *Gängelung des Anwenders* führen. Er fühlt sich in seiner Handlungsfähigkeit, also der Erfahrung, eine

Handlung zu initiieren und zu kontrollieren, eingeschränkt (Moore 2016). Dies kann zur Frustration, aber auch zu Immersionsverlust führen.

Eine häufig angewandte Methode zur Vereinfachung von Interaktionen ist die Beschränkung der Freiheitsgrade des Interfaces: Diese Einschränkung kann sowohl mechanisch als auch funktional realisiert werden.

Mögliche Umsetzung für eine *mechanische Einschränkung* sind die Verwendung eines physischen Drehknopfes oder Schiebereglers mit nur einem Freiheitsgrad oder die Verwendung eines Joysticks mit zwei Freiheitsgraden.

Eine *funktionale Einschränkung* kann z. B. dadurch umgesetzt werden, dass sich ein virtuelles Objekt immer nur entlang einer Achse verschieben lässt, unabhängig davon, ob der Nutzer seine Hand entlang der anderen Freiheitsgrade bewegt. Auch das Verhindern der Durchdringung von virtuellen Objekten, z. B. durch eine Wand, entspricht einer funktionalen Einschränkung.

Im Falle einer konstruierten Einschränkung ist es ratsam, auf die Glaubwürdigkeit zu achten, da der Nutzer die Limitierung sonst nicht akzeptiert. Dabei ist es oft hilfreich sich an der physischen Umgebung zu orientieren. Einschränkungen, die aus der realen Umgebung bekannt sind, werden in der virtuellen Welt weniger hinterfragt als künstlich eingeführte Limitierungen.

Unabhängig von den gewählten Einschränkungen ist innerhalb einer VR-Umgebung auf die konsistente Verwendung der Beschränkung zu achten. Bereits Gelerntes wird aufgabenübergreifend übertragen. Die inkonsistente Verwendung von Einschränkungen führt daher zu Irritationen.

5.1.7 Prinzip des geringsten Aufwandes

Das *Prinzip des geringsten Aufwandes* (engl. principle of least effort) ist eine Theorie, die besagt, dass Lebewesen dazu neigen, den Weg mit dem vermeintlich geringsten Widerstand bzw. der geringsten Anstrengung zu wählen (Zipf 2016). Dieses Prinzip ist eine weit gefasste Theorie, die verschiedene Bereiche von der Evolutionsbiologie bis zur Nutzung von interaktiven Systemen (z. B. bei der Informationssuche) abdeckt. Daraus geht u. a. hervor, dass Nutzer Tools verwenden, die ihnen am vertrautesten und somit für sie auch am einfachsten zu bedienen sind. Im Gegensatz zu 2D-Oberflächen, bei denen der mechanische Aufwand oft stark limitiert ist, kommt diesem Prinzip für immersive VR-Umgebungen eine wichtige Bedeutung zu. Im Vergleich zur Aktivität in der Realität kann die Interaktion in immersiven VR-Umgebungen mechanisch anstrengender oder weniger anstrengend sein. Dies gilt auch zwischen verschiedenen Eingabegeräten zur Navigation innerhalb derselben virtuellen Umgebung, wie der Vergleich zweier Eingabegeräte in Abschn. 7.6 aufzeigt.

5.1.8 Gorilla-Arm-Syndrom

Bei der Entwicklung von immersiven VR-Anwendungen ist zu berücksichtigen, wie groß die körperlichen Anstrengungen und Belastungen sind. Neben der Passform, dem Gewicht und der Gewichtsverteilung des Headsets ist die einzunehmende Körperhaltung ein weiterer kritischer Faktor, der den Komfort und die Ermüdung des Nutzers maßgebend beeinflusst. Mit Ausnahme der Fortbewegung erfolgen die Nutzerinteraktionen primär über die Arme. Daher ist es wichtig, besonderes Augenmerk auf sie zu legen. Bei längerer, unbequemer oder nicht unterstützter Armhaltung in der Luft werden die Schultern und Oberarme träge. Erschöpfung und sogar Schmerzen können die Folge sein.[1] Diese negativen Auswirkungen werden auch als *Gorilla-Arm-Syndrom* bezeichnet (Hincapié-Ramos et al. 2014).

Die Ermüdung der Schultern und Arme wird insbesondere durch die Höhe und den Abstand der Hände zum Körper und dem Gewicht in den Händen beeinflusst. Je weiter entfernt und höher die Hände gehalten werden und umso größer das Gewicht in den Händen ist, desto kürzer kann bequem interagiert werden. Ermüdungen können bereits nach wenigen Sekunden auftreten, wenn die Hand über der Taille vor dem Nutzer gehalten wird. Die Dauer der komfortablen Nutzung kann oft durch einfache Maßnahmen verdoppelt oder verdreifacht werden. Beispielsweise indem Menüs so umplatziert werden, dass die Hände des Nutzers weiter abgesenkt oder näher an den Körper herangeführt werden können.

In der realen Welt versuchen Menschen, ihre Arme immer wieder auszuruhen. In immersiven VR-Anwendungen besteht ein häufiger Fehler darin, dass diese Möglichkeit nicht gegeben ist. Ein Auflegen der Arme auf einem physischen Objekt (wie es z. B. bei der Mausinteraktion möglich ist) lässt sich oft nicht oder nur sehr umständlich umsetzen. Daher muss darauf geachtet werden, das Gorilla-Arm-Syndrom, insbesondere bei einer längeren VR-Nutzung, mit anderen Maßnahmen möglichst zu reduzieren. Dafür sollte der Nutzer

- die Hände nicht länger als ein paar Sekunden am Stück hoch oder ausgestreckt halten müssen,
- in der Lage sein, seine Arme ruhen zu lassen, ohne versehentlich Interaktionen auszulösen,
- möglichst auf Handgriffe über Kopf verzichten können,
- vermeiden können, dass immer dieselben Muskeln benutzt werden müssen, und
- lineare Bewegungen vermeiden können, um so einer natürlicheren Bewegung zu entsprechen.

---

[1] Tritt nicht nur bei 3D-Freihandinteraktion auf, sondern auch bei horizontalen Touchscreens.

5.2   Interaktionsformen

Die Entwicklung der geeigneten Interaktionsform für immersive VR-Umgebungen unterscheidet sich von solchen, die für die reale Welt oder 2D-Interfaces entworfen werden. Dabei müssen sowohl technologische Einschränkungen als auch konzeptionelle Unterschiede berücksichtigt werden. Bei der Nutzereingabe bzw. -interaktion können verschiedene Formen berücksichtigt werden, die sich in einer unterschiedlichen Interaktionstreue niederschlagen. Dabei wird die *Interaktionstreue* (engl. interaction fidelity) als das Ausmaß definiert, in dem physische Aktionen, die für eine virtuelle Aufgabe verwendet werden, den physischen Aktionen entsprechen, die bei der entsprechenden realen Aufgabe verwendet werden (Bowman et al. 2012). Die unterschiedlichen Formen der Interaktion und Grade der Interaktionstreue sind für verschiedene Aufgaben mehr oder weniger gut geeignet.

Eine mögliche Interaktionsform ist die Zeigegeste. Die *Zeigegeste* ist eine spezielle menschliche Geste, die es erlaubt, auf einen Ort hinzuweisen, an dem sich z. B. etwas Interessantes befindet. In der Mensch-Maschine-Interaktion wird sie häufig verwendet, um mit der Maschine zu interagieren. Dabei wird die Zeigebewegung des Nutzers (engl. pointing) auf einen Positionszeiger (engl. cursor) innerhalb einer grafischen Nutzeroberfläche (engl. graphical user interface, kurz GUI) übertragen oder ein Finger zeigt direkt auf Elemente der Nutzeroberfläche (bei Natural User Interfaces, kurz NUI).

Bei der Interaktion kann zwischen der relativen und absoluten Eingabe unterschieden werden. Bei der *relativen Eingabe* wird die Differenz zwischen aktueller und letzter Eingabe gemessen (z. B. Maus). Bei der *absoluten Eingabe* wird die Distanz zu einem konstanten Referenzpunkt gemessen (z. B. Grafiktablet).

Des Weiteren lassen sich Eingaben unterteilen in isometrische und isotonische. Bei der *isometrischen Eingabe* wird der dabei aufgewendete Druck bzw. die Kraft gemessen ohne eine tatsächliche Bewegung (z. B. Anpressdruck des Stiftes). Bei der *isotonischen Eingabe* wird die Abweichung von einem Ausgangs- bzw. Mittelpunkt gemessen (z. B. Joystick). Die isotonische Eingabe ist bei VR-Anwendungen die dominante Methode.

5.2.1   Interaktionsmetaphern

In den Sprachwissenschaften ersetzt die *Metapher* (gr. metaphorá, dt. die Übertragung) einen Begriff durch einen anderen möglichst bildhaften sprachlichen Ausdruck. Es findet eine Bedeutungsübertragung statt. Wenn in und mit einer virtuellen Umgebung interagiert werden soll, muss der Nutzer wissen, wie und mit welchen Mitteln: Dabei ist es oft hilfreich, sich auf Dinge beziehen zu können, die bereits aus dem Alltag bekannt sind. Hier kann ebenso auf Metaphern zurückgegriffen werden. Die *Interaktionsmetapher* adaptiert bekannte Mechanismen des Alltags auf eine interaktive Anwendung.

Die Übertragung elementarer Sachverhalte ins Digitale fördert maßgeblich die Gebrauchstauglichkeit und Attraktivität von graphischen Interaktionskonzepten, insofern für spezielle Aktionen die richtigen Metaphern zur Verfügung stehen. Bei immersiven VR-Anwendungen wird ebenso wie in anderen Anwendungen der Informationstechnik auf Interaktionsmetaphern zurückgegriffen. Beispiele, die in Abschn. 5.4 näher erklärt werden, sind die Greifenmetapher (z. B. virtuelle Hand, Go-Go), die Zeigemetapher (z. B. Raycasting) und die Verdeckungsmetapher (z. B. Okklusion).

5.2.2 Realistische und unrealistische Interaktion

Der *Realismusgrad*, auch *Interaktionstreue*, mit dem eine Interaktion in immersiver VR umgesetzt ist, kann stark variieren. Auf der einen Seite des Spektrums wird versucht, Interaktionen der realen Welt so genau wie möglich zu imitieren (*realistische Interaktion*), und auf der anderen gibt es Interaktionsformen, die keinen unmittelbar feststellbaren Bezug zu Interaktionen in der Wirklichkeit haben (*unrealistische Interaktion*). Welcher Realismusgrad angestrebt wird bzw. realisierbar ist, hängt ab von den Anwendungszielen der zur Verfügung stehenden Hardware und vom Entwicklungsaufwand, der investiert werden kann. Zumeist liegt die Interaktionstreue daher irgendwo zwischen den Extremen und kann sich sogar innerhalb derselben Anwendung stark unterscheiden, z. B. bei der Interaktion mit der Simulation (realistisch) und der Systemsteuerung (abstrakt).

Eine möglichst realistische Interaktion ist z. B. wichtig in Trainingsanwendungen, Simulationen, Therapien und zur Bewertung der Usability virtueller Prototypen. Weicht in solchen Anwendungen die Interaktion zu stark vom realen Vorbild ab, lassen sich die Lern- oder Therapieerfolge sowie Erkenntnisse nicht einfach vom Virtuellen auf die reale Welt übertragen, siehe hierzu auch die Abweichungen von mentalen Modellen zwischen dem Virtuellen und dem Realen in Abschn. 13.1.

Je nach Vorwissen kann eine hohe Interaktionstreue auch den Lernaufwand für die Benutzung der VR-Anwendung verringern. Ein geübter Autofahrer wird sich beim Steuern einer Fahrsimulation einfacher tun, wenn er die Simulation, wie gewohnt, über Lenkrad, Gas- und Bremspedal bedienen und so auf seine bereits angeeigneten Fähigkeiten zurückgreifen kann. Die Steuerung über ein Gamepad würde einem Autofahrer schwerfallen, zumindest wenn er selbst nicht häufig spielt. Für ein Kind, dass den Umgang mit dem Gamepad eher gewöhnt ist, wäre die Situation genau andersherum.

Eine unrealistische Interaktion kann aber auch die Lernkurve bei der Bedienung einer unbekannten Anwendung senken. Wenn häufig zwischen verschiedenen VR-Anwendungen gewechselt wird, die alle auf die gleiche Weise unabhängig von der Anwendung über eine abstrakte Schnittstelle bedient werden, muss die Interaktion nur einmal gelernt werden.

Unrealistische Interaktionen unterliegen nicht den Einschränkungen der realen Welt. Daher können *magische Interaktionstechniken* realisiert werden, die einem *übermenschliche Fähigkeiten* (engl. superhuman capabilities) verleihen. So können Objekte gegriffen werden, die ansonsten außerhalb der Armreichweite liegen würden, oder der Nutzer bewegt Steine mit der Kraft seiner Stimme. Magische Interaktionstechniken eignen sich insbesondere dann, wenn sie zur Narration passen. Niemand wird sich wundern, warum Harry Potter zaubern kann. Die Verwendung von unrealistischen Interaktionen eignet sich auch immer dann, wenn man aufgrund technischer Einschränkungen oder konzeptionell auf die Verwendung der Hände verzichten möchte oder diese durch eine andere Aktivität nicht zur Verfügung stehen.

5.2.3 Direkte, indirekte und agentenbasierte Interaktion

Bei der *direkten Interaktion* interagiert der Nutzer unmittelbar mit dem virtuellen Objekt. Dabei hat der Nutzer den Eindruck, geradezu mit einem Objekt in Kontakt zu treten und ist sich – im besten Fall – nicht einmal bewusst, mit einem Abbild zu interagieren.

Die direkteste Interaktion findet dann statt, wenn der Nutzer mit seinen Fingern das zu interagierende Objekt berührt. Ein bekanntes Beispiel dafür ist der Touchscreen. Aber auch in der Hand gehaltene Werkzeuge (z. B. Essstäbchen, Tennisschläger) bzw. Controller, mit denen auf ein Objekt eingewirkt wird, fühlen sich nur etwas weniger direkt an, denn das Werkzeug „verschmilzt" mit dem Körper und wird als Verlängerung des eigenen Körpers wahrgenommen. In diesem Zusammenhang ist auch die Erfahrung der *Körpererweiterung* interessant: Wird ein bestimmter Gegenstand häufig genutzt, etwa eine Krücke, nimmt man ihn mit der Zeit als Teil des eigenen Körpers wahr.

Zu einer *indirekten Interaktion* kommt es, wenn der Nutzer nicht unmittelbar mit dem virtuellen Objekt interagiert, sondern über einen Stellvertreter wie den Mauscursor. Da, wie in Abschn. 5.1.5 beschrieben, die Richtungs- und Zeitkonformität wichtiger sind als die Positionskonformität, kann sich die Handhabung eines Objektes aus der Entfernung so anfühlen, als würde man das Objekt direkt manipulieren. Die indirekte Interaktion erfordert jedoch ein höheres Maß an geistiger Leistungsfähigkeit, da eine zusätzliche Abstraktionsebene vorhanden ist.

Auch wenn die indirekte Interaktion, auf den ersten Blick, gegenüber der direkten Interaktion im Nachteil zu sein scheint, bedeutet dies nicht automatisch, dass eine direkte Interaktion immer die bessere Wahl ist. So sind, je nach Aufgabe, sowohl direkte als auch indirekte Interaktionen für immersive VR nützlich. In Abb. 5.1 ist der Unterschied zwischen direkter und indirekter Interaktion dargestellt.

Eine Sonderform der indirekten Interaktion ist die *agentenbasierte Interaktion*. Dabei wird dem Nutzer ermöglicht, mit Objekten oder der Umgebung über einen *Vermittler* (engl. agent) zu interagieren. D. h., der Nutzer interagiert weder mit dem zu manipulierenden Objekt noch dessen Stellvertreter. Dahingegen findet die Kommunikation über einen Agenten statt, der die gewünschte Aktion entgegennimmt und selbstständig ausführt. Der Agent kann dabei „im Hintergrund" arbeiten oder einen eigenen Körper haben. Hat der Agent eine visuelle Repräsentation, wird er als *verkörperter Vermittler* (engl. embodied agent) bezeichnet. Die Kommunikation mit dem Agenten kann in Form von Sprache (die gängigste Form), Gestik oder auch multimodal erfolgen. Für einen Vergleich zwischen direkter, indirekter und agentenbasierter Interaktion siehe auch Abschn. 5.7.

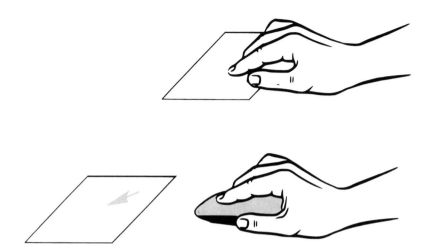

Abb. 5.1 Direkte (oben) und indirekte (unten) Interaktion mit virtuellen Inhalten auf einem Display

5.2.4 Egozentrische und exozentrische Interaktion

Bei der *egozentrischen Interaktion* (engl. egocentric interaction) sieht der Nutzer die Welt in der Egoperspektive und interagiert i. d. R. innerhalb der Umgebung. Bei der *exozentrischen Interaktion* (engl. exocentric interaction) sieht der Nutzer die Welt in der dritten Form, wobei er innerhalb der Umgebung oder mit einem Modell der Umgebung interagiert.

Während bei nichtimmersiven virtuellen Umgebungen sowohl die egozentrische als auch die exozentrische Interaktion häufig verwendet werden und viele Anwendungen es sogar ermöglichen, zwischen diesen zu wechseln, siehe Abb. 5.2, dominiert die egozentrische Interaktion in immersiven Umgebungen.

Bei der exozentrischen Interaktion kann die Perspektive so gewählt werden, dass die Bewegungen des eigenen Körpers gut durch den Nutzer von außen zu beobachten sind. Bei der egozentrischen Interaktion ist die Perspektive festgelegt und es kann zu Situationen kommen, bei denen ein Teil des eigenen Körpers nicht im Sichtbereich liegt. Dies ist in immersiver VR aber unproblematisch, da bei der egozentrischen Interaktion der eigene Körper den Bezugsrahmen innerhalb der virtuellen Welt aufspannt und der Nutzer über seine Körperwahrnehmung weiß, wo sich seine Gliedmaßen befinden. Somit ist es sogar möglich, ohne visuelle Darstellung des eigenen Körpers mit seiner Umgebung zu interagieren. Da das visuelle Feedback fehlt, ist die Genauigkeit jedoch geringer.

Besteht Sichtkontakt zum eigenen virtuellen Körper, wirken sich Abweichungen zwischen der Propriozeption, siehe Abschn. 3.3.2, und der Darstellung bei der egozentrischen Interaktion stärker aus. In diesem Fall besteht ein besseres Gefühl, wo die einzelnen Körperteile in der virtuellen Umgebung abgebildet sein müssen. Im Falle der exozentrischen

Abb. 5.2 Autorennspiel, bei dem zwischen einer egozentrischen und einer exozentrischen Interaktionssicht gewechselt werden kann

Interaktion wird dieses Gefühl durch die Darstellung von außen zwar nicht vollständig beseitigt, aber doch erheblich reduziert.

5.2.5 Explizite und implizite Interaktion

Bei der Interaktion mit einer – realen oder virtuellen – Umgebung lassen sich zwei Arten unterscheiden: die explizite und die implizite Interaktion, wobei Letztere reaktiv oder proaktiv agieren kann.

Bei der *expliziten Interaktion* führt der Nutzer Aktionen bewusst aus, um mit einem technischen System zu interagieren. Dieses reagiert (geeignet) auf die Eingabe. Der Nutzer nimmt aktiv am Geschehen teil. Er bestimmt, wann und was geschehen soll, indem er auf das Objekt oder die Umgebung einwirkt, um ein bestimmtes Nutzerziel zu erreichen.

Bei der *impliziten Interaktion* ist das Verhalten des Nutzers nicht primär auf die Interaktion mit dem technischen Gerät ausgelegt. Das Nutzerverhalten wird aber vom Gerät interpretiert und löst daraufhin selbstständig Handlungen aus. Stellt z. B. das VR-System fest, dass der Nutzer den sicheren Interaktionsbereich verlassen möchte, kann dieser über die Einblendung entsprechender Hinweise darauf aufmerksam gemacht werden.

Bei der *implizit-reaktiven Interaktion* reagiert die Umgebung nach dem Reiz-Reaktions-Prinzip auf das Verhalten des Nutzers und automatisiert Vorgänge. Dabei wird ein Handeln erst ausgelöst, nachdem ein bestimmtes Ereignis stattgefunden hat. Positionsabhängige Auslöser sind ein einfaches Beispiel: Betritt ein Mensch einen bestimmten Bereich, schaltet sich das Licht automatisch ein, es wurde also nicht durch das Betätigen eines

Lichtschalters ausgelöst, also durch eine explizite Interaktion, sondern ohne jegliche Absicht des Nutzers.

Bei der *implizit-proaktiven Interaktion* erkennt das System vorausschauend bestimmte Umgebungssituationen oder mögliche zukünftige Nutzerziele, macht den Nutzer auf diese aufmerksam und bietet entsprechende Aktionen an. Bei proaktivem Verhalten ergreift das System die Initiative, ohne dass vom Nutzer eine unmittelbare Aktion ausgeht, die einen direkten Zusammenhang zur Systemaktion aufweist. Solche Interaktionen finden sich insbesondere im Sicherheitsbereich, z. B. warnt ein Assistenzsystem im Auto, noch bevor der Aufprall passiert, sodass der Fahrer noch reagieren kann. Implizit-proaktives Verhalten ist in virtuellen Umgebungen z. B. interessant für die Wegplanung autarker virtueller Menschen oder Maschinen. Diese können so dem eigenen Avatar ausweichen, noch bevor es zu einer Kollision kommt.

5.2.6 Gestenerkennung und -interaktion

In unserem täglichen Leben sind Menschen in der Lage, ihre Ideen und Interaktionsabsichten mit Gesten auszudrücken und Gesten anderer zu interpretieren. Gesten sind in der Lage, eine Reihe von Informationen durch entsprechende körperliche Bewegungen zu vermitteln. Die *Gestenkommunikation* kann aus einfachen körpersprachlichen Kommandos bestehen, wie z. B. Achselzucken, oder aus einer formelleren Sprache, wie z. B. Gebärdensprache. In der immersiven VR-Umgebung ermöglichen gestenbasierte Schnittstellen und Technologien den Nutzern die Steuerung von Geräten und die Bewegung von Objekten mit der Hand und anderen Körperteilen. Außerdem können Gesten auch zur Kommunikation mit Avataren oder Agenten verwendet werden.

Gesten lassen sich in verschiedene Einheiten unterteilen. Zwei für die Interaktion in immersiven VR-Umgebungen wichtige Gestenklassen werden als Nächstes behandelt:

Räumliche Gesten sind Bewegungen, die eine dreidimensionale, örtliche Beziehung herstellen. Dies umfasst das Zeigen[2] (z. B. auf etwas oder in eine Richtung), das Bewegen (z. B. Drücken oder Ziehen, Drehen oder Schrauben) oder die Beschreibung geometrischer Eigenschaften (Größe). Sie bewirken meist eine direkte Interaktion, bei der sich das zu manipulierende Objekt synchron zur Geste bewegt. Die meisten in immersiven VR verwendeten Gesten gehören dieser Kategorie an.

Lexikalisierte Gesten sind gelernte Symbole, die eine ähnliche Bedeutung wie Wörter haben und stark durch die jeweilige Kultur geprägt sind (z. B. Winken oder diverse Beleidigungsgesten). Dieser Gestentyp kann zur Steuerung oder Bestätigung einer Eingabe in der virtuellen Umgebung genutzt werden. Ein Beispiel ist das „Tippen in die Luft" (engl. air tap), bei dem der ausgestreckte Zeigefinger schnell nach unten und dann

---

[2] Streng genommen handelt es sich beim Zeigen nicht um eine Geste, sondern um eine Pose, da keine Bewegung stattfindet.

wieder nach oben bewegt wird, während die restliche Hand stillhält. Der Vorteil von lexikalisierten Gesten ist, dass sie vom Nutzer auch dann verwendet werden können, wenn die eigenen Hände nicht sichtbar sind. Ihr Nachteil ist, dass sie vom System schlecht vermittelt werden können und der Nutzer sich die Gesten merken muss.

Im Gegensatz zu Bewegungen, die direkt auf eine Aktion abgebildet sind – sich also synchron zur Bewegung verändern –, kommt es bei der Gestenerkennung zu einer Verzögerung. Eine Geste kann erst als solche erkannt und interpretiert werden, nachdem die Geste vollständig abgeschlossen ist oder kurz davor. Gestenbasierte Interaktion, bei der ein Bewegungsablauf zunächst vom System interpretiert werden muss, eignet sich somit nicht für Aktionen, bei denen es auf einen genauen Zeitpunkt und kurze Reaktionszeiten ankommt. Der Grund liegt darin, dass der Gestenerkennungsalgorithmus erst dann auslöst, wenn eine bestimmte Ähnlichkeit des Bewegungsablaufs festgestellt ist. Die gemessene Ähnlichkeit ist dabei von der Genauigkeit und, je nach Algorithmus, auch von der Geschwindigkeit der ausgeführten Gestenbewegung abhängig. Eine präzise durchgeführte Bewegung erfüllt die Ähnlichkeitsbedingung eher und löst daher zu einem früheren Zeitpunkt aus (Wölfel 2012).

Gesten können als *Touchgesten* in 2D- oder als *Freihandgesten* im 3D-Raum ausgeführt werden. Die beiden Varianten unterscheiden sich jedoch nicht nur in der Anzahl der Freiheitsgrade.

Bei einem 2D-Interface gibt es eine gute Beziehung zwischen den wahrnehmbaren Eigenschaften eines Bedienelementes und den möglichen Aktionen (bei Mehrfingergesten wie die Pinch-Geste oder die Zoom-Geste gibt es diese nicht, aber hier ist i. d. R. entsprechendes Vorwissen vorhanden). Bei Freihandgesten fehlt oft dieser Bezug, wenn nicht mit Objekten interagiert wird, sondern im freien Raum. Bedeutungtragende Gesten, die eine bestimmte Funktion auslösen, bleiben so evtl. dem Anwender verborgen (siehe Abschn. 5.1.1). Da bisher kein einheitlicher Standard für 3D-Gesten existiert – so wie bei Ein- und Zweifinger-Touch-Gesten –, kann nicht davon ausgegangen werden, dass der Nutzer bereits mit der 3D-Gesteninteraktion der spezifischen Anwendung vertraut ist. Da mögliche Freihandgesteneingaben oft nur schlecht während der Anwendung kommuniziert werden können, bieten sich z. B. Tutorials im Onboarding[3] an, um den Nutzer auf entsprechende Interaktionsmöglichkeiten aufmerksam zu machen.

Ein weiteres Problem bei Freihandgesten ist der Start- und Endzeitpunkt der zu interpretierenden Bewegung. Während bei Toucheingabe die Bewegung immer nur dann registriert wird, wenn der Finger auf der Oberfläche aufliegt, gibt es diesen Trigger bei Freihandgesten nicht. Dieser Trigger kann jedoch künstlich eingeführt werden, z. B. indem eine Bewegung immer erst dann auf ihre Bedeutung hin interpretiert wird, wenn die Hand geschlossen oder eine Taste des Controllers gedrückt wird. Geschieht dies nicht, entsteht das Problem, dass beliebige Bewegungen, z. B. während einer Übergangsgeste, als bedeutungtragende Eingaben interpretiert und fälschlicherweise erkannt werden könnten.

---

[3] D. h. bei der Einarbeitung in eine unbekannte Anwendung.

Übergangsgesten sind Bewegungen, die keine Bedeutung haben, aber z. B. durchgeführt werden müssen, um nach einer Eingabegeste eine weitere Eingabegeste durchzuführen. Übergangsgesten von bedeutungtragenden Gesten zu unterscheiden, ist eine der größten Herausforderungen der 3D-Gestenerkennung und wirkt sich negativ auf die Erkennungsgenauigkeit aus.

Die *Erkennungsgenauigkeit* ergibt sich aus der Anzahl der richtigen zu den falsch erkannten Ereignissen. Sie ist eine wichtige Kenngröße, denn diese entscheidet erheblich darüber, ob ein bestimmtes System für den praktischen Einsatz geeignet ist. Zu hohe Fehlerraten, also eine zu geringe Erkennungsgenauigkeit, frustrieren die Nutzer. Dies führt dazu, dass die Anwendung nicht oder nicht gerne verwendet wird, da die Eingaben oft korrigiert werden müssen. Ob die Erkennungsgenauigkeit hinreichend genau ist, kann nur experimentell bestimmt werden und ist von der jeweiligen Anwendung abhängig.

Folgende Maßnahmen sind möglich, um die Erkennungsgenauigkeit von 3D-Gesten zu verbessern oder mit einer ungenauen Erkennung trotzdem ein gutes Benutzungserlebnis zu realisieren:

- Das System muss so gestaltet werden, dass es gegenüber Erkennungsfehlern tolerant ist und falsch ausgelöste Funktionen schnell rückgängig gemacht werden können (z. B. über eine einfach auszulösende Undo-Funktion).
- Ähnliche funktionstragende Bewegungen sind zu vermeiden, da diese eher miteinander verwechselt werden und so zu einem größeren Erkennungsfehler führen.
- A-priori-Informationen sollten berücksichtigt und Wahrscheinlichkeiten dynamisch an die jeweilige Situation oder den Zustand angepasst werden, da so die Erkennungsgenauigkeit verbessert werden kann.

Die Akzeptanz der Eingabegesten kann verbessert werden, indem nur Bewegungen und Körperhaltungen verwendet werden, die gesellschaftlich unproblematisch (insbesondere wichtig für die Nutzung im semiöffenlichen Raum) und ohne größere Anstrengung (z. B. Überstrecken) bei der anvisierten Nutzergruppe möglich sind.

5.3   Eingabegeräte für immersive Umgebungen

Im Bereich der immersiven VR wird versucht, möglichst natürliche, effiziente und intuitive Interaktionsmethoden zur Verfügung zu stellen, um das VR-Erlebnis weiter zu verbessern. Die Eingabe sollte so gewählt werden, dass durch diese die Immersion unterstützt wird, die natürlichen Fähigkeiten des Nutzers gefördert werden und die Reaktion unmittelbar auf die Eingabe erfolgt. *VR-Eingabegeräte* „übertragen" Nutzeraktionen und Körperbewegungen in die Anwendung und unterstützen die Interaktion in und mit der virtuellen Umgebung.

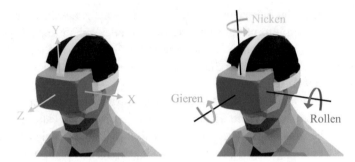

Abb. 5.3 Die momentane Position des Kopfes wird durch drei Positionen (X, Y, Z) und die Ausrichtung des Kopfes durch Drehungen um die X-, Y- und Z-Achse beschrieben

5.3.1 Freiheitsgrade & Koordinaten

Derzeit ist die häufigste Interaktionsmethode, die in der virtuellen Welt verwendet wird, die Interaktion mit elektronischen Geräten, die in der Hand gehalten werden. Dabei hat man je nach Ausführung des Geräts verschiedene Freiheitsgrade. Als die *Anzahl der Freiheitsgrade* (engl. degrees of freedom, kurz DoF) werden voneinander unabhängige Bewegungsmöglichkeiten eines physikalischen Systems bezeichnet. Auf einen starren Körper bezogen, ergeben sich insgesamt sechs Freiheitsgrade, denn er kann sich vorwärts oder rückwärts, nach oben oder unten und von links nach rechts bewegen sowie sich um die dadurch festgelegten drei Achsen rotieren.

Wie in Abb. 5.3 dargestellt, kann die momentane Position eines starren Körpers, wie z. B. des Kopfes, durch drei Positionswerte beschrieben werden:

X entspricht der Links-rechts-Position,
Y entspricht der Oben-unten-Position und
Z entspricht der Vorwärts-rückwärts-Position.

Hierbei ist der Ursprung des kartesischen X-Y-Z-Koordinatensystems i. d. R. in der Mitte des starren Körpers festgelegt. Positionsveränderungen werden durch Veränderungen dieser drei Werte beschrieben. Die Ausrichtung des starren Körpers kann durch Drehungen um die X-, Y- und Z-Achse beschrieben werden:

Rollen (engl. pitch) entspricht einer Drehung um die X-Achse (Kopf dreht sich nach oben oder unten),
Nicken (engl. yaw) entspricht einer Drehung um die Y-Achse (Drehung des Kopfes nach links oder rechts) und
Gieren (engl. roll) entspricht einer Drehung um die Z-Achse (Kippen des Kopfes zur Seite).

5.3.2 Interaktionsaufgaben in der immersiven VR

Bei den Interaktionsaufgaben in immersiven VR-Umgebungen lassen sich für die Benutzungsschnittstelle drei unterschiedliche Ziele identifizieren. Diese sind die Objektinteraktion, die Navigation und die Systemkontrolle.

Bei der *Objektinteraktion* kann zwischen der Selektion und der Manipulation unterschieden werden (Mendes et al. 2019). Durch die *Selektion* wird mindestens ein Objekt bestimmt, das verändert werden soll. Bei der *Manipulation* werden Objekteigenschaften (Position, Orientierung, Größe, Form, Farbe, Textur, Verhalten etc.) des zuvor selektierten Objektes verändert.

Die *Navigation* unterteilt sich ebenfalls in zwei Teilaufgaben: die Fortbewegung und die Wegfindung. Nach Darken und Sibert (1993) ist die Navigation der Prozess, bei dem Menschen ihre Fortbewegungen mit Hilfe von Hinweisen aus der Umgebung und künstlichen Hilfsmitteln wie Karten so steuern, dass sie ihr Ziel erreichen können, ohne sich zu verirren. Die *Fortbewegung* bewirkt eine Veränderung des Beobachtungspunktes. Der Fortbewegung in immersiven VR-Umgebungen ist Kap. 7 gewidmet. Bei der *Wegfindung* geht es um die Bestimmung der Strategie, der Richtung und des Kurses, die erforderlich sind, um ein gewünschtes Ziel zu erreichen (Elvins 1997).

Die Aufgabe der *Systemkontrolle* ist es, Kommandos entgegenzunehmen und auszuführen, um einen Systemzustand zu wechseln, der i. d. R. nicht direkt Teil der virtuellen Welt ist, mit dieser aber zusammenhängen kann.

Es kann eine noch feinere Einteilung vorgenommen werden. Ein Überblick über die Interaktionsaufgaben und Unterinteraktionsaufgaben, wie Transformation, Erstellung, Modifikation und symbolische Eingabe, ist in Tab. 5.2 gegeben. Dabei kann für jede

Tab. 5.2 Arten von Interaktionsaufgaben für immersive VR-Benutzungsschnittstellen

Aufgabe	Beschreibung
Selektion	Angabe eines Zielobjektes, auf das ein Befehl angewendet werden soll, durch die Auswahl des Objektes und evtl. gefolgt von einer Bestätigung
Manipulation	Änderung der Attribute eines Zielobjektes durch direkte Manipulation seines Zustands (z. B. Zustand ein-/ausschalten, Schaltfläche drücken)
Fortbewegung	Veränderung des Beobachtungspunktes
Wegfindung	Bestimmung der Strategie, der Richtung und des Kurses
Systemkontrolle	Erteilung von Befehlen an die Anwendung
Transformation	Anwendung einer direkten geometrischen Transformation auf ein virtuelles Objekt (d. h. Position, Drehung und Skalierung)
Erstellung	Änderung der Anzahl der aktiven Szenenobjekte durch Erschaffung oder Zerstörung von Objekten
Modifikation	Änderung der intrinsischen Eigenschaften eines Objektes (z. B. Aussehen)
Symbolische Eingabe	Zeicheneingabe oder Bearbeitung

Aufgabenart eine unterschiedliche Interaktionsstrategie ideal sein oder mehrere Strategien können miteinander kombiniert werden (multimodale Interaktion).

5.3.3 Anforderungen an das Eingabegerät

Wie zuvor ausgeführt, ist die Aufgabe eines Eingabegerätes, den Nutzer bei dem Erreichen seines Ziels bestmöglich zu unterstützen. Daraus leiten sich spezifische technische Anforderungen an das Gerät ab, die sich auf die Nutzerfreundlichkeit und den Nutzerkomfort, die Performanz, Effizienz, Produktivität, die Konzentrationsfähigkeit oder Leichtigkeit des Erlernens auswirken. Hierzu zählen folgende Anforderungen:

- Anzahl an Freiheitsgraden,
- Genauigkeit,
- Reichweite,
- Geschwindigkeit,
- Abbildungstreue,
- Auswahl mehrerer Objekte und
- Auswahl verdeckter Objekte.

Neben dem Eingabegerät haben aber auch die Objekte, mit denen interagiert wird, einen Einfluss darauf, wie gut eine Interaktion funktioniert. So beeinflussen bei der Selektion von Objekten folgende Faktoren die Performanz:

- Objektgröße (visuell),
- Form und Komplexität des Objektes,
- Objektentfernung vom Nutzer,
- Eigenbewegung des Objektes,
- Dichte von Objekten in der Umgebung und
- Verdeckung des Objektes.

Erfüllt das Eingabegerät nicht die gewünschten Anforderungen und kann es nicht gegen ein Eingabegerät ausgetauscht werden, das die Anforderungen erfüllt, können andere Parameter optimiert werden. So ist es beispielsweise möglich, um für eine geringe Präzision des Eingabegeräts zu kompensieren, den Auswahlradius größer als die Größe des sichtbaren Objektes einzustellen. Eine andere Möglichkeit ist es, Objekte in der Nähe des Zielobjektes zu entfernen oder ihre Auswahlmöglichkeit zu deaktivieren und so eine versehentliche Auswahl zu reduzieren.

Die Präzision bei der Eingabe kann durch weitere Auswirkungen, wie dem Heisenberg-Effekt, beeinträchtigt sein. Der *Heisenberg-Effekt* (Bowman et al. 2001) kann bei der Auswahl von Objekten auftreten, wenn der Nutzer eine zusätzliche Bestätigungsgeste für die Selektion benötigt, z. B. durch Drücken einer Taste oder das Formen einer Faust. Durch diese zusätzliche Bewegung besteht die Gefahr eines leichten Versatzes der Hand, was dazu führen kann, dass der Nutzer sein gewünschtes Objekt verfehlt.

5.3.4 Hand-Eingabegeräte

Hand-Eingabegeräte sind alle Geräte, die ein durch die Hand ausgelöstes Ereignis erfassen und weitergeben. Die Hand-Eingabegeräte unterscheiden sich dabei in Abhängigkeit der Funktion und der Befestigung:

Weltverankerte Eingabegeräte
Diese Geräte sind in der realen Welt verankert und schränken den Nutzer evtl. mechanisch in seiner Bewegungsfreiheit ein, z. B. Joysticks oder Lenkräder.

In der Hand gehaltene Geräte ohne räumliche Zuordnung
Diese Geräte erfassen nicht die Position und Lage im Raum und entsprechen traditionellen Videospielcontrollern (auch Gamecontroller genannt); z. B. Xbox Controller, Samsung Gear VR Controller.

In der Hand gehaltene Geräte mit räumlicher Zuordnung
Diese Geräte erfassen die Position und Lage (es werden drei oder sechs Raumachsen getrackt) und bilden diese in der virtuellen Welt ab. Oft werden solche Geräte mit Tasten- oder Joystick-Eingabe kombiniert. Sie sind der aktuelle Standard für die Interaktion in immersiven VR-Umgebungen; z. B. Oculus Touch Controller, HTC VIVE Controller.

An der Hand oder am Arm getragene Geräte
Diese Geräte sind an Händen bzw. Armen befestigt, z. B. Handschuhe, EMG-Sensoren, Ringe. Die Vorteile sind dabei die natürliche Nutzung der Hand mit potenziell reichen Gesteninteraktionen: Hände und Finger können vollständig mit realen Objekten interagieren.

Berührungsfreie Handeingabesysteme (welt- oder kopfverankert)
Diese Systeme erfassen die Hände optisch (Kamerasysteme) und sind entweder am Headset oder in der Umgebung befestigt; z. B. Leap Motion. Durch Bildverarbeitung wird eine berührungsfreie Handeingabe möglich.

Für den neuen Nutzer, der noch keine Erfahrung mit Hand-Eingabegeräten und der Steuerung von Handgesten in der virtuellen Welt hat, ist entscheidend, wie die Lernkurve dieser Technik aussieht. Im Gegensatz zu 2D-Gestik, wo sich bereits seit Jahren gewisse Gesten etabliert haben, gibt es laut Yang et al. (2019) keine standardisierte Spezifikation für die Bedienung durch Freihandgesten, obwohl die Gesteninteraktion die interaktive Eingabemethode vereinfacht. Das bedeutet, dass Geste und Aufgabe nicht eins zu eins übereinstimmen und dass es für Entwickler aufgrund der Vielfalt der Handgesten schwierig ist, eine einheitliche Bedienplattform zu entwickeln.

Während Maus- oder Touchinteraktion nur kleine Bewegungen des Armes auf einem Tisch erfordert, verlangen räumliche Schnittstellen einen größeren Bereich für die In-

Abb. 5.4 Unterschiedlich gut
zu erreichende
Interaktionsbereiche bei
natürlicher Handinteraktion

teraktion. Der direkte Interaktionsraum wird dabei durch den maximalen Armbereich definiert, der ohne sich zu bewegen erreicht werden kann. Bei der Gestaltung von direkten Interaktionen ist es wichtig, dass der Nutzer so weit wie möglich in einer neutralen Körperposition bleiben kann. Je nachdem, wo sich die Interaktionsobjekte befinden, ist das Ergreifen mehr oder weniger bequem. Um eine ergonomische Haltung zu ermöglichen, sollte der Nutzer in der Lage sein, mit dem System zu interagieren, während die Arme nahe am Körper und die Ellenbogen in einer Linie mit der Hüfte gehalten werden, siehe auch Abschn. 5.1.8. Daher sollten sich die Objekte, die öfter verwendet werden, in einem Bereich befinden, der einfach zu erreichen ist und die Muskelanstrengung minimiert, siehe auch Abb. 5.4. Entsprechend können Objekte, die eher selten verwendet werden, weiter entfernt vom Körper platziert werden.

5.3.5 Anwendungsspezifische Eingabegeräte

Bei *generischen Manipulationsaufgaben* wird ein Ansatz verfolgt, der allgemeingültig auf möglichst viele Manipulationsanforderungen angewendet werden kann. Daher können anwendungsspezifische Aspekte nicht abgebildet werden. Jedoch gibt es auch Anwendungen, die eine spezifische Eingabe erfordern, die dann als *anwendungsspezifische Manipulationsaufgabe* bezeichnet wird. Dies gilt insbesondere in Bezug auf Simulations- und Trainingsanwendungen, denn hier sollte die reale Situation präzise nachgestellt werden, da kleine Details bereits über den Nutzen der Simulation entscheiden können; z. B. die Steuerknüppel eines Gabelstaplers in einer Gabelstaplersimulation, die Form und das Gewicht einer Kettensäge in einer Kettensägensimulation oder die Form und Beweglichkeit des Brustkorbs bei einer Erste-Hilfe-Simulation.

5.3.6 Eingabegeräte selbst entwickeln

Bei dem Entwurf von immersiven VR-Anwendungen ist der Entwickler nicht auf das Angebot an handelsüblichen Eingabegeräten beschränkt. Indem vorhandene oder selbstgemachte Geräte und Gegenstände mit Elektronik ausgestattet werden, lassen sich fast ohne Kenntnisse in der Elektronikentwicklung (auch wenn diese hier natürlich hilfreich sind) spezifische Lösungen entwickeln. Ein dickes Seil kann z. B. mit Dehnungssensoren zur Messung von Verformungen und Dehnungskräften wie Zug oder Biegung ausgestattet werden. Das so präparierte Seil oder mehrere solcher Seile können dann dazu verwendet werden, einen virtuellen Gleitschirm zu steuern, den virtuellen Brenner eines Heißluftballons zu regeln oder Gegenstände an sich heranzuziehen.

Unter den Begriffen *do it yourself* (kurz DIY) bzw. *Maker* lassen sich viele Komponenten finden, die für den Bau und die Entwicklung eigener Eingabegeräte benötigt werden und die zumindest im Hobby- und Hochschulbereich ausreichend sind. Die meisten dieser Sensoren und Aktoren können einfach mit einem Controllerboard, wie *Arduino* oder *Raspberry Pi*, verbunden werden, das entsprechende Signale entgegennimmt oder die Aktoren ansteuert. Die Kommunikation zwischen dem Controllerboard und der eigentlichen VR-Anwendung ist dann kabelgebunden, über eine serielle Verbindung, oder kabellos, über Bluetooth oder WiFi, möglich.

Beim Entwurf von eigenen Eingabegeräten gibt es eine Reihe von Designentscheidungen, die getroffen werden müssen. Eine der ersten Entscheidungen sollte die Festlegung der beabsichtigten Funktionalität des zu entwerfenden Geräts sein. Aus dieser lässt sich dann ableiten, welche Gerätekomponenten und welche Sensorik oder Aktorik benötigt werden. Zur Erfassung der Umwelt oder von Nutzereingaben können z. B. Druck-, Dehnungs- und Biegesensoren, Potenziometer, Thermistoren (zur Messung der Temperatur), Fotozellen (zur Messung von Licht) und diverse Schalter (z. B. rastend, nichtrastend, kippend) verwendet werden. Die meisten Sensoren gibt es in einer Vielzahl von Ausführungen, Formfaktoren und mit unterschiedlichen Erfassungsbereichen. Eine weitere wichtige Designentscheidung ist die Unterbringung der Sensoren, Aktoren und der Steuerelektronik in dem Gerät. Neben der Geometrie und dem Gewicht des Geräts selbst wird die Platzierung zusätzlich von ergonomischen Entscheidungen beeinflusst. Ist die unterzubringende Elektronik zu groß, können Teile evtl. ausgelagert oder umplatziert werden. Mit der Verbreitung von kostengünstigen 3D-Drucktechnologien ist selbst die Konstruktion komplexer Gehäuse mit überschaubarem Aufwand möglich. Auch Halterungen etc. für die Elektronik lassen sich so leicht herstellen.

5.4 Einhändige Interaktionstechniken

Einhändige Interaktionstechniken sind Interaktionstechniken, die mit nur einer Hand ausgeführt werden. Die zweite Hand kann dabei entweder ruhen oder mit einer beliebigen einhändigen Interaktionstechnik auch agieren. Interaktionstechniken, die zwingend zwei Hände voraussetzen, werden im darauffolgenden Abschnitt behandelt. Sowohl die in diesem Unterkapitel behandelten einhändigen als auch die im folgenden Unterkapitel behandelten zweihändigen Interaktionstechniken beziehen sich auf Eingabegeräte mit räumlicher Zuordnung. Diese Interaktionstechniken sind i. d. R. sowohl anwendbar für in der Hand gehaltene Geräte, an der Hand oder am Arm getragene Geräte als auch für berührungsfreie Handeingaben.

5.4.1 Virtuelle Hand-Interaktionstechnik

Die sogenannte *virtuelle Hand* bildet die natürlichste Form der Interaktion mit der virtuellen Umwelt ab, da sich diese Metapher an der Hand-Objektinteraktion im Realraum anlehnt. Dabei kann der Nutzer das gewünschte Objekt einfach greifen und nach Belieben manipulieren, indem er entweder einen oder zwei Controller oder Hände verwendet. Dabei gibt es eine Eins-zu-eins-Zuordnung zwischen physischen und virtuellen Händen. Die Hände des Nutzers werden dabei in der virtuellen Welt entweder durch virtuelle Hände oder durch die Abbildung des verwendeten Controllers dargestellt. Das Objekt kann durch Kontakt mit der virtuellen Abbildung ausgewählt und verändert werden.

Der Vorteil dieser Methode ist, dass sie sehr intuitiv ist, da sie eine „natürliche Übersetzung der Interaktion des Nutzers mit Objekten darstellt und die Immersion und die Wahrnehmung des virtuellen Körperbesitzes verbessert" (Pietroszek 2019). Nachteilig ist, wie auch im Realraum, das stark limitierte Volumen des Interaktionsraums, da die Reichweite der Arme des Nutzers beschränkt ist und somit Objekte in der Ferne nicht erreicht werden können. Darüber hinaus kann das Gorilla-Arm-Syndrom verstärkt werden, da der Nutzer seine Arme während der Interaktion nicht in einer Ruheposition halten kann (Argelaguet und Andujar 2013). Trotz der bekannten Einschränkungen und potenziell alternativen Interaktionstechniken ist die virtuelle Hand eine der am weitesten verbreiteten Metaphern in immersiven VR-Systemen.

5.4.2 Go-Go-Interaktionstechnik

Um das Problem der begrenzten Reichweite der virtuellen Hand etwas zu mildern, wurde von Poupyrev et al. (1996) die sogenannte *Go-Go*-Interaktionstechnik vorgeschlagen. Die Grundidee dieser Technik besteht darin, die virtuelle Hand nicht gleichmäßig (also gleich schnell) zur tatsächlichen Hand zu bewegen, sondern nichtlinear zum Abstand zwischen dem Körper und der physischen Hand: Die virtuelle Hand bewegt sich dabei in der Nähe des Körpers synchron zur physikalischen Hand und wird ab einer Entfernung von etwa zwei Dritteln der Armlänge des Nutzers exponentiell skaliert (siehe Abb. 5.5), sodass der Arm wie bei einem Kran ausfährt. Dadurch wird die Armreichweite durch die nichtlineare Abbildung zwischen der physikalischen und virtuellen Handposition erweitert:

- naher Bereich: linear $< 2/3D$,
- entfernter Bereich: nichtlinear $> 2/3D$.

Da die Armlänge nicht beliebig ausgedehnt werden kann, bleibt auch die virtuelle Hand in ihrem Interaktionsraum stark begrenzt.

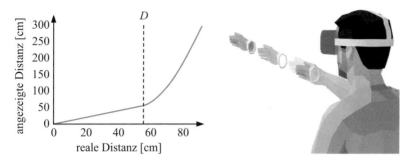

Abb. 5.5 Go-Go-Interaktionstechnik, in Anlehnung an Poupyrev et al. (1996)

5.4.3 Raycasting-Interaktionstechnik

Die Metapher des *Lichtstrahls* (engl. ray) besteht darin, dass ein Strahl von der Strahlenquelle auf das ausgewählte Ziel geworfen wird. Diese Metapher ist vergleichbar zur Verwendung eines Laserpointers. Vereinfacht kann der *Strahlenwurf* (engl. raycast) als Vektor beschrieben werden, der während seines linearen Fluges durch den virtuellen Raum Informationen wie Kollisionspunkt, -material und -winkel zurückgibt und z. B. in der Computergrafik verwendet wird, um realistische Rendererergebnisse zu generieren. Bei der *Raycasting-Interaktionstechnik* wird das Funktionsprinzip angewendet, um eine Reihe verschiedener Zeigemetaphern umzusetzen, die sich zur Selektion verschiedener Objekte eignen, insbesondere auf größere Distanz. Eine der ersten Realisierungen der Selektion mit einer Art *Laserpointer* wurde von Liang und Green (1994) durch die *Laser-Gun-Raycasting-Interaktionstechnik* implementiert. Dabei können durch einen Lichtstrahl, dessen Ursprung auf der Hand des Nutzers liegt, verschiedene virtuelle Objekte selektiert werden. Das erste Objekt, das dabei vom Lichtstrahl getroffen wird, entspricht der Auswahl.

Die Vorteile dieser Interaktionstechnik liegen vor allem in ihrer Reichweite, die theoretisch bis ins Unendliche reicht. Außerdem kann die Hand des Nutzers in einer angenehmen Position platziert werden, wodurch das Gorilla-Arm-Syndrom reduziert werden kann.

Die Raycasting-Interaktionstechnik hat aber auch Nachteile: So tritt das Problem der fehlenden Übereinstimmung zwischen Auge und Hand auf (engl. eye-hand visibility mismatch problem), bei der die unterschiedliche Position der Augen und der Hand des Nutzers eine Fehlanpassung bei der Kollision von Blickrichtung und Strahlenwurf verursachen kann (Poupyrev et al. 1998). Ein Problem, welches sich daraus ergibt, ist eine ungenaue Auswahl von kleineren Objekten und auf größere Entfernung. Dies wird noch verschärft, da die primitivste Form der Raycasting-Technik nur einen kleinen Auswahlbereich hat, der kaum Abweichungen zulässt. Ein weiterer Nachteil entsteht, wenn auszuwählende Objekte durch andere verdeckt werden. Die Verdeckung kann sich zum einen auf den Auswahlstrahl, aber auch auf die Sicht beziehen. Wie in Abb. 5.6

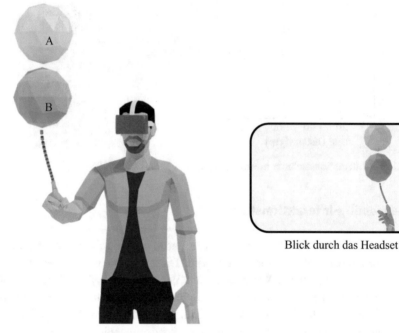

Blick durch das Headset

Abb. 5.6 Das sichtbare Objekt A kann nicht ausgewählt werden, weil es nicht durch einen von der Hand des Nutzers ausgehenden Strahl erreicht werden kann. Der Strahl wird durch Objekt B blockiert

zu sehen, kann im ersten Fall ein sichtbares Objekt nicht ausgewählt werden, da der Auswahlstrahl auf ein anderes Objekt trifft. Im zweiten Fall, Abb. 5.7, kann ein Objekt ausgewählt werden, da es von dem Auswahlstrahl getroffen werden kann, obwohl die Sicht auf dieses Objekt verdeckt ist.

Um die diversen Nachteile der naiven Raycasting-Interaktionstechnik zu verbessern, sind im Laufe der Jahre verschiedene Varianten zur ursprünglichen Raycasting-Interaktionstechnik vorgeschlagen worden. So können z. B. heuristische Verfahren[4] verwendet werden, um das bestmögliche Ziel zu bestimmen. Dabei bleiben die Heuristiken für den Nutzer ohne visuelles Feedback, sodass es für den Nutzer nicht immer offensichtlich ist, zu welchem Zeitpunkt und zu welchem Objekt die Auswahl vom aktuell ausgewählten Objekt wechselt.

Interessante Varianten der Raycasting-Interaktionstechnik sind die Spotlight-Selektion, Aperture-Selektion, Sticky-Ray-Metapher und Snap-to-Object Rays.

Spotlight-Selektion: Diese wurde als alternative Selektionstechnik von Liang und Green
(1994) vorgeschlagen, um Ungenauigkeiten zu verringern, die während der Selektion

---

[4] *Heuristische Verfahren* sich Näherungsverfahren zur Bestimmung einer möglichen Lösung, die jedoch nicht die optimale Lösung sein muss.

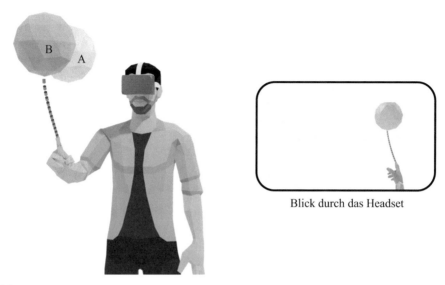

Blick durch das Headset

Abb. 5.7 Der Nutzer kann ein Objekt (hier Objekt B) auswählen, das beim Blick durch das Headset durch ein anderes Objekt (hier Objekt A) verdeckt ist

von kleinen oder entfernten Objekten auftreten können. Bei der *Spotlight-Selektion*, auch als *Cone-Casting-Metapher* bezeichnet, wird aus der Hand, anstelle eines Strahls, ein Kegel für den Auswahlbereich ausgestrahlt, wie in Abb. 5.8 dargestellt. Der Nachteil dieses Ansatzes ist, dass gegebenenfalls mehrere Objekte in dem Selektionskegel liegen und z. B. alle ausgewählt werden, obwohl nur ein Objekt ausgewählt werden sollte.

Aperture-Selektion: Sie ist eine Abwandlung der Spotlight-Selektion, bei der der Scheitelpunkt des kegelförmigen Auswahlvolumens durch das dominante Auge festgelegt ist, siehe Abb. 5.8. Die Richtung und Größe des Auswahlvolumens werden durch die Distanz und Position eines in der Hand gehaltenen kreisförmigen Cursors mit festem Radius relativ zum Scheitelpunkt bestimmt.

Sticky-Ray-Metapher: Hier bezieht sich „sticky" und „ray" auf das Klebenbleiben eines Lichtstrahls an einem einmal ausgewählten Ziel (Forsberg et al. 1996). Das Zielobjekt wird bereits dann aktiviert, wenn es kurz vom Richtungsstrahl getroffen wird, und es bleibt so lange, bis der Strahl ein anderes selektierbares Objekt trifft. Die Selektion wird somit vereinfacht, da nur ein einzelner Treffer mit dem Selektionsstrahl erforderlich ist, um ein Objekt für eine Selektion zu aktivieren. Dies kann dann z. B. vorteilhaft sein, wenn die Hand des Nutzers zittert.

Snap-to-Object Rays: Diese funktionieren ähnlich zur Sticky-Ray-Metapher, jedoch springt der Strahl bereits zu einem anderen auswählbaren Objekt über, wenn es bereits in dessen Nähe kommt. Das prinzipielle Funktionsprinzip ist in Abb. 5.9 dargestellt. Die Nähe zu einem Objekt kann hier über verschiedene Funktionen wie euklidische Distanz oder Winkel bestimmt werden.

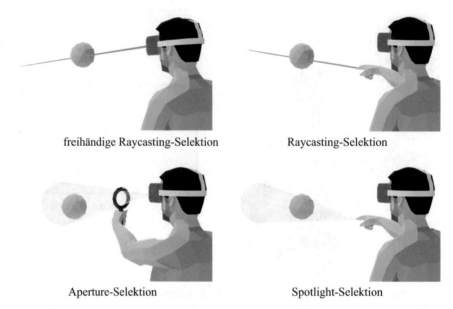

freihändige Raycasting-Selektion   Raycasting-Selektion

Aperture-Selektion   Spotlight-Selektion

Abb. 5.8 Übersicht über verschiedene Selektionstechniken

Hand zeigt eher auf linkes Objekt   Hand zeigt eher auf rechtes Objekt

Abb. 5.9 Snap-to-Object Rays: Die lila Kugel ist ausgewählt, obwohl der direkte Strahl die Kugel nicht trifft. Erst wenn ein anderes Objekt einen geringeren Abstand zum direkten Strahl (in Grau dargestellt) ausweist, springt die Auswahl auf dieses Objekt über

Neben der Implementierung als Handinteraktion kann alternativ eine freihändige Implementierung umgesetzt werden, indem die Strahlenquelle von den Augen oder dem Kopf (Verlängerung der Nasenspitze) ausgeht und die Blickposition oder die Kopfrotation die Ausrichtung des Strahls bestimmt, siehe Abb. 5.8.

Verschiedene Raycasting-Methoden wurden u. a. von Argelaguet und Andujar (2013) mit Blick auf die Probleme wie Verdeckung, Ermüdung und Dichte von

Objekten verglichen. Trotz aller auftretenden Schwierigkeiten, die mit der Raycasting-Interaktionstechnik einhergehen, wird diese Technik in verschiedenen Varianten und immersiven VR-Anwendungen eingesetzt und ist ein De-facto-Standard geworden, insbesondere für die Auswahl über größere Entfernungen hinweg. Dies ist insbesondere auf die gute Genauigkeit und hohe Geschwindigkeit zurückzuführen (Pietroszek 2019).

5.4.4 Okklusion-Interaktionstechnik

Die *Okklusion-Interaktionstechnik*, die von Pierce et al. (1997) eingeführt wurde, beschreibt die Idee, die vertraute Interaktion mit Objekten in einer 2D-Umgebung, via Maus- oder Touchinteraktion, auf eine 3D-Umgebung zu übertragen. Der Begriff *Okklusion* (engl. occlusion von lat. occludere) bezieht sich hier auf Verdecken bzw. Abdecken. Das gewünschte Objekt kann somit ausgewählt werden, indem der Nutzer es mit dem Zeiger oder Finger verdeckt, siehe Abb. 5.10. Technisch wird dies durch einen Raycast umgesetzt. Dabei wird angenommen, dass der Lichtstrahl von der Augenposition des Nutzers durch die Spitze des Zeigers oder des Fingers gesendet wird und dann auf das gewünschte Objekt trifft.

Die Okklusion-Interaktionstechnik bildet somit eine Alternative zur Raycasting-Interaktionstechnik. Eines der Hauptprobleme, welches die Okklusion-Interaktionstechnik lösen sollte, ist die Ungenauigkeit bei der Auswahl durch die fehlende Übereinstimmung zwischen Auge und Hand, wie dies auch bei der Raycasting-Interaktionstechnik auftritt. Jedoch kann auch die Okklusion-Interaktionstechnik dieses Problem nicht lösen, da es durch die Diskrepanz der Augen zu Abweichungen kommt, siehe Abb. 5.11.

Als Lösungsmöglichkeit schlagen Pierce et al. (1997) vor, zunächst das dominante Auge des Nutzers anzugeben, um den Ursprung des Raycasts festzulegen. Eine weitere Option ist das monokulare Rendering der Szene, bei dem nur das dominante Auge des Nutzers verwendet wird. In ähnlicher Weise wäre eine doppelte Darstellung der virtuellen Hand für jedes Auge möglich. Die Darstellung der Hand nur für das dominante Auge wäre

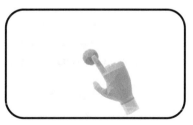

Blick durch das Headset

Abb. 5.10 Auswahl des Objektes durch Verdeckung (Okklusion)

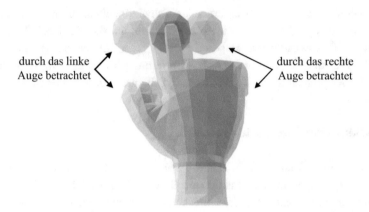

durch das linke
Auge betrachtet

durch das rechte
Auge betrachtet

Abb. 5.11 Unterschied in der Perspektive des linken und rechten Auges, der zu Abweichungen bei der Selektion führt. Zur Verdeutlichung ist die Sicht des linken und rechten Auges eingefärbt

ebenfalls eine Option. Jedoch würde dies bei Aufgaben, die korrekte Stereoinformationen erfordern, Probleme verursachen.

Eine weitere Herausforderung entsteht durch die Verdeckung der Objekte, die von der virtuellen Hand ausgewählt werden sollen. Pierce et al. (1997) schlagen einige Lösungen vor, um dieser Verdeckung zu begegnen. Es wäre möglich, die virtuelle Hand transparent zu machen, um Objekte hinter ihr zu sehen, oder die virtuelle Hand könnte durch einen kleinen Cursor ersetzt werden, um den verborgenen Bereich zu minimieren.

5.4.5 Welt-im-Kleinen-Interaktionstechnik

Die bisher beschriebenen Interaktionsmethoden haben alle zwei grundlegende Limitierungen gemeinsam: Der Nutzer kann nur einen Standpunkt einnehmen, ohne sich zu bewegen, und die Auswahl von Objekten kann daran scheitern, dass diese durch andere Objekte verdeckt sind oder außerhalb der greifbaren Reichweite liegen. Um diese Limitierungen zu überwinden, wurde von Stoakley et al. (1995) die Verwendung der *Welt-im-Kleinen-Interaktionstechnik* (engl. world-in-miniature, kurz WIM) vorgeschlagen. Bereits davor gab es schon verschiedene Ansätze, eine miniaturisierte dreidimensionale Szene zur Fortbewegung und zur Auswahl und Manipulation von Objekten zu verwenden (Ware und Osborne 1990).

Bei der Welt-im-Kleinen-Interaktionstechnik interagiert der Nutzer nicht direkt mit seiner Umgebung, sondern mit einem verkleinerten Modell. In Abb. 5.12 ist ein entsprechendes Beispiel zu sehen. Bei einhändiger Interaktion ist das Modell in der Umgebung verankert, bei zweihändiger Interaktion befindet sich das Modell in der einen Hand, während die zweite Hand die Miniaturobjekte im Modell verändert. Neben den Vorteilen gegenüber den anderen Interaktionstechniken fühlt sich dies durch die Verwendung der

Abb. 5.12 Welt-im-Kleinen-
Interaktionstechnik, die sowohl
zur Interaktion und
Manipulation, Navigation als
auch Fortbewegung genutzt
werden kann

eigenen Hand natürlich an und ermöglicht einen lokalen, aber auch einen globalen
Kontext. Im realen Raum wird diese Metapher z. B. im Automobil eingesetzt, um die
Motoren des Sitzes anhand eines kleinen Sitzes, der gedrückt werden kann, zu justieren.

Neben der indirekten Interaktion von Objekten, die eine zusätzliche Abstraktionsebene
bilden, entsteht ein weiteres Problem bei der Darstellung größerer virtueller Umgebungen.
Mögliche Lösungen sind hier entweder das Nutzen mehrerer WIMs oder das Zeigen eines
Ausschnitts der Welt, der durch Skalieren und Bewegen entsprechend gewählt werden
kann und als *Scaled and Scrolling WIM* (Wingrave et al. 2006) bezeichnet wird. Die
Verwendung mehrerer WIMs (Stoakley et al. 1995) kann nicht nur dazu genutzt werden,
distanzierte Regionen der gleichen Umgebung darzustellen, sondern auch unterschiedliche
Maßstäbe, Zeitpunkte oder verschiedene Umgebungen. Scaled and Scrolling WIMs eignen
sich insbesondere dafür, mit unterschiedlich großen Objekten zu interagieren.

5.4.6 HOMER-Hybrid-Interaktionstechnik

Beim Vergleich zwischen der Go-Go- und Raycasting-Interaktionstechnik zeigte sich,
dass sich das Rotieren von Objekten mit Raycasting schwieriger kontrollieren ließ als
bei der virtuellen Hand-Metapher (Poupyrev et al. 1998). Durch die Einführung hybrider
Techniken, bei denen zwischen Auswahltechnik und Manipulationstechnik umgeschaltet
wird, kann die Interaktion für jeden Modus individuell optimiert werden. In diesem und
dem darauffolgenden Abschn. 5.4.7 werden zwei Techniken beschrieben, die diese Idee
umsetzen.

Bei der sogenannten *HOMER-Hybrid-Interaktionstechnik* steht HOMER für die An-
fangsbuchstaben der Begriffe, die den Ablauf der Interaktion beschreiben:

- Hand-Centered
- Object
- Manipulation
- Extending
- Raycasting

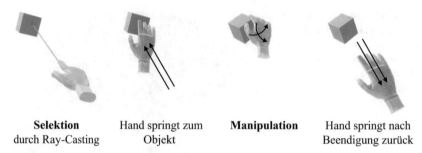

Selektion   Hand springt zum   **Manipulation**   Hand springt nach
durch Ray-Casting   Objekt   Beendigung zurück

Abb. 5.13 HOMER-Hybrid-Interaktionstechnik, bei der die Hand nach der Selektion zum Objekt
springt und nach der Manipulation zum Ausgangsort zurückkehrt

Die von Bowman und Hodges (1997) eingeführte Technik benutzt somit ein beliebiges
Raycasting-Verfahren zur Selektion von Objekten, um darauffolgend handzentrierte Ob-
jektmanipulation durchführen zu können. Dies ist möglich, indem im Anschluss an die
Auswahl über Raycasting das Eingabegerät zum Objektort versetzt wird und alle dort
angewendeten Transformationen mit dem Objekt im Zentrum des Manipulationsortes
durchgeführt werden. Zwischen der Selektion und der Manipulation findet somit ein
Metapherwechsel statt. Nach Beendigung der Interaktion springt die Hand an ihren
Ursprungsort zurück. Die einzelnen Schritte sind in Abb. 5.13 dargestellt.
    Ähnlich wie bei der Go-Go-Interaktionstechnik interagiert der Nutzer mit einer Hand,
deren Distanz zum Körper nichtlinear skaliert. Die Rotation des Objektes wird unabhängig
gesteuert, wobei eine isomorphe Abbildung von der realen auf die virtuelle Hand erfolgt.
    Mit HOMER kann der Nutzer ein Objekt innerhalb des Bereichs zwischen dem virtuel-
len Objekt und sich selbst leicht neu positionieren, unabhängig davon, wie weit das Objekt
im Moment der Auswahl entfernt ist. Allerdings ist die maximale Entfernung begrenzt,
in der der Nutzer ein Objekt neu positionieren kann. Diese hängt von der ursprünglichen
Entfernung zwischen dem Nutzer und seiner realen Hand, zum Zeitpunkt der Auswahl, ab.
Diese ursprüngliche Entfernung bestimmt den Skalierungsfaktor und somit die maximale
Reichweite des Nutzers innerhalb des nutzerzentrierten Koordinatensystems.
    Durch den sich anpassenden Skalierungsfaktor ist es zwar einfach, ein weit entferntes
Objekt auszuwählen, um es anschließend in der Nähe zu positionieren. Wird das Objekt
danach aber losgelassen und soll nun an seinen Ursprungsort zurückgelegt werden,
gestaltet sich dies umständlicher: Jetzt ist der Skalierungskoeffizient kleiner und um das
Objekt an den gewünschten Ort zu bringen, müssen das Auswählen und Ablegen mehrmals
wiederholt werden.

5.4.7 Scaled-World-Grab-Hybrid-Interaktionstechnik

Die von Mine et al. (1997) vorgeschlagene *Scaled-World-Grab-Hybrid-Interaktionstechnik*
basiert auf ganz ähnlichen Prinzipien wie die zuvor besprochene HOMER-Hybrid-

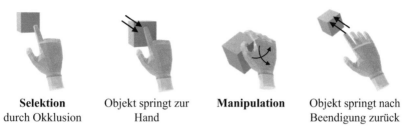

<table>
<tr><td>**Selektion**
durch Okklusion</td><td>Objekt springt zur
Hand</td><td>**Manipulation**</td><td>Objekt springt nach
Beendigung zurück</td></tr>
</table>

Abb. 5.14 Scaled-World-Grab-Hybrid-Interaktionstechnik, bei der das ausgewählte Objekt nach der Selektion zur Hand springt und nach der Manipulation zum Ausgangsort zurückkehrt

Interaktionstechnik. Der Nutzer beginnt mit der Auswahl eines Objektes mithilfe einer beliebigen Auswahltechnik. In Mines Originalimplementierung wurde eine Bildebenenauswahltechnik verwendet, aber auch andere Auswahltechniken können eingesetzt werden. Ebenso wie bei HOMER schaltet das Verfahren nach der Auswahl in den Manipulationsmodus, um so dem Nutzer eine bessere Bearbeitung des ausgewählten Objektes zu ermöglichen. Im Gegensatz zu HOMER wird jedoch die gesamte virtuelle Umgebung um den virtuellen Standpunkt des Nutzers herum neu skaliert und nicht die Hand umpositioniert. Der Skalierungskoeffizient wird so festgelegt, dass das manipulierte Objekt in die Reichweite des Nutzers gebracht wird und somit mit der einfachen virtuellen Handtechnik manipuliert werden kann. Die einzelnen Schritte sind in Abb. 5.14 dargestellt.

Die Scaled-World-Grab-Hybrid-Interaktionstechnik eignet sich, ebenso wie die HOMER-Technik, für das Interagieren mit Objekten, die sich in einem bestimmten Mindestabstand befinden. Für Objekte, die sich in Armreichweite befinden, ist die Methode möglicherweise nicht so effektiv.

5.5   Zweihändige Interaktionstechniken

Die bisher beschriebenen Eingabemetaphern beschränken sich auf eine Hand, um mit der virtuellen Welt zu interagieren. Je nach Interaktionsaufgabe gestaltet sich eine einhändige Interaktion als unhandlich, weshalb es in solchen Fällen hilfreich ist, eine zweite Hand hinzuzunehmen. Beispiele sind die Griffleistenmetapher und die Voodoo-Puppen-Interaktionstechnik, die im Folgenden behandelt werden. Eine weitere zweihändige Interaktionstechnik ist die bereits beschriebene Welt-im-Kleinen-Interaktionstechnik, wenn die Miniaturwelt nicht in der Umgebung verankert ist, sondern in der Hand gehalten wird.

Die Hände können bei zweihändiger Interaktion verschiedene Handlungen ausführen, die sich nach Ulinski et al. (2009) sowohl in ihrer Symmetrie als auch in ihrer Synchronität zueinander unterscheiden können. Während bei *symmetrischen Interaktionen* identische Bewegungen ausgeführt werden, unterscheiden sich bei *asymmetrischen Interaktionen* die Bewegungen der beiden Hände. Bei der *synchronen Interaktion* werden funktionsbedeutende Interaktionen beider Hände gleichzeitig durchgeführt und bei der *asynchronen Interaktion* i. d. R. nacheinander.

Da die Koordination von zwei Händen komplexer ist als die von nur einer Hand, erfordern Zweihandtechniken mehr Übung. Wenn es eine alternative Einhandtechnik gibt, ist diese in vielen Fällen vorzuziehen.

Bei zweihändiger Interaktion mit starren Objekten kommt es zu Situationen, in denen sich die Positionen der Hände und Finger gegenseitig einschränken. Eine Aktion der einen Hand wirkt sich zwangsläufig auf die Aktion der anderen Hand aus. Mit zwei nicht miteinander verbundenen Handeingabegeräten ist es schwierig, solche Situationen originalgetreu zu reproduzieren. Daher ist es ratsam, für zweihändige Interaktionen mit starren Körpern, auf spezielle Eingabegeräte zurückzugreifen oder Eingabegeräte anwendungsspezifisch zu entwickeln oder anzupassen.

5.5.1 Griffleistenmetapher

Die *Griffleistenmetapher* (engl. handle bar metaphor), auch teilweise als *Spindelmetapher* bezeichnet, ist eine ursprünglich von Mapes und Moshell (1995) entwickelte, zweihändige Eingabemethode, die um viele Varianten erweitert wurde (siehe z. B. Song et al. 2012). Bei dieser Klasse von Interaktionstechniken werden zwei mit einer virtuellen Griffleiste oder Spindel verbundene Controller oder Hände verwendet. Das Zentrum der Griffleiste oder Spindel stellt den primären Interaktionspunkt dar, der über die Bewegung der Controller bzw. Hände zur Auswahl und Manipulation von einem oder sogar mehreren Objekten gleichzeitig dient. Die Griffleiste bietet eine nahtlose Manipulation von sieben Freiheitsgraden (drei Translationen, drei Rotationen und eine Skalierung), die der Nutzer gleichzeitig durchführen kann, ohne den Modus zu wechseln. Die unterschiedlichen zweihändigen Interaktionsmethoden sind in Abb. 5.15 dargestellt und werden im Folgenden kurz beschrieben:

Translation: Zum Bewegen eines virtuellen Objektes müssen beide Hände gleichzeitig bewegt werden, damit sich der Mittelpunkt der Spindel um die gewünschte Strecke bewegt.

Skalierung: Zum Verändern der relativen Größe des virtuellen Objektes kann der Nutzer den Abstand zwischen den beiden Handcontrollern verlängern oder verkürzen.

Rotation: Zum Drehen eines virtuellen Objektes können die Hände um einen virtuellen Drehpunkt herumbewegt werden.

In Abhängigkeit der Genauigkeit der Eingabemethode kann die Interaktion mit dem Objekt vereinfacht werden, indem die Anzahl der Freiheitsgrade temporär beschränkt wird. Da die Position der Griffleiste relativ zum ausgewählten Objekt beliebig verändert werden kann, ist die Manipulation von Objekten nicht objektzentriert.

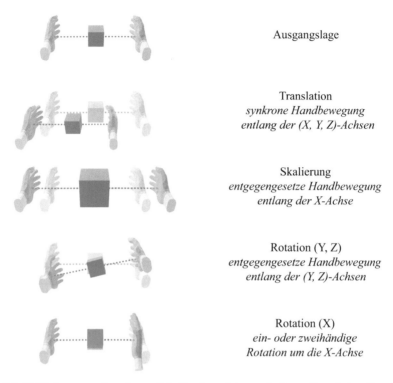

Ausgangslage

Translation
*synkrone Handbewegung
entlang der (X, Y, Z)-Achsen*

Skalierung
*entgegengesetze Handbewegung
entlang der X-Achse*

Rotation (Y, Z)
*entgegengesetze Handbewegung
entlang der (Y, Z)-Achsen*

Rotation (X)
*ein- oder zweihändige
Rotation um die X-Achse*

Abb. 5.15 Griffleistenmetapher als zweihändige Interaktionstechnik zur Translation, Rotation und Skalierung von Objekten

5.5.2 Voodoo-Puppen-Interaktionstechnik

Die *Voodoo-Puppen-Interaktionstechnik* (Pierce et al. 1999) ist eine weitere beidhändige Interaktionstechnik, die auf zwei Schlüsselideen beruht: zum einen die der temporären Miniaturkopien und zum anderen die explizite und interaktive Festlegung eines Bezugsrahmens, der die Manipulation von Objekten mit sehr unterschiedlichen Größen und in unterschiedlichen Entfernungen ermöglicht.

Bei der Voodoo-Puppen-Interaktionstechnik wird die Manipulationssequenz begonnen, indem mindestens ein Zielobjekt in der virtuellen Umgebung durch eine Auswahltechnik selektiert wird. Dies erzeugt einen Proxy (Stellvertreter, als Puppe bezeichnet), der in die Hand des Nutzers gelegt wird. Die eigentliche Manipulation verläuft dann ähnlich zur Welt-im-Kleinen-Interaktionstechnik (Abschn. 5.4.5), bei dem der Nutzer nicht das Objekt selbst, sondern die Kopie manipuliert. Der entscheidende Unterschied ist hier, dass im Gegensatz zu der Welt-im-Kleinen-Interaktionstechnik nicht im Vorhinein eine Kopie der zu manipulierten Objekte gegeben ist.

Im Gegensatz zu den meisten einhändigen Manipulationstechniken erlaubt die Voodoo-Puppen-Interaktionstechnik dem Nutzer, explizit und interaktiv einen Bezugsrahmen (durch die dominante Hand) für die Manipulation festzulegen: Das korrespondierende Objekt in der virtuellen Umgebung bewegt sich nicht, wenn der Nutzer die Kopie in der Größe, Position und Orientierung verändert. Da der Nutzer den Bezugsrahmen für die Manipulation nach eigenen Vorlieben frei bestimmen kann, z. B. um seine Hände in eine für ihn günstigere Position zu bringen, kann diese Form der Manipulation bequemer sein.

Die Voodoo-Puppen-Interaktionstechnik erlaubt, komplexe und anspruchsvolle Aufgaben auszuführen, die mit anderen Methoden nur schwer umzusetzen sind. Beispielsweise eignet sich diese Technik, um nichtstarre Körper zu manipulieren und Bewegungssequenzen festzulegen. Die Technik hat jedoch hohe Ansprüche an die Eingabegeräte, da zwei Eingabegeräte mit je sechs Freiheitsgraden vorausgesetzt werden.

5.6   Freihändige Interaktionstechniken

Die Hände sind das wichtigste „Werkzeug", um in immersiven Umgebungen zu interagieren. Es gibt jedoch Situationen, in denen alternative Eingabemöglichkeiten bevorzugt oder zumindest als Alternative in Betracht gezogen werden sollten. So werden in der Mensch-Maschine-Interaktion oft verschiedene Interaktionsmöglichkeiten angeboten, um dieselbe Aufgabe zu erledigen. Dem Anwender bleibt es somit selbst überlassen, je nach persönlichen Vorlieben, Fähigkeiten oder auch je nach Situation, welche Interaktionsmöglichkeit er nutzen möchte. So bieten z. B. Infotainmentsysteme oft mehrere Alternativen, dasselbe Nutzungsziel zu erreichen: über Sprache, über ein Auswahlrad, per Touch oder durch Freihandgesten. Bei der Konzeption von Interaktionsmöglichkeiten wird sich oft daran orientiert, auf welche Art und Weise Menschen miteinander und mit der Welt interagieren. Daraus leitet sich auch der Begriff des *Natural User Interfaces* ab. NUIs ermöglichen eine „direkte Interaktion" mit der Benutzungsschnittstelle durch Wischen, Tippen, Berühren, Bewegung, Mimik oder verbale Kommunikation. NUIs werden in Bezug auf immersive VR zumeist mit dem natürlichen Erfassen und Greifen von Objekten mit den Händen anstelle von Handgeräten in Verbindung gebracht und beziehen sich daher eher auf Auswahl- und Manipulationsaufgaben. Jedoch bietet das Konzept, in immersiver VR, ein wesentlich größeres Anwendungsspektrum.

Bei der Nutzereingabe können auch mehrere Modalitäten (*Multimodalität*) genutzt werden. Dabei werden zwei Strategien unterschieden:

- Bei *konkurrierenden Modalitäten* entscheidet sich der Nutzer für *die eine oder die andere* Eingabemodalität. Um das Licht einzuschalten, kann der Nutzer „schalte das Licht beim Fenster an" sagen oder einen Schalter betätigen.
- Bei *kombinierenden Modalitäten* werden unterschiedliche Modalitäten gemeinschaftlich verwendet, um eine Interaktionsaufgabe zu lösen. So kann z. B. die Selektion eines Objektes durch Zeigen auf dieses erfolgen und die Manipulation über das Äußern des Sprachbefehls „schalte dieses Licht an".

Das Potenzial der Multimodalität für die Eingabe liegt in

- der Effizienz (möglichst schnelle Aufgabenbearbeitung bei geringem Aufwand),
- der Effektivität (Nutzer machen in der jeweiligen Situation das Richtige),
- der Robustheit (Unempfindlichkeit gegenüber Bedien- und Erkennungsfehler),
- der Natürlichkeit (Nachahmung zwischenmenschlicher Kommunikation) und
- der Aufgabenangemessenheit (die Modalität passt zur Aufgabe).

Stehen mehrere Modalitäten zur Verfügung, kann dies aber auch negative Auswirkungen haben. So kann es zu einer erhöhten kognitiven Belastung kommen, da die Entscheidung, welche Modalität verwendet werden soll, kognitive Ressourcen beim Nutzer (Chen et al. 2013). Nach einem Modalitätswechsel benötigt es auch eine kurze Neuorientierung, weshalb ein ständiger Wechsel zwischen den Modalitäten vermieden oder zumindest von der Anwendung nicht erzwungen werden sollte.

5.6.1   Blickrichtung & Kopforientierung

Alternativ zum Zeigen mit der Hand kann auch die Blickrichtung bzw. die Kopforientierung verwendet werden, siehe auch Abschn. 5.4.3. Diese Form der Eingabe ist intuitiv und einfach zu verstehen. Sie eignet sich somit für unerfahrene Nutzer oder einfache Aufbauten ohne Controller. Bei dieser Form des Raycastings entfällt das Problem der fehlenden Übereinstimmung zwischen Auge und Hand, denn der Blick und der Strahlenwurf teilen sich den Ausgangspunkt. Jedoch entfällt die Möglichkeit, an einen Punkt zu schauen, um an einer anderen Stelle zu interagieren oder sich umzusehen, während der Nutzer sich in eine andere Richtung bewegt.

Da Eye-Tracker inzwischen in manchen HMDs nahtlos integriert sind, ist es naheliegend, die Information, wohin der Nutzer schaut, für die Eingabe zu verwenden. Es ist jedoch zu berücksichtigen, dass die genaue Erfassung der Blickrichtung technisch schwierig und fehleranfälliger ist als die Erfassung der Kopforientierung und bei einem Nutzerwechsel häufig eine Neukalibrierung benötigt. Alle HMDs liefern zuverlässige Daten der Kopfdrehung, mit hoher Präzision und geringer Latenz. Auch ist die Kopforientierung eine gute Annäherung der tatsächlichen Blickrichtung. Daher bietet es sich an, selbst wenn der Blick erfasst wird, die Kopforientierung für die Auswahl zu verwenden.

5.6.2   Stimme & Sprache

Sprache ist die schnellste Form der menschlichen Kommunikation, und auch wenn ihre Nutzung in virtuellen Umgebungen bisher nicht weitverbreitet ist, kann ihre Verwendung nützlich sein. So kann in nur einer Äußerung z. B. ein Objekt ausgewählt, manipuliert, bewegt und umbenannt werden: „Selektiere den braunen Teddybären, setze ihn auf den

Schreibtisch mit herunterhängenden Armen und gebe ihm den Namen Ted." Soll der
Teddybär wieder selektiert werden, ist nun auch der Bezug über den Namen möglich.
Bei anderen Interfaces muss eine direkte Selektion über den Namen entweder über das
Eintippen des Namens oder über eine Auswahlliste erfolgen. Dies ist in beiden Fällen
mühsam. Auswahllisten sind bei einer großen Anzahl an Objekten nicht übersichtlich und
die Auswahl dauert lange. Ein Vergleich zwischen anderen Eingabemodalitäten und einem
Sprachinterface findet sich in Abschn. 5.7.

Während Stimmeigenschaften für einfache Interaktionsziele genutzt werden können,
z. B. indem ein Objekt so lange bewegt wird, wie ein Ton erzeugt wird, oder indem die
Lautstärke auf die Höhe abgebildet wird, ist die Sprache die am meisten verwendete
akustische Eingabemethode zur Interaktion und Steuerung in immersiven Umgebungen.
Die akustischen Äußerungen des Anwenders können aber auch dazu genutzt werden,
den Gesichtsausdruck seines Avatars zu rekonstruieren (z. B. durch die Abbildung von
Phonemen[5] auf Viseme[6]).

Damit den gesprochenen Worten eine Bedeutung zugewiesen werden kann, müssen diese zunächst durch Algorithmen der automatischen *Spracherkennung* in eine Transkription
überführt werden. Anschließend wird diese semantisch analysiert und segmentiert sowie
eine oder mehrere Aktionen abgeleitet.

Stimm- oder sprachbasierte Interaktionsmodalitäten unterscheiden sich von den bereits besprochenen Eingabemodalitäten auch dadurch, dass sie nicht von vornherein
einen räumlichen Bezug festlegen, wie einen Bezugsrahmen oder eine Bewegung. Weitere Herausforderungen betreffen die Anzeige möglicher Sprachbefehle (siehe hierzu
auch das Unsichtbarkeitsdilemma in Abschn. 5.1.1), die kontinuierliche Veränderung
von Skalenwerten jeglicher Art oder Verwechslungen durch akustische Ähnlichkeit der
Schlüsselwörter.

Die Spracheingabe kann sehr fehleranfällig sein, was sowohl an der Art der Nutzung
als auch durch technische Limitierungen bedingt sein kann. Um dennoch eine gute
Nutzererfahrung zu ermöglichen, ist darauf zu achten, dass die Voraussetzungen für
eine gute Erkennung gegeben sind. Möglichkeiten um die Erkennungsgenauigkeit zu
verbessern sind:

Push-to-Talk: Neben der Möglichkeit, dass das Mikrofon und die Spracherkennung konstant die akustischen Signale interpretieren, bietet sich für eine gezielte Spracheingabe
an, dass ein Knopf betätigt werden muss. Die Analyse wird automatisch wieder
gestoppt, wenn die Signalenergie nachlässt.

---

[5] *Phoneme* sind die kleinsten voneinander unterscheidbaren Lauteinheiten in der gesprochenen
Sprache.

[6] *Viseme* sind die visuellen Entsprechungen der Phoneme. Sie beschreiben die elementaren Gesichtsausdrücke, insbesondere der Lippen und der sichtbaren Zunge, die mit der Artikulation von
Phonemen verbunden sind. Viseme und Phoneme haben allerdings keine Eins-zu-eins-Entsprechung,
da viele Phoneme ähnlich in ihrer Erscheinung sind.

Limitierung des Vokabulars: Durch Einschränkung (anwendungs- oder besser noch situationsabhängig) der vom Spracherkenner zu erkennenden möglichen Wörter wird die Verwechslungsgefahr reduziert.

Verzicht auf akustisch ähnliche Wörter: Akustisch ähnliche Wörter werden häufiger verwechselt. Daher sollte bei der Auswahl des Vokabulars Eingaben so formuliert werden, dass sie eine möglichst geringe akustische Ähnlichkeit haben. Leicht zu verwechseln sind z. B. „Aufmachen" (die Tür) und „Ausmachen" (das Licht), besser wäre hier die Verwendung von „Öffnen" und „Ausschalten".

Akustische Umgebung: Auch wenn Mikrofone nah am Mund platziert sind, werden Geräusche aus der Umgebung aufgenommen. Je größer diese Störungen sind, umso geringer ist die Erkennungsleistung.

Vermeidung von Hyperartikulation: Bei der Kommunikation mit anderen Personen und mit Avataren passt ein Sprecher seinen Sprachstil den eigenen Erwartungen an das Gegenüber an. Es ist nicht ungewöhnlich, dass Menschen in Gesprächen mit älteren Menschen (von denen man annimmt, dass sie nicht mehr so gut hören) oder mit kleinen Kindern dazu neigen, zu hyperartikulieren. Bei der Spracheingabe sollte hierauf verzichtet werden, da entgegen der Intuition die Erkennungsleistung abnimmt.[7]

5.6.3 Gehirnschnittstellen

Gehirnschnittstellen (engl. brain-computer-interface, kurz BCI) stellen eine direkte Kommunikationsverbindung zwischen dem Gehirn und einem Computer oder dem HMD her, indem sie anhand von Sensoren die Aktivitäten bestimmter Hirnsignale erfassen und auswerten. Einen guten Überblick zu BCIs liefern z. B. Saha et al. (2021). Die derzeitigen technologischen Fortschritte ermöglichen nicht nur die Entschlüsselung neuronaler Aktivitäten, sondern auch die Übermittlung externer Signale in bestimmte Hirnareale. Dadurch wird es in der Zukunft möglich werden, Reize aus der virtuellen Welt direkt an das Gehirn weiterzugeben.

Doch aktuell nichtinvasive Gehirnschnittstellen in Kombination mit HMDs kämpfen noch mit vielerlei Herausforderungen. Bekanntermaßen sind Gehirnschnittstellen sehr rauschempfindlich und aufwendig bei der Inbetriebnahme. Dies kann sich auswirken auf:

- **Externes Rauschen:** Sowohl die Anzeige immersiver Umgebungen als auch Gehirnschnittstellen erfordern am Kopf getragene Geräte, wobei sichergestellt werden muss, dass diese sich nicht gegenseitig beeinflussen (Interferenzen),

---

[7] Spracherkennungssysteme werden i. d. R. mit sehr großen Mengen an Sprachdaten trainiert, die nicht hyperartikuliert sind. Wird bei der Spracheingabe hyperartikuliert, kommt es zu einem Mismatch zwischen den Trainings- und den Anwendungsdaten, weshalb die Erkennungsleistung reduziert ist.

- **Internes Rauschen:** Die Aufzeichnung der Gehirnaktivität von Aktivitäten in immersiven VR-Anwendungen, bei denen sich die Nutzer frei bewegen können, kann durch Muskelaktivitäten zu Artefakten in den BCI-Aufzeichnungen führen.

Der aktuelle Einsatz von Gehirnschnittstellen in Kombination mit VR-Headsets beschränkt sich auf den professionellen Einsatz, um z. B. die kognitive Last zu messen.

5.7   Vergleich der Eingabemodalitäten

Da die Eingabemodalitäten sehr stark von der jeweiligen Aufgabe abhängen, ist es schwierig, allgemeingültige Aussagen zu treffen, welches Interface oder welche Modalität für welchen Anwendungszweck besser geeignet ist. Dennoch soll an dieser Stelle der Versuch unternommen werden, um dem Leser zumindest etwas Orientierung zu geben.

Monteiro et al. (2021) untersuchten in einer Literaturrecherche den Einsatz von freihändigen Interaktionstechniken für immersive VR-Umgebungen und unterschiedliche Interaktionsaufgaben. Sie stellten fest, dass der primäre Vorteil solcher Techniken darin besteht, den Nutzern zu ermöglichen, zusätzliche Aufgaben in immersiver VR auszuführen, während sie ihre Hände zum Greifen und zur direkten Interaktion mit virtuellen oder greifbaren Objekten nutzen können. Unter den untersuchten freihändigen Eingabemethoden erwies sich die Stimme als am vielseitigsten und kann für verschiedenste Interaktionsaufgaben eingesetzt werden.

Hepperle et al. (2019) verglichen eine 2D- (indirekte Interaktion), eine 3D- (direkte Interaktion) und eine sprachbasierte (agentenbasierte Interaktion) Schnittstelle. Bei der 2D- und 3D-Eingabe wurde jeweils ein Controller mit sechs Freiheitsgraden verwendet. Die Autoren heben hervor, dass die Ergebnisse anwendungsspezifisch sind (in der Studie ging es um die Einrichtung eines Zimmers). Jedoch glauben sie auch, dass eine gewisse Verallgemeinerung möglich ist, und haben daraus entsprechende Leitlinien abgeleitet. In Tab. 5.3 wird zusammengefasst, welche Interaktionsaufgabe sich für welche Schnittstelle eignet. Insgesamt, so die Autoren, kam die Mehrheit der Teilnehmer mit allen drei untersuchten Eingabetechnologien gut zurecht und war mit dem Interface zufrieden. Die Tabelle ist daher so zu lesen, dass es sich um eine Empfehlung handelt, aber dennoch auch die jeweilige Aufgabe mit den alternativen Interfaces gut gelöst werden kann.

Darüber hinaus hängt – insbesondere bei der Sprach- und 3D-Schnittstelle – die bevorzugte Schnittstelle nicht nur von der Interaktionsaufgabe, sondern auch von den Vorerfahrungen und Vorurteilen des Nutzers ab. Dieser Zusammenhang wird in Hepperle et al. (2019) aufgezeigt: Dort ergab sich eine statistisch signifikante Korrelation zwischen der Erfahrung der Nutzer mit dem Sprachinterface und wie zielgerichtet sie ihre Aufgaben erledigen konnten.

Schließlich muss bei der Gestaltung entschieden oder untersucht werden, welcher Fokus für die Anwendung und die Nutzergruppe wichtig ist, beispielsweise:

Tab. 5.3 Präferenz der Schnittstelle nach verschiedenen Parametern. + positiv, o neutral, – negativ

	2D	3D	Sprache
Position & Rotation	+	o	–
Manipulation & Auswahl	+	o	–
Texteingabe	–	–	+
Leichtigkeit des Erlernens	+	o	+
Spaß	–	+	o
Unkomplizierte Handhabung	o	o	+
Schnittstellenerfahrung	–	+	+
Natürliche & intuitive Eingabe	–	+	+
Zeit	+	–	+

- wenn Spaß und wahrgenommene Präsenz am wichtigsten sind, wird ein 3D-Interface empfohlen,
- wenn viele Objekte schnell und präzise manipuliert werden müssen, ist eine 2D-Oberfläche die beste Wahl, und
- wenn die Schnittstelle leicht zu erlernen sein soll und viel Text eingegeben werden muss, könnte eine Sprachschnittstelle am effektivsten sein.

Ganz allgemein kann noch festgehalten werden, dass

- es nicht die eine beste Selektions- und Manipulationstechnik gibt, sondern diese aufgabenabhängig ist.
- nach Möglichkeit bekannte Interaktionstechniken verwendet werden sollten, es sei denn, es liegt ein großer Vorteil darin, eine neue anwendungsspezifische Methode zu entwickeln, wie bei Simulatoren.
- die Anzahl an Freiheitsgraden so stark wie möglich eingeschränkt sein sollte, jedoch ohne dabei das Gefühl der Handlungsfähigkeit zu reduzieren.
- Zeigetechniken für die Auswahl und Greiftechniken zur Manipulation verwendet werden sollten.

Literaturverzeichnis

Argelaguet F, Andujar C (2013) A survey of 3D object selection techniques for virtual environments. Comput Graph 37(3):121–136

Bowman DA, Hodges LF (1997) An evaluation of techniques for grabbing and manipulating remote objects in immersive virtual environments. In: Proceedings of the 1997 Symposium on Interactive 3D Graphics. Providence, S 35 ff

Bowman DA, Kruijff E, LaViola JJ, Poupyrev I (2001) An introduction to 3-D user interface design. Presence 10(1):96–108

Bowman DA, McMahan RP, Ragan ED (2012) Questioning naturalism in 3D user interfaces. Commun ACM 55(9):78–88

Chen F, Ruiz N, Choi E, Epps J, Khawaja MA, Taib R, Yin B, Wang Y (2013) Multimodal behavior and interaction as indicators of cognitive load. ACM Trans Interact Intell Syst (TIIS) 2(4):1–36

Darken RP, Sibert JL (1993) A toolset for navigation in virtual environments. In: Proceedings of the 6th Annual ACM Symposium on User Interface Software and Technology. Atlanta, S 157–165

DIN EN ISO 9241-11:2018 (2018) Ergonomie der Mensch-System-Interaktion – Teil 11: Gebrauchstauglichkeit: Begriffe und Konzepte

Elvins TT (1997) Wayfinding 2: the lost world. ACM SIGGRAPH Computer Graphics 31(4):9–12

Forsberg A, Herndon K, Zeleznik R (1996) Aperture based selection for immersive virtual environments. In: Proceedings of the 9th Annual ACM Symposium on User Interface Software and Technology. Seattle, S 95–96

Hartson R (2003) Cognitive, physical, sensory, and functional affordances in interaction design. Behav Inf Technol 22(5):315–338

Hepperle D, Weiß Y, Siess A, Wölfel M (2019) 2D, 3D or speech? A case study on which user interface is preferable for what kind of object interaction in immersive virtual reality. Comput Graph 82:321–331

Hincapié-Ramos JD, Guo X, Moghadasian P, Irani P (2014) Consumed endurance: a metric to quantify arm fatigue of mid-air interactions. In: Proceedings of the SIGCHI Conference on Human Factors in Computing Systems. Toronto, S 1063–1072

Jeunet C, Albert L, Argelaguet F, Lecuyer A (2018) "Do you feel in control?": towards novel approaches to characterise, manipulate and measure the sense of agency in virtual environments. IEEE Trans Vis Comput Graph 24(4):1486–1495

LaViola JJ Jr, Kruijff E, McMahan RP, Bowman D, Poupyrev IP (2017) 3D user interfaces: theory and practice. Addison-Wesley Professional, Boston

Liang J, Green M (1994) JDCAD: a highly interactive 3D modeling system. Comput Graph 18(4):499–506

Mapes DP, Moshell JM (1995) A two-handed interface for object manipulation in virtual environments. Presence Teleop Virt Environ 4(4):403–416

Mendes D, Caputo FM, Giachetti A, Ferreira A, Jorge J (2019) A survey on 3D virtual object manipulation: from the desktop to immersive virtual environments. In: Computer graphics forum. Wiley Online Library 38:21–45

Mine MR, Brooks FP Jr, Sequin CH (1997) Moving objects in space: exploiting proprioception in virtual-environment interaction. In: Proceedings of the 24th Annual Conference on Computer Graphics and Interactive Techniques. New York, S 19–26

Moloney J, Spehar B, Globa A, Wang R (2018) The affordance of virtual reality to enable the sensory representation of multi-dimensional data for immersive analytics: from experience to insight. J Big Data 5(1):1–19

Monteiro P, Gonçalves G, Coelho H, Melo M, Bessa M (2021) Hands-free interaction in immersive virtual reality: a systematic review. IEEE Trans Vis Comput Graph 27(5):2702–2713

Moore JW (2016) What is the sense of agency and why does it matter? Front Psychol 7:1272

Norman D (2013) The design of everyday things, Revised and expanded edition. Basic books, New York

Pierce JS, Forsberg AS, Conway MJ, Hong S, Zeleznik RC, Mine MR (1997) Image plane interaction techniques in 3D immersive environments. In: Proceedings of the 1997 Symposium on Interactive 3D Graphics. Providence, S 39 ff

Pierce JS, Stearns BC, Pausch R (1999) Voodoo dolls: seamless interaction at multiple scales in virtual environments. In: Proceedings of the 1999 Symposium on Interactive 3D Graphics. Association for Computing Machinery, New York, S 141–145

Pietroszek K (2019) Virtual hand metaphor in virtual reality. In: Lee N (Hrsg) Encyclopedia of Computer Graphics and Game. Springer, Cham

Poupyrev I, Billinghurst M, Weghorst S, Ichikawa T (1996) The go-go interaction technique: non-linear mapping for direct manipulation in VR. In: Proceedings of the 9th Annual ACM Symposium on User Interface Software and Technology. Seattle, S 79–80

Poupyrev I, Ichikawa T, Weghorst S, Billinghurst M (1998) Egocentric object manipulation in virtual environments: empirical evaluation of interaction techniques. In: Computer graphics forum. Wiley Online Library 17:41–52

Poupyrev I, Weghorst S, Fels S (2000) Non-isomorphic 3D rotational techniques. In: Proceedings of the SIGCHI Conference on Human Factors in Computing Systems. The Hague, S 540–547

Saha S, Mamun KA, Ahmed K, Mostafa R, Naik GR, Darvishi S, Khandoker AH, Baumert M (2021) Progress in brain computer interface: challenges and opportunities. Front Syst Neurosci 15:578875

Song P, Goh WB, Hutama W, Fu CW, Liu X (2012) A handle bar metaphor for virtual object manipulation with mid-air interaction. In: Proceedings of the SIGCHI Conference on Human Factors in Computing Systems. Austin, S 1297–1306

Stoakley R, Conway MJ, Pausch R (1995) Virtual reality on a WIM: interactive worlds in miniature. In: Proceedings of the SIGCHI Conference on Human Factors in Computing Systems. Denver, S 265–272

Ulinski AC, Wartell Z, Goolkasian P, Suma EA, Hodges LF (2009) Selection performance based on classes of bimanual actions. In: 2009 IEEE Symposium on 3D User Interfaces. IEEE, Massachusetts, S 51–58

Van der Straaten P, Schuemie M (2000) Interaction affecting the sense of presence in virtual reality, Bd 67. Delft University of Technology, Faculty of Information Technology and System, Delft

Van Heugten-van der Kloet D, Cosgrave J, van Rheede J, Hicks S (2018) Out-of-body experience in virtual reality induces acute dissociation. Psychol Conscious: Theory Res. Pract 5(4):346

Ware C, Osborne S (1990) Exploration and virtual camera control in virtual three dimensional environments. In: Proceedings of the 1990 Symposium on Interactive 3D Graphics. Massachusetts, S 175–183

Wingrave CA, Haciahmetoglu Y, Bowman DA (2006) Overcoming world in miniature limitations by a scaled and scrolling WIM. In: 3D User Interfaces (3DUI'06). IEEE, Alexandria, S 11–16

Wölfel M (2012) Kinetic Space: 3D-Gestenerkennung für dich und mich. Konturen, Ausgabe 31:58–63

Yang L, Huang J, Feng T, Hong-An W, Guo-Zhong D (2019) Gesture interaction in virtual reality. Virt Real Intell Hardw 1(1):84–112

Zipf GK (2016) Human behavior and the principle of least effort: an introduction to human ecology. Ravenio Books, Eastford, Connecticut

Benutzungsoberfläche

6

In naturbelassenen Umgebungen, wie unberührte Natur, war der Mensch darauf angewiesen, sich an die gegebenen Bedingungen anzupassen und zu lernen, die natürlichen Hinweise seiner Umgebung zu interpretieren. Demgegenüber steht der urbane Raum. Er zeichnet sich neben einer hohen Bevölkerungs- und Bebauungsdichte insbesondere durch seine funktionsräumliche Spezialisierung aus. Um sich in dieser künstlichen Umgebung, bei der viele Gebäude etc. gleich aussehen, zurecht zu finden, verlässt sich der Mensch auf künstliche Indikatoren, wie Schilder. In der *digitalen Welt* verlassen wir uns auf Symbole, die sich teilweise an vertrauten Konzepten aus der realen Welt orientieren und diese abstrahieren. Diese Symbole werden in der *Benutzungsoberfläche*, auch umgangssprachlich *Benutzeroberfläche* oder *Bedienoberfläche*, als Interaktionsschnittstelle zwischen Nutzer und der Anwendung eingesetzt. Schaltflächen, Menüs, Symbolleisten, Bildlaufleisten, Fenster und Taskleisten sind Elemente einer grafischen Schnittstelle. Ein *Widget* ist ein virtuelles Objekt der Benutzungsoberfläche, das ein visuelles Ziel für Benutzereingaben bietet und auf diese reagiert.

Während sich die Nutzung von Flachbildschirmen auf einen sehr begrenzten Blickbereich und eine zweidimensionale Fläche beschränkt, steht in immersiven Medien ein weites Sichtfeld und eine zusätzliche Dimension zur Verfügung: die Tiefe. Der Nutzer kann die Umgebung erkunden und Inhalte entdecken, indem er sich im dreidimensionalen Raum bewegt sowie den Kopf oder den ganzen Körper dreht.

Die Gestaltung einer Benutzungsoberfläche auf einer Ebene oder in einem dreidimensionalen Raum muss unterschiedliche Anforderungen erfüllen und unterschiedliche Lösungsansätze berücksichtigen. Dementsprechend geht die Gestaltung mit grundlegend verschiedenen Herausforderungen einher. Dies gilt selbst dann, wenn eine Benutzungsoberfläche für eine 3D-Umgebung auf einem 2D-Display dargestellt wird.

© Der/die Autor(en), exklusiv lizenziert an Springer-Verlag GmbH, DE, ein Teil von Springer Nature 2023
M. Wölfel, *Immersive Virtuelle Realität*, https://doi.org/10.1007/978-3-662-66908-2_6

In immersiven VR-Umgebungen verschmelzen diese beiden Aufgaben, da in VR oft auch 2D-Inhalte dargestellt werden. Dabei gilt es, Benutzungsoberflächen möglichst nahtlos in die eigentliche VR-Umgebung zu integrieren, sodass diese als ein natürlicher Teil der Umgebung aufgefasst werden und relevante Aspekte der VR-Umgebung nicht überlagern. Zusätzlich sind ergonomische Anforderungen zu berücksichtigen, um eine längere und schmerzfreie Nutzung zu ermöglichen.

Verschiedene Darstellungsformen und Eingabemodalitäten zur Manipulation virtueller 3D-Objekte werden ausführlich in Mendes et al. (2019) behandelt und geben dabei Einblicke zur 3D-Objektmanipulation, von traditionellen Desktop-Ansätzen bis hin zu Touch- und Mid-Air-Schnittstellen. Nach Dachselt und Hübner (2007) kann die Darstellung von Menüs im dreidimensionalen Raum anhand der folgenden Kriterien klassifiziert werden, die sich direkt auf die Bedienbarkeit auswirken:

Anzahl & Größe: Die Anzahl und Größe der Menüpunkte haben einen direkten Einfluss auf die Effizienz und die Benutzerfreundlichkeit. Mit zunehmender Anzahl von Menüpunkten steigt die Zeit, die für die Suche nach einer Option benötigt wird,[1] und es wird entweder mehr Platz für die Anzeige benötigt oder es steht pro Eintrag weniger Platz zur Verfügung. Bei zu vielen Menüpunkten sollte über die Einführung von Untermenüs nachgedacht werden.

Geometrie: Die Positionierung des Menüs, die meistens einem bestimmten Bezugssystem zugeordnet ist, bestimmt maßgebend die Sichtbarkeit für den Nutzer und die Distanz zum Nutzer. So kann beispielsweise zwischen Elementen unterschieden werden, die sich als Teil der VR-Welt integrieren (*diegetische Elemente*), und solchen, die sich mit der Sicht des Nutzers überschneiden (*nichtdiegetische Elemente*).

6.1   Referenzrahmen

Der *Referenzrahmen* (engl. reference frame, auch *Bezugssystem*) bestimmt das Koordinatensystem, das als Grundlage für die Verankerung von Informations- und Interaktionselementen sowie Objekten dient. Eine *Verankerung* ist das Festmachen mit einem Anker an einem festen Platz im Bezugssystem. Der Referenzrahmen bestimmt somit maßgebend, wie sich besagte Elemente verhalten, wenn der Nutzer etwas aufgreift, den Kopf dreht oder sich bewegt, um zu interagieren. Je nach Referenzrahmen bewegen sich die Elemente gemeinsam mit dem Greifen, synchron zur Kopfbewegung, bleiben an derselben Stelle im Sichtbereich oder haften am Ort in der Umgebung. Der Referenzrahmen kann dabei so gestaltet sein, dass sowohl der Ort als auch die Orientierung verankert sind oder

---

[1] Nach dem *Hick'schen Gesetz*, bei dem der Zusammenhang zwischen der Reaktionszeit und der Anzahl an Wahlmöglichkeiten beschrieben wird, steigt die Reaktionszeit um ca. 150 ms mit jeder Verdoppelung der Wahlmöglichkeiten.

nur der Ort fest in der Umgebung verankert ist, während sich die Orientierung zur Position des Nutzers ausrichtet. Eine ausschließliche Verankerung des Ortes ist z. B. ein geeigneter Referenzrahmen, um eine bessere Erkennung von Buchstaben in Texten zu gewährleisten. Sogar eine nichtlineare Skalierung in Abhängigkeit der Distanz zum Nutzer ist in manchen Situationen sinnvoll, damit die Textgröße nicht zu klein oder zu groß und somit unlesbar wird.

Eine immersive VR-Anwendung besteht nicht aus einem einzigen Bezugssystem, es gibt mehrere Referenzrahmen, wobei die Zugehörigkeit eines Objektes von einem in ein anderes Bezugssystem wechseln kann: Ein virtuelles Objekt wechselt seinen Referenzrahmen in dem Moment, wo es aufgegriffen wird, vom Bezugssystem der virtuellen Welt in das Hand-Bezugssystem. Wird das Objekt in die Hosentasche eingesteckt, findet erneut ein Wechsel statt, jetzt in das Torso-Bezugssystem. Wird das Objekt wieder abgelegt, wechselt das Objekt zurück in das Bezugssystem der virtuellen Welt, befindet sich nun aber an einem anderen Ort (wenn es nicht an dieselbe Stelle zurückgelegt wird).

Wie bereits angedeutet, lassen sich verschiedene Arten der Inhaltsverankerung unterscheiden. Nachfolgend werden diese im Detail behandelt.

6.1.1 Bezugssystem der realen Welt

Das *Bezugssystem der realen Welt* wird durch den physischen Raum bestimmt. Alle realen Objekte wie Headset, Controller, Einrichtungsgegenstände und der Nutzer befinden sich immer im realen Bezugssystem. Dieses Bezugssystem ist unabhängig von der tatsächlichen oder virtuellen Bewegung des Nutzers. Jedoch muss die Änderung im physischen Raum verfolgt und entsprechend in das virtuelle Bezugssystem übertragen werden, damit es zu keiner Diskrepanz der tatsächlichen und der angezeigten Position kommt. Dies gilt auch für nicht bewegliche Objekte, die sich im Interaktionsraum befinden. Allerdings ist es in diesem Fall ausreichend, die Position im physischen und virtuellen Raum einmal, vor der Verwendung, aufeinander abzubilden. Dieser Vorgang wird auch als *Kalibrieren* bezeichnet.

Abb. 6.1 zeigt ein Menü in der virtuellen Umgebung. Trotz Bewegung der virtuellen Umgebung und des Nutzers bleibt das Menü, da es an der realen Welt verankert ist, am gleichen Ort, solange sich der Ankerpunkt im realen Raum nicht verändert. Bei einer Fahrzeugsimulation mit physikalischem Lenkrad bleibt dies am gleichen Ort, ebenso das virtuelle Cockpit (ohne Bewegungsplattform), nur die Orientierung des Lenkrads und die virtuelle Umgebung verändern sich. Der Vorteil bei der Interaktion mit in der realen Welt verankerten Objekten ist ihre Existenz: So kann ein Stuhl zum Sitzen genutzt werden und eine Tastatur erzeugt einen haptischen Widerstand.

Das Bezugssystem der realen Welt und dessen passgenaue Abbildung in die virtuelle Umgebung sind insbesondere für Sicherheitsaspekte relevant: Einblendungen, die z. B. vom Verlassen eines Sicherheitsbereiches warnen, müssen auch mit dem Sicherheitsbe-

Abb. 6.1 Verankerung einer Benutzungsoberfläche in der realen Welt. Trotz Bewegung der Person oder virtuellen Welt bleibt das Objekt am gleichen Ort

reich in der realen Welt übereinstimmen. Das konstante Einblenden eines Bezugssystems, z. B. eines Cockpits, hilft auch, die Cyberkrankheit zu reduzieren, denn es schafft eine visuelle Konstante.

6.1.2 Bezugssystem der virtuellen Welt

Das *Bezugssystem der virtuellen Welt*, siehe Abb. 6.2, wird durch die virtuelle Umgebung aufgespannt. Während sich dieses Bezugssystem bei realer Fortbewegung synchron zum Bezugssystem der realen Welt verhält, wird bei der künstlichen Fortbewegung nur das Bezugssystem der virtuellen Welt verändert.

Durch die Fortbewegung relativ zur virtuellen Welt verschiebt sich auch synchron der Interaktionsbereich, womit es möglich wird, mit Elementen zu interagieren, die zuvor außerhalb der Reichweite lagen.

Für nicht bewegliche Objekte, wie Häuser, geht der Nutzer davon aus, diese an derselben Stelle des Bezugssystems der virtuellen Welt wiederzufinden, wenn er an den gleichen Ort zurückkehrt.

6.1.3 Kopf-Bezugssystem

Der Kopf als Bezugssystem fixiert die dargestellten Inhalte in einer festen Position des Sichtfensters und in einem definierten Abstand zum Betrachter, siehe Abb. 6.3. Menschen definieren „geradeaus" i. d. R., wohin der Kopf gedreht ist, unabhängig davon, auf was die Augen blicken und wie diese orientiert sind. Geradeaus bestimmt sich als senkrechte

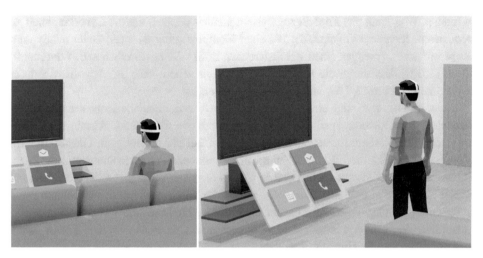

Abb. 6.2 Verankerung einer Benutzungsoberfläche in der virtuellen Welt. Das Objekt bewegt sich synchron zur virtuellen Umgebung

Abb. 6.3 Verankerung einer Benutzungsoberfläche am Kopf des Nutzers

Linie auf der Ebene, die durch die beiden Augen und parallel zur Stirn aufgespannt wird. Das vom Gehirn aus beiden Augen konstruierte Bild entspricht der Sicht eines einzigen hypothetischen Auges, dem sogenannten *zyklopischen Auge*. Dies kann durch ein einfaches Experiment mit kleinen Kindern überprüft werden: Gibt man ihnen eine Röhre zum Hindurchschauen, halten einige die Röhre nicht vor ein Auge, sondern genau in die Mitte zwischen beiden Augen.

Das *Kopf-Bezugssystem* entspricht dem Referenzrahmen des HMDs, auch wenn dieses im Idealfall vom Nutzer nicht wahrgenommen wird. Ebenso wie das Bezugssystem der virtuellen Welt kann das Kopf-Bezugssystem genutzt werden, um die Cyberkrankheit zu reduzieren. Sichtbare Objekte, die bei einer Kopfbewegung an einer Stelle relativ zum Kopf verharren, erzeugen einen stabilisierenden Effekt. So beschreiben z. B. Whittinghill et al. (2015), dass durch die Einblendung einer virtuellen Nase die Auswirkungen der Cyberkrankheit um 13,5 % reduziert werden können.

Head-up-Displays sind eine weitere beliebte Anzeigemethode insbesondere in Videospielen, um diverse spielrelevante Information wie Spielstand, Anzahl der Leben oder abstrakte Karteninformationen einzublenden. Bei der Nutzung am Flachbildschirm sind diese Elemente, mit der Ausnahme von Fadenkreuzen und Richtungsinformationen, meistens an den Bildschirmecken platziert. In immersiver VR eignet sich die Platzierung dieser Elemente in den Randbereichen, sodass der Blick nach vorne nicht durch diese Elemente gemindert wird. Anzeigeelemente, die im HUD platziert sind, sollten relativ unauffällig angeordnet werden sowie klein und semitransparent sein, da sie sonst stören und den Blick auf die Umwelt verdecken.

6.1.4 Freischwebendes Bezugssystem

Das *freischwebende Bezugssystem* (engl. free flow) ist eine Mischform aus den beiden Bezugssystemen der virtuellen Welt und des Kopfes, siehe Abb. 6.4. Je nach Situation kann es unterschiedliche Ausprägungsformen annehmen. Der Bezugsrahmen versucht, dem Nutzer unaufmerksam zu folgen, wenn sich dieser bewegt, sodass die Anzeigeelemente weiter in der Sicht des Nutzers bleiben. Die Anpassung erfolgt erst nach einer gewissen Verzögerung, wodurch der Eindruck entsteht, das Objekt wird „wie am Gummiband" gezogen. Da das Bezugssystem weder am Körper bzw. Kopf noch an der Umgebung fest verankert ist, scheinen die Inhalte frei zu schweben.

6.1.5 Hand-Bezugssystem

Das *Hand-Bezugssystem*, siehe Abb. 6.5, wird durch die Position und Ausrichtung der jeweiligen Hand bzw. des Unterarms des Nutzers definiert. Alle Objekte, die aufgegriffen werden oder am Handgelenk bzw. Unterarm fixiert sind, werden diesem Referenzrahmen zugeordnet, bis sie wieder abgelegt werden. Der handzentrierte Referenzrahmen ist insbesondere bei der direkten Objektmanipulation relevant. Er wird aber auch gerne für die Platzierung von Toolleisten oder auch bei der WIM-Interaktionstechnik, siehe Abschn. 5.4.5, eingesetzt. Hierbei spannt eine Hand das Bezugssystem auf, während mit der zweiten Hand die Auswahl innerhalb des Menüs oder das Umstellen von Objekten (bei WIM) stattfindet. Alternativ ist auch eine einhändige Interaktion möglich. Dann spannt die Hand sowohl den Referenzrahmen auf und führt die Interaktion aus, z. B. durch die Bedienung von Tasten des in der Hand gehaltenen Controllers.

Abb. 6.4 Dynamische Verankerung einer Benutzungsoberfläche. Die Benutzungsoberfläche folgt dem Kopf des Nutzers erst mit einer entsprechenden zeitlichen Verzögerung

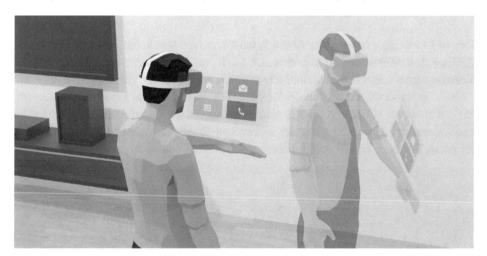

Abb. 6.5 Verankerung einer Benutzungsoberfläche an Hand oder Arm des Nutzers

Um unnötige Informationen um die Hände herum zu reduzieren und um zu vermeiden, dass diese die Hände bei der Durchführung von Interaktionen verdecken, sollten Menüs, Beschriftungselemente bzw. Symbole, die z.B. Hinweise auf die Steuerung mit einem Controller geben, nur dann eingeblendet und ausgeblendet werden, wenn sie benötigt bzw. nicht mehr benötigt werden.

6.1.6 Torso-Bezugssystem

Das *Torso-Bezugssystem*, siehe Abb. 6.6, wird durch die Wirbelsäulenachse des Körpers und die Vorwärtsrichtung senkrecht zum Torso definiert. Objekte, die am Körper befestigt sind, bleiben auch im Torso-Bezugssystem immer in Reichweite unabhängig von der Fortbewegung des Nutzers. Im Gegensatz zu Objekten, die sich am Kopf-Bezugssystem ausrichten, können durch die Kopfbewegung Gegenstände in den Blick und aus dem Blick kommen; z. B. indem der Nutzer nach unten sieht. Selbst ein Ergreifen von Objekten, die nicht im Blick liegen, ist hier durch die Propriozeption (Abschn. 3.3.2) möglich, da der Nutzer weiß, welche Körperhaltung eingenommen werden muss, um ein bestimmtes Objekt zu ergreifen. Dem Torso-Bezugssystem zugeordnete Objekte sind meistens optisch mit dem Avatar des Nutzers verbunden, z. B. am Gürtel oder auf dem Rücken befestigt. Anzeigen können aber auch um den Körper herum schweben, die Zugehörigkeit ist dann jedoch nicht so eindeutig zu erkennen.

6.1.7 Objekt-Bezugssystem

Das *Objekt-Bezugssystem*, siehe Abb. 6.7, wird durch ein Objekt aufgespannt. Die Anzeigeelemente in dieser Gruppe beziehen sich i. d. R. auf Eigenschaften, die das Objekt des Bezugssystems selbst betreffen, und folgen somit der Grundidee der *Objektorientierung*. Dabei sind einem Objekt bestimmte Attribute (Eigenschaften) und Methoden zugeordnet, die durch andere Objekte verändert werden können. Die Objektfokussierung entspricht auch einem der Grundgedanken der natürlichen Benutzungsschnittstelle, bei dem die Funktion aus dem Objekt selbst heraus erfolgen soll und nicht extern z. B. über ein

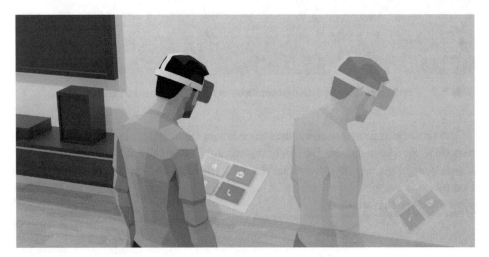

Abb. 6.6 Verankerung einer Benutzungsoberfläche am Torso des Nutzers

Abb. 6.7 Verankerung einer Benutzungsoberfläche an einem Objekt

zusätzliches Menü, welches sich nicht in unmittelbarer Nähe befindet. Die Wahl dieses Referenzrahmens schafft einen starken räumlichen Bezug zwischen der Benutzungsschnittstelle und dem Objekt, welches das Bezugssystem definiert.

6.2   Platzierung von Informations- und Interaktionskomponenten

Die Auswahl des richtigen Bezugssystems und der Platzierung innerhalb dieses Bezugssystems ist in einigen Fällen offensichtlich, in anderen Fällen kann die geeignete Auswahl eine Herausforderung sein. Ein solcher Spezialfall ist z. B. die Platzierung anwendungsrelevanter Information, die nicht direkt mit einem Objekt verbunden ist.

Neben anderen Einflussfaktoren, wie Ablenkung und Verdeckung, sind bei der Platzierung der Interaktions- und Informationselemente insbesondere ergonomische Anforderungen zu berücksichtigen. Die Nutzung von Smartphones oder Computern bietet dem Nutzer zahlreiche Möglichkeiten, seine Umgebung entsprechend seiner Vorstellung und Körpergeometrie ergonomisch zu gestalten oder eine angenehme Körperhaltung einzunehmen. Bei immersiven VR-Anwendungen wird die Ergonomie eher durch die Anwendung und die verwendete Technologie vorgegeben. Der Nutzer hat (aktuell) weniger Spielraum für individuelle Anpassungen. Durch die VR-Hardware können auch bekannte ergonomische Anforderungen der realen Umgebung verändert sein. Beispielsweise erhöht das Gewicht des HMDs die Belastung auf die Halswirbel.

Penumudi et al. (2020) untersuchten in einer Studie, wie bei immersiver VR einige gängige Bewegungen zu Muskelverspannungen und Beschwerden beitragen. Ihr Ziel war es herauszufinden, welche Auswirkungen Zielabstände, -orte und -größen haben, um Schnittstellen in immersiven Umgebungen so gestalten zu können, dass das Risiko potenzieller Muskel-Skelett-Verletzungen minimiert wird. Ihre Ergebnisse zeigten, dass alle Nackenbereiche betroffen sind. Unabhängig vom Winkel verursachte das Ausstrecken des Arms bereits nach drei Minuten Schulterbeschwerden. Insbesondere traten Beschwerden für Ziele über 15° auf, da diese den Nutzer zwingen, eine extreme Körperhaltung mit einem gestreckten Nacken und einer angehobenen Armhaltung einzunehmen.

Bei falscher Körperhaltung – insbesondere, wenn diese unverändert bleibt oder wiederholt eingenommen wird – kann es zu gesundheitlichen Problemen kommen, wie z. B. dem Gorilla-Arm-Syndrom. Auch das Gewicht des VR-Headsets erhöht die Belastung der Halswirbelsäule und der Nackenmuskeln, was zu Nackenverspannungen führen kann. Aus der Studie von Penumudi et al. ergibt sich, dass sich die Position von Objekten, mit denen häufiger interagiert wird, auf einer vertikalen Ziellinie zwischen der Augenhöhe und 15° unter der Augenhöhe befinden soll und nicht oberhalb oder unterhalb. Dies entspricht nicht gängigen Empfehlungen der Büroergonomie in Bezug auf die Nutzung von Computersystemen, deren empfohlener Blickwinkel für längere Arbeitszeiten zwischen 15° und 50° nach unten liegt (Bullinger 2013). Ein Grund für die Empfehlung des kleineren Winkels unter Verwendung von VR-Headsets könnte deren höhere Belastung durch das zusätzliche Gewicht sein.

Elemente werden als unangenehm empfunden, wenn sie bei einer Entfernung von weniger als 0,5 m zum Kopf über einen längeren Zeitraum angezeigt werden. Mit zunehmender Nähe zum Nutzer wird dieses Gefühl weiter verstärkt. Daher wird für persistente Informations- als auch Interaktionselemente empfohlen, einen *Mindestabstand* zu den Augen von 0,5 m einzuhalten. Dies entspricht in etwa gängigen Empfehlungen der Ergonomie für Computerarbeit. Bei der Computernutzung ist ein Abstand zwischen Augen und Flachbildschirmen von 0,6 m empfohlen (Bullinger 2013). Dieser Abstand ist jedoch deutlich kleiner als die Distanz von ca. 1,5 m, auf die die Augen im HMD scharfstellen müssen (Abschn. 10.1.2). Für die Anzeige von persistentem Inhalt, insbesondere Text, ist die Platzierung in einer Distanz, die dem Schärfepunkt des HMDs entspricht, für die Augen am bequemsten. An dieser Stelle tritt auch keine Akkommodations-Konvergenz-Diskrepanz auf, siehe Abschn. 3.1.9.1. Der optimale Abstand zu Interaktionselementen hängt neben der Darstellung auch von der gewählten Interaktionsmethode ab. Bei reinen Informationselementen besteht diese zusätzliche Einschränkung nicht.

Je nach gewähltem Bezugssystem sollte die gewählte Darstellung des grafischen Menüs entsprechend angepasst werden. Abb. 6.8 zeigt verschiedene Möglichkeiten, Kachelmenüs anzuordnen, die unterschiedlich wahrgenommen werden und je nach Größe und Transparenz mehr oder weniger viel von der Umgebung verdecken. Je nach Größe eignen sich Kachelmenüs für verschiedene Referenzrahmen:

Sehr kleine Kacheln eignen sich sehr gut für das Hand-Bezugssystem und die natürliche Handinteraktion, sie sind jedoch für andere Bezugssysteme ungeeignet.

Kleine Kacheln eignen sich für die Darstellung im Kopf-, Hand- oder Objekt-Bezugssystem und haben nur einen geringen negativen Einfluss auf die gefühlte Präsenz.

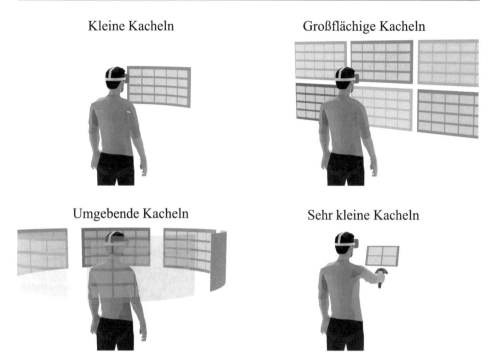

Abb. 6.8 Vier verschiedene Möglichkeiten, Kachelmenüs anzuordnen

Großflächige Kacheln eignen sich für die Darstellung im freischwebenden Bezugssystem und haben einen erheblichen Einfluss auf die gefühlte Präsenz. Daher wird diese Form der Präsentation nicht für Interaktionen innerhalb einer Anwendung empfohlen. Sie eignen sich aber dann, wenn viele Inhalte angezeigt werden müssen, Systemfunktionen gesteuert werden oder für den Wechsel zwischen Anwendungen.

Umgebende Kacheln eignen sich für die Darstellung im Torso-Bezugssystem (der Mittelpunkt der umgebenden Kacheln bleibt somit erhalten). Diese Darstellung eignet sich, um viel Information zu präsentieren, wobei eine Hierarchie durch die Nähe zum Torso angedeutet werden kann. Hier ist es auch möglich, weniger relevante Inhalte aus dem unmittelbaren Blickfeld zu nehmen, sie aber dennoch ohne Navigation durch die Kachelinhalte zugänglich zu machen.

In Situationen, in denen das Sichtfeld nicht ausreichend ist, um den Interessenbereich wahrzunehmen, muss der Kopf des Betrachters bewegt, eine andere Position eingenommen oder der Interessenbereich umpositioniert werden. Dabei ist zu beachten, dass der Kopf nicht weiter gedreht werden muss, als es angenehm ist. Im Stehen hat der Nutzer mehr Flexibilität, als auf einem Stuhl sitzend. Ist der Stuhl nicht drehbar, sind die Freiheiten, sich umzuschauen, weiter eingeschränkt. Ohne Körperdrehung kann der Mensch seinen Kopf horizontal in beide Richtungen ca. 55° drehen, während nur ca. 30° als komfortabel empfunden werden (Yao et al. 2014), siehe auch Abb. 6.9.

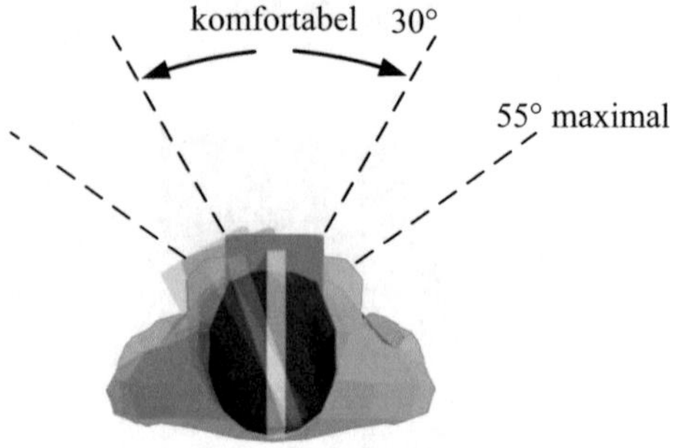

Abb. 6.9 Komfortable und
maximale Kopfdrehung in
horizontale Richtung, in
Anlehnung an Alger (2015)

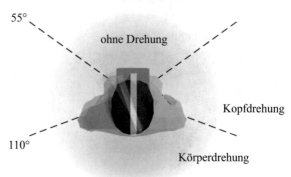

Abb. 6.10 Zonen des
horizontalen Blickfelds für ein
HMD mit einem horizontalen
Sichtfeld von 110°

Damit lassen sich, mit einem angenommenen horizontalen Sichtfeld von 110°, die folgenden horizontalen Zonen abschätzen (siehe Abb. 6.10):

- bis ca. 85° in beide Richtungen: Hauptinhaltsbereich, der bequem gesehen werden kann,
- von ca. 85 bis ca. 110° ist die *Peripheriezone*, wo es bereits unangenehm sein kann, und
- ab ca. 110° ist die *Zone der Neugierde*. In diesem Bereich wird es erforderlich, dass der Nutzer seinen Körper dreht.

Entsprechend kann für das vertikale Blickfeld, wie in Abb. 6.11 dargestellt, ein komfortabler Bereich bestimmt werden, der ca. 20° nach oben bis ca. 12° nach unten reicht, und ein maximaler Bereich der ca. 60° nach oben und ca. 40° nach unten reicht.

6.3   Grafische Menüs im virtuellen Raum

Grafische Menüs für den virtuellen Raum bieten im Vergleich zu den bekannten Menüformen im Zweidimensionalen viele zusätzliche Möglichkeiten. Jedoch bringt die Gestaltung

Abb. 6.11 Komfortable und maximale Kopfdrehung in vertikale Richtung, in Anlehnung an Alger (2015)

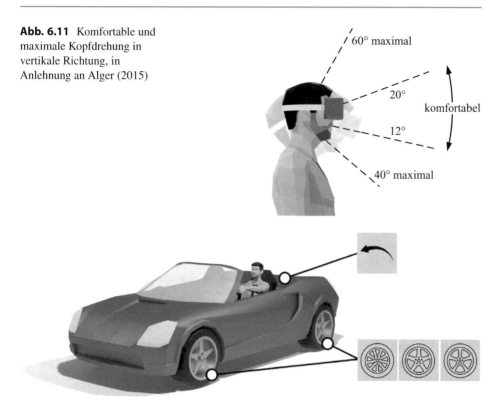

Abb. 6.12 Beispiel eines kontextsensitiven Menüs. In Abhängigkeit des Objektzustands, Dach geschlossen oder offen, werden andere Möglichkeiten angeboten

von grafischen Menüs für 3D-Umgebungen auch einige Herausforderungen mit sich. Die Vorteile der direkten Manipulation wurden bereits ausführlich von Shneiderman (1981) dargelegt. Sie prägt seit über drei Jahrzehnten die Gestaltung von Benutzungsoberflächen. Menüs können sowohl kontextsensitiv als auch nicht kontextsensitiv sein. Bei den *kontextsensitiven Menüs* (in diesem Zusammenhang wird auch von dem „Nebeneinanderstehen", engl. collocate, von Menü und Objekt gesprochen) wird die Funktionalität eines Menüs auf ein Objekt in der 3D-Umgebung verlagert und Geometrie sowie Funktionalität sind stark gekoppelt, siehe Abb. 6.12, und teilen sich ein gemeinsames Objekt-Bezugssystem (jedoch kann es hier zu spezifischen Anpassungen kommen, um die Ansicht auf die Elemente zu optimieren).

Im Folgenden wird auf Menüformen eingegangen, die entweder an zweidimensionale Schnittstellen angelehnt sind oder spezifisch für 3D-Umgebungen entwickelt wurden (z. B. Finger-Menüs und 3D-Widgets).

6.3.1 2D-Menüs

Obwohl 3D-Umgebungen dem Designer zahlreiche neue Möglichkeiten bei der Gestaltung der Benutzungsoberfläche bieten, wird bei der Anzeige von Menüs oft auf eine flächige Darstellung zurückgegriffen. Nicht ohne Grund, denn flächige Darstellungen sind zum einen dem Nutzer bereits bekannt und zum anderen lassen sich diese einfach implementieren. Angepasste 2D-Menüs funktionieren im Grunde ähnlich wie Menüs, die für Maus- oder Fingerinteraktion am Flachbildschirm entworfen wurden. Primär unterscheiden sie sich durch die verwendete Eingabemethode und sind für diese optimiert, z. B. kann der Hover-Effekt[2] nicht bei Finger-, sondern nur bei Mausinteraktion verwendet werden. Ein Beispiel eines 2D-Menüs ist in Abb. 6.13 dargestellt. Die Selektion der Inhalte erfolgt über Zeigegesten, die über die Hand oder einen Pointer (z. B. mittels Raycasting) ausgelöst werden.

Da Nutzer oft dasselbe Verhalten unabhängig von der Eingabemethode erwarten, können sie schnell erkennen, wie mit dem Menü zu interagieren ist. 2D-Menüs, die in immersiver VR angewendet werden, benötigen jedoch Adaptionen

- an das Eingabegerät wie z. B. dessen Genauigkeit,
- in Bezug auf die unterschiedlichen Dimensionalitäten (auf einer 2D-Anzeige wird eine 3D-Auswahltechnik verwendet, siehe auch Konflikt der Freiheitsgrade in Abschn. 5.1.5.6) oder
- an die Darstellung wie die perspektivische Anpassung für bessere Sichtbarkeit oder die Einführung von semitransparenten Bereichen, um die Verdeckung der Umgebung zu reduzieren.

Abb. 6.13 2D-Menü am Controller und Auswahl über die zweite Hand mit Raycasting

---

[2] Als *Hover-Effekt* (auch Mouseover) wird ein Ereignis bezeichnet, das durch das Überfahren eines Elements ausgelöst wird.

Typische Elemente in 2D-Menüs sind Pull-down-Menüs, Pop-up-Menüs oder Symbolleisten. Diese eignen sich insbesondere für komplexere Funktionalitäten und lassen sich gut durch die Einführung von Hierarchien strukturieren. Neben den Menüs, wie sie am Flachbildschirm eingesetzt werden, gibt es weitere Menüformen, die auf den Einsatz in immersiven Umgebungen hin entworfen oder optimiert sind.

6.3.2   Ringmenüs

Ein *Ringmenü* besteht aus im Kreis angeordneten Menüeinträgen, wobei die Auswahl eines Elements über eine eindimensionale Operation und eine Bestätigung stattfindet. Ein Ringmenü kann z. B. in Form eines rotierenden Reifens um den Arm herum angeordnet sein, siehe Abb. 6.14. Die Auswahl kann durch die Drehung der Hand erfolgen, an deren Arm das Menü verankert ist. Die Hand wird dabei so lange gedreht, bis das gewünschte Element ausgewählt ist. Die Abbildung der Handdrehung auf ein rotierendes anstelle eines linearen Menüs schafft eine bessere Auge-Hand-Koordination, ist aber gleichzeitig durch die physische Bewegungsfreiheit des Handgelenks eingeschränkt. Schnelle und große Drehungen können zu Beschwerden im Handgelenk führen. Dies kann durch eine nichtlineare Abbildung der Handgelenkdrehung auf die Menüdrehung behoben werden. Alternativ zur Handdrehung kann die Auswahl bei Ringmenüs durch Tasten, einen Drehknopf, einen Joystick oder ein Touchpad vorgenommen werden.

6.3.3   Tortenmenüs

Das *Tortenmenü* (engl. pie menu oder radial menu) ist eine Alternative zum Ringmenü, wobei hier das Menü auf einer Ebene angeordnet und nicht in den 3D-Raum gewölbt ist. Während auch ein Tortenmenü prinzipiell über andere Interaktionsformen, wie zuvor im Ringmenü beschrieben, verwendet werden kann, liegt der Vorteil in der Auswahl über eine kurze Bewegung in Richtung des auszuwählenden scheibenförmigen Menüeintrags, siehe

Abb. 6.14 Beispiel eines Ringmenüs und die Auswahl von Menüpunkten über die Rotation der Hand

Abb. 6.15 Beispiel eines
Tortenmenüs und die Auswahl
von Menüpunkten über die
horizontale und vertikale
Bewegung der Hand

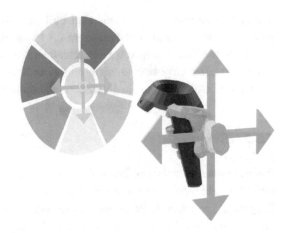

Abb. 6.15. Dadurch sind Tortenmenüs im Vergleich zu Menüleisten – wie sie täglich in
Benutzungsoberflächen verwendet werden – in der Bedienung schneller, haben die gleiche
Entfernung für jede Option und es passieren weniger Fehler (Callahan et al. 1988). Durch
ihre ausladende Form benötigen Tortenmenüs jedoch mehr Platz als lineare Menüs.

Ein interessanter Aspekt bei Tortenmenüs ist die Möglichkeit der *blinden Bedienung*:
Hat der Nutzer die Bewegung vom Ausgangspunkt und einem bestimmten Menüeintrag
gelernt, kann der Menüpunkt auch ohne visuelle Darstellung ausgewählt werden. Befindet sich beispielsweise eine gewünschte Option des Tortenmenüs im rechten oberen
Quadranten, langt es, nach Aktivierung der Menüauswahl die Hand nach rechts oben zu
bewegen. Durch Verzögerung in der Darstellung des Tortenmenüs ist es möglich, dass die
Anzeige für schnelle, erfahrene Nutzer verdeckt bleibt und nur für Nutzer sichtbar wird,
die zögern und vermutlich einen entsprechenden Hinweis zur Nutzung benötigen. Erfolgt
die Auswahl bereits vor der Darstellung, wird dies als *mark ahead* bezeichnet (Kurtenbach
und Buxton 1991).

6.3.4 Finger-Menüs

Während die zuvor besprochenen Menüs aus 2D-Schnittstellen abgeleitet werden können,
sind *Finger-Menüs* spezifische, für 3D-Schnittstellen entworfene Methoden, bei denen
einzelnen Fingern bestimmte Funktionalitäten oder Menüeinträge zugeordnet sind. So lassen sich durch simples Berühren eines Fingers mit dem Daumen Menüpunkte auswählen
(dafür sollte ein Eingabegerät verwendet werden, bei dem die Berührung des beteiligten
Fingers und des Daumens gut detektiert werden kann). Ist die Zuordnung einmal erlernt
und verändert sich nicht kontextsensitiv, kann auf eine visuelle Darstellung des Menüs
verzichtet werden. Bei hierarchischen Menüs[3] ist dies z. B. nicht der Fall.

---

[3] Ein *hierarchisches Menü* ist ein Menü, welches über ein oder mehrere Untermenüs verfügt.

Abb. 6.16 TULIP-Technik
mit drei Menüoptionen und der
Möglichkeit, weitere
Menüpunkte durch Berührung
des kleinen Fingers
auszuwählen

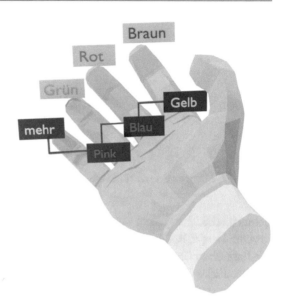

Werden mehrere Menüpunkte benötigt, bietet es sich an, die zweite Hand hinzuzunehmen oder, wenn die Bedienung weiterhin über eine Hand erfolgen soll, auf
Menühierarchien zurückzugreifen, z. B. auf die von Bowman und Wingrave (2001)
vorgeschlagene *TULIP-Technik*. TULIP steht für Three-Up, Labels In Palm und drückt
bereits aus, wie die Technik funktioniert: Dem Zeige-, Mittel- und Ringfinger wird je
ein Menüpunkt zugewiesen. Diese drei Menüpunkte können gewechselt werden, indem
der kleine Finger berührt wird. Da die neuen Menüpunkte bereits in der Handinnenfläche
angezeigt werden, siehe Abb. 6.16, weiß der Nutzer bereits im Voraus, welche weiteren
Optionen durch Antippen des kleinen Fingers selektierbar werden.

Entsprechende zweihändige, asymmetrische und asynchrone Adaptionen sind möglich:
Beispielsweise kann eine Hand einen von maximal vier Menüpunkten anzeigen (verteilt
auf Zeige-, Mittel- und Ringfinger sowie kleinen Finger), aus denen über das Antippen mit
dem Daumen der gleichen Hand ausgewählt werden kann. In Abhängigkeit der getroffenen
Auswahl der ersten Hand werden bis zu vier Untermenüpunkten in der zweiten Hand
angezeigt, die wiederum den entsprechenden Fingern zugeordnet und durch Antippen mit
dem Daumen der zweiten Hand selektiert werden können.

6.3.5 3D-Widgets

Die bisher betrachteten Menüformen haben sich auf die Abbildung auf einer Fläche
beschränkt. *3D-Widgets* nutzen die zusätzliche Dimension, um komplexere Menüstrukturen oder alternative Visualisierungen für Menüeinträge zu ermöglichen. 3D-Widgets
können auch eine Kombination von Geometrie und Verhalten aufweisen, um einfache

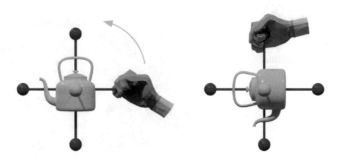

Abb. 6.17 Manipulation eines 3D-Objektes anhand von 3D-Widgets

geometrische, aber auch sehr komplexe Objekte zu manipulieren. Wie in Abb. 6.17 gezeigt, kann z. B. durch ein 3D-Widget ein Freiheitsgrad gezielt angewählt werden, um die Lage eines Objektes anzupassen, ohne die anderen Achsen zu verändern.

Die direkte Manipulation mit einer exakten Abbildung ist nicht immer die beste Lösung, vor allem dann nicht, wenn maximale Genauigkeit angestrebt wird. Zur indirekten Manipulation sowie zur Reduzierung der Freiheitsgrade bieten sich 3D-Widgets an, z. B. in Form von „Lenkstangen" (engl. handlebars), wie in Abb. 6.17 dargestellt. Mendes et al. (2016) fanden heraus, dass es durch die Beschränkung des virtuellen 3D-Widgets auf jeweils einen Freiheitsgrad, der gleichzeitig manipuliert werden kann, eine Fehlerreduzierung möglich wird, dies allerdings auf Kosten eines erhöhten Zeitaufwands.

Ein weiterer interessanter Einsatz von 3D-Widgets sind sogenannte *Surrogate Widgets* zur Manipulation komplexer volumetrischer Objekte. Unerfahrene Nutzer suchen bei komplexen Darstellungen häufig nach Möglichkeiten, sichtbare Strukturen zu manipulieren oder ins Innere zu schauen. Komplexen volumetrischen Objekten fehlen i. d. R. Anhaltspunkte, wie sie manipuliert werden können. Durch 3D-Widgets kann die Manipulation solcher Objekte vereinfacht werden, z. B. in der Form eines würfelförmigen Hüllkörpers. Aufgrund ihrer einheitlichen Struktur können einfache Hüllkörper es laut Stoppel und Bruckner (2018) jedoch schwierig machen, eine gewünschte Operation zu spezifizieren. Daher schlagen Stoppel und Bruckner vor, *intelligente Surrogate Widgets* zu verwenden, die automatisch konstruiert werden, indem ein vereinfachtes Modell basierend auf der sichtbaren Struktur des komplexen Objektes berechnet wird.

6.4   Gestaltungsempfehlungen für grafische Schnittstellen

In immersiven VR-Anwendungen muss der Nutzer in die Lage versetzt werden, Szenen und Schnittstellen richtig zu interpretieren, um die Anwendung effektiv nutzen zu können. Visuelle Hinweise können hier unterstützen. Bei der Darstellung und Platzierung dieser visuellen Hinweise ergeben sich besondere Herausforderungen: die Positionierung von Inhalten in einem 3D-Raum, ohne wichtige Informationen zu verdecken; eine zu kleine oder zu große Entfernung von Informations- bzw. Interaktionskomponenten und die Lesbarkeit von Textinformationen.

In der Literatur finden sich zahlreiche Quellen, die Gestaltungsempfehlungen geben. Diese Empfehlungen sind allerdings mit Vorsicht anzuwenden, denn es gibt erhebliche individuelle Unterschiede und oft lassen sich solche Empfehlungen nicht pauschalisieren, sondern der Einzelfall sollte stets geprüft werden. Eine Gestaltungsempfehlung, die für eine bestimmte Benutzungsoberfläche, eine konkrete Anwendung oder einen spezifischen Nutzer gut sein kann, ist nicht zwangsläufig für ein anderes Szenario die optimale Wahl.

Im Folgenden wird der Versuch unternommen, aus verschiedenen (sich teilweise widersprechenden) „Richtlinien" von HMD-Herstellern, Gameengine-Anbietern und aus der wissenschaftlichen Literatur allgemeingültige Empfehlungen für die Darstellung und Platzierung von Informations- und Interaktionselementen in immersiver VR zusammen-zustellen:

- *Ausreichende Abstände und Größen von Interaktionselementen einhalten*, damit der Nutzer die Interaktion problemlos durchführen kann. Außerdem müssen die Abstände zwischen den Elementen groß sein, damit der Nutzer nicht versehentlich benachbarte Elemente auslöst.
- *Nur eine geringe Dichte von Interaktionselementen verwenden*, indem die Anzahl von Informationen und Objekten niedrig gehalten wird oder indem Bereiche mit hoher Informationsdichte interaktionsfrei gestaltet werden.
- *Grafische Benutzungsoberflächen so platzieren, dass diese bequem erkundet und mit ihnen interagiert werden kann.* Dabei sollten auch die Anforderungen der Ergonomie berücksichtigt werden.
- *Visuelles Feedback zur Auswahl in unmittelbarer Nähe zum Interaktionsbereich platzieren*, damit die Auswirkungen vom Nutzer auch wahrgenommen werden. Kombinieren Sie das Feedback auch mit akustischer und haptischer Ausgabe.
- *Periphere Sichtbereiche vermeiden* für immer wieder benötigte Informationen, um die Belastung des Nackens durch häufiges Hinschauen zu reduzieren.
- *Verankerungen im direkten Blickfeld vermeiden*, denn diese können zu Unbehagen führen und die Sicht auf die Umgebung verdecken.
- *Schwankendes Anzeigen vermeiden*, indem, wenn es eine Horizontlinie gibt, diese konstant gehalten wird. Ein schwankender Horizont in immersiver VR ist wie ein schwankender Horizont auf einem Schiff.
- *Auf Lesbarkeit von Schrift achten*, denn das Lesen von Texten kann in immersiver VR eine schwierige Aufgabe sein, da die Lesbarkeit von Text durch Größe, Farbigkeit und Hintergrund sowie Anzeigewinkel in immersiver VR stark eingeschränkt sein kann.
- *Häufige Wechsel zwischen 2D-Benutzungsoberfläche und 3D-Umgebung sowie unnötige Fokus- und Kontextwechsel vermeiden*, denn der Wechsel kann als unangenehm empfunden werden.
- *Interaktionen und Menüs so gestalten, dass sie sowohl von Links- als auch Rechtshändern bedient werden können.* In der Bevölkerung sind ca. 10 % Linkshänder, daher

sollte sichergestellt sein, dass die Anwendung auch für diese den gleichen Komfort bietet oder entsprechende Anpassungen möglich sind.

- *Verdeckungen durch die virtuellen Hände vermeiden.* In der realen Welt interagieren Menschen routinemäßig mit Objekten, die von ihren Händen verdeckt werden. Die Haptik liefert das benötigte Feedback. Fehlen sowohl visuelles als auch haptisches Feedback, wird eine Interaktion schwierig durchzuführen. Indem Interaktionselemente größer als das Eingabegerät (wie Hand oder Controller) dargestellt sind, bleiben diese teilweise sichtbar. Bei kleinen Objekten kann es auch helfen, das Eingabegerät halbtransparent darzustellen.

Literaturverzeichnis

Alger M (2015) Visual design methods for virtual reality. Ravensbourne. http://aperturesciencellc. com/vr/VisualDesignMethodsforVR_MikeAlger.pdf. Zugegriffen am 17.06.2023

Bowman DA, Wingrave CA (2001) Design and evaluation of menu systems for immersive virtual environments. In: Proceedings IEEE Virtual Reality 2001. IEEE. Yokohama, S 149–156

Bullinger HJ (2013) Ergonomie: Produkt- und Arbeitsplatzgestaltung. Springer, Wiesbaden

Callahan J, Hopkins D, Weiser M, Shneiderman B (1988) An empirical comparison of pie vs. linear menus. In: Proceedings of the SIGCHI Conference on Human Factors in Computing Systems. Washington, D.C, S 95–100

Dachselt R, Hübner A (2007) Three-dimensional menus: a survey and taxonomy. Comput Graph 31(1):53–65

Kurtenbach G, Buxton W (1991) Issues in combining marking and direct manipulation techniques. In: Proceedings of the 4th Annual ACM Symposium on User Interface Software and Technology. Hilton Head, S 137–144

Mendes D, Relvas F, Ferreira A, Jorge J (2016) The benefits of DoF separation in mid-air 3D object manipulation. In: Proceedings of the 22nd ACM Conference on Virtual Reality Software and Technology. Munich, S 261–268

Mendes D, Caputo FM, Giachetti A, Ferreira A, Jorge J (2019) A survey on 3d virtual object manipulation: from the desktop to immersive virtual environments. In: Computer Graphics Forum. Wiley Online Library 38:21–45

Penumudi SA, Kuppam VA, Kim JH, Hwang J (2020) The effects of target location on musculoskeletal load, task performance, and subjective discomfort during virtual reality interactions. Appl Ergon 84:103010

Shneiderman B (1981) Direct manipulation: a step beyond programming languages. In: Proceedings of the Joint Conference on Easier and More Productive Use of Computer Systems. (Part-II): Human Interface and the User Interface-Volume 1981:143

Stoppel S, Bruckner S (2018) Smart surrogate widgets for direct volume manipulation. In: 2018 IEEE Pacific Visualization Symposium (PacificVis). IEEE, Kobe, S 36–45

Whittinghill DM, Ziegler B, Case T, Moore B (2015) Nasum virtualis: a simple technique for reducing simulator sickness, Bd 74. Games Developers Conference (GDC), San Francisco

Yao R, Heath T, Davies A, Forsyth T, Mitchell N, Hoberman P (2014) Oculus VR best practices guide. Oculus VR 4:27–35

Fortbewegung

7

Zum großflächigen Erkunden und Interagieren in einer virtuellen Umgebung ist entscheidend, dass der eigene Standort verändert werden kann. Die *Fortbewegung*, die auch *Lokomotion* (lat. locus für Ort bzw. Stelle sowie motio für Bewegung) genannt wird, ermöglicht dem Nutzer, den Blickwinkel in der virtuellen Umgebung mit Hilfe verschiedener Bewegungsmethoden zu verändern. Die Fortbewegung ist ebenso wie die Interaktionsmethode eine essentielle Komponente der immersiven VR. Ebenso wie die Interaktion hat die gewählte Fortbewegungsmethode einen erheblichen Einfluss auf die Nutzererfahrung und die Produktivität (Bozgeyikli et al. 2016). Der Begriff Fortbewegung ist vom Begriff Körperbewegung insofern abgegrenzt, da sich der erste auf die Veränderung des Ortes bezieht und der zweite auf die Veränderung der Gliedmaßen.

Das Ziel der *Navigation* ist es, zum gewünschten Zielpunkt zu gelangen. Dafür bedarf es zum einen der Wegfindung, bei der die momentane Position und eine Route zum Zielpunkt bestimmt werden müssen, und zum anderen der Fortbewegung, bei der die Position verändert wird.

Bei der *Wegfindung* handelt es sich um einen bewussten Prozess, bei dem gesucht, erkundet oder der Weg geplant wird. Dabei orientiert sich der Mensch an markanten Merkmalen der Umgebung (engl. landmarks), die entweder künstlich gesetzt sind (unterstützte Navigation) oder natürlich vorkommen (unterstützungslose Navigation). Da der öffentliche Raum hinreichend erschlossen ist, findet heutzutage fast ausschließlich die unterstützte Navigation statt, die durch Hinweisschilder, Straßenverläufe oder durch Landkarten und Navigationssysteme geleitet wird.

Bei der Fortbewegung handelt es sich um einen nahezu unterbewussten Prozess, bei dem im Hintergrund hochkomplexe Steuerungsprozesse ablaufen, z. B. das Gehen auf unebenem Grund oder das Ausweichen vor Hindernissen.

M. Wölfel, *Immersive Virtuelle Realität*, https://doi.org/10.1007/978-3-662-66908-2_7

7.1   Kategorisierung der Bewegungsmethoden

Nach Boletsis und Cedergren (2019) lassen sich verschiedene Möglichkeiten der Fortbewegung einteilen. Mit der Ergänzung um autonome Fortbewegung ergeben sich für die *Fortbewegung* die drei prinzipiellen Kategorien autonom, künstlich und physisch:

- Bei der **autonomen Fortbewegung** wird der Standpunkt in der virtuellen Welt, ohne den Einfluss des Nutzers, automatisch bewegt (kontinuierlich oder diskret).
- Bei der **künstlichen Fortbewegung** wird der Standpunkt in der virtuellen Welt über die Steuerungsbefehle eines Controllers (kontinuierlich oder diskret) vom Nutzer verändert.
- Bei der **physischen Fortbewegung** wird die Körperbewegung des Nutzers auf den Standpunkt in der virtuellen Welt kontinuierlich übertragen.

Diese drei Möglichkeiten der Fortbewegung können innerhalb derselben Anwendungen einzeln vorkommen oder in Kombination. So findet i. d. R. ein Schnitt statt, um in einen neuen Abschnitt der Anwendung zu gelangen, dort wird dann eine andere Fortbewegung angewendet. Aber auch eine gleichzeitige Verwendung ist möglich. Dabei können die Achsen voneinander getrennt sein. Als Beispiel wird eine Heißluftballonfahrt betrachtet. Hier kann der Anwender die Höhe über das Ziehen an einem Seil – das den Bunsenbrenner regelt – beeinflussen, die Richtung ist jedoch durch die Windrichtung vorbestimmt. Unterschiedliche Fortbewegungsmethoden können sich auch auf die gleichen Freiheitsgrade auswirken, z. B. wenn sich ein VR-Nutzer auf einem fahrenden Zug selbst bewegt oder wenn die natürliche Kopfrotation um eine durch den Controller ausgelöste diskrete Rotation ergänzt wird, damit der Nutzer sich nicht physikalisch umdrehen muss.

Die Fortbewegung, wie in Abb. 7.1 dargestellt, lässt sich weiter spezifizieren in Bewegungsarten, Bewegungsräume und Bewegungsmethoden, die jeweils im Folgenden näher beschrieben werden.

7.1.1   Bewegungsarten

Die *Bewegungsart* unterscheidet die Fortbewegung nach ihrer zeitlichen Struktur, die kontinuierlich oder diskret – also diskontinuierlich – sein kann. Bei einer *kontinuierlichen Fortbewegung* findet ein fließender Übergang von einem Standort zu einem anderen statt. Bei der *diskreten Fortbewegung* ist der Standortwechsel sprunghaft, der Nutzer befindet sich ohne Übergang an einem anderen Ort. Kontinuierliche Bewegungsarten sind z. B. alle Laufvarianten (vom natürlichen über das simulierte bis hin zum umgelenkten Laufen). Häufig verwendete diskrete Bewegungsarten sind der Schnitt und der Teleport.

Einer der größten Nachteile der kontinuierlichen Fortbewegung in immersiven Umgebungen liegt in einer größeren Auftretenswahrscheinlichkeit der Cyberkrankheit, bedingt

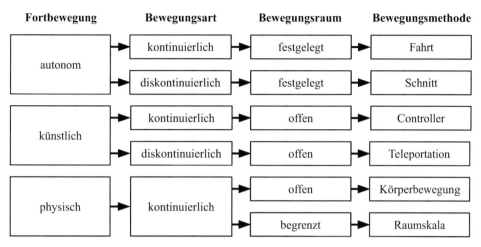

Abb. 7.1 Unterteilung verschiedener Bewegungsmöglichkeiten in Anlehnung an Boletsis und Cedergren (2019) und ergänzt um autonome Interaktionen

durch die Diskrepanz der visuellen Bewegung der Umgebung und des sich nicht bewegenden Körpers (Boletsis und Cedergren 2019). Bei der physischen Fortbewegung existiert diese Diskrepanz i. d. R. nicht oder ist vermindert. Aus diesem Grund ist das Auftreten der Cyberkrankheit bei physischer Fortbewegung normalerweise geringer als bei autonomer oder künstlicher Fortbewegung. Daher sind insbesondere bei der kontinuierlichen autonomen oder künstlichen Fortbewegung Maßnahmen zu berücksichtigen, die das Auftreten von Cyberkrankheit reduzieren, wie in Abschn. 7.5 weiter ausgeführt.

7.1.2 Bewegungsräume

Der *Bewegungsraum* bestimmt die Fläche des zur Verfügung stehenden Platzangebots. Während dem Bewegungsraum im Virtuellen prinzipiell keine Grenzen gesetzt sind, da er sich ins Unendliche ausdehnen lässt, kann die Bewegungsfreiheit im virtuellen Raum dennoch eingeschränkt sein. Beispielsweise kann die Fortbewegung bereits im Voraus festgelegt sein oder die virtuelle Umgebung besitzt Barrieren wie Wände und Schluchten. Bei natürlichen Fortbewegungsmethoden kann auch der physikalisch zur Verfügung stehende Platz den virtuellen Bewegungsraum einschränken.

Der *festgelegte Bewegungsraum* ermöglicht dem Nutzer nicht, sich frei im virtuellen Raum zu bewegen, da bereits alle Ortsveränderungen vordefiniert sind.

Ist der Bewegungsraum im Virtuellen eingeschränkt, wird dieser als *begrenzter Bewegungsraum* bezeichnet. Wie groß die Fläche des begrenzten Bewegungsraums ist, hängt von den physischen Gegebenheiten ab. Abb. 7.2 zeigt den maximal zur Verfügung stehen-

Abb. 7.2 Darstellung der
Größe des Realraums als
verfügbare quadratische
Fläche, die von X % der
Anwender (HTC Vive) genutzt
werden kann

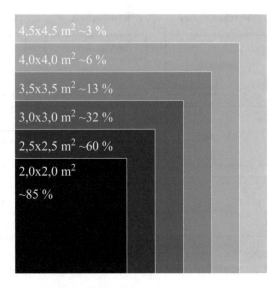

den physikalischen Bewegungsraum für die immersive VR-Nutzung im Heimbereich.[1]
Den meisten Heimanwendern stehen somit nicht einmal $3 \times 3\,m^2$ zur Verfügung. Im
professionellen Bereich kann die Umgebung eher an die Anforderungen der immersiven
VR angepasst werden und das Raumangebot ist entsprechend größer.

Unter einem *offenen Bewegungsraum* wird die prinzipielle Möglichkeit verstanden,
sich frei und unendlich weit im virtuellen Raum bewegen zu können und nicht durch die
Limitierungen der Bewegungsmethode begrenzt zu sein. Jedoch kann der virtuelle Raum
in sich selbst begrenzt sein, z. B. durch Wände, Wasser oder Abhänge.

7.1.3 Bewegungsmethoden

Jede *Bewegungsmethode* lässt sich nicht nur anhand der gegebenen Taxonomie einer
Fortbewegung, einer Bewegungsart sowie einem Bewegungsraum zuordnen, sondern
es ergeben sich sechs prinzipielle Klassen, in denen es jeweils weitere spezifische
Realisierungen gibt. Zur besseren Übersicht werden die einzelnen Bewegungsmethoden
hier kurz eingeführt. Eine ausführliche Beschreibung findet sich in den entsprechenden
Unterkapiteln.

Fahr-Metapher: Der Standortwechsel wird durch eine im Vorhinein festgelegte kontinuierliche Veränderung des Standorts vorgenommen.

Schnitt-Metapher: Durch einen Schnitt wird zwischen zwei Standorten gesprungen.

---

[1] Nach einer Reddit-Befragung von 560 Usern, siehe https://www.reddit.com/r/Vive/comments/
4fqq4a/vr_roomscale_room_size_survey_answers_analysis/.

Controller-Metapher: Steuerungsbefehle werden verwendet, um den Nutzer künstlich in der virtuellen Umgebung kontinuierlich zu bewegen.

Teleportations-Metapher: Steuerungsbefehle werden verwendet, um den Standort des Nutzers in der virtuellen Umgebung diskontinuierlich zu verändern.

Bewegungsbasiert: Physische Körperbewegungen werden genutzt, um diese in eine kontinuierliche Fortbewegung in offenen virtuellen Räumen zu übersetzen.

Raumskalabasiert: Physische Körperbewegungen werden eins zu eins im virtuellen Raum abgebildet.

Fortbewegungsmethoden, die auf künstlicher Fortbewegung oder auf tatsächlichen oder nachgeahmten Laufbewegungen beruhen, haben sich als Quasistandard etabliert, da sie in vielen Anwendungen einsetzbar sind. Jedoch gibt es auch unzählige anwendungsspezifische Lösungen, um sich im virtuellen Raum fortzubewegen. Fortbewegung ist z. B. möglich, durch

- die eigene Muskelkraft wie beim Kajaken, Klettern oder Fahrradfahren,
- die Muskelkraft von Tieren wie beim Reiten oder Schlittenhundefahren,
- die Nutzung der Lageenergie wie beim Skifahren oder Fallschirmspringen,
- Wärmeenergie (Thermik) beim Segelfliegen oder
- einen Antrieb wie bei Autos, Flugzeugen oder Helikoptern.

Bei dem Versuch, diese Fortbewegungen für immersive VR umzusetzen, wird schnell klar, dass sie jeweils eigene spezifische Lösungen erfordern, oft in Form eigens entwickelter Hardware und gekoppelt mit entsprechender Aktorik.

Da die Ausführungen einzelner anwendungsspezifischer Arten der Fortbewegung den Rahmen dieses Buches sprengen würden, werden diese hier nicht weiter ausgeführt. Eine Datenbank und Visualisierung von über 100 Fortbewegungstechniken in immersiver VR wurden von Di Luca et al. (2021) auf der Website *Locomotion Vault*[2] zusammengestellt.

Ob die Nachahmung von Körperbewegungen im spezifischen Fall jedoch eine gute Wahl ist, sollte gut überlegt sein: Die Nachahmung des Vogelflugs – zumindest für kurze Zeitspannen – kann z. B. von Nutzern intuitiv verwendet werden: Durch Verlagerung des Körpermittelpunktes kann die Flugrichtung bestimmt werden. Durch ausgebreitete Arme und Körperbewegungen, die dem Flügelschlag nachempfunden sind, kann beschleunigt werden. Andere Bewegungsformen, wie z. B. die Nachahmung von Schwimmbewegungen an Land, werden jedoch im Vergleich zu alternativen Fortbewegungsmethoden nicht bevorzugt (Zhang et al. 2019).

---

[2] https://locomotionvault.github.io.

7.2   Autonome Fortbewegung

Die *autonome Fortbewegung* (engl. autonomous locomotion) ist eine Fortbewegung, die ohne Zutun des Nutzers ausgelöst wird. Der Nutzer hat somit keinen Einfluss auf die Richtung oder die Geschwindigkeit, mit der eine Fortbewegung stattfindet. Der Nutzer kann lediglich die Orientierung bestimmen, in die er seinen Blick lenkt bzw. seinen Kopf dreht. Der autonome Wechsel eines Standpunktes kann dabei entweder durch eine Fahr- oder Schnitt-Metapher erfolgen.

7.2.1   Fahr-Metapher

Die Illusion von *Eigenbewegung* kann in der virtuellen Welt das Gefühl des Reisens erzeugen, indem die Sicht des Nutzers auf die Welt, repräsentiert durch die Kamera im Raum, verändert wird. Dabei wird die Kamera „wie auf Schienen" über einen vordefinierten Pfad bewegt, weshalb sich im Englischen für diese Bewegungsart der Begriff *On-Rails Locomotion* etabliert hat. Dem Nutzer ist es somit nicht möglich, den Bewegungsablauf selbst zu beeinflussen. Die Fortbewegung kann dabei durch eine Kamera erfolgen, die nicht in der virtuellen Welt dargestellt ist, oder über sichtbare, sich autonom bewegende Plattformen, wie Fahrzeuge oder Flugzeuge, mit denen sich der Nutzer mitbewegt.

Durch die Darstellungen von Bewegung kann diese Fortbewegungsmethode beim Betrachter zu Cyberkrankheit führen, ebenso wie bei kontinuierlichen Fortbewegungsmethoden, die nutzergesteuert sind. Da der Betrachter selbst nicht aktiv an der Fortbewegung beteiligt ist, können die Auswirkungen sogar stärker ausfallen, als wenn der Nutzer das Gefühl hat, selbst Kontrolle über die Fortbewegung zu haben. Im Allgemeinen wird die autonome Fortbewegung besser akzeptiert, wenn für den Zuschauer klar ist, entlang welcher Trajektorie die Bewegung stattfindet (Fearghail et al. 2018).

Manch automatische (also solche, die autonom oder künstlich sind) kontinuierliche Fortbewegung verursacht weniger bewegungsbedingtes Unwohlsein als andere. Gut verträgliche automatische Fortbewegungen sind

- *lineare Fortbewegungen* ohne Geschwindigkeitsänderungen, denn nur Beschleunigungen können vom Gleichgewichtsorgan wahrgenommen werden.
- *horizontale Schwenkbewegungen der Kamera*, wobei es vorzuziehen ist, über Hinweise den Betrachter dazu zu bringen, seinen Kopf in die gewünschte Richtung zu drehen und dies nicht zu erzwingen.

Automatische Fortbewegungen, die problematisch sind und somit vermieden (oder zumindest auf ihre Verträglichkeit anhand von Probandentests überprüft) werden sollten, sind

- *Beschleunigung* jeglicher Art;
- *Winkelbewegung* jeglicher Art;
- *Rollen der Kamera*, weil sie den Horizont vertikal neigt;

- *vertikales Wippen* sollte auf jeden Fall vermieden werden, denn künstlich hinzugefügtes Kopfwackeln führt zu erheblichem Unwohlsein – dieser Effekt kann auch unbeabsichtigt auftreten, wenn sich der Charakter über Treppen oder durch hügeliges Gelände bewegt;
- *Bewegungen seitlich zur Blickrichtung*, vermutlich weil wir uns auch in der realen Welt nicht oft zur Seite bewegen.

Bei der Verwendung von autonomer und künstlicher Fortbewegung, aber auch bei physischer Fortbewegung in geringerem Umfang, sollten mögliche Konsequenzen bewusst sein. Die Auswirkung auf das bewegungsbedingte Unwohlsein hängt sehr stark von verschiedenen Faktoren ab, z. B. dem Sichtfeld (siehe dynamische Beschränkung des Sichtfeldes, Abschn. 7.5.3), Anzahl und Größe nicht bewegter Objekte (siehe Ruhesystem, Abschn. 7.5.2) und der Art der Fortbewegung.

7.2.2 Schnitt-Metapher

Innerhalb einer immersiven VR-Anwendung, so wie beim Film auch, kann es mehrere in sich abgeschlossene oder aufeinander aufbauende Abschnitte geben, die z. B. über einen Handlungsablauf bestimmt werden. Die auf die aktuelle Handlung folgende kann an einem anderen Ort (Ortswechsel) oder zu einer anderen Zeit (Zeitwechsel) stattfinden. Auch können Perspektivwechsel die Sicht einer anderen Person, Träume oder Visionen abgrenzen.

Der Übergang von einem Abschnitt zu einem anderen findet dabei i. d. R. durch einen *Schnitt* statt. Ein Schnitt kann aber auch genutzt werden, um Fortbewegung innerhalb der gleichen Szene anzudeuten. Wie zuvor beschrieben, ist eine gute Herangehensweise, um Cyberkrankheit zu minimieren, erst gar keine Bewegung in einer Szene darzustellen. In immersiver VR wird daher der Schnitt häufig verwendet, um von einem Ort zu einem anderen Ort innerhalb der gleichen Szene zu wechseln (siehe auch Abschn. 7.3.5).

Im Film werden verschiedene Schnitttechniken eingesetzt, um bestimmte Assoziationen beim Zuschauer hervorzurufen: Bleibt z. B. die Kameraeinstellung immer die gleiche, nur die Haltung und Position einer Person ändern sich – liegend auf dem Sofa, sitzend auf dem Sofa, im Zimmer herumlaufend – von Schnitt zu Schnitt, wird das Verstreichen einer längeren Zeitspanne angedeutet.

Der *harte Schnitt* beschreibt den abrupten Wechsel von einer Szene in eine neue Szene. Dies ist die gängigste Schnitttechnik in immersiven VR-Anwendungen. Bei einem *weichen Schnitt* wechselt die Einstellung nicht abrupt in die nächste Szene, sondern es vergeht eine gewisse Zeitspanne, wie bei der Überblendung oder der Auf- bzw. der Abblende. Bei der *Überblendung* (engl. lap dissolve) wird das alte Bild langsam ausgeblendet und das neue Bild gleichzeitig eingeblendet. Dadurch entsteht ein fließender Übergang. Die Überblendung wird im Film häufig verwendet, um zwei zeitlich oder räumlich weit voneinander entfernte Szenen zu suggerieren. Bei der *Auf-* bzw. der *Abblende* (engl. fade-in und fade-out) wird aus dem Schwarz, Weiß oder einer Farbe überblendet. Bei einem *Jump Cut* werden aus einer Einstellung, die eine kontinuierliche Bewegung zeigt, Teile herausgenommen, sodass Bildsprünge entstehen.

7.3 Künstliche Fortbewegung

Die *künstliche Fortbewegung* (engl. artificial locomotion) ist eine Fortbewegung, die nicht den natürlichen Bewegungsabläufen entspricht, sondern über einfache Steuerungsbefehle ausgelöst wird. Ein Steuerungsbefehl kann z. B. gegeben werden, indem auf eine Taste gedrückt, ein Joystick nach vorne bewegt, in eine Richtung gezeigt oder geblickt wird.

Die Vorteile der künstlichen Fortbewegung liegen vor allem in ihrer Einfachheit der Anwendung, die oft bereits aus anderen Medien bekannt ist. Es werden so sowohl das Verständnis als auch die Anwendbarkeit gefördert. Die Methoden der künstlichen Fortbewegung erfordern kaum Körperbewegung, wodurch eine geringere Belastung für den Nutzer im Vergleich zur physischen Fortbewegung entsteht. Zusätzlich bewegt sich der Nutzer nur geringfügig aus seiner physikalischen Startposition heraus, weshalb er sich beim Abziehen des HMDs i. d. R. am gleichen physikalischen Ort befindet, wo er begonnen hat. Dies erleichtert den „Wiedereintritt" zurück in die reale Welt. Die Reorientierung fällt einfacher, wenn sich der Nutzer weniger weit von seinem Standort entfernt wiederfindet, an dem er das Headset aufgesetzt hat.

Aufgrund des oft begrenzten Platzes im physischen Raum und der geringen physischen Anstrengung verwenden viele immersive VR-Anwendungen künstliche Fortbewegungsmethoden. Im Vergleich zur autonomen Fortbewegung besteht eine geringere Wahrscheinlichkeit für das Auftreten von Unwohlsein, da der Nutzer selbst die Kontrolle über die Fortbewegung hat. Jedoch ist die Wahrscheinlichkeit größer im Vergleich zur physischen Fortbewegung, denn es besteht ein größerer Widerspruch zwischen der tatsächlichen Körperbewegung und der virtuellen Fortbewegung.

Die Verwendung von immersiven VR-Anwendungen im Sitzen ist nicht unüblich und insbesondere bei längerer Nutzung oder beim Betrachten von Filmen die bevorzugte Haltung. Weitere Gründe, warum bei der Nutzung eine sitzende Haltung eingenommen wird, sind z. B. Vorgaben der Umgebung (z. B. Sicherheit), der VR-Anwendung (z. B. Fahrsimulator) oder eine körperliche Beeinträchtigung (z. B. Rollstuhlfahrer). Aufgrund der einfachen Steuerung, die bei künstlicher Fortbewegung zumeist über einen Controller oder einfache Körperbewegungen ausgelöst wird, eignen sich fast alle diese Methoden auch im Sitzen.

7.3.1 Controllersteuerung

Die *Controllersteuerung* stellt eine bekannte Fortbewegungsmethode aus Computerspielen dar und ist in verschiedenen Spielekonsolen wie der Xbox oder der Playstation die Standardeingabemethode. Sie bietet dem Nutzer prinzipiell die Möglichkeit, eine kontinuierliche oder diskrete Fortbewegung durch die virtuelle Welt durchzuführen. Durch

Drücken eines Kopfes, Bewegen eines Joysticks oder Auslenken aus einem virtuellen Mittelpunkt bei berührungssensitiven Oberflächen bewegt sich die Spielfigur oder die virtuelle Umgebung in die entsprechende Richtung oder dreht sich. Die Belegung der einzelnen Knöpfe der Controller lässt sich meistens variabel, je nach Vorlieben der Nutzer, umkonfigurieren.

7.3.2 Blickgeführte Steuerung

Die *blickgeführte Steuerung* (engl. gaze-directed steering) beschreibt eine Bewegungsmethode, bei der mit Hilfe der Blickrichtung des Nutzers eine kontinuierliche Fortbewegung kontrolliert wird. Bei der *Kopfneigetechnik* (engl. head-tilt technique) wird die Vorwärts- bzw. Rückwärtsbewegung über die Neigung des Kopfes bestimmt, siehe Abb. 7.3. Senkt der Nutzer den Kopf, läuft er vorwärts, lehnt der Nutzer den Kopf nach hinten, läuft er rückwärts. Alternativ kann die Vorwärts- bzw. Rückwärtsbewegung über einen Trigger ausgelöst werden, z. B. einen Knopf am Controller. Die Laufrichtung wird jeweils über die Drehung des Kopfes, um die vertikale Achse, bestimmt. Die tatsächliche Blickrichtung, wie der Name der Technik nahelegt, wird normalerweise nicht verwendet.

Da sich bei der blickgeführten Steuerung immer in Blickrichtung fortbewegt wird, ist der Freiheitsgrad eingeschränkt: Der Nutzer kann nicht in eine Richtung schauen und sich in eine andere fortbewegen. Diese Methode wird daher oft von Nutzern, die es nicht gewohnt sind, durch virtuelle 3D-Welten zu navigieren, als weniger komplex empfunden. Die blickgeführte Steuerung führt im Vergleich zu Methoden, bei denen Blick- und Fortbewegungsrichtung nicht übereinstimmen, zur Verringerung der Cyberkrankheit (Lai et al. 2020).

Die blickgeführte Steuerung eignet sich insbesondere für einfache HMDs, denn sie kommt ganz ohne zusätzliche Controller aus. Allerdings kann, wie schon erwähnt, während der Fortbewegung nicht in eine andere Richtung geschaut werden. Dieser Nachteil ist bei der Kopfneigetechnik noch verstärkt, da der Blick des Nutzers zusätzlich nach unten geneigt ist und er seinen Blick somit nicht frei schweifen lassen kann.

vorwärts ohne Bewegung rückwärts

Abb. 7.3 Vorwärts- bzw. Rückwärtsbewegung wird durch Neigen des Kopfes ausgelöst. Die Fortbewegungsrichtung wird durch die Kopforientierung bestimmt

7.3.3 Zeigetechnik

Die *Zeigetechnik* (engl. pointing technique), auch als *handgeführte Steuerung* (engl. hand-directed steering) bezeichnet, funktioniert sehr ähnlich zu der gerade besprochenen blickgeführten Steuerung. Anstatt der Blick- bzw. Kopforientierung wird jedoch die Richtung verwendet, in die die Hand oder das Eingabegerät zeigt. Somit besteht die Möglichkeit, den Kopf bzw. Blick unabhängig von der Fortbewegungsrichtung zu verwenden und seinen Blick frei schweifen zu lassen. Im Vergleich zur blickgeführten Steuerung ist diese Technik aber etwas komplexer und anfälliger für Cyberkrankheit.

7.3.4 Lehntechnik

Die *Lehntechnik* beruht auf der Grundidee eines „menschlichen Joysticks", bei dem der Steuerstab in eine Richtung gedrückt wird und so die Steuerung entlang von zwei Achsen ermöglicht: Kippen nach links oder rechts und Kippen nach vorne oder hinten. Je nach Implementierung werden neben dem Kippen auch weitere Bewegungen unterstützt; z. B. Bewegen nach oben oder unten und Drehen um die Körperachse. Diese Körperbewegung wird entsprechend auf die Fortbewegung und die Richtung in der virtuellen Umgebung abgebildet.

Lehntechniken können sowohl im Stehen als auch im Sitzen angewendet werden. Für die sitzende Nutzung wurden verschiedene sitzspezifische Möglichkeiten vorgeschlagen. Dabei können Stühle mit oder ohne Rückenlehne verwendet werden:

Drehstuhl: Hier basiert die Interaktion auf einem Drehstuhl, wie er in vielen Büros vorkommt. Die Navigation erfolgt, indem sich der Nutzer sitzend auf dem Stuhl nach vorne/hinten neigt, um sich in diese Richtung zu bewegen, und den Stuhl dreht, um sich virtuell zu drehen.

NaviChair: Der NaviChair (siehe z. B. Kruijff et al. 2016) basiert auf dem Hockerstuhl *Swopper* von Aeris, dessen Sitz auf Federn gelagert und der als Eingabegerät umfunktioniert ist. Indem der Nutzer den Sitz durch Verlagerung seines Gewichts neigt, kann sich in die gewünschte Richtung fortbewegt werden, siehe Abb. 7.4. Der Nutzer steuert die simulierte Drehung, indem er den Stuhl leicht nach links oder rechts von der standardmäßigen Vorwärtsrichtung wegdreht. Der Grad der Stuhlneigung ist dabei der Geschwindigkeit zugeordnet.

7.3.5 Teleportation

Die *Teleportation* (altgr. tele, dt. fern, und lat. portare, dt. tragen, bringen) stammt aus der Science-Fiction und bezeichnet den augenblicklichen Transport eines Objektes von einem Ort zu einem anderen, ohne den Raum dazwischen zu durchqueren oder Zeit zu

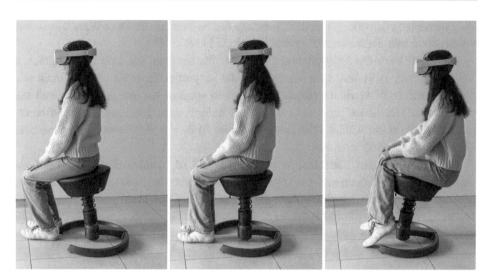

Abb. 7.4 Fortbewegung im Sitzen durch Neig- und Drehbewegungen des umfunktionierten Hockerstuhles *Swopper*

benötigen. Diese Fortbewegungungsmethode bildet somit einen Kontrast zu den meisten in diesem Kapitel besprochenen Fortbewegungsmethoden, da diese nicht kontinuierlich arbeitet, sondern der Nutzer von einer Stelle innerhalb der virtuellen Umgebung an eine andere sprunghaft verschoben wird (Boletsis und Cedergren 2019). Somit entsteht durch eine Teleportation keine optische Bewegung (bis auf den Bildwechsel), wodurch die Teleportation weniger anfällig für das Auftreten von Cyberkrankheit im Vergleich zu kontinuierlichen Fortbewegungsmethoden ist (Bhandari et al. 2018).

Obwohl die Teleportation keine Bewegung durch den Raum zeigt, wird dies als solche wahrgenommen. Wie bei einem Sprung im Film (z. B. der Schauspieler geht aus einem Zimmer und kommt in der nächsten Szene aus dem Haus) wird der nicht gezeigte Weg in Gedanken um diesen ergänzt. Weitere Vorteile der Teleportation sind die Schnelligkeit der Fortbewegung in der virtuellen Welt, der geringe Aufwand und die geringe Belastung, die Reichweite und die Möglichkeit, die Technik in einem begrenzten Raum zu nutzen (vergleiche Bozgeyikli et al. 2016).

Was zum Teil als Vorteil gesehen wird, führt andererseits auch zu Kritik. So hat z. B. Liu et al. (2018) Bedenken, dass durch den geringen Aufwand und die Schnelligkeit der Teleportation alternative Fortbewegungsmethoden aufgegeben würden. Und tatsächlich ist die Teleportation inzwischen eine der am häufigsten genutzten Fortbewegungsmethoden in immersiven VR-Umgebungen.

Der größte Auslöser von Kritik an der Teleportation ist allerdings die räumliche Desorientierung, die durch den plötzlichen Wechsel der Position des Nutzers entstehen kann (Bhandari et al. 2018). Um der Desorientierung zu begegnen, wurden verschiedene Alternativen vorgeschlagen: das Visualisieren der Teleportation durch einen optischen

Flug (Bhandari et al. 2018) oder eine Vorschau der Position, an die der Nutzer teleportiert wird (siehe hierzu Redirected Teleportation von Liu et al. 2018).

Irritierend kann die Teleportation für andere Nutzer sein, die sich in der gleichen VR-Anwendung befinden, denn hier werden die teleportierenden Teilnehmer, nicht wie gewohnt, sich kontinuierlich fortbewegend gesehen, sondern von einem zu einem anderen Ort beamend. Besonders irritierend wird dies, wenn Nutzer ihre bevorzugte Fortbewegungsmethode selbst wählen können und sich die Avatare in der Fortbewegung und der Geschwindigkeit unterscheiden.

Damit dies für den Betrachter weniger irritierend ist, wurden diverse Maßnahmen vorgeschlagen. So können z. B. die Geschwindigkeitsunterschiede durch einen *Cooldown* (eine kurze Zeitspanne, bis eine weitere Teleportation vom Nutzer ausgelöst werden kann) kompensiert werden. Ebenso kann die Darstellung der sich teleportierenden Person für andere so angepasst werden, dass es für diese so wirkt, als würde sich diese Person kontinuierlich durch den Raum bewegen.

7.3.6 Miniaturkarten

Während die meisten Fortbewegungstechniken geeignet sind, den Standpunkt des Nutzers in seiner näheren Umgebung zu verändern, ermöglichen *Miniaturkarten* (engl. minimap), größere Distanzen schnell zu überbrücken. Die Darstellung der Karte (z. B. als World-in-Miniature wie in Abschn. 5.4.5 zur Selektion und Manipulation von Objekten beschrieben) kann dabei stark variieren: von maßstabsgetreu und detailliert bis hin zu einer abstrakten oder sogar räumlich von der virtuellen Welt abweichenden Repräsentation.

Ist der Nutzer selbst als Figur auf der Karte repräsentiert, kann er seinen Standpunkt ändern, indem er die Figur umsetzt. Dabei ist wichtig, dass die Umgebung nicht konstant angepasst wird, sondern der Standpunkt erst dann aktualisiert wird, wenn die Figur nicht weiterbewegt wird. Ansonsten kommt es zu einer sehr schnellen und ungewöhnlichen Bewegung der gesamten Umgebung. Ist der Nutzer auf der Karte nicht repräsentiert, kann er seinen gewünschten Standort über eine Zeigegeste auswählen.

7.4   Physische Fortbewegung

Bei der *physischen Fortbewegung* (engl. motion triggered) werden quasizyklische Körperbewegungen des Nutzers in eine kontinuierliche Fortbewegung umgesetzt. Je nach Art der Körperbewegung werden diese direkt übertragen (z. B. beim natürlichen Laufen) oder müssen zunächst interpretiert werden (z. B. beim simulierten Laufen). Ein großer Teil der physischen Fortbewegung ist angelehnt an die *Bipedie*, d. h. die Fortbewegung auf zwei Beinen, und beinhaltet, neben dem Stehen, das Gehen, Laufen und Hüpfen. Aber auch anwendungsspezifische Arten der Fortbewegung, wie Schwimmen oder Fahrradfahren, bei der quasizyklische Bewegungen der Beine, Arme oder des Kopfes des Nutzers eine Fortbewegung auslöst, gehören zu dieser Kategorie.

Durch die realen Bewegungen der Gliedmaßen, was der natürlichen Fortbewegung eher entspricht, ist diese Methode für das Aufkommen von Cyberkrankheit, im Vergleich zur autonomen oder künstlichen Fortbewegung, weniger anfällig.

7.4.1 Natürliches Laufen

Beim *natürlichen Laufen* (engl. room-scale based, was übersetzt etwa *raumbezogene Fortbewegung* bedeutet) wird die physische Fortbewegung des Nutzers im realen Raum eins zu eins in der virtuellen Umgebung abgebildet. Somit kommt das natürliche Laufen, um den Standort in der virtuellen Umgebung zu verändern, der Fortbewegung in der Realität am nächsten, da diese eine hohe biomechanische Symmetrie zur menschlichen Bewegung aufweist. Daher ist das Auftreten von Cyberkrankheit, im Vergleich zu allen anderen kontinuierlichen Fortbewegungsmethoden, am geringsten. Weitere Vorteile dieser Methode sind eine gesteigerte räumliche Orientierung im Vergleich zu vielen anderen, insbesondere künstlichen, Fortbewegungsmethoden und eine Verbesserung des räumlichen Gedächtnisses.[3]

Der größte Nachteil des natürlichen Laufens, der große Platzbedarf, kann durch die Kombination mit einer künstlichen Fortbewegungsmethode reduziert werden. In dieser Kombination verringern sich jedoch die genannten Vorteile entsprechend.

7.4.2 Simuliertes Laufen

Die Idee des *simulierten Laufens* besteht darin, eine natürliche Laufbewegung nachzuahmen, sich aber nicht im realen Raum fortzubewegen, sondern nur im virtuellen Raum. Dafür wurden verschiedene Metaphern vorgeschlagen, die von manchen Autoren unter *Walking in Place*-Methoden zusammengefasst werden. Metaphern wie das Armschwingen beruhen jedoch nicht auf der Bewegung der Füße, sondern auf Bewegungen anderer Körperteile, die sich beim Laufen ebenfalls quasizyklisch auf und ab oder hin und her bewegen. Diese quasizyklische Körperbewegung kann dann in eine quasikonstante Fortbewegung des Charakters durch den virtuellen Raum übertragen werden.

Gehen-auf-der-Stelle-Metapher: Beim Gehen auf der Stelle (engl. walking in place, kurz WIP) wird durch eine Auf- und Abbewegung der Beine (Gehen an einem Ort oder Treten auf einer Stelle) die Laufbewegung nachgeahmt, jedoch ohne sich dabei fortzubewegen. Die Auf- und Abbewegung wird im virtuellen Raum in eine Vorwärtsbewegung umgesetzt.

---

[3] Das *räumliche Gedächtnis* repräsentiert bereits bekannte räumliche Begebenheiten.

Armschwingen-Metapher: Durch Armschwingen (engl. arm swinging) simuliert der Nutzer das Gehen im wirklichen Leben, indem er seine Arme hin und her schwingt, um sich in die Richtung fortzubewegen, in die er orientiert ist oder schaut. Die Beine bleiben hier, im Gegensatz zu WIP, unbewegt bzw. deren Bewegung trägt nicht zur Fortbewegung bei.

Bei allen Metaphern des simulierten Laufens entspricht die durchgeführte Körperbewegung nicht vollständig den gewohnten Abläufen einer laufenden Person. Entweder werden bestimmte Körperteile nicht bewegt (z. B. die Beine bei der Armschwingen-Metapher) oder die Bewegungsabläufe sind unnatürlich (z. B. bei der Gehen-auf-der-Stelle-Metapher). Je nach erfassten Körperbewegungen, z. B. quasisymmetrische Auf- und Abwärtsbewegungen, kann nicht zwischen der Intension des Nutzers, sich nach vorne oder nach hinten fortbewegen zu wollen, unterschieden werden. Gegenüber anderen Methoden stellt dies einen gewissen Nachteil dar.

Die Gehen-auf-der-Stelle-Metapher scheint beim simulierten Laufen am intuitivsten zu sein. Jedoch hat diese gegenüber der Armschwingen-Metapher auch Nachteile (Nilsson et al. 2013): Die Belastungen beim Gehen auf der Stelle sind größer als beim Armschwingen und es kommt zu einer stärkeren Drift, wodurch der Nutzer eher von seiner physischen Ausgangsposition abweicht.

Arbeiten u. a. von Collins et al. (2009) zeigen, dass die Bewegung der Arme beim Laufen wichtige Aufgaben übernimmt, insbesondere die Unterstützung der Stabilität und die Reduzierung des Energieverbrauches. Dies führt dazu, dass Menschen das Vorwärts- und Rückwärtsschwingen der Arme mit dem Laufen assoziieren. Somit wird das simulierte Laufen in der immersiven VR als natürlich wahrgenommen. Zusätzlich unterstützen natürliche Bewegungsmethoden, durch eigene körperliche Bewegung, die räumliche Wahrnehmung in einer virtuellen Umgebung auch dann, wenn diese nur Ähnlichkeiten zum natürlichen Laufen aufweisen.

7.4.3 In-die-Luft-Greif-Technik

Die *In-die-Luft-Greif-Technik* (engl. grabbing the air technique) ist eine physische Fortbewegungsmethode, die sich nicht an der Bipedie orientiert. Bei der In-die-Luft-Greif-Technik wird stattdessen die Metapher des Ziehens eines Seiles bzw. des Wegdrückens eines Gegenstandes verwendet (Wloka und Greenfield 1995): Mit einer Hand greift der Nutzer (alternativ mit dem Controller und Drücken einer Taste) nach einem beliebigen Punkt im Raum. Nach dem Greifen kann der Nutzer sich den Raum heranziehen oder diesen wegschieben.

7.4.4   Laufbänder und Tretmühlen

Laufbänder[4] oder *Tretmühlen* (engl. treadmill) beziehen sich im Kontext von immersiver VR auf Geräte zum Laufen oder Rennen am selben Ort. Diese bieten eine starre oder bewegliche Plattform mit unterschiedlichen Formfaktoren; z. B. als Förderband oder Ball. Die Körperbewegung des Nutzers wird dann in eine Vorwärts-, Seitwärts- oder Rückwärtsbewegung in der virtuellen Welt übertragen, während sich die Position im realen Raum nur geringfügig verändert, siehe Abb. 7.5. Da diese Form der Bewegung der natürlichen nahekommt, wird sie auch als *halbnatürliche Fortbewegung* bezeichnet.

Die *omnidirektionale Tretmühle* (engl. omnidirectional treadmill, kurz ODT) unterscheidet sich von einfachen Laufbändern, wie sie häufig im Fitnessstudio anzutreffen sind, in ihren Möglichkeiten: Während bei einfachen Laufbändern nur eine unidirektionale Fortbewegung möglich ist, erlauben omnidirektionale Tretmühlen Richtungswechsel. Diese eignen sich mittels des natürlichen Laufens nachempfundenen Körperbewegungen, sich durch große virtuelle Umgebungen in jede beliebige horizontale Richtung fortzubewegen. Um die Fortbewegung zu kontrollieren und die Nutzer innerhalb eines begrenzten Ortes zu halten, wird oft das Tragen eines potenziell unbequemen Gurtes um die Hüfte erforderlich, der den Nutzer zurückhält oder stabilisiert.

Abb. 7.5 Die Körperbewegungen des Nutzers werden in Vorwärts-, Seitwärts- oder Rückwärtsbewegungen in der virtuellen Welt übertragen

---

[4] Zur besseren Abgrenzung zu anderen Laufbändern, wie sie z. B. für sportliche Aktivitäten eingesetzt werden, wird oft das Kürzel VR vorangestellt.

VR-Tretmühlen gibt es in verschiedenen Ausführungen:

- Es gibt Geräte, die einem *typischen Laufband* ähneln und eine komplizierte Mechanik aufweisen.
- Weitere Geräte basieren auf der Mechanik eines *Steppers*, welcher primär zum Training der Beinmuskulatur eingesetzt wird.
- Andere erinnern an einen großen Ball, in den der Nutzer hineinklettert, und werden als *Virtusphere* bezeichnet.
- Wieder andere Vorrichtungen erinnern eher an eine Satellitenschüssel und werden daher auch gerne als *dish* bezeichnet. Bei diesem Ansatz wird auf die komplizierte Mechanik von omnidirektionalen Laufbändern verzichtet und stattdessen auf eine konkave Scheibe gesetzt, siehe auch Abb. 2.9. Die konkave Scheibe hat i. d. R. einen Durchmesser, der nicht größer als einen Meter ist. Um sich in der virtuellen Welt fortzubewegen, führt der Nutzer eine Gleitbewegung mit den Füßen nach vorne und hinten aus. Der Reibwiederstand beim Rutschen kann durch spezielle Überschuhe reduziert werden.

Zu den Vorteilen der Kombination von laufbandbasierten Fortbewegungsmethoden mit einer immersiven virtuellen Umgebung gehören:

- eine natürliche Navigationsbewegung des Nutzers innerhalb der Umgebung bei gleichzeitiger Bereitstellung kontextbezogener Hinweise, die eine physische Fortbewegung durch das virtuelle Terrain simulieren,
- die Verbesserung der Immersion durch ein Ganzkörpererlebnis,
- eine geringere Gefahr des Auftretens der Cyberkrankheit, da weniger Unterschiede zwischen den Sinnesreizen wahrgenommen werden als bei der künstlichen Fortbewegung.

7.4.5 Umgelenktes Laufen

In VR kann einfach ein unendlicher Raum geschaffen werden, während der reale Raum begrenzt ist. Um dem Nutzer die Illusion zu geben, trotz eines kleineren physischen Bereichs durch einen größeren virtuellen Raum natürlich zu laufen, kann auf die Methode des *umgelenkten Laufens* (engl. redirected walking) zurückgegriffen werden (vorgeschlagen von Razzaque et al. 2001). Durch eine bewusste Einführung subtiler Abweichungen in der sonst typischen Eins-zu-eins-Zuordnung zwischen der tatsächlichen Bewegung eines Nutzers im realen Raum und dessen Abbildung in den virtuellen Raum wird die Wahrnehmung getäuscht, siehe Abb. 7.6. Dadurch wird es ermöglicht, den physischen Weg des gehenden Nutzers so umzulenken, dass er sich durch virtuelle Welten bewegen kann, die größer sind als der tatsächlich verfügbare physische Raum.

Im Vergleich zu den zuvor beschriebenen Fortbewegungstechniken des simulierten Laufens haben Umlenkungstechniken den Vorteil, dass der Nutzer sich tatsächlich gehend

Abb. 7.6 Die wahrgenommene Bewegung im virtuellen Raum (in Grün symbolisiert) weicht von der tatsächlichen Bewegung (in Blau symbolisiert) ab

fortbewegt und daher eine, wenn auch nicht ganz korrekte, propriozeptive, kinästhetische und vestibuläre Stimulation erfährt.

Umgelenktes Laufen sollte laut Nilsson et al. (2018) nach Möglichkeit die folgenden vier Kriterien erfüllen. Der Eingriff ist

- *nicht wahrnehmbar*, d. h., der Nutzer merkt nicht, dass eine Umlenkung stattfindet;
- *sicher*, d. h., der Laufende wird daran gehindert, den vom Sensorbereich erfassten Raum zu verlassen und mit physischen Hindernissen und anderen Nutzern zu kollidieren;
- *verallgemeinerbar*, d. h., er ist in jeder virtuellen Umgebung und mit einer beliebigen Anzahl von Nutzern im realen Raum anwendbar; und
- *frei von unerwünschten Nebenwirkungen*, d. h., er führt nicht zu Cyberkrankheit oder beeinträchtigt primäre und sekundäre Aufgaben wie z. B. die Wegfindung.

Jedoch kann keine der bisher vorgeschlagenen Varianten des umgelenkten Laufens diese Kriterien vollständig erfüllen. Dabei gibt es neben der Technik selbst auch statische (z. B. der zur Verfügung stehende physikalische Platz) und dynamische (z. B. die aktuellen und früheren Positionen des Nutzers sowohl in der realen als auch virtuellen Umgebung) Faktoren, die darüber entscheiden, inwieweit die von Nilsson et al. genannten Kriterien erfüllbar sind.

Es gibt beim umgelenkten Laufen die Möglichkeit der Manipulation durch Zoomen, Krümmen oder Biegen, um die Zuordnung zwischen der realen und der virtuellen Bewegung und Drehung zu verändern. Dabei bleiben die Manipulationen für den Nutzer,

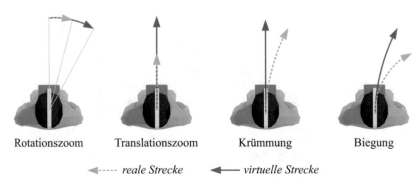

Rotationszoom   Translationszoom   Krümmung   Biegung

◀----- *reale Strecke*   ◀——— *virtuelle Strecke*

Abb. 7.7 Rotationszoom, Translationszoom, Krümmung und Biegung, mit denen die Abbildung zwischen der realen und der virtuellen Bewegung des Nutzers manipuliert werden kann (in Anlehnung an Nilsson et al. 2018)

innerhalb von bestimmten Grenzen, unbemerkbar. Diese vier verschiedenen Möglichkeiten des Eingriffs werden in Abb. 7.7 veranschaulicht und im Folgenden kurz beschrieben:

Rotationszoom: Die Wirkung der natürlichen Kopfdrehungen des Nutzers wird verstärkt oder abgeschwächt und beeinflusst so die Richtung, in die der Nutzer als Nächstes laufen wird. Der Bereich, in dem der Eingriff nicht wahrnehmbar ist, sind Kopfdrehungen, die bis zu 11 % verstärkt oder um bis zu 5 % abschwächt werden.

Translationszoom: Die Vorwärtsbewegung des Nutzers wird umskaliert. Der Bereich, in dem der Eingriff nicht wahrnehmbar ist, sind Veränderungen der Geschwindigkeit, die bis zu 26 % verschnellert oder um bis zu 14 % verlangsamt werden.

Krümmung: Dem Nutzer wird vorgetäuscht, nicht gerade zu laufen, indem das Koordinatensystem gemeinsam mit seiner Vorwärtsbewegung leicht gedreht wird. Der Nutzer versucht, dies unterbewusst zu kompensieren, indem er anfängt, im Kreis zu laufen. So bekommt er das Gefühl, im Virtuellen geradeaus zu gehen, obwohl er in der Realität im Kreis läuft. Bei großen Radien (> 20 m) und genügend Platz ist es so möglich, unendlich lange im Virtuellen geradeaus zu laufen, ohne dass der Fußgänger dies bemerkt.

Biegung: Der Weg des Nutzers wird nach links oder rechts verlegt, während er einen gebogenen virtuellen Weg entlangläuft.

Damit die Manipulation nicht wahrnehmbar ist, muss diese unterhalb der Wahrnehmungsschwelle des Nutzers liegen. Diese kann durch die Wahl eines geeigneten Zeitpunktes evtl. etwas angehoben werden, z. B. wenn der Nutzer blinzelt, bei der Änderung der Blickrichtung oder bei Sakkadensprüngen (Bolte und Lappe 2015). Da die Manipulation, um nicht wahrgenommen zu werden, nicht groß sein darf, wurden auch Adaptionen der gerade besprochenen Techniken vorgeschlagen, um den realen Raum noch weiter zu manipulieren. Bei diesen Techniken wird allerdings bewusst in Kauf genommen, dass der Anwender die Manipulation bemerkt. Mehrere dieser Methoden werden in Nilsson et al. (2018) vorgestellt.

Matsumoto et al. (2016) demonstrierten, dass die Methode des umgelenkten Laufens nicht nur auf eine Modalität begrenzt ist, sondern auf haptische Hinweise ausgedehnt werden kann. Zu diesem Zweck haben sie eine Anwendung entwickelt, bei der der Nutzer glaubt, im Virtuellen an einer flachen Wand entlangzulaufen, obwohl die physische Wand, die vom Nutzer berührt wird, gekrümmt ist.

7.4.6 Unmögliche Räume

Eine weitere Möglichkeit, den wahrgenommenen begehbaren Raum zu vergrößern, wurde von Suma et al. (2012) vorgeschlagen. Bei dem als *unmögliche Räume* (engl. impossible spaces) bezeichneten Ansatz wird die Architektur der virtuellen Umgebung auf subtile Weise verändert. Die Veränderungen werden so gewählt, dass diese von den Besuchern nicht wahrgenommen werden. Dabei wird ein Effekt ausgenutzt, der in der Wahrnehmungspsychologie als Veränderungsblindheit bezeichnet wird. Die *Veränderungsblindheit* (eng. change blindness) bezeichnet die Unfähigkeit, einen Wechsel von Bildinhalten im visuellen Feld zu bemerken, wenn die Aufmerksamkeit zum Zeitpunkt des Wechsels nicht auf den Ort der Veränderung gerichtet ist. So können Türen und sogar ganze Wände umgesetzt werden, ohne dass es auffällt.

Dies kann in der immersiven VR genutzt werden, um die Raumaufteilung zu verändern, wenn der Nutzer nicht hinschaut. So kann, wie in Abb. 7.8 dargestellt, die Position von Türen und Korridoren hinter dem Rücken der Nutzer verändert werden, um so deren Laufwege umzulenken und sie so gezielt innerhalb eines bestimmten geometrischen Bereichs zu halten. Suma et al. (2012) demonstrierten dies eindrucksvoll, indem Nutzer durch ein großes dynamisches virtuelles Bürogebäude von ca. 219 m^2 liefen, ohne einen physikalischen Raum von $4,3 \times 4,3$ m^2 zu verlassen. Dabei bemerkte nur einer von 77 Teilnehmern die Manipulation.

Durch eine sich selbst überlappende Architektur, z. B. wie in Abb. 7.9 skizziert, können größere virtuelle Räume in kleineren physischen Räumen abgebildet werden. Dies erlaubt, den verfügbaren geometrischen Bereich effizienter zu nutzen. Während der Nutzer von einem Raum zum anderen läuft, wird die Wand zwischen den beiden Räumen bewegt, um die Größe des Zielraums zu vergrößern, während gleichzeitig der zuvor verlassene Raum entsprechend verkleinert wird.

7.5 Reduktion fortbewegungsausgelöster Cyberkrankheit

Während aufgrund der jahrzehntelangen Gewöhnung aus dem Videospielbereich die künstliche, kontinuierliche Fortbewegung ohne großen körperlichen Aufwand mit einem stimmigeren Gesamterlebnis punktet, kann sie (nicht nur in immersiven Medien, aber insbesondere dort) verschiedene Symptome der Cyberkrankheit verursachen. Wie in Abschn. 4.1 bereits dargelegt, ist weithin anerkannt, dass die Illusionen der Selbstbe-

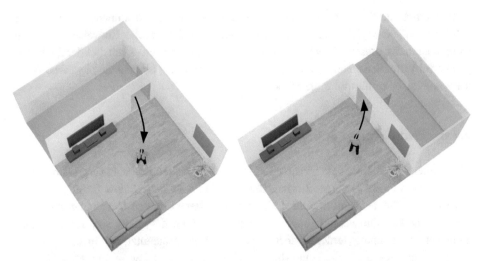

Abb. 7.8 Umlenkung des Nutzers unter Ausnutzung der Veränderungsblindheit. Nachdem die Person den Raum betreten hat, wird die Tür an einen anderen Platz gesetzt. Die Person verlässt nun den Raum durch die umgesetzte Tür, ohne dies zu bemerken

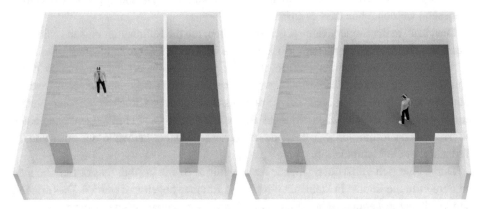

Abb. 7.9 Vergrößerung des virtuellen Raums durch räumliche Überlappung

wegung (engl. self-motion oder vection) und ein damit in immersiven Umgebungen einhergehender Konflikt zwischen optischen Sinnesreizen (der Anwender bewegt sich) und der kinästhetischen Wahrnehmung (der Anwender steht) die Wahrscheinlichkeit des Auftretens von negativen körperlichen Reaktionen erhöhen.

Weil der Körper bei künstlicher Fortbewegung in der realen Umgebung sitzt oder steht, sich aber in der virtuellen Realität laufend, gehend oder fahrend wahrnimmt, entstehen Dissonanzen. Das Innenohr und der gesamte Muskelapparat vermitteln das Gefühl, sich nicht zu bewegen, während die visuelle Wahrnehmung einem das Gefühl vermittelt, sich durch eine Umgebung zu bewegen.

Das Phänomen der *Cyberkrankheit* behindert so bei vielen immersiven VR-Anwendungen und Nutzern die uneingeschränkte Verwendung. Daher wird nach Möglichkeiten gesucht, diese negativen Effekte zu verstehen und zu mindern. Am effizientesten haben sich bisher Methoden erwiesen, die visuelle Bewegung im Sichtfeld des Nutzers reduzieren oder ganz vermeiden. Dies gelingt z. B., indem das Gesichtsfeld dynamisch beschränkt wird oder durch die Einführung von Ruherahmen, die ein Teil des Bildes stabilisieren.

7.5.1 Vermeiden von virtueller Bewegung

Die gewählte Methode der Fortbewegung, ihre technische Realisierung als auch Geschwindigkeit und Richtungswechsel sind bei der Cyberkrankheit maßgebend für den Grad des Unwohlseins. Während bei der physischen Fortbewegung nur geringe Probleme diesbezüglich auftreten, sind bei autonomer und künstlicher Fortbewegung die Auswirkungen stärker und treten zu einem früheren Zeitpunkt auf, da es hier zu einer größeren Diskrepanz zwischen der Körper- und der Fortbewegung kommt.

Da die visuelle Darstellung von Fortbewegung, ohne sich selbst körperlich zu bewegen, ein häufiger Auslöser von Cyberkrankheit ist, wurde zu ihrer Vermeidung vorgeschlagen, ganz auf die Darstellung von Fortbewegung zu verzichten und stattdessen einen sprunghaften Ort- bzw. Orientierungswechsel durchzuführen. Eine der gängigsten Fortbewegungsmethoden hierfür ist die Teleportation, beschrieben in Abschn. 7.3.5. Beim Wechseln der Orientierung über einen Controller (dies ist immer dann nötig, wenn der Nutzer sich im realen Raum nicht komplett drehen kann, dies aber im virtuellen erforderlich ist) kann z. B. um einen festgelegten Winkel gesprungen werden, anstelle einer kontinuierlichen Rotation.

Für die Zeigetechnik und die Teleportation wurde in der Studie von Clifton und Palmisano (2020) untersucht, wie sich diese auf die Cyberkrankheit auswirken. Dabei wurde sowohl eine sitzende als auch eine stehende Haltung des Nutzers berücksichtigt. Wie durch andere Studien bestätigt, konnte auch hier gezeigt werden,

- dass Zeigetechniken im Durchschnitt einen stärkeren Effekt der Cyberkrankheit auslösen als die Teleportation,
- dass Zeigetechniken eine signifikant stärkere illusorische Selbstbewegung hervorrufen als Teleportation und
- eine signifikante positive Korrelation zwischen Cyberkrankheit und der illusorischen Selbstbewegung besteht.

Die Pose, sitzend oder stehend, hatte jedoch keinen Einfluss. Obwohl bei der Teleportation keine visuelle Bewegung vorhanden ist, ist diese Fortbewegungsmethode auch nicht ganz frei von Symptomen der Cyberkrankheit. Eine mögliche Erklärung hierfür ist, dass es nach einer Teleportation zu einer Neuorientierung des Nutzers kommt.

7.5.2 Ruherahmen

Die Verwendung von visuellen Referenzen, die in Bezug auf die physische Umgebung stabil sind, sogenannte *Ruherahmen* (engl. rest frames), reduziert nachweislich das Unbehagen bei virtueller Fortbewegung. Der Ruherahmen kann sich in seiner Form sowie Darstellung stark unterscheiden, sich an verschiedenen Bereichen des Sichtfeldes befinden, große Teile der peripheren Sicht verdecken und unterschiedlichen Bezugssystemen zugeordnet sein.

Bei den als *Stellvertreterfahrzeuge* (engl. surrogate vehicle) bezeichneten Ansätzen wird ein Cockpit als Referenzrahmen eingeblendet. Es wird häufig in Rennspielen und Flugsimulationen angewendet, siehe Abb. 5.2 linke Seite. Bei einem Cockpit (Cao et al. 2018) befindet sich der ruhende Bereich eher im äußeren Bereich des Sichtfeldes und das Bezugssystem kann der realen Welt oder einem Objekt zugeordnet sein. Ist der Ruherahmen der realen Welt zugeordnet, bleibt er fix an einem Ort, auch wenn sich der Anwender im realen oder virtuellen Raum bewegt. Aber auch eine virtuelle Nase (Whittinghill et al. 2015) kann als Ruherahmen dienen. Hier ist der Kopf das Bezugssystem, womit der Ruherahmen an einer bestimmten Position fixiert bleibt und sich im unteren Zentrum des Gesichtsfeldes befindet.

Nach der *Ruherahmenhypothese* (engl. rest frames hypothesis), deren wesentliche Konzepte erstmals in der Arbeit von Steele (1961) vorgestellt wurden, wählt das Nervensystem aus mehreren möglichen Ruherahmen einen aus, welcher dann als Referenzsystem für die Beurteilungen von räumlicher Bewegung dient (Prothero 1998). Jedoch treten auch Fälle auf, in denen das Nervensystem nicht in der Lage ist, einen einzigen Ruherahmen auszuwählen. Das Konstrukt des Ruherahmens legt nahe, dass die Cyberkrankheit nicht durch widersprüchliche Bewegungssignale per se entsteht, sondern durch widersprüchliche Ruherahmen, die aus diesen Bewegungssignalen abgeleitet werden. Das bedeutet, dass nicht die Gesamtheit der Bewegungssignale in einer Umgebung entscheidend ist, sondern vielmehr die Art und Weise, wie diese Signale interpretiert werden, um das Gefühl zu beeinflussen, was stationär ist und was nicht.

Eine Möglichkeit zur Reduzierung der Cyberkrankheit in einem fahrenden Fahrzeug – sowohl im Realen als auch im Virtuellen – ist beispielsweise der Blick auf den Horizont statt auf Bezugspunkte in der Nähe. Aus der Sicht eines Ruherahmens wird durch die Beobachtung des Horizonts das Gefühl der Unbeweglichkeit der Umgebung wieder hergestellt, und der Ruherahmen bietet auch für längere Zeit die gleiche Referenz. Im Gegensatz dazu führt die Verwendung naher Bezugspunkte, wie z. B. Bäume, die am Straßenrand schnell vorbeiziehen, aufgrund ihrer hohen Relativgeschwindigkeit zu Schwierigkeiten bei der Auswahl und Erkennung von Hinweisen.

7.5.3 Dynamische Beschränkung des Sichtfeldes

Eine weitere Variante, visuelle Bewegungen zu reduzieren, besteht aus der *dynamischen Beschränkung des Sichtfeldes* (engl. dynamic field-of-view, alternativ auch als *Tunneling* oder *Vignettierung* bezeichnet). Die entscheidende Idee ist hier, dass das periphere Sichtfeld immer dann – und nur dann – verkleinert ist, wenn sich ein großer Teil der virtuellen Umgebung bewegt. Findet keine oder nur eine langsame Bewegung statt, haben die Nutzer eine normale, uneingeschränkte Sicht in die virtuelle Umgebung. Bewegt sich der Nutzer schnell, zieht sich das Gesichtsfeld dynamisch zusammen, siehe Abb. 7.10.

Das Bemerkenswerte an dieser Methode ist, dass diese dynamische Einschränkung des Sichtfelds vom Nutzer nicht bewusst wahrgenommen wird und er weiterhin das Gefühl eines großen Gesichtsfeldes hat. Dabei wird, wie bereits zuvor bei den unmöglichen Räumen, die *Veränderungsblindheit* ausgenutzt. Fernandes und Feiner (2016) zufolge kann dank der Veränderungsblindheit eine subtile Änderung des Sichtfelds vorgenommen werden, ohne dass der Nutzer bemerkt, dass seine Sicht beeinträchtigt wird. Die Herausforderung besteht darin, wie stark und wie schnell das Sichtfeld einschränkt werden kann (schnell genug, um die VR-Krankheit zu reduzieren, aber langsam genug, um die Ablenkung zu minimieren), und wann die besten Zeitpunkte dafür sind.

Mehrere unabhängige Studien haben bestätigt, dass die dynamische Beschränkung des Sichtfeldes eine wirksame Gegenmaßnahme gegen das Auftreten von Cyberkrankheit ist (Teixeira und Palmisano 2021). In vielen Designrichtlinien für immersive VR werden daher zur Verringerung der Cyberkrankheit Methoden der dynamischen Beschränkung des Sichtfeldes empfohlen.

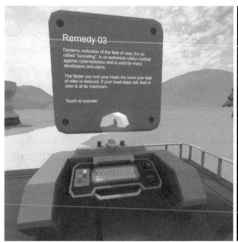 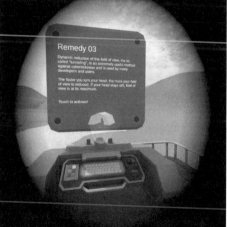

Abb. 7.10 Dynamische Beschränkung des Sichtfeldes in Abhängigkeit der visuellen Bewegung

7.6   Vergleich zwischen Bewegungsmethoden

Wie bei der Auswahl einer geeigneten Interaktion auch, ergibt sich auf die Frage nach
der besten Fortbewegungsmethode keine eindeutige Antwort, sondern je nach Anwendungsfall, technischen Möglichkeiten, Zeit der Nutzung, zurückzulegendem Weg und
Räumlichkeiten muss individuell entschieden werden. Um eine bessere Auswahl treffen zu
können, bietet sich ein Vergleich zwischen den verschiedenen Fortbewegungsmöglichkei-
ten an. Zwar gibt es in der Literatur viele solcher Vergleiche, jedoch werden dort meistens
nur drei bis fünf Methoden miteinander verglichen und bewertet. Da sich diese Vergleiche
sowohl in dem Anwendungsfall als auch in den zugrunde gelegten Bewertungskriterien
unterscheiden, ist ein direkter Vergleich über alle Methoden unter gleichen Bedingungen
nicht erhältlich.

Um dennoch eine Einordung vornehmen zu können, schlugen Cherni et al. (2020)
in einer Metastudie mehrere Bewertungskriterien zum Vergleich zwischen verschiedenen
Fortbewegungsmethoden vor, die sie aus den in der Literatur am häufigsten genannten
Kriterien ableiteten. Auf Basis dieser Kriterien stellten sie eine Übersicht zusammen, die
in Abb. 7.11 im Auszug wiedergegeben ist und um weitere in diesem Buch besprochene
Fortbewegungsmethoden ergänzt sind (mit einem Stern markiert). Die aus diverser
Literatur zusammengestellten Bewertungen wurden entsprechend auf einen Wertebereich
von $--$ bis $++$ normiert. Die schlechteste Bewertung $--$ bedeutet, dass das jeweilige
Vergleichskriterium überhaupt nicht erfüllt ist, während die beste Bewertung $++$ bedeutet,
dass das Vergleichskriterium vollständig erfüllt ist.

Das natürliche Laufen, das beispielhaft betrachtet wird, benötigt viel Platz, um sich in
virtuellen Umgebungen zu bewegen, was sich in einer Bewertung mit $--$ bei „Eignung
für große virtuelle Umgebung" widerspiegelt. Da das natürliche Laufen nur geringe
Abweichungen zur Realität aufweist, wird durch diese Fortbewegungsmethode eher keine
Cyberkrankheit ausgelöst, weshalb bei diesem Kriterium die Bewertung $++$ angegeben
ist.

Neben den in Abb. 7.11 zusammengestellten Kriterien hat die Wahl der Fortbewegungsmethode auch Einfluss auf weitere Faktoren. Um den Einfluss der Fortbewegungsmethode
auf den Laufweg in der virtuellen Umgebung und die Wahl des Ortes, wohin der Nutzer
läuft, zu untersuchen, verglichen Wölfel und Sieß (2018) eine künstliche (mittels Controller) mit einer physischen (mittels omnidirektionaler Tretmühle) Fortbewegungsmethode.

Während sich bei der Entscheidung, durch welche Tür gegangen wurde, keine statistischen Unterschiede abzeichneten, ergaben sich bei den Laufwegen, wie in Abb. 7.12
dargestellt, deutliche Unterschiede. Die Laufwege bei der künstlichen Fortbewegungsmethode waren weniger zielstrebig, der Raum wurde besser erforscht und es wurde mehr
Wegstrecke zurückgelegt. Der erhöhte Aufwand, der nicht nur beim Drehen, sondern
auch für die Vorwärtsbewegung bei der physischen Fortbewegungsmethode aufgebracht
werden muss, scheint sich darin zu äußern, dass das Erreichen einer Tür energieeffizienter
angegangen wird (vergleiche hierzu auch den Abschn. 5.1.7 zum Prinzip des geringsten
Aufwandes).

	Präsenz	Benutzer-freundlichkeit	Steuerungs-präzision	räumliche Orientierung	Gefühl der Bewe-gungskontrolle	Ermüdung	Cyberkrankheit	Eignung für große virtuelle Umgebung
On-Rails *	○	++	--	--	--	++	--	++
Controller	+	++	++	++	--	++	--	++
Blickgeführte Steuerung *	+	+	-	++	-	++	-	++
Zeigetechnik *	+	++	++	++	+	+	--	++
Lehntechniken (im Stehen)	+	○	○	+	○	+	--	+
Lehntechniken (im Sitzen)	+	-	-	+	+	+	-	+
Teleportation	++	+	++	-	-	++	++	++
Miniaturkarten *	+	-	-	+	-	+	+	+
Natürliches Laufen	++	++	++	+	++	++	++	--
Gehen auf der Stelle	+	++	+	+	+	-	-	-
Armschwingen	++	+	-	+	+	-	--	-
Luft-Greif-Technik *	+	+	+	+	+	-	-	+
Virtusphere	+	--	--	+	+	--	+	+
Stepper	+	-	+	+	+	--	-	+
Omnidirektionales Laufband	++	-	+	+	++	-	+	+
Umgeleitetes Laufen	-	+	-	+	+	-	++	+
Unmögliche Räume *	○	+	+	+	+	-	++	+

Abb. 7.11 Vergleich zwischen unterschiedlichen Bewegungsmethoden. Lehntechniken (im Sitzen) beziehen sich auf den NaviChair

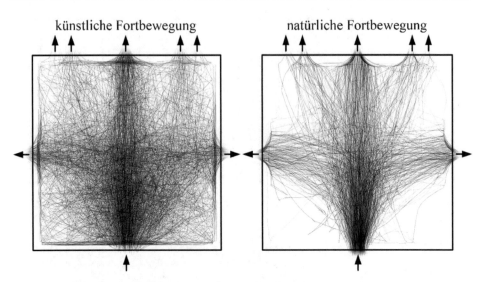

Abb. 7.12 Vergleich der Bewegungsmuster zwischen künstlicher (Spielcontroller) und nahezu natürlicher Fortbewegung (omnidirektionales Laufband), siehe Abb. 2.9, für Räume von $4 \times 4\,\mathrm{m}^2$ mit einem Eingang und mehreren Ausgängen

Die Wahl der Fortbewegungsmethode hat somit, ebenso wie die Wahl der Eingabemethode, einen nicht unwesentlichen Einfluss auf die Wahrnehmung der Umgebung und beeinflusst potenziell auch die Wegplanung des Anwenders in einer virtuellen Umgebung.

Literaturverzeichnis

Bhandari J, MacNeilage P, Folmer E (2018) Teleportation without spatial disorientation using optical flow cues. In: Proceedings of the 44th Graphics Interface Conference, GI'18, Waterloo. Canadian Human-Computer Communications Society, S 162–167

Boletsis C, Cedergren JE (2019) VR locomotion in the new era of virtual reality: an empirical comparison of prevalent techniques. Adv Hum-Comput Interact 2019:Article ID 7420781

Bolte B, Lappe M (2015) Subliminal reorientation and repositioning in immersive virtual environments using saccadic suppression. IEEE Trans Vis Comput Graph 21(4):545–552

Bozgeyikli E, Raij A, Katkoori S, Dubey R (2016) Point & teleport locomotion technique for virtual reality. In: Proceedings of the 2016 Annual Symposium on Computer-Human Interaction in Play. Austin, S 205–216

Cao Z, Jerald J, Kopper R (2018) Visually-induced motion sickness reduction via static and dynamic rest frames. In: 2018 IEEE Conference on Virtual Reality and 3D User Interfaces (VR). IEEE. Tuebingen/Reutlingen, S 105–112

Cherni H, Métayer N, Souliman N (2020) Literature review of locomotion techniques in virtual reality. Int J Virtual Real 20(1):1–20

Clifton J, Palmisano S (2020) Effects of steering locomotion and teleporting on cybersickness and presence in HMD-based virtual reality. Virtual Real 24(3):453–468

Collins SH, Adamczyk PG, Kuo AD (2009) Dynamic arm swinging in human walking. Proc R Soc B Biol Sci 276(1673):3679–3688

Di Luca M, Seifi H, Egan S, Gonzalez-Franco M (2021) Locomotion vault: the extra mile in analyzing VR locomotion techniques. In: Proceedings of the 2021 CHI Conference on Human Factors in Computing Systems, CHI'21. Association for Computing Machinery, New York

Fearghail CO, Ozcinar C, Knorr S, Smolic A (2018) Director's cut-analysis of aspects of interactive storytelling for VR films. In: International Conference on Interactive Digital Storytelling. Springer, Cham, S 308–322

Fernandes AS, Feiner SK (2016) Combating VR sickness through subtle dynamic field-of-view modification. In: 2016 IEEE Symposium on 3D User Interfaces (3DUI). Greenville, S 201–210

Kruijff E, Marquardt A, Trepkowski C, Lindeman RW, Hinkenjann A, Maiero J, Riecke BE (2016) On your feet! enhancing vection in leaning-based interfaces through multisensory stimuli. In: Proceedings of the 2016 Symposium on Spatial User Interaction, SUI'16. Association for Computing Machinery. New York, S 149–158

Lai C, Hu X, Segismundo A, Phadke A, McMahan RP (2020) The comfort benefits of gaze-directed steering. In: 2020 IEEE International Symposium on Mixed and Augmented Reality Adjunct (ISMAR-Adjunct). IEEE, Recife, S 102–103

Liu J, Parekh H, Al-Zayer M, Folmer E (2018) Increasing walking in VR using redirected teleportation. In: Proceedings of the 31st Annual ACM Symposium on User Interface Software and Technology. Berlin, S 521–529

Matsumoto K, Ban Y, Narumi T, Yanase Y, Tanikawa T, Hirose M (2016) Unlimited corridor: Redirected walking techniques using visuo haptic interaction. In: ACM SIGGRAPH 2016 Emerging Technologies, SIGGRAPH'16. Association for Computing Machinery, New York

Nilsson NC, Serafin S, Nordahl R (2013) The perceived naturalness of virtual locomotion methods devoid of explicit leg movements. In: Proceedings of Motion on Games, MIG'13. Association for Computing Machinery, New York, S 155–164

Nilsson NC, Peck T, Bruder G, Hodgson E, Serafin S, Whitton M, Steinicke F, Rosenberg ES (2018) 15 years of research on redirected walking in immersive virtual environments. IEEE Comput Graph Appl 38(2):44–56

Prothero JD (1998) The role of rest frames in vection, presence and motion sickness. University of Washington, Seattle

Razzaque S, Kohn Z, Whitton MC (2001) Redirected walking, citeseer. In: Proceedings of Eurographics. London, S 105–106

Steele JE (1961) Motion sickness and spatial perception. A theoretical study. ASD Tech Rep 61(530):23

Suma EA, Lipps Z, Finkelstein S, Krum DM, Bolas M (2012) Impossible spaces: maximizing natural walking in virtual environments with self-overlapping architecture. IEEE Trans Vis Comput Graph 18(4):555–564

Teixeira J, Palmisano S (2021) Effects of dynamic field-of-view restriction on cybersickness and presence in HMD-based virtual reality. Virtual Real 25(2):433–445

Whittinghill DM, Ziegler B, Case T, Moore B (2015) Nasum virtualis: a simple technique for reducing simulator sickness, Bd 74. Games Developers Conference (GDC), San Francisco

Wloka MM, Greenfield E (1995) The virtual tricorder: a uniform interface for virtual reality. In: Proceedings of the 8th Annual ACM Symposium on User Interface and Software Technology. Pittsburgh, S 39–40

Wölfel M, Sieß A (2018) Atmosphäre in virtuellen Umgebungen. Berichte aus dem Karl Steinbuch Forschungsprogramm, Nr. 10

Zhang Y, Huang Z, Quigley K, Sankar R, Yang A (2019) A user experience study of locomotion design in virtual reality between adult and minor users. In: 2019 IEEE International Symposium on Mixed and Augmented Reality Adjunct (ISMAR-Adjunct). IEEE, Beijing, S 47–51

Teil II

Technologie

Erfassung des Nutzers

8

Die *Erfassung* (engl. sensing) des Nutzers sowie die Interpretation von Zuständen und Aktionen anhand der Daten, die an die Anwendung übermittelt werden, entscheiden maßgebend über die Möglichkeiten, die in einer immersiven VR-Anwendung realisiert werden können. Somit ist die Erfassung des Nutzers eine der wichtigsten Aufgaben in immersiven VR-Anwendungen und hat primär folgende Ziele:

- die *Verortung* des Nutzers in der virtuellen Welt zu bestimmen,
- die *Nutzereingabe* für Steuerfunktionen zu erfassen,
- die *Darstellung* des Nutzers als Avatar im virtuellen Raum zu ermöglichen,
- die *Sicherheit* des Nutzers im realen Raum zu gewährleisten und
- das *Nutzerverhalten* zu analysieren (z. B. für Biofeedback[1]).

Während für die Verortung, die Nutzereingabe und die Darstellung primär bestimmte Merkmale des Nutzers erfasst werden müssen, ist je nach Anwendung der Nutzereingabe auch die Erfassung von Interaktionselementen relevant. Um einen hohen Sicherheitsstandard zu gewährleisten, wird zusätzlich eine Außenraumbeobachtung erforderlich – ist dies nicht möglich, können zumindest statische Objekte eingemessen werden. Eine mögliche Kollision des Nutzers mit einem festen oder beweglichen Gegenstand in der physikalischen Umgebung kann so rechtzeitig erkannt und darauf hingewiesen werden.

Damit das System schnell auf die erfassten Sensordaten reagiert, ist die Verarbeitung in Echtzeit erforderlich. Unter *Echtzeit* (engl. real-time) wird ein Ereignis verstanden, welches innerhalb einer geringen Zeitspanne eintritt. Bei der Mensch-Maschine-Interaktion kann eine Zeitspanne als gering angenommen werden, wenn sie so kurz ist, dass sie vom

---

[1] Beim *Biofeedback* werden körpereigene, biologische Vorgänge dem Nutzer bereitgestellt, z. B. als visuelle oder akustische Information.

M. Wölfel, *Immersive Virtuelle Realität*, https://doi.org/10.1007/978-3-662-66908-2_8

Nutzer nicht als Verzögerung wahrgenommen wird oder zumindest nicht störend ist. Je nach Modalität kann diese zwischen wenigen Millisekunden und mehreren hundertstel Millisekunden (in der Sprachverarbeitung) betragen.

Je nach verwendeter Sensorik und entsprechender Weiterverarbeitung kann sich sowohl die Abtastrate als auch die Latenz, die teilweise auch durch die Abtastrate beeinflusst wird, erheblich unterscheiden. Ein Beschleunigungssensor arbeitet mit Abtastfrequenzen bis 1000 Hz, während bildbasierte Sensoren mit Abtastfrequenzen von i. d. R. max. 60 Hz die Umgebung erfassen. Die aufgezeichneten Sensordaten können für eine oder mehrere der zuvor aufgezählten Aufgaben angewendet werden und eignen sich mehr oder weniger gut für die jeweilige Anforderung. Durch die Fusion von Daten, Merkmalen oder Klassifikationsergebnissen aus mehreren Sensoren können oft Ergebnisse verbessert werden, da jeder Sensor unterschiedliche Informationen liefert.

Während manche Anwendungen und Interaktionstechniken nur wenig Wissen über den Nutzer und überhaupt kein Wissen über die Umgebung benötigen, sind andere Anwendungen auf reichhaltige Sensordaten angewiesen. Bei körpernahen Sensoren[2] spielen die grundlegende Form, die Größe und das Gewicht des Geräts, in dem die Sensorik untergebracht ist, eine wichtige Rolle. Im Idealfall kommt die Sensorik ohne externe Stromversorgung aus und kommuniziert die Daten drahtlos. Bei Sensoren, die in der Umgebung aufgestellt sind, können ihre Abmessungen und ihr Formfaktor i. d. R. vernachlässigt werden, es sei denn, es gibt Konflikte mit anderen Sensoren. Aber nicht nur der Formfaktor, sondern auch die Art der Verwendung können die Möglichkeiten der Interaktion limitieren: wenn z. B. ein Controller in der Hand gehalten werden muss und diese somit für weitere Aktionen eingeschränkt ist. Bei an der Hand befestigten Geräten (wie einem Datenhandschuh) können sich die Finger frei bewegen und kleinste Bewegungen der Gelenke erfasst werden. Somit ist eine präzise Interaktion mit virtuellen, aber auch mit realen Objekten möglich. Gesten wie das Loslassen und erneute Aufgreifen eines virtuellen Objektes können so z. B. mit an der Hand befestigten Geräten oder berührungsfreier Sensorik (wie Kameras) gut umgesetzt werden. Bei Verwendung eines Controllers müsste in diesem Beispiel auf eine natürliche Interaktion verzichtet und das Ergreifen eines virtuellen Objektes z. B. über einen Knopf am Controller ausgelöst werden.

Die Interpretation der von den Sensoren erfassten Daten findet meistens nicht direkt auf den Rohdaten statt, sondern auf den daraus ableitbaren *Merkmalen* (auch Variablen oder Attribute, engl. features, variables oder attributes). Dabei werden nichtrelevante Informationen, durch den Prozess der *Merkmalsextraktion*, aus dem hochdimensionalen Rohdatenstrom herausgefiltert und semantische Informationen in einen Merkmalsraum mit einer i. d. R. kleineren Dimension überführt. Eine kleinere Dimension ist erwünscht, um dem sogenannten *Fluch der Dimensionen* (engl. curse of dimensionality) zu entgehen. Der von Richard Bellman geprägte Begriff bezieht sich auf das Problem, dass ein Volumen

---

[2] Als *körpernahe Sensoren* werden Sensoren bezeichnet, die in der Hand gehalten oder am Körper befestigt werden.

exponentiell zunimmt, wenn einem Raum zusätzliche Dimensionen hinzugefügt werden, was den Umgang mit hochdimensionalen Räumen erschwert.

Je nachdem, welche Informationen gewonnen werden sollen, können die Merkmale, die extrahiert werden, sehr unterschiedlich sein. Manche Merkmale lassen sich als räumliche Koordinaten abbilden, wie z. B. die Position eines Fingers, andere wiederum enthalten keinen räumlichen Zusammenhang, z. B. Emotionen.

Bestimmte Sensortypen eignen sich besser zur Extraktion spezifischer Merkmale aus den erfassten Rohdaten als andere Sensortypen und eine entsprechende Abwägung ist relevant. Je nach Situation kann allerdings nicht einfach ein Sensor hinzugefügt werden (z. B. bei Anwendungen, die für ein bestimmtes kommerziell erhältliches Headset entwickelt werden) oder relevante Informationen liegen außerhalb des Erfassungsbereichs, wenn diese z. B. durch ein Objekt verdeckt werden. In diesem Fall muss auf Informationen aus einem oder mehreren wenig geeigneten Sensoren zurückgegriffen oder ganz auf die Nutzung dieser Informationen verzichtet werden. Alternativ lassen sich *virtuelle* bzw. *indirekte Sensoren* einsetzen, mit welchen nicht messbare Größen aus anderen, messbaren bzw. verfügbaren Sensordaten und Modellen abgeleitet werden können.

Ein akustischer Sensor kann beispielsweise dafür verwendet werden, Sprache zu erfassen, die anschließend über einen Lautsprecher ausgegeben, in einen Text gewandelt oder in eine Gesichtsanimation (indem z. B. eine Phonemfolge auf eine Visemfolge abgebildet wird) überführt wird. Das letzte Beispiel zeigt, dass trotz fehlender Bildinformation aus anderen Daten eine bildliche Repräsentation erstellt werden kann. Ein Sensor kann somit für die Extraktion verschiedenster Merkmale und für die daraus abgeleiteten Anwendungen genutzt werden.

8.1 Sensorik

Zur Erfassung von Daten und Merkmalen, wie Position und Richtung, Bewegung, Druck oder akustische Äußerungen, können verschiedenste Verfahren eingesetzt werden, wie z. B.:

- optische Verfahren (RGB[3]- oder Tiefenkameras),
- Inertialsysteme (Beschleunigungssensor, Gyroskop),
- Laufzeitverfahren (Ultraschall, GPS),
- mechanische Verfahren (Schalter, Dehnungsstreifen, Exoskelett),
- akustische Verfahren (Mikrofon) oder
- neurophysiologische Verfahren (EEG, EMG).

---

[3] RGB repräsentiert die drei Grundfarben Rot, Grün und Blau.

Alle Verfahren unterscheiden sich in der Art und Häufigkeit der von ihnen erzeugten Daten. *Diskrete Eingabegeräte*, wie Schalter oder Knöpfe, erzeugen i. d. R. einen einzelnen Datenwert. *Kontinuierliche Eingabegeräte* erzeugen Datenwerte mit einer bestimmten Frequenz als Reaktion auf die Aktion des Nutzers und in vielen Fällen auch ohne die gezielte Eingabe des Nutzers. Durch die Analyse kontinuierlicher Werte können auch diskrete Ereignisse ausgelöst werden, z. B. durch eine Gestenerkennung, die eine Wischgeste erkennt und als diskreten Wert weitergibt.

Zusätzliche Anforderungen an die Sensorik sind der Erfassungs- und Messbereich, die Empfindlichkeit, Genauigkeit und Auflösung sowie der Dynamikumfang.[4] Ob eine Kalibrierung bei der Einrichtung oder auch im laufenden Betrieb nötig ist oder nicht, hat insbesondere Einfluss auf den Aufwand in der Nutzung. Je nach Sensorik kann es auch zu Messfehlern durch Querempfindlichkeiten oder Rückwirkung auf das Messobjekt kommen.

Ein *passiver Sensor* misst die in der Umgebung vorhandene Energie. Bei optischen, passiven Sensoren wird z. B. das von der Sonne ausgestrahlte Licht, welches an Objekten reflektiert wird, vom Sensor erfasst. Mehr Umgebungsenergie führt so zu weniger Störungen, welche durch Sensorrauschen[5] verursacht sind. Dies ist darin begründet, dass sich das Verhältnis der Signalenergie (variabel, in Abhängigkeit der externen Energiequelle) und der Rauschenergie (quasikonstant, bedingt durch den Aufbau des Sensors) entsprechend verändert.

Ein *aktiver Sensor* ist ein Messgerät, das selbst Signale aussendet und mittels des reflektierten Signals Informationen aus der Umgebung ableitet. Die ausgesendeten Signale können moduliert werden, indem das zu übertragende Nutzsignal einen sogenannten Träger verändert, z. B. um ein bestimmtes Muster auszustrahlen. Anhand der Veränderung des Musters kann dann die gewünschte Information, z. B. die Distanz, abgeleitet werden. Sind in der Umgebung andere Energiequellen vorhanden, die das ausgesendete Signal im entsprechenden Frequenzbereich überlagern, kann es zu vermehrtem Sensorrauschen kommen. Da aktive Sensoren auf die Umgebung einwirken (Energie aussenden), können sie die Messdaten anderer Sensoren beeinflussen. Um dies zu verhindern, können Sensoren auf verschiedenen Frequenzen[6] betrieben, auf unterschiedliche Zeitpunkte[7] aufgeteilt oder durch Spreizcodes[8] getrennt werden.

---

[4] Der *Dynamikumfang* bezeichnet den Unterschied zwischen der hellsten und der dunkelsten Stelle in einem Bild oder zwischen dem leisesten und dem lautesten Geräusch.

[5] *Sensorrauschen* sind Störungen infolge von sensorinternen Rauschprozessen.

[6] Durch Frequenzmultiplexverfahren, engl. frequency-division multiplexing.

[7] Durch Zeitschlitzverfahren, engl. time-division multiplexing.

[8] Durch Codemultiplexverfahren, engl. code-division multiplexing.

8.2 Erfassung der Kopfposition und -rotation

Damit sich der HMD-Nutzer frei umsehen kann, muss seine Veränderung der Kopfrotation erfasst und für die Anzeige kompensiert werden. Ansonsten dreht sich die virtuelle Welt synchron zur Drehung des Kopfes mit. Aber erst durch die zusätzliche Erfassung und Kompensation der Veränderung der Kopfposition wird die dargestellte Umgebung komplett unabhängig von der Bewegung des Nutzers. Fehlt die Positionserfassung, bewegt sich die Welt geradlinig ohne Drehung mit der Bewegung des Nutzers mit, siehe hierzu auch Abb. 8.1.

Zum Erfassen der Kopfposition und -rotation wird bei einfachen HMDs rein auf Inertialsysteme gesetzt. Aufwendigere Systeme basieren auf optischen Verfahren und fusionieren diese mit Inertialsystemen. Wie solche Systeme technisch realisiert werden, wird in Kap. 9 behandelt.

Während alle HMDs heutzutage ein Tracking mit sechs Freiheitsgraden bereitstellen, ist es aufgrund vorgefertigter Inhalte dennoch nicht immer möglich, alle Freiheitsgrade zu berücksichtigen. Dies gilt z. B. für 360°-Videos. Durch die Aufnahme ist die Position bereits a priori festgelegt und im Nachhinein nicht veränderbar. Nur die Rotation kann hier frei gewählt werden. Problematisch kann dies selbst dann sein, wenn sich der Anwender

Ausgangspunkt Orientierung (3 DoF)

Ausgangspunkt Position und Orientierung (6 DoF)

Abb. 8.1 Beispiel des Unterschieds bei der Abbildung der Freiheitsgrade, nur Orientierung (3 Freiheitsgrade) als auch Position + Orientierung (6 Freiheitsgrade). Fehlt die Übertragung der Position, scheint sich bei der Eigenbewegung die Welt mitzubewegen

nicht bewegt. Stimmt die Höhe der Aufnahmeposition oder virtuellen Kamera nicht mit der Größe des Nutzers überein, kann ein falscher Größeneindruck entstehen.

8.3   Erfassung der Hände und Finger

Die menschliche Hand ist ein hochkomplexes Werkzeug bestehend aus einem einzigartigen anatomischen Aufbau von Knochen, Gelenken, Muskeln, Sehnen, Bändern, Blutgefäßen, Nervenbahnen, Fett und Haut. Sie verfügt über eine große Vielfalt an Bewegungsfreiheiten, die es ermöglichen, sowohl grob- als auch feinmotorische Bewegungen mit hoher Geschwindigkeit, Genauigkeit und Geschicklichkeit auszuführen. Durch diese einmalige Fähigkeit spielen Hände eine wichtige Rolle, wie Menschen mit der Welt interagieren: von Gesten zur Kommunikation mit anderen bis zur Manipulation von Gegenständen. Eine wichtige Zielsetzung von immersiven VR-Systemen ist somit, dass Nutzer sowohl mit realen als auch mit virtuellen Objekten so natürlich wie möglich interagieren können.

Neben der Position und Orientierung der Hände ist es in vielen Fällen nützlich, detaillierte Informationen über die Stellung der Finger zu erfassen. Zur Erkennung der Handhaltung lassen sich vier Ansätze unterteilen: mittels Controller, Datenhandschuh, optische Systeme (Freihandinteraktion) oder durch Elektromyographie. Während Controller die Stellungen der Finger nur annähernd schätzen können, sind die anderen Methoden befähigt, detaillierte Informationen über die Stellung bzw. Bewegung (im Fall von Elektromyographie) der einzelnen Finger zu liefern.

8.3.1   Handmodell

Damit die Hand in der virtuellen Welt abgebildet werden kann, muss diese modelliert werden. Dies kann das Aussehen, die Form, Kinematik, Dynamik und Semantik umfassen. Bei der sensorischen Erfassung der Hand für immersive VR-Anwendungen geht es primär um die Form und die Kinematik. Daher wird die weitere Betrachtung auf diese Aspekte beschränkt.

Die Hand besteht aus fünf Fingern sowie einer Handfläche und ist über ein Handgelenk mit dem Unterarm verbunden. Der mechanische Aufbau der Hand umfasst 27 Knochen in drei Gruppen: die Handwurzelknochen (8 kurze Knochen), die sich im Handgelenk und in der Handwurzel befinden; die Mittelhandknochen (5 lange Knochen: einer für jeden Finger), die sich in der Handfläche einfügen; und die Fingerglieder (14 lange Fingerknochen), die sich in den 5 Fingern befinden. Da der zum Daumen gehörende Mittelhandknochen vom Rest der Handfläche getrennt ist, kann der Daumen den Fingern gegenüberstehen. Durch diese Konfiguration bekommt die Hand erst die Fähigkeit, geschickte Manipulationen durchzuführen.

Die Knochen des Handskeletts bilden ein System aus 16 starren Körpern, die durch Scharniergelenke (mit 1 Freiheitsgrad für Streckung/Beugung) und Sattelgelenke

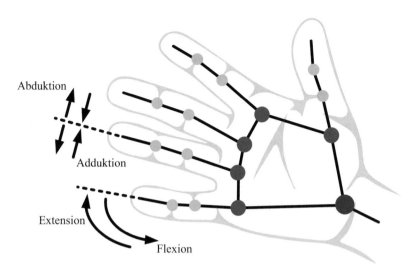

Abb. 8.2 Die menschliche Hand kann als kinematisches Modell mit 26 Freiheitsgraden beschrieben werden, die 16 starre Körper miteinander verbinden. Die hellblauen Punkte stehen für 1 Freiheitsgrad (nur Extension/Flexion), die lila Punkte für 2 Freiheitsgrade (1 für Extension/Flexion und 1 für Abduktion/Adduktion). Der dunkelblaue Punkt repräsentiert die 6 Freiheitsgrade der Handposition und -orientierung

(mit zwei Freiheitsgraden neben Streckung/Beugung ein weiterer für die Abduktion/ Adduktion, also das Abspreizen und Zusammenziehen der Finger) verbunden sind, siehe Abb. 8.2. Die Stellung der starren Körper zueinander kann durch 20 Freiheitsgrade beschrieben werden. Hinzu kommen noch 6 Freiheitsgrade, welche die Position und Orientierung der Hand im Raum festlegen. Die natürliche Hand- und Fingerbewegung ist stark eingeschränkt, weshalb viele aus den Freiheitsgraden theoretisch resultierenden Konfigurationen der Hand nicht möglich sind. Die jeweiligen Freiheitsgrade sind darüber hinaus in ihrem Bewegungsspielraum stark limitiert und hängen oft voneinander ab. So kann z. B. eine Streckung oder Beugung der vorderen Fingerglieder nicht unabhängig von den mittleren Fingergliedern durchgeführt werden. Diese Einschränkungen können in einem kinematischen Handmodell berücksichtigt werden und unterteilen sich in *statische Einschränkungen*, die den Grenzbereich jedes Parameters unabhängig von der Haltung festlegen, und in *dynamische Einschränkungen*, die Gelenkwinkelabhängigkeiten während der Fingerbewegung berücksichtigen.

8.3.2   Mögliche Probleme der Handerfassung

Die sensorische Erfassung der Hände und Finger ist ein äußerst schwieriges und nicht triviales Problem. Der Einsatz von Handgesteninteraktionen wird von Faktoren wie der Erkennungsmethode und dem Interaktionsgerät stark beeinflusst und ein einheitliches Benutzungserlebnis unter verschiedenen Bedingungen kann nicht garantiert werden.

Die Probleme bei der Schätzung der kleinräumigen Bewegungen der menschlichen Hand und der großräumigen des ganzen Körpers weisen offensichtliche Ähnlichkeiten auf. Beide sind Spezialfälle der Verfolgung nichtstarrer, gelenkiger Körper. Jedoch gibt es bei der Erfassung der Hände und Finger Herausforderungen, die bei der Erfassung des ganzen Körpers nicht oder seltener auftreten (Ahmad et al. 2019):

- Hände verändern während der Bewegung ihre globale Ausrichtung.
- Es kommt zu starken Überlappungen und Verschränkungen der Finger (Selbstverdeckung) oder zu komplexen Objektinteraktionen, wodurch Teile der Hand optisch nur noch eingeschränkt erfasst werden können.
- Es gibt eine hohe lokale Selbstähnlichkeit, da verschiedene Teile der Hand aufgrund der schwach strukturierten Oberfläche und des chromatisch einheitlichen Aussehens der Haut nicht einfach unterscheidbar sind.

Interagieren Hände miteinander und/oder mit realen Objekten, wird die Erfassung der Hände und Finger noch komplizierter als bei einer einzelnen, im freien Raum agierenden Hand. Es ergeben sich

- eine höhere Dimensionalität des kombinatorischen Konfigurationsraums der interagierenden Hände und Objekte,
- eine erhöhte Selbstbeschränkung durch die Handhaltung selbst, die während der Interaktion auftritt, und
- induzierte vergrößerte Winkelbereiche aufgrund der äußeren Kräfte zwischen Hand und Objekt.

Bei optischer Erfassung ergeben sich zusätzlich noch

- starke Verdeckungen durch die manipulierten Objekte und die zweite Hand sowie
- Zuordnungsschwierigkeiten zwischen den beiden Händen und dem manipulierten Objekt.

Da in immersiver VR die realen Hände des Nutzers durch Controller oder Hände abgebildet werden, die den eigenen nicht entsprechen, kann das Gefühl der Immersion und Präsenz stark beeinträchtigt werden. Problematisch ist dies insbesondere dann, wenn unrealistische Handhaltungen eingenommen werden, die entweder durch Fehler bei der Erfassung und Verfolgung oder durch das Fehlen von Kraftrückmeldungen zurückzuführen sind. Dies kann bei einer Hand-Objekt Interaktion zur gegenseitigen Durchdringung der Hand mit dem Objekt führen oder, falls dies algorithmisch verhindert wird (siehe Abschn. 8.3.7), zu einer größeren Abweichung zwischen der tatsächlichen Handstellung und ihrer Darstellung.

8.3.3 Handgehaltene Controller

Die einfachste Form, um die Handposition und -orientierung zu erfassen, sind *handgehaltene Controller*. Die Handposition und -orientierung werden allerdings nicht direkt geschätzt, sondern durch die getrackten Parameter des Controllers abgeleitet. Neben der reinen Ortsbestimmung verfügen Controller noch über weitere Sensorik, wie mechanische Tasten oder berührungssensitive Flächen, um diverse Eingaben zu ermöglichen. Wird eine Taste gehalten oder eine berührungssensitive Fläche angefasst, kann daraus eine grobe Handpose abgeleitet werden. In der virtuellen Welt wird die Hand dann entsprechend z. B. als offene oder geschlossene Hand wiedergegeben. Aufwendigere handgehaltene Controller verfügen über kapazitive Näherungssensoren zur Schätzung einfacher Handpose auch ohne Berührung (Arimatsu und Mori 2020).

8.3.4 Datenhandschuhe

Datenhandschuhe haben theoretisch viele Vorteile gegenüber anderen Ansätzen, die Hand- und Fingerstellung zu erfassen. Sie erfordern keine Sichtlinie, kein Sichtfeld der Sensoren und keine Anforderungen an die Beleuchtung. Dies ermöglicht die Haltung der Hände an der Seite, hinter dem Rücken oder im Schoß, ohne dass ein Verlust des Trackings zu befürchten ist. Auch ermöglichen Handschuhe die Interaktion mit anderen physischen Objekten ohne Einschränkungen.

In Datenhandschuhen können unterschiedliche Sensortechnologien zum Einsatz kommen; z. B. faseroptische Sensoren, Dehnungsmessstreifen (mit dem Wirkprinzip eines resistiven Sensors), Biegesensoren und Trägheitsmessgeräte. Je nach Komplexität unterscheidet sich die Anzahl der verbauten Sensoren. So wird bei einem Handschuh mit fünf Sensoren i. d. R. nur ein Gelenk je Finger erfasst. Die Rohdaten der auf den Handschuhen befestigten Biege- oder Trägheitssensoren liefern Gelenkwinkel, die an Algorithmen zur Erkennung von Haltungen weitergereicht werden (Taylor et al. 2016). Obwohl es theoretisch möglich ist, daraus abzuleiten, ob ein Kontakt zwischen zwei Fingern besteht (z. B. Zeigefinger zu Daumen), ist die Erkennung ungenau, da sich Handgrößen und -formen stark unterscheiden. Zuverlässiger kann der Kontakt zwischen zwei Fingern durch Taster erfasst werden. Ein Datenhandschuh dieses Typs wird als *Kneifhandschuh* (engl. pinch glove) bezeichnet.

Die Verwendung von Datenhandschuhen ermöglicht neben der sensorischen Erfassung auch haptisches Feedback siehe auch Abb. 10.24. Durch zusätzliche Aktoren kann Druck auf die Haut ausgeübt oder der Bewegungsspielraum der Hand eingeschränkt werden. Virtuelle Objekte können so intuitiver und direkter berührt und manipuliert werden. Beispielsweise wird beim Ergreifen eines virtuellen faustgroßen Steins verhindert, dass sich die Finger schließen und der Nutzer durch das virtuelle Objekt hindurchgreift. Datenhandschuhe mit starren Aktoren haben Einschränkungen in puncto Sicherheit und können unangenehme Empfindungen auslösen, wenn die starren Komponenten direkt mit der Haut des Nutzers in Kontakt kommen. Daher werden weiche Aktoren bevorzugt, die eine höhere Sicherheit und einen besseren Tragekomfort bieten (Wang et al. 2019).

Gegen das Tragen von Datenhandschuhen spricht, dass es unangenehm sein und zu schwitzigen Händen führen kann sowie eine Passgenauigkeit nur für bestimmte Handgrößen und -formen gegeben ist. Eine geringe Passgenauigkeit führt zu größeren Varianzen in der sensorischen Erfassung, weshalb auf einen guten Sitz der Handschuhe geachtet werden sollte.

8.3.5   Optische Hand- und Fingererkennung

Optische Hand- und Fingererkennung mittels RGB- oder Tiefenkameras ermöglichen eine unauffällige Erfassung, da optische Verfahren keinen Kontakt mit dem zu verfolgenden Objekt benötigen (Sharp et al. 2015). Allerdings besteht im Gegensatz zum Datenhandschuh die Anforderung einer direkten Sichtlinie, weshalb die Platzierung des Sensors maßgebend über die Erkennungsqualität und den Erfassungsbereich entscheidet.

Die optimale Platzierung des Sensors befindet sich auf der Vorderseite eines HMDs. Entweder sind entsprechende Sensoren bereits im HMD integriert oder können nachträglich dort befestigt werden. Unter Verwendung einer Stereokamera können dieselben Sensoren sowohl für die Berechnung eines Tiefenbildes als auch zur Nutzung eines See-Through-Modus eingesetzt werden.

Zwar umfasst ein am HMD befestigter optischer Sensor nicht den gesamten Aktionsbereich der Arme, z. B. wenn sich diese hinter dem Rücken befinden, jedoch hat sich gezeigt, dass Menschen bei der Objektinteraktion und -manipulation die Augen auf die Hände richten. Somit wird die Orientierung des Sensors unbewusst vom Nutzer entsprechend ausgerichtet und ein relativ kleiner Erfassungsbereich ist ausreichend.

Während bei der Erfassung des Körpers markerbasierte und markerlose Verfahren eingesetzt werden, ist die Anbringung von Markern an der Hand störend, weshalb darauf weitestgehend verzichtet wird. Handmerkmale wie Hautfarbe, Aussehen, Bewegung, Skelett oder als 3D-Modell lassen sich durch unterschiedliche Methoden aus visuellen Daten segmentieren und erkennen. Ein Überblick über verschiedene Methoden findet sich z. B. in Oudah et al. (2020).

8.3.6   Elektromyographiebasierte Handgestenerkennung

Handschuhe können einen Einfluss auf die Bewegung haben und verdecken die Oberflächenstruktur, insbesondere bei der Manipulation von Objekten. Bildgebende Sensoren kämpfen mit Verdeckung und wechselnder Beleuchtung. Eine alternative Erfassungsmöglichkeit ist die *Oberflächenelektromyographie* (engl. surface electromyography, wobei oft „surface" weggelassen wird und kurz EMG geschrieben wird), bei der die elektrische Aktivität der Skelettmuskulatur durch Sensoren erfasst wird (Jaramillo-Yánez et al. 2020). Die

Aktivität der Finger wird durch EMG-Sensoren erfasst, die auf dem Unterarm aufliegen. Die vom Unterarm ausgehenden Muskelnervensignale zur Bewegung der Finger lassen sich hier gut auslesen (Kim et al. 2012). Die erfassten EMG-Daten kämpfen zwar nicht mit den zuvor genannten Problemen anderer Sensorik, sind jedoch ziemlich verrauscht und stark von ihrer Platzierung abhängig. Dementsprechend fällt die Genauigkeit im Vergleich zu alternativen Sensoren geringer aus.

Es gibt dynamische und statische Muskelkontraktionen. Bei *dynamischen Muskelkontraktionen* verändert sich die Länge der Muskelfasern und die Gelenke sind in Bewegung. Bei einer *statischen Muskelkontraktion* ändern sich zwar die Längen der Muskelfasern und der Gelenkwinkel nicht, jedoch ziehen sich die Muskelfasern trotzdem etwas zusammen. Somit werden in beiden Fällen Aktionspotenziale der Motoneuronen[9] gemessen, die während der Muskelkontraktion erzeugt werden. Da die Aktionspotenziale bei *statischen Muskelkontraktionen* geringer ausfallen, eignet sich die Oberflächenelektromyographie eher zur Erkennung von Bewegung anstelle von Posen und ist somit eher für die Gesteneingabe geeignet als für eine direkte Abbildung der Hand im virtuellen Raum.

8.3.7 Korrektur der Handdarstellung

Der Mensch ist bei der präzisen Interaktion mit der Umwelt stark auf sensorische Rückmeldungen und physikalische Zwänge angewiesen. Daher wird angestrebt, dass die visuellen und haptischen Wahrnehmungen der virtuellen Hand-Objekt-Interaktion mit der realen Welt möglichst übereinstimmen. Jedoch dringt eine reale Hand beim Zugreifen, ohne haptische Stimulation, ungehindert in ein virtuelles Objekt ein. Das Eindringen in ein Objekt entspricht aber nicht unserer täglichen Erfahrung in der realen Umgebung.

Um Irritationen in der Darstellung zu vermeiden, kann die virtuelle Hand von der Stellung der realen Hand abweichen. Diese scheinbar logische Korrektur führt bei zu großer Differenz zu einer wahrnehmbaren visuell-propriozeptiven Diskrepanz (Ahmad et al. 2019). Daher kann der Ansatz nicht gänzlich Irritationen vermeiden. Zur Korrektur der virtuellen Hand können heuristikbasierte oder physikbasierte Ansätze angewendet werden. Während bei heuristikbasierten Korrekturen eine Reihe vordefinierter Regeln angewendet wird, folgt die physikbasierte Korrektur physikalischen Gesetzen. Sie zielt darauf ab, physikalisch plausibles Handverhalten in der virtuellen Umgebung zu simulieren und darzustellen. Neben Kollisionskräften werden zumeist auch Reibungskräfte berücksichtigt. Eine häufig verwendete Methode, um Sensorwerte (die im virtuellen Raum nur als zeitdiskrete Werte abgebildet werden) in ein physikalisches Modell zu übertragen, ist eine Kraft, meistens als Feder (dann als *Federmodell* bezeichnet) oder Gummiband realisiert, die das virtuelle Objekt in Richtung der im realen Raum erfassten Position zieht.

---

[9] *Motoneuronen* sind Nervenzellen des zentralen Nervensystems, die eine direkte oder indirekte Kontrolle über einen Muskel ausüben.

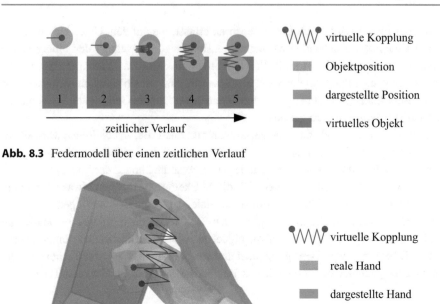

Abb. 8.3 Federmodell über einen zeitlichen Verlauf

Abb. 8.4 Beim Federmodell wird die dargestellte Hand (blau) daran gehindert, in das virtuelle Objekt einzudringen. Die Federn (dargestellt für Daumen und kleinen Finger), die dargestellte und verfolgte reale Hand (braun) miteinander verbinden, ziehen die dargestellten Finger in Richtung der korrespondierenden verfolgten Finger

In Abb. 8.3 ist der Zusammenhang über einen zeitlichen Verlauf verdeutlicht. Die dargestellte und die reale Position stimmen so lange überein, insofern sich kein anderes Objekt an dieser Stelle befindet. Ist ein Objekt im Weg, weicht die dargestellte von der realen Position ab. Durch diesen Trick verhält sich das virtuelle Objekt in der virtuellen Umgebung physikalisch korrekt und unterliegt dort entsprechenden Gegenkräften, die z. B. durch ein virtuelles Objekt ausgelöst werden. Abb. 8.4 zeigt den entsprechenden Zusammenhang zwischen der realen und virtuellen Hand.

8.4   Erfassung des Körpers

Zusätzlich zur Erfassung der Kopforientierung und der Handposition ist es in vielen Anwendungen relevant, auch weitere Körpermerkmale zu erfassen; z. B. für die Darstellung des eigenen Avatars oder zur Interpretation von Ganzkörpergesten. So zeigten z. B. Latoschik et al. (2017) die Vorteile eines Ganzkörperavatars in einer virtuellen Umgebung, indem sie die wichtige Rolle realistisch aussehender virtueller Menschen demonstrierten. Die Erfassung, Übertragung und Analyse von Ganzkörpergestik eröffnen auch neue Möglichkeiten in der Mensch-Maschine-Interaktion (Wölfel et al. 2022).

Wie bei den anderen zu schätzenden Merkmalen auch, können beim *Motion Capture* (die Aufnahme und Analyse menschlicher Bewegungen) verschiedene Sensortypen und Verfahren eingesetzt werden, um die einzelnen Körperpositionen zu erfassen. Die bei der Erfassung des gesamten Körpers bzw. des Oberkörpers am häufigsten genutzten Verfahren verwenden Inertialsensoren oder Kameras.

8.4.1 Körpermodell

Zur Erfassung von Körperorientierung und -pose wird, analog zum zuvor besprochenen Handmodell, ein entsprechendes Modell gebildet, das i. d. R. durch starre Komponenten, die über Gelenke miteinander verbunden sind, beschrieben wird: das *Skelett*. Auf diese Weise kann die Pose eines Menschen durch eine kleine Menge von Gelenkwinkeln beschrieben werden. Die Parameter sind in einem hierarchischen Baum organisiert und können anhand von Sensordaten geschätzt werden. Die Gelenkhierarchie des Skeletts verläuft dabei von der Körpermitte bis zu den Extremitäten. Jede Verbindung (Knochen) fügt das übergeordnete Gelenk mit einem untergeordneten Gelenk zusammen. Je nach gewähltem Skelettmodell unterscheidet sich die Anzahl der Gelenke und es können weitere Informationen wie Daumen- oder Augenposition integriert sein. Abb. 8.5 veranschaulicht die Lage der Gelenke und ihre Verbindung im Verhältnis zum menschlichen Körper.

8.4.2 Inertialsensorbasierte Erfassung

Zur Verfolgung von Ganzkörperbewegungen können auch Inertialsensoren an diversen Körperteilen des Nutzers angebracht werden. Dies geschieht entweder durch Tragen einzelner Bänder, an denen jeweils ein Sensor befestigt ist, oder eines Ganzkörperanzuges, in dem die Sensoren bereits integriert sind. Die Trägheitssensoren messen die Beschleunigung und Winkelgeschwindigkeit der Gliedmaßen, an denen sie befestigt sind. Nach der Kompensation der Schwerkraft ergibt die Integration der Messungen über die Zeit die Pose der Person. Im Gegensatz zu optischen Systemen ist dieser Ansatz verdeckungsunabhängig, aber die numerische Aufintegration der Sensorwerte führt zu Drift (Abweichung der Position und Orientierung), siehe Abschn. 9.3. Da die Sensorik am Körper mitgeführt wird, gibt es keinerlei Einschränkungen des Erfassungsbereichs.

8.4.3 Markerbasierte Erfassung

Alternativ zu Trägheitssensoren können am Körper auch Marker befestigt werden, siehe Abb. 8.6. Als Marker kommen z. B. Infrarot-LEDs (*aktive Marker*) oder Infrarotlicht

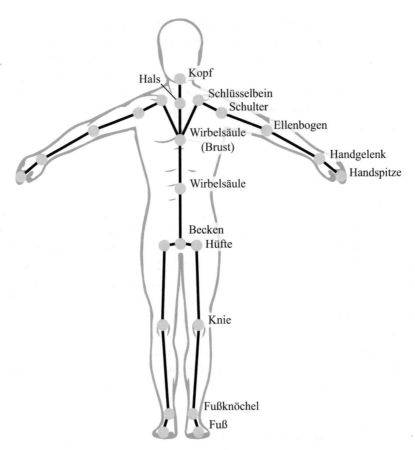

Abb. 8.5 Der menschliche Körper kann als kinematisches Modell mit unterschiedlichen Freiheits-graden (hier 23) beschrieben werden, die als starre Körper miteinander verbunden sind

reflektierende Bällchen (*passive Marker*) infrage. Eine Identifizierung, wie bei AR-Markern oder QR-Codes, ist bei dieser Form von Markern nicht möglich, da sie sonst einiges größer sein müssten oder im Fall von aktiven Markern angesteuert werden müssten. Um mögliche Verdeckungen der Marker zu vermeiden, werden sie von mehreren, für den Infrarotbereich sensitiven, Hochgeschwindigkeitskameras erfasst. Damit bei passiven Markern genügend Licht reflektiert wird, werden die Kameras i. d. R. mit Infrarotlichtern ausgestattet, die ringförmig um sie angeordnet sind. Sowohl aktive als auch passive Marker erzeugen im Bild sich von der Umgebung klar hervorgehobene Merkmale. Anhand dieser wird durch Angulation (Abschn. 9.1) die Position im 3D-Raum bestimmt.

Um die Körper mehrerer Nutzer oder Objekte in Echtzeit zu verfolgen, muss nach der Positionsbestimmung jedes Merkmal einem Skelett oder Objekt eindeutig zugeordnet werden. Darin besteht einer der Hauptnachteile markerbasierter Verfahren: Da alle Markierungen ähnlich aussehen, kann es leicht zu Verwechslungen kommen. Die Identität

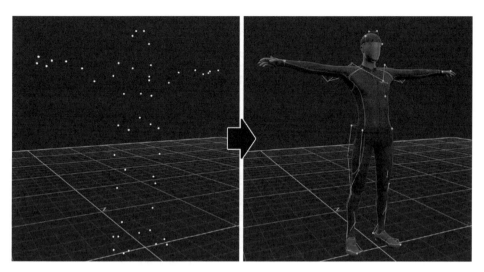

Abb. 8.6 Bildschirmfotos aus der Software Motive von OptiTrack. Auf der linken Seite sind nur die Marker zu sehen, auf der rechten Seite das eingepasste 3D-Modell

eines Markers, der bereits in einem früheren Bild ermittelt bzw. zugewiesen wurde, kann alternativ auch durch das Verfolgen des Markers im 2D- oder 3D-Raum abgeleitet werden.

Markerbasierte Systeme ermöglichen eine sehr genaue Erfassung des menschlichen Körpers und sind auch für die Erfassung von anderen Lebewesen und Objekten geeignet. Jedoch sind sie im Vergleich zu anderen Techniken teurer und komplizierter: Zu Beginn muss eine Person mit Markern an anatomischen Landmarken beklebt werden, was mehrere Minuten in Anspruch nehmen kann. Darüber hinaus ist beim Einsatz von Markern zu beachten, dass eventuell Bewegungsmuster verändert werden, da Personen Angst haben, Marker zu zerstören oder zu verlieren (gilt auch für Inertialsensoren). Da zur Erfassung von Markern auch mehrere Kameras und eine spezifische Beleuchtung benötigt werden, ist ein Einsatz im Außenbereich zwar möglich, liefert aber bei heller Sensoreinstrahlung evtl. nicht die gleich guten Ergebnisse.

8.4.4 Markerlose Erfassung

Viele Schritte in der Verarbeitungskette sind bei markerbasierten und markerlosen Systemen zwar identisch, die Extraktion und Identifikation relevanter Körperteile erfordern aber bei markerlosen Systemen den Einsatz von komplizierteren Verfahren der Mustererkennung und der künstlichen Intelligenz. Zu den üblichen Merkmalen markerloser Verfahren gehören Kanten, Silhouetten, Texturen und Ecken (ein Beispiel für die markerlose Gesichtserkennung ist in Abb. 8.12 dargestellt), die auch häufig kombiniert werden.

Abb. 8.7 In diesem Beispiel werden aus einem Tiefenbild je Pixel die Wahrscheinlichkeiten für verschiedene Körperteile abgeleitet. Farben, im linken Bild, zeigen das jeweils wahrscheinlichste Körperteil je Pixel. Aus den entstehenden Bereichen können dann Vorschläge für die 3D-Positionen von Körpergelenken abgeleitet werden, die dann in ein Skelett überführt werden

Die höhere technische Komplexität markerloser Verfahren bringt für den Endanwender den Vorteil, dass sein Aufwand für die Vorbereitung minimal ist. Für diesen ist weder das Anbringen von Markern oder Sensoren am Körper noch eine Kalibrierung zur Laufzeit (evtl. bei der Inbetriebnahme) nötig. Der Nachteil liegt in der geringeren Robustheit und die Verfahren sind i. d. R. rechenintensiver.

Abb. 8.7 zeigt eine von vielen Möglichkeiten zur Extraktion von Körpermerkmalen (Shotton et al. 2013). Basierend auf einer lokalen Analyse einer kleinen Pixelregion wird die Zugehörigkeit zu einem bestimmten Körperteil geschätzt, woraufhin die 3D-Positionen von Körpergelenken abgeleitet werden. Bei der *Mustererkennung* werden Entscheidungsfindungsstrukturen aus vielen Beispielen, deren Zuordnung bekannt (beim *überwachten Lernen*) oder unbekannt (beim *unüberwachten Lernen*) ist, extrahiert und danach auf ungesehenen, aber ähnlichen Daten angewendet.

Vor der Einführung sogenannter tiefer neuronaler Netze (engl. deep neural networks) war es eine schwierige Aufgabe, Merkmale, die für die Klassifikationsaufgabe relevant sind, aus den Daten zu konstruieren. Heutzutage, beim Deep Learning, kommen Verfahren zum Einsatz, die automatisch anhand großer Datenmengen entsprechende Merkmale selbst finden. Zur Identifizierung von Körperteilen in Tiefenbildern können z. B. relevante Merkmale aus einer einfachen Tiefenvergleichsfunktion berechnet werden (Shotton et al. 2013). Einzelne Merkmale liefern dabei gegebenenfalls nur eine geringe Information darüber, zu welchem Teil des Körpers ein Bereich gehört, aber durch die Kombination mehrerer Merkmale oder schwacher Klassifikatoren kann daraus eine Klassifikation mit einer hohen

Genauigkeit abgeleitet werden. Die so klassifizierten Bereiche können dann entsprechend weiterverarbeitet werden, z. B. indem daraus 3D-Positionen von Körpergliedern oder -gelenken abgeleitet werden, aus welchen dann ein Skelett zusammengesetzt werden kann.

Während bei markerbasierter Erfassung eine Zuordnung im 3D-Raum erst durch die Verwendung von mehreren Kameras möglich wird, werden bei markerloser Erfassung oft Tiefenkameras (z. B. Microsoft Kinect oder Intel RealSense) eingesetzt, womit eine Verortung im 3D-Raum prinzipiell bereits mit einer Kamera möglich ist. Jedoch ist auch unter Verwendung von Tiefendaten eine einzelne Kamera für immersive VR-Anwendungen oft nicht ausreichend, um die relevanten Körpermerkmale zu erfassen. Im Gegensatz zu monitorbasierten Anwendungen, bei denen eine klare Orientierung des Nutzers hin zum Flachbildschirm gegeben ist, kann sich der Nutzer in immersiver VR frei drehen und die Sichtlinie auf relevante Körperteile ist verdeckt. Ist z. B. der Rücken der Kamera zugewandt, kann die Tiefenkamera keine Informationen über die Hände und Arme erfassen, die vor dem Bauch gehalten werden.

8.5 Augen- und Blickerfassung

Bei der *Blickerfassung* (engl. gaze detection) wird gemessen, wohin eine Person schaut. Damit der 3D-Punkt, auf den sich beide Augen fixieren, bestimmt werden kann, sollten idealerweise – insbesondere im Nahbereich – beide Augen berücksichtigt werden (Wang et al. 2014). Der fixierte Punkt wird auch als *Blickpunkt* bezeichnet. Die *Augenerfassung* (engl. eye detection) bezeichnet die reine Messung der Augenstellung relativ zum Kopf und unterscheidet sich somit von der Blickerfassung durch das entsprechende Bezugssystem. Ein Kopfkoordinatensystem wird für die Darstellung eines Avatars benötigt. Ein Weltkoordinatensystem dient zur Umsetzung von Foveated Rendering, siehe Abschn. 10.1.5, oder zur Analyse, wohin oder auf was geschaut wird.

Die Messungen werden von einem *Eye-Tracker* durchgeführt, der die Position der Augen und die von ihnen ausgeführten Bewegungen aufzeichnet und diese über die Zeit verfolgt.[10] Eye-Tracker können die Drehungen des Auges auf unterschiedliche Weise messen:

- mittels eines Objektes (i. d. R. eine spezielle Kontaktlinse), das auf das Auge aufgesetzt wird,
- anhand von elektrischen Potenzialen mit Hilfe von Elektroden, die um die Augen herum angebracht werden, und
- durch optisches Tracking.

---

[10] Entsprechend spricht man auch von der *Blickverfolgung* (engl. gaze tracking) und der *Augenverfolgung* (engl. eye tracking), wenn ein zeitlicher Verlauf betrachtet wird.

Verschiedene Techniken der Augenbeobachtung, wie sklerale Kontaktlinsen, Elektro-okulographie oder Videookulographie sowie videobasierte Analyse von Pupillen- und Hornhautreflexion werden von Duchowski (2017) ausführlich behandelt. In HMDs wird fast ausschließlich optisches Eye-Tracking verwendet, da es nichtinvasiv und kostengünstig ist. Kameras, die in das HMD integriert sind, haben eine feste Position zum Auge, die unabhängig von der Kopfposition und -orientierung ist. Aus diesem Grund ist die optische Bestimmung des Blickpunktes einfacher, als wenn der Blick mit einer Kamera verfolgt wird, die nicht am Kopf fixiert ist.

Wird Licht auf die Pupille gerichtet, verursacht dies erkennbare Reflexionen sowohl in der Pupille als auch in der Hornhaut, siehe Abb. 8.8. Diese Reflexionen – die einen Vektor zwischen Hornhaut und Pupille bilden – können von einem optischen Sensor aufgezeichnet und durch Bildverarbeitungsalgorithmen ausgewertet werden. Im HMD werden für die Beleuchtung der Augen Infrarotlichtquellen eingesetzt, die für den Menschen nicht wahrnehmbares Licht ausstrahlen. Unter dieser Beleuchtung erscheint die dunkle Iris heller und die Hornhautreflexion kann mittels eines Infrarot-Bandpassfilters herausgerechnet werden, was zu einem stärkeren Kontrast zur schwarzen Pupille führt, die für die Blickschätzung verwendet wird. Dies ist von Vorteil, da die Genauigkeit der Blickrichtungsmessung von einer klaren Abgrenzung (und Erfassung) der Pupille sowie der Erfassung der Hornhautreflexion abhängt.

Merkmalsbasierte Blickschätzungsmethoden lokalisieren die Pupille und nach einer benutzerspezifischen Kalibrierung kann die Pupillenposition einer Bildposition zugeordnet werden. Die Informationen werden dazu kontinuierlich analysiert, wobei sich der Abstand zwischen der Pupillenmitte und der Reflexion der Hornhaut, in Abhängigkeit des Augenwinkels ändert und somit auf die Augenstellung bzw. Änderung rückgeschlossen werden kann. Zur Verbesserung der Empfindlichkeit bzw. Genauigkeit können noch weitere Informationen hinzugezogen werden; z. B. sichtbare Blutgefäße der Netzhaut bzw. Reflexionen von der Rückseite der Linse.

Das Prinzip der Blickverfolgung unterscheidet sich in einem entscheidenden Punkt zwischen dem Blick auf die reale Umgebung und dem Blick durch eine VR-Brille: Die

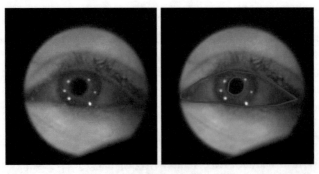

Abb. 8.8 Aufnahme des Auges innerhalb der VR-Brille. Iris mit klar erkennbareren Hornhautreflexionen des einfallenden Infrarotlichts und erkannten Merkmalen

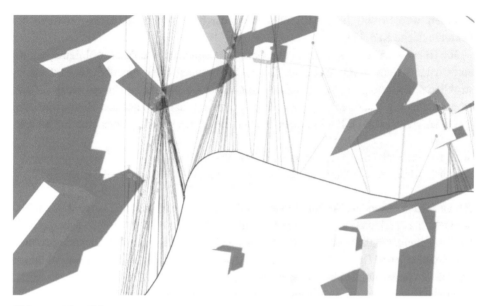

Abb. 8.9 Visualisierung der Blickrichtung aus der Vogelperspektive, generiert mit dem Virtual Reality Scientific Toolkit (VRSTK) von Wölfel et al. (2021). Die dunkelrote Linie bildet den Bewegungspfad des Nutzers ab, die dünnen Linien die Blickrichtung und die orangeroten Kugeln die Punkte, auf die der Blick gefallen ist

Augen zeigen im HMD nicht unbedingt dorthin, wohin die Person tatsächlich schaut (Abschn. 3.1.9.1): Wenn in einer alltäglichen Umgebung eine Linie von der Mitte jedes Auges gezogen wird, würden beide Linien auf denselben Knotenpunkt treffen – das Objekt, auf das die Person schaut. Durch die Darstellungsform immersiver VR kann die Vergenz beeinträchtigt sein. Eye-Tracking in HMDs muss daher mit unvollständigen Blickinformationen zurechtkommen (Clay et al. 2019). In der immersiven VR sind zum Glück viele zusätzliche Informationen der visuellen Welt bekannt. Diese Information, z. B. die Position und Distanz virtueller Objekte, lässt sich geschickt mit den unvollständigen Blickinformationen kombinieren. So kann trotzdem recht zuverlässig bestimmt werden, was angeschaut oder wohin geschaut wurde, siehe Abb. 8.9.

8.6 Gesichtserfassung

Gesichtsausdrücke gelten als die wichtigsten nonverbalen Informationen und sind besonders wichtig, da sie Schlüsselsignale für die Einschätzung der emotionalen und mentalen Zustände anderer liefern (Argyle 2013). Die *Gesichtserfassung* und Übertragung auf einen Avatar, der dem Aussehen des Nutzers entspricht oder einen anderen Charakter darstellt, sind somit wichtige Merkmale sowohl bei Anwendungen, in denen der soziale Austausch gefördert werden soll (siehe Kap. 12), als auch bei der Untersuchung menschlicher Faktoren (siehe Kap. 17).

Ein früher Ansatz zur Erfassung von Gesichtsausdrücken und deren Abbildung mittels eines Avatars stammt von Wei et al. (2004). Einen guten Überblick über Gesichtsrekonstruktion und -verfolgung findet sich in Zollhöfer et al. (2018) und Chrysos et al. (2018). Obwohl die dort beschriebenen Ansätze sich nicht mit den spezifischen Herausforderungen beim Tragen von HMDs befassen, bleiben die beiden grundlegenden Schritte gleich:

Schritt 1: Erkennen und Verfolgung von Gesichtsmerkmalen,
Schritt 2: Abbilden von Gesichtsausdrücken auf ein 3D-Gesichtsmodell des Avatars.

HMDs stellen besondere Anforderungen an die Gesichtserfassung, da zumindest ein Teil des Gesichts durch das Headset verdeckt wird und daher eine direkte Beobachtung mittels Kameras nicht möglich ist. Erschwerend kommt hinzu, dass die Gesichtsmimik durch Einschränkung und Druck, die das Headset auf den Kopf und das Gesicht ausübt, verändert ist. Diese Verzerrung sollte kompensiert werden, bevor die Daten auf einen Avatar übertragen werden, um Abbildungsfehler und eine daraus abgeleitete möglicherweise falsche Interpretation des Gesichtsausdrucks zu vermeiden (Lou et al. 2020).

Je nach Zugänglichkeit der Gesichtsmerkmale können für die Extraktion verschiedene Sensoren verwendet werden: Druck- bzw. EEG-Sensoren für die obere Gesichtshälfte, RGB-, Tiefenkameras und/oder Mikrofone für die untere Gesichtshälfte. Anhand der Sensordaten kann der Gesichtsausdruck entweder direkt beobachtet oder indirekt abgeleitet werden, indem z. B. auf die Muskelaktivierung geschlossen wird.

Die extrahierten Merkmale werden im zweiten Schritt auf ein geriggtes[11] 3D-Gesichtsmodell übertragen, dessen Mimik durch Veränderungen der Gesichtsgeometrie mittels Morphable Models (Egger et al. 2020), Blend Shapes oder Morph Targets[12] einstellbar ist.

Die Erkennungs- und Darstellungskomponenten müssen durch eine festgelegte Schnittstelle miteinander verbunden sein. Zur Beschreibung können z. B. anthropologische Gesichtslandmarken verwendet werden. *Anthropologische Gesichtslandmarken* (engl. anthropological face landmarks, kurz AFL) definieren eine grundlegende Notation zur Beschreibung von Gesichtern als Koordinaten relevanter Merkmalspunkte innerhalb eines Gesichts. Jedoch können sich diese z. B. in der Anzahl von Merkmalen oder in der Abbildung als 2D- oder 3D-Koordinate unterscheiden.

---

[11] Ein *Rig* ist eine für die Animation von 3D-Modellen definierte Kontrollstruktur aus Knochen (engl. bones) oder Gelenken (engl. joints), die vorgibt, wie Teile eines Polygonnetzes bewegt werden können.

[12] *Blend Shapes* oder *Morph Targets* beschreiben eine Technik, um ein einzelnes Basenetz (z. B. ein ausdrucksloses Gesicht) verformen zu lassen, um zahlreiche vordefinierte Formen (Lachen, Stirnrunzeln, geschlossene Augenlider, angehobene Augenbrauen, Mundformen von Vokalen, Konsonanten usw.) und eine beliebige Anzahl von Kombinationen zwischen diesen Formen darstellen zu können.

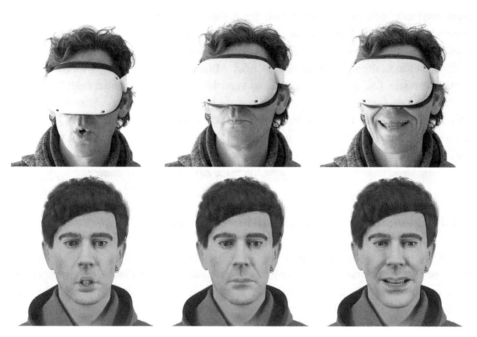

Abb. 8.10   Beispiele für die Aktivierung von FACS Action Units des unteren Gesichts

Eine unter Psychologen oft verwendete Notation zur Beschreibung von Gesichtsausdrücken ist der *FACS-Standard* (Facial Action Coding System), der inzwischen auch als
Grundlage für die Beschreibung von Gesichtsanimationen von Avataren und verkörperten
Agenten dient, siehe hierzu z. B. Rosenberg und Ekman (2020). Als standardisierte
Schnittstelle ermöglicht das FACS eine einheitliche Beschreibung und erleichtert somit
die Kompatibilität zwischen unterschiedlicher Soft- und Hardware (Purps et al. 2021),
die evtl. auf unterschiedliche anthropologische Gesichtslandmarken zurückgreifen. Der
FACS-Standard verwendet „Bewegungseinheiten" (engl. (facial) *action unit*, kurz FAU
oder AU) zur Beschreibung der Aktivierung der verschiedenen Gesichtsmuskeln und
-muskelgruppen. Abb. 8.10 zeigt Beispiele der Aktivierung von FACS Action Units der
unteren Gesichtsmerkmale, die zuvor über eine Kamera erfasst wurden. Das überarbeitete
FACS definiert 32 anatomische Action Units und 14 Action Descriptors in Bezug auf
die Kopfhaltung, den Blick und andere Aktionen. Aber auch andere Beschreibungen des
Gesichtsausdrucks sind möglich, z. B. durch die Klassifikation in Emotionen oder Viseme.

8.6.1   Erkennen der oberen Gesichtsmerkmale

Gesichtsmerkmale lassen sich am besten durch optische Sensoren wie RGB- oder
Tiefenkameras erfassen. Durch das VR-Headset werden jedoch die oberen Gesichtsmerk-

male verdeckt, was eine optische Erfassung dieser Merkmale unmöglich macht. Um dennoch Informationen für diesen Gesichtsbereich sammeln zu können, werden in den Rand des HMDs Sensoren integriert, welche die Verformung der Auflagefläche durch Dehnungsmessstreifen (Li et al. 2015) oder Muskelaktivitäten mittels bioelektrischer Signale messen. Die Machbarkeit, anhand von bioelektrischen Signalen (hier EMG) ein physikbasiertes Gesichts-Rig zu steuern, wurde bereits vor über 20 Jahren von Lucero und Munhall (1999) demonstriert. EMG-Signale sind jedoch empfindlich gegenüber der Positionierung der Sensoren, werden stark vom Fettgewebe der Person beeinflusst und leiden unter dem Problem des muskulären Übersprechens. Daher ist es weiterhin schwierig, Gesichtsausdrücke mit dieser Methode zuverlässig zu erkennen.

8.6.2 Erkennen der unteren Gesichtsmerkmale

Damit die unteren Gesichtsmerkmale erfasst werden können, müssen diese über eine oder mehrere Kameras aufgenommen werden. Idealerweise bildet die Optik die Gesichtsmerkmale in einem einzigen Bild und ohne Verzerrung ab. Dafür wird ein gewisser Abstand benötigt, wie z. B. ein Aufbau eines HMDs mit Kamera in Abb. 8.11 zeigt. Aus ergonomischer Sicht ist ein Aufbau zu bevorzugen, der nicht so weit hervorsteht, um Gewicht auf der Halsmuskulatur zu verringern und den Bewegungsraum nicht einzuschränken. Daher werden oft Aufbauten verwendet, die eine Kamera sehr nah unter dem Headset platzieren und optische Verzeichnungen in Kauf nehmen.

Mittels neuronaler Netze werden aus den Aufnahmen einzelne Gesichtsmerkmale extrahiert, siehe Abb. 8.12. Während sich die Neuronen in den vorderen Ebenen (engl. layer) um die Verarbeitung von einfachen Strukturen (z. B. Kanten oder Ecken) kümmern,

Abb. 8.11 Headset mit einer Kamera, um die unteren Gesichtsmerkmale zu extrahieren

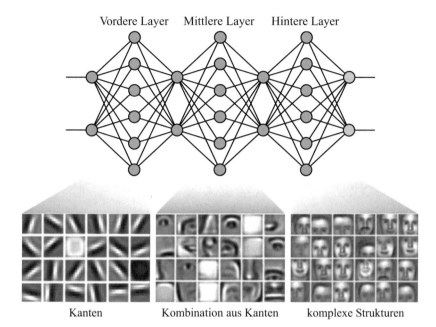

Abb. 8.12 Merkmale in einem neuronalen Netz repräsentieren in Abhängigkeit ihrer Position einen verschiedenen Abstraktionsgrad

befassen sich die Neuronen in den nachgelagerten Ebenen mit der Verarbeitung komplexerer Strukturen. Die komplexeren Strukturen können sowohl einzelne Gesichtsmerkmale, wie Auge, Nase, Mundwinkel, als auch ganze Gesichter repräsentieren.

Zur Erfassung von lippensynchronen Gesichtsmerkmalen und Ansteuerung der unteren Gesichtshälfte beim Sprechen, einschließlich Koartikulationsphänomene,[13] eignen sich auch akustische Signale. Dabei werden die Äußerungen mit einem am HMD befestigten Mikrofon erfasst und die akustischen Signale durch ein neuronales Netz in visuelle Merkmale „übersetzt". Eine technische Umsetzung ist z. B. in Cudeiro et al. (2019) oder Richard et al. (2021) beschrieben.

8.6.3 Fusion der unteren und oberen Gesichtsmerkmale

Weil die unteren und oberen Gesichtsmerkmale sowie die Augenstellung getrennt erfasst werden, müssen diese in einem Modell zusammengeführt werden. Da verschiedene Sensortypen und Erkennungsalgorithmen Anwendung finden und sich der Erfassungsbereich

---

[13] Die *Koartikulation* ist ein phonetisches Phänomen, bei dem ein Laut durch den lautlichen Kontext beeinflusst wird.

zum Großteil nicht überlappt, werden hierfür i. d. R. komplementäre Entscheidungsfusionen benötigt.

Literaturverzeichnis

Ahmad A, Migniot C, Dipanda A (2019) Hand pose estimation and tracking in real and virtual interaction: a review. Image Vis Comput 89:35–49

Argyle M (2013) Bodily communication. Routledge, London

Arimatsu K, Mori H (2020) Evaluation of machine learning techniques for hand pose estimation on handheld device with proximity sensor. Association for Computing Machinery, New York, S 1–13

Chrysos GG, Antonakos E, Snape P, Asthana A, Zafeiriou S (2018) A comprehensive performance evaluation of deformable face tracking "in-the-wild". Int J Comput Vis 126(2):198–232

Clay V, König P, Koenig S (2019) Eye tracking in virtual reality. J Eye Movement Res 12(1):1–18

Cudeiro D, Bolkart T, Laidlaw C, Ranjan A, Black MJ (2019) Capture, learning, and synthesis of 3d speaking styles. In: Proceedings of the IEEE/CVF Conference on Computer Vision and Pattern Recognition. Long Beach, S 10101–10111

Duchowski AT (2017) Eye tracking methodology: theory and practice. Springer, Cham

Egger B, Smith WAP, Tewari A, Wuhrer S, Zollhoefer M, Beeler T, Bernard F, Bolkart T, Kortylewski A, Romdhani S, Theobalt C, Blanz V, Vetter T (2020) 3D morphable face models–past, present, and future. ACM Trans Graph 39(5):1–38

Jaramillo-Yánez A, Benalcázar ME, Mena-Maldonado E (2020) Real-time hand gesture recognition using surface electromyography and machine learning: a systematic literature review. Sensors 20(9):2467

Kim D, Hilliges O, Izadi S, Butler AD, Chen J, Oikonomidis I, Olivier P (2012) Digits: freehand 3d interactions anywhere using a wrist-worn gloveless sensor. In: Proceedings of the 25th Annual ACM Symposium on User Interface Software and Technology. Cambridge, S 167–176

Latoschik ME, Roth D, Gall D, Achenbach J, Waltemate T, Botsch M (2017) The effect of avatar realism in immersive social virtual realities. In: Proceedings of the 23rd ACM Symposium on Virtual Reality Software and Technology. Gothenburg, S 1–10

Li H, Trutoiu L, Olszewski K, Wei L, Trutna T, Hsieh PL, Nicholls A, Ma C (2015) Facial performance sensing head-mounted display. ACM Trans Graph 34(4):1–9

Lou J, Wang Y, Nduka C, Hamedi M, Mavridou I, Wang F, Yu H (2020) Realistic facial expression reconstruction for VR HMD users. IEEE Trans Multimedia 22(3):730–743

Lucero JC, Munhall KG (1999) A model of facial biomechanics for speech production. J Acoust Soc Am 106(5):2834–2842

Oudah M, Al-Naji A, Chahl J (2020) Hand gesture recognition based on computer vision: a review of techniques. J Imaging 6(8):73

Purps CF, Janzer S, Wölfel M (2021) Reconstructing facial expressions of HMD users for avatars in VR. In: International Conference on ArtsIT, Interactivity and Game Creation. Springer, Cham, S 61–76

Richard A, Zollhöfer M, Wen Y, de la Torre F, Sheikh Y (2021) Meshtalk: 3D face animation from speech using cross-modality disentanglement. In: Proceedings of the IEEE/CVF International Conference on Computer Vision (ICCV). Montreal, S 1173–1182

Rosenberg EL, Ekman P (2020) What the face reveals: basic and applied studies of spontaneous expression using the Facial Action Coding System (FACS). Oxford University Press, New York

Sharp T, Keskin C, Robertson D, Taylor J, Shotton J, Kim D, Rhemann C, Leichter I, Vinnikov A, Wei Y et al (2015) Accurate, robust, and flexible real-time hand tracking. In: Proceedings of the 33rd Annual ACM Conference on Human Factors in Computing Systems. Seoul, S 3633–3642

Shotton J, Sharp T, Kipman A, Fitzgibbon A, Finocchio M, Blake A, Cook M, Moore R (2013) Real-time human pose recognition in parts from single depth images. Commun ACM 56(1):116–124

Taylor J, Bordeaux L, Cashman T, Corish B, Keskin C, Sharp T, Soto E, Sweeney D, Valentin J, Luff B, Topalian A, Wood E, Khamis S, Kohli P, Izadi S, Banks R, Fitzgibbon A, Shotton J (2016) Efficient and precise interactive hand tracking through joint, continuous optimization of pose and correspondences. ACM Trans Graph 35(4)

Wang RI, Pelfrey B, Duchowski AT, House DH (2014) Online 3D gaze localization on stereoscopic displays. ACM Trans Appl Percept 11(1):1–21

Wang Z, Wang D, Zhang Y, Liu J, Wen L, Xu W, Zhang Y (2019) A three-fingered force feedback glove using fiber-reinforced soft bending actuators. IEEE Trans Ind Electron 67(9):7681–7690

Wei X, Zhu Z, Yin L, Ji Q (2004) A real time face tracking and animation system. In: 2004 Conference on Computer Vision and Pattern Recognition Workshop. IEEE, Washington, S 71–71

Wölfel M, Hepperle D, Purps CF, Deuchler J, Hettmann W (2021) Entering a new dimension in virtual reality research: an overview of existing toolkits, their features and challenges. In: 2021 International Conference on Cyberworlds (CW). IEEE, Caen, S 180–187

Wölfel M, Purps CF, Percifull N (2022) Enabling embodied conversational agents to respond to nonverbal behavior of the communication partner. In: International Conference on Human-Computer Interaction. Springer, Berlin/Heidelberg, S 591–604

Zollhöfer M, Thies J, Garrido P, Bradley D, Beeler T, Pérez P, Stamminger M, Nießner M, Theobalt C (2018) State of the art on monocular 3d face reconstruction, tracking, and applications. In: Computer Graphics Forum. Wiley Online Library 37:523–550

Tracking

9

Damit aus Sensordaten relevante Information abgeleitet werden können, müssen die Daten oft in einen zeitlichen Zusammenhang gesetzt und interpretiert werden. Die *Detektion* erkennt das Vorhandensein eines bestimmten Merkmals oder Ereignisses, i. d. R. indem ein Bereich innerhalb der Sensordaten anhand von Signalverarbeitung und Mustererkennung als zugehörig zu einer bestimmten Klasse (z. B. Gesicht, Hand) entdeckt und identifiziert wird. Detektiert werden immer einzelne Beobachtungen (z. B. ein Frame im Videobild oder Spektrogramm), ohne jedoch den zeitlichen Zusammenhang innerhalb der Daten zu berücksichtigen. Allerdings können durch eine Zeitreihenanalyse Messergebnisse signifikant verbessert und zusätzliche Information aus den Daten abgeleitet werden. Daher ist die *Verfolgung* (engl. tracking) bestimmter Signale innerhalb der Messdaten, z. B. die Bewegung des Nutzers und die Weitergabe an die 3D-Umgebung, eine weitere wichtige Komponente, um die Qualität des immersiven VR-Gesamtsystems zu verbessern.

Die Erfassung der Position und Orientierung[1] des Objektes sowie dessen Bewegung kann mit einer Vielzahl von unterschiedlichen Sensoren erfolgen. Bei immersiven VR-Systemen werden insbesondere Trägheits- und visuelle Sensoren eingesetzt. Je nach Sensortyp können aber nicht alle Freiheitsgrade des starren Körpers im 3D-Raum erfasst werden. Einige Sensoren liefern nur Informationen über die Position (z. B. ein Beschleunigungssensor, der allerdings nicht die absolute Position bestimmt, sondern nur die relative Position nach zweifacher Integration), andere nur über die Orientierung (z. B. ein Drehratensensor, der ebenso wie der Beschleunigungssensor nicht die absolute Orientierung bestimmt). Da diese je nur drei Freiheitsgrade erfassen, werden sie entsprechend als *3-DoF-Tracker* bezeichnet. Werden sowohl die Position als auch die Orientierung gemessen, sind es *6-DoF-Tracker*.

---

[1] Die Kombination von Position und Orientierung eines Starrkörpers wird auch als *Pose* oder *räumliche Lage* bezeichnet.

9.1   Positionsbestimmung

Die *Positionsbestimmung*, auch als *Lokalisierung* oder *Verortung* bezeichnet, ist die Feststellung eines Ortes bezüglich eines Bezugsystems. Sind mehrere Messpunkte in Bezug auf einen unbekannten Punkt bekannt, kann anhand der Abstände (z. B. gemessen durch Laufzeit- oder Signalstärkeunterschiede) durch *Lateration* seine Position bestimmt werden. Sind nicht die Abstände, sondern die Winkel bekannt, aus denen die Signale des unbekannten Punktes kommen, kann durch *Angulation* seine Position bestimmt werden. Um die Genauigkeit der Positionsbestimmung zu verbessern, werden in der Praxis meistens mehr Messpunkte verwendet, als minimal für die Lateration oder Angulation benötigt.

Eines der bekanntesten Systeme zur Positionsbestimmung ist das satellitengestützte *Global Positioning System* (GPS), das in vielen Smartphones und anderen elektronischen Geräten integriert ist, um standortbezogene Dienste zu ermöglichen. Für immersive VR-Systeme ist die Genauigkeit von GPS nicht ausreichend. GPS hat eine räumliche Auflösung von, im optimalen Fall, 10 m und benötigt einen freien Blick „nach oben" auf die Satelliten, die in einer Höhe von 20.183 km die Erde umkreisen. Daher werden für immersive VR-Anwendungen andere Technologien eingesetzt.

Im Vergleich zur Freifeldortung, wie bei GPS, ist die Lokalisierung in Innenräumen, dem typischen Anwendungsumfeld immersiver VR, stärker von Signalreflexionen und Signalabsorptionen betroffen. Daher eignen sich Lokalisierungsverfahren, die sich von Reflexionen leicht beeinflussen lassen, nicht für den Einsatz in Räumen. Für die *Indoor-Navigation* können alternative Verfahren wie das *Fingerprinting* eingesetzt werden (Kaemarungsi und Krishnamurthy 2004), bei denen die verschiedenen Reflexionen als einzigartige Muster (der Fingerabdruck) gespeichert und wiedererkannt werden. Für immersive VR-Anwendungen sind aber auch diese Verfahren zu unpräzise und erfordern einen hohen Aufwand bei der Inbetriebnahme.

Den Anforderungen immersiver VR-Systeme wird inertiales bzw. optisches Tracking am ehesten gerecht, weshalb sich die weiteren Betrachtungen in diesem Kapitel auf das inertiale bzw. optische Tracking beschränken. In LaViola Jr et al. (2017) werden auch magnetische, mechanische und akustische Trackingverfahren behandelt.

9.2   Tracking

Erst durch die Objekt- bzw. Merkmalsverfolgung, im Deutschen meistens nach dem Englischen *tracking* benannt, wird der zeitliche Zusammenhang hergestellt und die detektierten Ereignisse über eine Trajektorie miteinander verbunden. Die Position eines Zielobjektes kann in aufeinanderfolgenden Sequenzen geschätzt oder sogar vorhergesagt werden, sobald eine Sequenz des Zielobjektes bekannt ist. Dabei wird meistens ein Modell

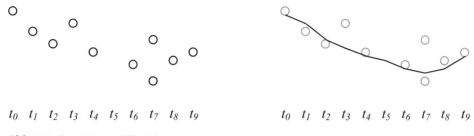

t_0 t_1 t_2 t_3 t_4 t_5 t_6 t_7 t_8 t_9 t_0 t_1 t_2 t_3 t_4 t_5 t_6 t_7 t_8 t_9

Abb. 9.1 Detektion und Tracking

über die Bewegung mit in die Schätzung eingebracht, wodurch der Schätzfehler[2] reduziert werden kann, mehr dazu in Abschn. 9.7.

Der Unterschied zwischen der Detektion und dem Tracking ist in Abb. 9.1 verdeutlicht. Die Kreise repräsentieren eine zu unterschiedlichen Zeitpunkten t_i , $i \in 0, 1, 2, \ldots$ stattfindende Schätzung der Position eines sich bewegenden Objektes. Die Schätzung findet dabei unabhängig von zeitlich vorhergegangenen oder darauffolgenden Informationen statt. Wie in Abb. 9.1 zu sehen ist, können auch Detektionsfehler auftreten. Im Zeitintervall t_5 ist kein Ereignis detektiert worden, im Zeitintervall t_7 ein Ereignis zu viel. Durch das Tracking werden die einzelnen Ereignisse miteinander verbunden. Es wird so möglich, auch einen Schätzwert für die räumliche Lage eines Objektes anzugeben, wenn keine Detektion zu diesem Zeitpunkt vorliegt (z. B. im Zeitpunkt t_5), oder es können Mehrfachdetektionen aufgelöst werden (z. B. im Zeitpunkt t_7).

9.2.1 Trackingfehler und ihre Auswirkungen

Virtueller und echter Inhalt müssen ordnungsgemäß ausgerichtet sein und bleiben (Abschn. 5.1.5). Ist dies nicht der Fall,

- bricht die Illusion, dass die beiden Welten koexistieren,
- verhindert dies die Akzeptanz bei vielen Anwendungen und
- können weitere, unerwünschte (evtl. unbekannte) Effekte auftreten.

Die Trackingqualität eines immersiven VR-Systems kann anhand der folgenden Kriterien bestimmt werden:

---

[2] In der statistischen Signalverarbeitung bezeichnet der *Schätzfehler* die Abweichung einer Schätzfunktion.

- *Genauigkeit* beschreibt, wie gut ein Messwert dem tatsächlichen Wert entspricht. Hier wird eine möglichst geringe *Messabweichung* (die Differenz zwischen Messwert und Realwert) angestrebt.
- *Latenz*, auch *Reaktionszeit*, beschreibt die Zeit zwischen der Eingabe und der dadurch ausgelösten Reaktion.
- *Wiederholrate*, auch Abtastrate oder Samplerate, beschreibt, wie oft ein Signal abgetastet wird. Diese trägt zur Latenz bei. Hohe Wiederholraten können Latenzzeiten als auch Ruckeln (wenn das Signal nicht interpoliert wird) reduzieren.
- *Drift*, die sich als langsame Änderung in der Messabweichung bemerkbar macht.

Eine geringe Genauigkeit führt zu einer Abweichung zwischen der tatsächlichen Position und der virtuellen Abbildung sowie zu Rauschen. Werden diese Fehler auf die Pose des HMDs übertragen, werden diese gegebenenfalls als Erschütterung der virtuellen Umgebung wahrgenommen. Zu hohe Latenz entspricht einem Nachziehen der Inhalte. Im schlimmsten Fall setzt das Tracking ganz aus. Die Aktionen des Anwenders bleiben so ohne Einfluss auf die virtuelle Welt. Betrifft dies die Kopfposition und -orientierung, bewegt sich die virtuelle Welt mit dem Nutzer mit, was zu Irritationen und einem möglichen Präsenzbruch, siehe Abschn. 1.3, führen kann.

9.2.2 Kalibrierung

Bei der ersten Inbetriebnahme eines immersiven VR-Systems müssen i. d. R. verschiedene freie Parameter aufeinander abgestimmt werden. Dieser Vorgang wird als *Kalibrierung* (engl. calibration) bezeichnet. Die Kalibrierung kann zum Abgleich von Messwerten aus einem oder mehreren Sensoren zueinander durchgeführt werden. Es kann aber auch die geometrische Ausrichtung des Anzeigesystems zu den Sensordaten kalibriert werden, sodass die gemessenen Positionen möglichst genau mit den angezeigten und tatsächlichen Orten übereinstimmen. Abweichungen der Messungen zwischen Sensoren oder in der Anzeige der gemessenen Werte sind oft durch fehlende oder fehlerhafte Kalibrierung verursacht. Zusätzlich zur Kalibrierung beim Einrichten eines Systems ist es während des Betriebs sinnvoll, bei merklicher Verschlechterung des Trackingsystems einen erneuten Kalibrierungslauf vorzunehmen.

Während durch einfache Kalibrierungsverfahren nur lineare Anpassungen der Translation und Rotation vorgenommen werden können, sind aufwendigere Kalibrierungsverfahren in der Lage, auch sonstige Sensor- oder Anzeigeartefakte (wie z. B. Verzerrungen) mitzuberücksichtigen und teilweise zu kompensieren. Bei der Kalibrierung werden Tracker-Offsets (z. B. Abweichungen zwischen den Koordinatensystemen Welt-zu-Tracker, Tracker-zu-Sensor, Sensor-zu-Display, Display-zu-Auge), falsch angepasste Sichtfeldparameter, Fehlausrichtung der Optik, falsche Verzerrungsparameter usw. angepasst.

Die Kalibrierung kann entweder von Hand durchgeführt werden oder automatisiert und benötigt dann keinen Eingriff des Nutzers. Bei der Kalibrierung kommen meistens Referenzsignale, die der Kalibrierungssoftware bekannt sind, zum Einsatz, anhand derer die freien Parameter justiert werden. Bei der Kalibrierung optischer Sensoren wird oft ein dreidimensionales Kalibrierungsobjekt mit bekannten Abmessungen innerhalb des Erfassungsvolumens platziert, sodass es gleichzeitig von allen Kameras erfasst werden kann.

Kalibrierungsfehler, neben zu hoher Latenz, sind eine der Hauptursachen für das Auftreten von Cyberkrankheit in immersiven VR-Umgebungen. Während ein konstanter Offset der Szene relativ unproblematisch ist, kann eine schlechte Kalibrierung im schlimmsten Fall dazu führen, dass die Szene eine unangemessene Eigenbewegung aufweist. Kalibrierungsfehler, die auch durch ein Driften nach der Kalibrierung entstehen können, führen dazu, dass die gemessenen oder dargestellten Positionen nicht mehr den realen Positionen entsprechen. Die Welt wird dann gegebenenfalls aus einem falschen Blickwinkel wahrgenommen oder die Hände werden am falschen Ort dargestellt. Zwar führen, im Gegensatz zu einem falschen Blickwinkel, die räumlichen Abweichungen der Hände nicht so schnell zu Cyberkrankheit, es kann aber zu anderen Irritationen kommen. Holloway (1997) z. B. befasst sich eingehend mit Effekten aufgrund von Fehlkalibrierungen (primär mit Bezug auf AR).

9.3 Inertiales Tracking

Beim *inertialen Tracking* werden durch eine *Inertialmesseinheit* (engl. inertial measurement unit, kurz IMU) lineare Beschleunigungen (mittels Beschleunigungsmesser) und Winkelgeschwindigkeiten (mittels Gyroskops) gemessen. Manchmal wird zusätzlich auch noch das Magnetfeld (mittels Magnetometer) gemessen, dies soll für die weiteren Betrachtungen jedoch nicht berücksichtigt werden.

Durch Integration kann aus der Beschleunigung eine Geschwindigkeit und durch eine weitere Integration eine relative Position ermittelt werden. Der Begriff der *relativen Position* beschreibt die Lage eines Ortes in Bezug auf einen anderen Ort. Beim inertialen Tracking wird die relative Position durch die Verbindung zwischen dem aktuellen Ort und dem Ort zum Startzeitpunkt des Trackings bestimmt. Alternativ kann, nachdem das Tracking begonnen hat, von Hand ein Referenzpunkt festgelegt werden. Synchron zur relativen Position kann die relative Orientierung aus der Winkelgeschwindigkeit ermittelt werden. Die Berechnung der relativen Position $\mathbf{p} = [x, y, z]^T$ kann somit ausgedrückt werden als eine doppelte Integration des gemessenen Beschleunigungsvektors $\mathbf{a} = \ddot{\mathbf{p}}$ über die Zeit t (nach einer Integration erhält man den Geschwindigkeitsvektor $\mathbf{v} = \dot{\mathbf{p}}$):

$$\mathbf{p} = \int \mathbf{v} \, dt = \iint \mathbf{a} \, dt \, dt.$$

Daraus ergibt sich die Gleichung zur *Positionsaktualisierung* (Lang et al. 2002) im Abtastzeitpunkt $k \in \mathbb{N}$ mit

$$\mathbf{p}[k] = \mathbf{p}[k-1] + \mathbf{v}[k-1]\Delta t + 0,5 \cdot \mathbf{a}[k-2]\Delta t^2,$$

wobei Δt der Zeitraum zwischen zwei Abtastzeitpunkten ist. Dieser Zusammenhang kann auch als Zustandsschätzungsproblem, mit einem dynamischen Modell und der Beobachtung, betrachtet werden. Bezugnehmend auf die *Zustandsgleichung* (9.1) in Abschn. 9.7 berechnet sich der Zustandsvektor beim inertialen Tracking als $\mathbf{x} = [\mathbf{p}, \dot{\mathbf{p}}, \ddot{\mathbf{p}}, \mathbf{Q}, \dot{\mathbf{Q}}]$, wobei $\mathbf{Q}$ und $\dot{\mathbf{Q}}$ die Drehung und Drehgeschwindigkeit repräsentieren.

Damit der Beschleunigungsvektor richtig bestimmt werden kann, müssen noch zwei Dinge beachtet werden:

- Beschleunigungssensoren arbeiten auf der Grundlage der Prüfmasse und reagieren somit auch auf die Schwerkraft und
- neben der Beschleunigung treten auch Drehungen auf.

Daher ist eine Kompensation der Fallbeschleunigung $\mathbf{g}$ und der Rotation erforderlich. Drehungen im dreidimensionalen Raum lassen sich mittels *Quaternionen* (auch als Hamilton-Zahlen bezeichnet) darstellen. Die Drehung eines Vektors $\mathbf{s}$ ist dann gegeben mit dem Einheitsquaternion $\mathbf{Q}$ durch $\mathbf{s}_{\mathrm{rot}} = \mathbf{Q}\mathbf{s}\mathbf{Q}^{-1}$. Wenn die Quaternion $\mathbf{Q}[k]$ nun die Körperdrehung relativ zum Navigationsrahmen darstellt, kann der Körperbeschleunigungsvektor $\mathbf{a}[k]$ in den Navigationsrahmen

$$\mathbf{a}_{\mathrm{nav}}[k] = \mathbf{Q}[k]\mathbf{a}[k]\mathbf{Q}^{-1}[k] - \mathbf{g}$$

umgerechnet werden.

In einer Inertialmesseinheit liefert ein Satz aus orthogonal zueinander ausgerichteten Kreiseln die Messung des Drehratenvektors $\boldsymbol{\omega} = \left[\omega_x, \omega_y, \omega_z\right]^T$. Das Rotationsinkrement (Corke et al. 2007) ist dann beschrieben durch die Quaternion

$$\Delta\mathbf{Q} = \cos\left(\frac{\omega\Delta t}{2}\right) - \sin\left(\frac{\omega\Delta t}{2}\right)\frac{\boldsymbol{\omega}}{\omega},$$

wobei $\omega = \sqrt{\omega_x^2 + \omega_y^2 + \omega_z^2} \neq 0$ gilt. Damit kann die Quaternion $\mathbf{Q}[k]$, die die Körperdrehung relativ zum Navigationsrahmen im Abtastintervall k darstellt, aktualisiert werden

$$\mathbf{Q}[k] = \mathbf{Q}[k-1]\Delta\mathbf{Q}.$$

Im Idealfall sollte dies ausreichend sein, um die Position des Nutzers zu bestimmen. Jedoch leidet die Positionsbestimmung anhand von Beschleunigungsmessungen unter starker Drift und selbst sehr kleine Messfehler (z. B. aufgrund von Verzerrungen, Rauschen usw.) in der gemessenen Beschleunigung wirken sich durch die doppelte Integration über die Zeit stark aus. Daher bietet es sich an, diese Sensordaten mit anderen Daten, z. B. aus optischen Systemen, zu kalibrieren oder zu fusionieren.

9.4 Optisches Tracking

Beim *optischen Tracking* werden visuelle Informationen verwendet, um Merkmale, z. B. Mundwinkel oder Auge, bzw. ein ganzes Objekt zu verfolgen. Dabei gibt es drei grundliegend verschiedene Möglichkeiten:

- *Markerbasiertes Tracking*, bei dem bekannte, künstliche Marker in die Umgebung eingebracht und verfolgt werden.
- *Markerloses Tracking*, bei dem bekannte Features, die in der realen Welt vorkommen, wie z. B. Gesichter, verfolgt werden.
- *Unprepared Tracking*, bei dem nichts über die zu verfolgende Umgebung apriori bekannt ist.

Da unprepared Tracking auch ohne Marker auskommt, wird es oft als Unterklasse des markerlosen Trackings gesehen. Jedoch unterscheiden sich diese Ansätze durch das vorhandene bzw. fehlende Vorwissen über die zu verfolgenden Merkmale.

Anwendungsbeispiele der drei verschiedenen optischen Trackingverfahren sind in Abb. 9.2 dargestellt. Ein typisches Einsatzgebiet des markerbasierten Trackings sind AR-Anwendungen, bei denen an einem Marker 2D- oder 3D-Objekte verankert werden. Ein typisches Einsatzgebiet des markerlosen Trackings ist die Detektion von Gesichtsmerkmalen. Ein typisches Einsatzgebiet des unprepared Trackings ist die Verortung von HMDs in unbekannten Umgebungen.

Marker Tracking   Markerloses Tracking   Unprepared Tracking

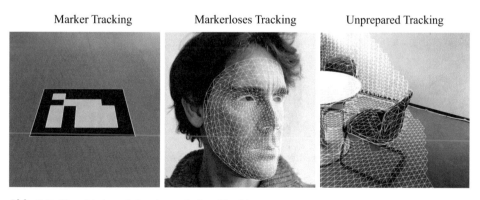

Abb. 9.2 Verschiedene Arten des optischen Trackings

Alle optischen Trackingverfahren leiden unter Verdeckung relevanter Merkmale, Unschärfe und mangelnder Beleuchtung, die zu Bildrauschen führt. Während bei markerbasiertem Tracking Einfluss auf die Merkmale genommen werden kann und somit z. B. ein guter Kontrast der sichtbaren Merkmale, wenn nicht garantiert, dann zumindest optimiert werden kann, ist dies bei markerlosem Tracking nicht, oder nur in geringen Umfang, möglich. Somit existiert bei der Verfolgung natürlicher Merkmale (markerloses und unprepared Tracking) eine ganze Reihe an zusätzlichen Herausforderungen. Zu diesen gehören die Größe der Merkmale, geringe Texturierung, Reflektionen oder Transparenz, Varianz und Verformung (Gesichter können stark voneinander abweichen).

9.4.1 Markerbasiertes Tracking

Bei der Verfolgung anhand von Markern, die sich in Form und Aussehen leicht unterscheiden können, wie in Abb. 9.3 dargestellt, wird im Bild nach entsprechenden Strukturen gesucht. Diese bestehen meistens aus einem schwarzen Quadrat auf hellem Hintergrund oder aus kleinen Bällchen bei markerbasierter Erfassung des Körpers (siehe Abschn. 8.4.3). Während das Quadrat hilft, die Orientierung und die Position einfach zu extrahieren, enthält die Struktur innerhalb des Quadrats kodierte Daten, z. B. die Identifikationsnummer des Markers (bei *AR-* und *Fiducial Marker*) oder andere Informationen (bei *QR-Code*[3]).

9.4.2 Markerloses Tracking

Während markerbasierte Methoden spezielle optische Marker verwenden, sind für markerloses Tracking, auch als Verfolgung *natürlicher Merkmale* (engl. natural feature

AR-Marker   Fiducial Marker   QR-Code

Abb. 9.3 Marker, die für verschiedene Anwendungsfälle optimiert sind

---

[3] QR steht hier für Quick Response.

tracking) bezeichnet, keine speziellen Markierungen erforderlich. Es sind somit keine spezifischen Vorbereitungen, wie das Anbringen von Markern am Körper oder in der Umgebung, notwendig. Daher lassen sich markerlose im Vergleich zu markerbasierten Methoden flexibler einsetzen. Um natürlich vorkommende Merkmale, wie Mundwinkel, Pupillen und Nasenlöcher, erkennen zu können, werden Signalverarbeitungsalgorithmen bzw. modellbasierte Ansätze verwendet.

Es gibt mehrere Verfahren, um natürliche Merkmale zu tracken: FAST (Features from Accelerated Segment Test), SIFT (Scale-Invariant Feature Transform) und SURF (Speeded Up Robust Features) sind bekannte Algorithmen zur Erkennung von Schlüssel- oder Interessenpunkten. Neuere Verfahren sind z. B. BRIEF (Robust Independent Elementary Features) und ORB (oriented FAST, rotated BRIEF), die in Karami et al. (2017) miteinander verglichen werden. Sie unterscheiden sich primär durch die verwendeten Bildmerkmale, die Verarbeitungspipeline läuft jedoch i. d. R. nach folgendem Muster ab:

Schritt 1 **Keypoint-Erkennung**: Merkmalspunkte werden extrahiert, z. B. mit einem FAST-Eckendetektor.

Schritt 2 **Deskriptor-Erstellungs- und Matching-Phase**: Es werden i. d. R. die dominanten Ausrichtungen der Keypoints bestimmt und mit allen Deskriptoren und ihrer Position auf dem Referenzbild abgeglichen.

Schritt 3 **Ausreißer-Entfernung**: Keypoints, die nicht „dazugehören", werden identifiziert und entfernt. Dafür wird eine Kaskade von Techniken angewendet, die einfache geometrische Tests wie Linientests bis hin zu aufwendigen homographiebasierten Tests einbezieht.

Schritt 4 **Posen-Schätzung**: Die Position und Orientierung werden ausgehend von den Homographieergebnissen geschätzt und iterativ verfeinert.

9.4.3 Unprepared Tracking

Ist über die zu trackende Umgebung oder das Objekt keine Information vorhanden, wird dies als *unprepared Tracking* bezeichnet – sozusagen als Tracking, welches im Gegensatz zu den beiden anderen Verfahren nicht zuvor darauf vorbereitetet wurde. Nicht vorbereitet bedeutet, dass kein A-priori-Wissen hinterlegt ist, wie z. B. das Aussehen eines Markers oder ein statistisches Modell vom Aussehen eines Kopfes.

Prepared Tracking ist für viele Anwendungen unpraktisch, da besondere Vorbereitungen nötig sind, die Einrichtung zeitaufwendig ist oder Marker, die im Raum platziert werden müssen, störend sind. Da beim unprepared Tracking kein Vorwissen vorhanden ist, müssen spontan ausgewählte (auch als on-the-fly bezeichnet) Merkmale in der Umgebung identifiziert und gelernt werden, damit diese danach wiedererkannt werden können. Die weitere Verarbeitungspipeline entspricht den aus dem markerlosen Tracking bekannten Komponenten.

Obwohl unprepared Trackingverfahren im Allgemeinen gut funktionieren, können auch hier Probleme auftreten. Durch fehlende Strukturen in der Umgebung oder durch ähnliche Geometrien, z. B. von Räumen, die einen identischen Grundriss haben, gibt es evtl. nicht genügend unterscheidbare Strukturen, um die Position des Nutzers eindeutig zu bestimmen, und es kann zu Verwechslungen kommen.

9.5   Outside-In, Inside-Out und Inside-In Tracking

Es gibt drei grundlegende Ansätze in der Umsetzung, ein Objekt visuell zu verorten (engl. visual tracking). Die Sensorik ist beim

- *Outside-In Tracking* in der Umgebung befestigt und der sich bewegende Gegenstand wird sensorisch erfasst.
- *Inside-Out Tracking* an dem zu verfolgenden Objekt angebracht und die Umgebung wird sensorisch erfasst. Es wird auch als *Ego-Motion Tracking* bezeichnet, da das verfolgte Objekt der Sensor selbst ist.
- *Inside-In Tracking* an einer Stelle des zu verfolgenden Objektes selbst angebracht und an einer anderen Stelle sensorisch erfasst.

Abb. 9.4 stellt die drei grundlegenden Ansätze der visuellen Verfolgung gegenüber. Innerhalb dieser drei grundlegenden Ansätze gibt es viele Variationen. Natürlich ist es auch möglich, die Ansätze miteinander zu kombinieren. So kann z. B. die Hand über eine auf dem HMD montierte Kamera beobachtet werden (Inside-In Tracking), während der Kopf, Oberkörper und Füße durch externe Sensorik beobachtet werden (Outside-In Tracking).

Outside-In Tracking   Inside-Out Tracking   Inside-In Tracking

Abb. 9.4 Outside-In, Inside-Out und Inside-In Tracking

9.5.1 Outside-In Tracking

Je nach Situation ist es nicht möglich oder nicht erwünscht, Sensorik in dem zu verfolgenden Objekt zu integrieren oder an ihm zu befestigen. Hier eignen sich Verfahren, bei denen „von außen" Merkmale des zu verfolgenden Objektes erfasst werden können.

Je nach Einsatzgebiet können die als *Outside-In Tracking* bezeichneten Verfahren ganz ähnliche Prinzipien wie beim visuellen Inside-Out Tracking anwenden: Bei beiden Verfahren müssen Merkmale erfasst und verortet werden. Der Unterschied liegt in der weiteren Verarbeitung.

Oft kommen aber auch spezifische Verfahren zum Einsatz, die besondere Herausforderungen des zu erfassenden Objektes und A-priori-Wissen berücksichtigen sowie auf natürliche oder künstliche Merkmale optimiert sind, siehe hierzu z. B. Abschn. 8.4.3 und 8.4.4.

9.5.2 Inside-Out Tracking

Damit die Kameraposition und -orientierung beim *Inside-Out Tracking* geschätzt werden können, wird ein geometrisches Modell der von der Kamera erfassten Umgebung benötigt. Da es bei realen Kameras durch Linsen zu frequenzabhängigen Verzerrungen kommt, wird im Folgenden zur Vereinfachung auf eine ideale Kamera zurückgegriffen. Bei dieser fallen die Lichtstrahlen geradlinig durch eine kleine Öffnung, die *Lochblende*, und bilden das im 3D-Raum reflektierte Licht auf einer 2D-Ebene ab. Durch die Position der Öffnung sowie die Position und Ausrichtung der Ebene, auf die das Licht projiziert wird, lässt sich ein Modell erstellen (Gourlay und Held 2017).

Die Berechnung der Eigenbewegung der Kamera erfordert eine genaue Kenntnis der Positionen von, im günstigsten Fall eindeutigen, Merkmalspunkten (z. B. Ecken) in der Umgebung relativ zur Kamera. Da diese i. d. R. nicht bereits bekannt sind, muss der Algorithmus gleichzeitig die Umgebung modellieren und die Kameraposition schätzen. Daher wird dieser Ansatz als *simultane Lokalisierung und Kartierung* (engl. simultaneous localization and mapping, kurz SLAM) oder *Verfolgung und Kartierung* (engl. tracking and mapping) bezeichnet (Cadena et al. 2016).

Während es beim visuellen Tracking prinzipiell möglich ist, nur die relative Bewegung zu schätzen (dann als *Odometrie* bezeichnet), indem die Veränderung relativ zu einem vorherigen Bild verwendet wird, ist es gängiger, die Verortung anhand eines Modells der Umgebung (Karte) vorzunehmen, das a priori oder on-the-fly erstellt wird. Sind die Merkmale der Umgebung bestimmt, durchläuft der Algorithmus zur Verfolgung anhand der erstellten Karte folgende Schritte (Gourlay und Held 2017):

Schritt 1 **Hypothese der aktuellen Kameraposition**
  Die Hypothese kann z. B. auf der Annahme aufbauen, dass die Kamera ihre aktuelle Flugbahn fortsetzt; d. h., es wird angenommen, dass sich die Kamera gemäß einem

Bewegungsmodell bewegt, das voraussagt, wo sich die Kamera wahrscheinlich als Nächstes befindet.

Schritt 2 **Numerische Projektion von 3D-Punkten aus der Umgebungskarte auf die aktuelle Kamera**

Dieser Schritt umfasst die 3D-Position und Ausrichtung der Kamera in Abhängigkeit der 3D-Positionen aller Punkte in der Karte und die anschließende Projektion, um ein virtuelles Bild zu erzeugen.

Schritt 3 **Suche nach Korrespondenzen zwischen Bildmerkmalen und projizierten 3D-Punkten**

Jedem Merkmalspunkt im realen Bild wird nach Möglichkeit ein entsprechender Punkt im virtuellen Bild zugewiesen. Dabei gibt es viele Möglichkeiten. Eine der einfachsten ist die Annahme, dass für jeden Punkt im realen Bild der dazu korrespondierende Punkt derjenige ist, der ihm im virtuellen Bild am nächsten liegt.

Schritt 4 **Berechnung des Abstands für jedes Merkmalspaar**

Der Abstand (im Bildraum) zwischen den entsprechenden Bildmerkmalen und den projizierten 3D-Punkten aus Schritt 3 wird berechnet. Der Abstand beschreibt den sogenannten *Reprojektionsfehler*.

Schritt 5 **Minimierung des Reprojektionsfehlers**

Die virtuelle Kamera wird zu verschiedenen Positionen bewegt sowie unterschiedlich ausgerichtet, und die Schritte 1 bis 4 werden so lange wiederholt, bis sich der kleinstmögliche Reprojektionsfehler ergibt.

Zwar könnte durch pures Ausprobieren aller Möglichkeiten das optimale Ergebnis gefunden werden, dies wäre aber sehr ineffizient. Daher wird auf ein numerisches Modell der Variation der Fehler in Abhängigkeit der drei Translationen und drei Rotationen zurückgegriffen, auf dem dann ein numerischer Optimierungsalgorithmus, wie der Gradientenabstieg, angewendet werden kann.

9.5.3 Lighthouse Tracking

Das sogenannte *Lighthouse Tracking*, von Valve als Teil der SteamVR-Plattform entwickelte Tracking-Technologie, ist eine Sonderform des Inside-Out Trackings, da es Helligkeitssensoren auf dem HMD und Controllern verwendet, siehe Abb. 9.5 links, um ihre jeweilige Ausrichtung und Position zu bestimmen. Neben der Sensorik in den zu trackenden Objekten erfordert das System zusätzliche Aktorik, die in der Umgebung verankert sein muss, siehe Abb. 9.5 rechts. Die Aktoren, von denen mindestens zwei zur Angulation benötigt werden, bestehen aus gesteuerten Strahlern, die Infrarotlicht aussenden, woher auch der Name Lighthouse (dt. Leuchtturm) resultiert. Die korrekte Verortung setzt daher, im Gegensatz zu rein kamerabasiertem Inside-Out Tracking, eine Kalibrierung voraus. Um die Position und Ausrichtung der getrackten Objekte ermitteln zu können, müssen räumliche Beziehungen zwischen den einzelnen Lighthouses bekannt

Abb. 9.5 Lighthouse-Komponenten: auf der linken Seite das HMD und Controller mit sichtbaren Fotosensoren und auf der rechten Seite die Basisstation mit IR LED Array und zwei Laserscannern

sein. Weiter ist eine Verortung nur dann möglich, wenn das verfolgte Objekt Signale von mindestens zwei Lighthouses empfängt.

In Betrieb sendet jedes Lighthouse wiederholt

1. einen Infrarotlichtblitz aus,
2. gefolgt von einer horizontalen „dahinsausenden" Ausleuchtung mit einer Infrarotlicht-fläche,
3. gefolgt von einem weiteren Infrarotlichtblitz und
4. gefolgt von einer vertikalen „dahinsausenden" Ausleuchtung mit einer Infrarotlichtflä-che.

Die ausgestrahlten Lichter werden von Helligkeitssensoren erfasst, die in den zu tracken-den Komponenten verbaut sind. Die Infrarotlichtblitze erfolgen mit einer Wiederholrate von 60 Hz und dienen als Synchronisationsimpuls. Auf dem zu verfolgenden Objekt wird ein Timer gestartet, sobald ein Infrarotlichtblitz erkannt wird. Anschließend werden die Zeiten protokolliert, mit denen die auf den Infrarotlichtblitz folgende Infrarotlichtfläche (engl. light plane) auf jeden einzelnen Helligkeitssensor trifft. Die Drehung und Posi-tion des verfolgten Objektes können dann durch Kombination der bekannten relativen Anordnung der Helligkeitssensoren, der Winkelgeschwindigkeit der Infrarotlichtfläche und der Erfassungszeiten der vertikalen und horizontalen „dahinsausenden" Infrarot-lichtfläche berechnet werden. Durch Fusionierung der über das Lighthouse bestimmten Positionsdaten mit Hochgeschwindigkeits-IMUs kann die Positionsbestimmungsfrequenz des Gesamtsystems gesteigert werden, siehe hierzu Abschn. 9.8.

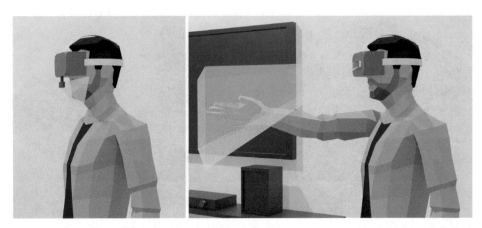

Abb. 9.6 Inside-In Tracking der unteren Gesichtsmerkmale (links) und der Hände (rechts)

9.5.4   Inside-In Tracking

Bei dem *Inside-In Tracking* werden ausschließlich am Körper getragene Sensoren verwendet (Menache 2011), um die Pose der Hand bzw. des Körpers oder das Gesicht zu extrahieren, siehe Abb. 9.6. Im Gegensatz zu alternativen Verfahren kann bei diesem Ansatz keine absolute Verortung bestimmt werden, es sei denn, diese Methode wird mit einem der zuvor besprochenen Verfahren kombiniert.

Der am Körper befestigte Sensor ist, bzw. die befestigten Sensoren sind, dabei so ausgerichtet, dass das zu trackende Körperteil vollständig erfasst wird (direkt oder auch indirekt). Eine Kamera kann so am Headset befestigt sein, dass sie den Sichtbereich der Hände oder das untere Gesicht erfasst, woraus sich dann Handaktivitäten oder Mundstellungen extrahieren lassen. Ein Teilbereich des oberen Gesichts und der Augen hingegen kann durch Kameras beobachtet werden, die sich innerhalb des Headsets befinden. Die optisch nicht direkt beobachtbaren Gesichtsmerkmale können mit auf der Haut unter dem Headset angebrachten Sensoren erfasst werden.

9.5.5   Vergleich zwischen den Trackingvarianten

Eine durch das Virtual Dimension Center (VDC) Fellbach durchgeführte Messung zur räumlichen Genauigkeit von immersiven VR-Trackingsystemen[4] zeigt auf, dass es bei der Bestimmung der Position zwischen verschiedenen Trackingsystemen große Unterschiede gibt.

---

[4] https://www.vdc-fellbach.de/fileadmin/user_upload/Applikationszentrum_VAR_-_Werkstattbericht_04_-_VR-Tracking_-_Positionsgenauigkeit_v04.pdf.

Neben der Trackinggenauigkeit, Latenz und den zu trackenden Merkmalen spielen bei der Auswahl eines geeigneten Trackingverfahrens, oder deren Kombination, auch andere Faktoren wie Kosten, Einfachheit der Installation und gemeinsamer Trackingbereich für Mehranwenderszenarien eine Rolle. Somit sollten individuell für jeden Anwendungsfall die einzelnen Faktoren gegeneinander abgeglichen werden. Meistens bringen eine höhere Genauigkeit oder zusätzliche Merkmale, die getrackt werden können, höhere Kosten, komplexere Handhabung und Inbetriebnahme sowie Wartungsaufwand mit sich.

Für immersive VR-Anwendungen im professionellen Umfeld bietet sich die Verwendung von Outside-In Tracking an, da es die genaueste Verortung erlaubt. Professionelle Anwendungen werden meistens noch nicht autark betrieben, da sie einen PC mit leistungsstarker Grafikkarte voraussetzen. Die externen Sensoren können dann direkt mit diesem PC verbunden werden, und in einer Laborumgebung werden externe Sensoren als weniger störend empfunden als im Heimbereich. Outside-In Tracking eignet sich auch für Mehrnutzererfahrungen, da sich mehrere HMDs das gleiche Koordinatensystem, mit gleicher Referenz der externen Sensoren, teilen.

Für immersive VR-Anwendungen im Heimbereich, insbesondere in Kombination mit autarken VR-Brillen, bietet sich das Inside-Out Tracking an. Die Inbetriebnahme ist einfacher und flexibler, da externe Sensoren nicht benötigt werden, die ansonsten im Wohn-, Hobby- oder Kinderzimmer sichtbar platziert sein müssten. Kleine Trackingfehler sind im spielerischen Umfeld auch eher tolerierbar.

Soll Hand- oder Gesichtstracking verwendet werden, bietet sich das Inside-In Tracking an, da so eine dauerhafte Platzierung des Sensors nahe der Hand bzw. des Gesichts möglich ist. Wenn vorausgesetzt wird, dass Hände seitlich der Hüften oder hinter dem Rücken erfasst werden, kann dies zuverlässig nur über ein Outside-In Tracking realisiert werden.

In Tab. 9.1 werden die Vor- und Nachteile der drei unterschiedlichen Techniken gegenübergestellt.

9.6 Skelettverfolgung

Als *Skelettverfolgung* (engl. skeleton tracking) wird die Verarbeitung von Sensordaten bezeichnet, um die Positionen verschiedener Skelettgelenke eines flexiblen Körpers zu bestimmen und zu tracken. Üblicherweise wird dafür ein vordefiniertes Skelettmodell angewendet (wie in den Abschn. 8.3.1 für die Hand und 8.4.1 für den Körper beschrieben), das aus einer Baumstruktur von Gelenken und Segmenten besteht.

Je nach verwendeter Sensorik und angewendeten Verfahren liefern die Marker neben den Positionen bereits weitere semantische Informationen wie die Zugehörigkeit zu einem bestimmten Körperteil. Ist dies nicht der Fall, müssen die freien Parameter des Skeletts nicht nur an die Marker optimal angepasst werden, sondern auch deren Zugehörigkeit muss bestimmt werden, wodurch die Freiheitsgrade erhöht werden und damit einhergehend der Schätzaufwand und mögliche Schätzfehler.

Da die im Skelettmodell gegebenen durchschnittlichen Knochenlängen nicht auf ein Individuum passen, müssen diese in einem Initialisierungsschritt einmal auf die individuelle

Tab. 9.1 Vergleich zwischen Outside-In, Inside-Out und Inside-In Tracking

Outside-In	Inside-Out	Inside-In
Vorteile		
Höchstes Maß an Genauigkeit	Keine Begrenzung der Nutzfläche (da Sensoren mitgeführt)	Keine Begrenzung der Nutzfläche (da Sensoren mitgeführt)
Geringe Latenz bei der Verfolgung von Bewegungen	Es müssen keine externen Sensoren im Raum installiert werden	Es müssen keine externen Sensoren im Raum installiert werden
Genauere Messwerte durch Hinzufügen weiterer Tracker oder externer Sensorik möglich	Einfache mobile Verwendung möglich	Sensor oft näher zu den Merkmalen platziert
Nachteile		
Standort kann nicht ohne Neukalibrierung geändert werden	Tracking verlangt nach Rechenleistung in der mobilen Einheit (höherer Energieaufwand erforderlich)	Es wird nur ein Teil des Körpers wahrgenommen
Problem der Verdeckung (Okklusion) zwischen Objekten, die sich im Weg zur externen Sensorik befinden	Die Verfolgung ist nicht so genau	
Die Notwendigkeit von Außensensoren bedeutet einen begrenzten Erfassungsraum	Die Latenzzeit kann höher sein	

Größe des zu verfolgenden Objektes skaliert werden. Die Gelenkwinkel sind dann aus den erfassten 2D- oder 3D-Markerpositionen zu bestimmen. Diese Anpassung des Skeletts an die zuvor bestimmten Markerpositionen kann als nichtlineares Minimierungsproblem

$$\text{argmin}_\sigma \sum_{i=1}^{M} (\mathbf{m}_i - \mathbf{s}_i(\sigma))^2$$

formuliert werden. Dabei ist M die Gesamtzahl der Merkmale, $\mathbf{m}_i$ eine geschätzte Merkmalsposition und $\mathbf{s}_i$ der entsprechende, am Skelett definierte Referenzpunkt, als Funktion der Posenparameter σ.

Eine Lösung, die mit fehlenden Merkmalen umgehen kann und den gegebenen Positions- und Orientierungsbeschränkungen jedes einzelnen Gelenks gerecht wird, kann auf viele verschiedene Arten geschehen. Ein Ansatz, der die Gelenkbeschränkungen eines kinematischen Skeletts durch die Integration biomechanischer Eigenschaften und die körperliche Leistungsfähigkeit eines Menschen berücksichtigt, wird von Huang et al. (2017) präsentiert.

9.7 Zustandsschätzung

Viele Zustände dynamischer Prozesse lassen sich nicht direkt beobachten. Jedoch, so die Idee des russischen Mathematikers Andrei Markow (alternativ auch Markov), sollten sich anhand von beobachtbaren Prozessen Rückschlüsse auf verdeckte Prozesse ziehen lassen, insofern statistische Zusammenhänge zwischen beobachtbaren und nicht beobachtbaren Zuständen bekannt sind (Elliott et al. 2008). Dafür ist ein mathematisches Modell des Prozesses zu erstellen, welches die Auswirkungen des internen Zustands des Systems auf die Außenwelt beschreibt und welche Effekte dabei beobachtet werden können. Mit diesem Modell kann die Lösung als eine Wahrscheinlichkeitsschätzung des internen Zustands des Systems unter Berücksichtigung der verfügbaren Beobachtungssequenz beschrieben werden.

Den statistischen Zusammenhang von nicht beobachtbaren Zuständen in Abhängigkeit von beobachtbaren Zuständen zu beschreiben und eine *Schätzung* bereitzustellen, ist die Aufgabe einer der verschiedenen Varianten des *Bayes'schen Filters*. Für immersive VR-Anwendungen können Bayes'sche Filter eingesetzt werden, um Position, Körperhaltung, Kopforientierung, Augenstellung, etc. besser verfolgen zu können, indem der Mess- bzw. Schätzfehler minimiert wird.

9.7.1 Sequenzielle Bayes'sche Schätzung

Im Folgenden wird die mathematische Beschreibung der Bayes'schen Filterung vorgestellt. Ein Schema zur Veranschaulichung der Funktionsweise eines Bayes'schen Filters ist in Abb. 9.7 dargestellt, wobei $\mathbf{x}_k$ einen nicht beobachtbaren Zustand zum Zeitpunkt $k \in \mathbb{N}$ und $\mathbf{y}_k$ eine Beobachtung bezeichnen. Wie eingangs erwähnt, besteht die Funktion eines Bayes'schen Filters darin, ein statistisches Modell vom nicht beobachtbaren Zustand $\mathbf{x}_k$ in Abhängigkeit von der Beobachtungssequenz $\mathbf{y}_{1:k}$ zu erstellen. Um eine solche statistische Charakterisierung zu liefern, setzt ein Bayes'scher Filter ein Zustandsraummodell[5] voraus,

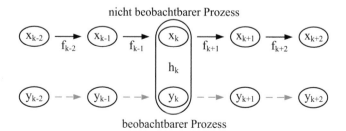

Abb. 9.7 Darstellung der einzelnen Komponenten des Zustandsraummodells

---

[5] Werden sämtliche Eingangs-, Ausgangs- und Zustandsgrößen des Systems in der Form von Matrizen und Vektoren dargestellt, spricht man von einem *Zustandsraum(-modell)*.

das insofern doppelt stochastisch ist, als seine Funktionsweise durch zwei Gleichungen bestimmt wird, die beide stochastische Komponenten enthalten. Für den diskreten Fall sind dies

- die *Zustandsgleichung*

$$\mathbf{x}_k = \mathbf{f}_k(\mathbf{x}_{k-1}, \mathbf{u}_{k-1}) \tag{9.1}$$

- und die *Beobachtungsgleichung*

$$\mathbf{y}_k = \mathbf{h}_k(\mathbf{x}_k, \mathbf{v}_k), \tag{9.2}$$

wobei $\mathbf{f}_k$ und $\mathbf{h}_k$ zeitlich veränderliche, nichtlineare Übergangs- und Beobachtungsfunktionen darstellen und $\mathbf{u}_k$ und $\mathbf{v}_k$ das *Prozess-* bzw. *Beobachtungsrauschen* bezeichnen.

Die Wahl eines bestimmten Zustandsraums bewirkt, welche Aspekte des physikalischen Systems modelliert werden. Beispielsweise kann es für die Verfolgung einer Person ausreichend sein, nur ihre Position zu berücksichtigen. Ein komplexeres Modell könnte auch die Geschwindigkeit und die Beschleunigung mit einbeziehen. Da nicht alle Aspekte des Systems modelliert werden, enthält ein Bayes'scher Filter eine zusätzliche Komponente, mit der diese Unbekannte statistisch repräsentiert wird. Die statistische Charakterisierung des von einem Bayes'schen Filter gelieferten Zustands ist die sogenannte *Filterdichte*.

In der allgemeinsten Formulierung besteht das Ziel des Zustandsschätzungsproblems darin, die zeitliche Entwicklung der *Filterdichte* $p(\mathbf{x}_k|\mathbf{y}_{1:m})$ zu verfolgen. Je nachdem, welche Beobachtungen $\mathbf{y}_{1:m}$ der Sequenz von 1 bis m als Evidenz zur Bestimmung von $p(\mathbf{x}_k|\mathbf{y}_{1:m})$ verwendet werden, fällt die Zustandsschätzung in eine von drei Kategorien:

- *Glättung*, wobei $k < m$;
- *Filterung*, wobei $k = m$;
- *Vorhersage*, wobei $k > m$.

Da die Glättung für Echtzeitsysteme nicht geeignet ist, da zusätzliche Latenzen hinzugefügt werden, schauen wir uns zunächst die Vorhersage an, um uns danach ausschließlich mit der *Filterung* zu beschäftigen.

Das Schätzen eines Zustands, hier einer Position, ist rechen- und somit zeitintensiv und damit einer gewissen Zeitverzögerung unterworfen. Auch weitere Komponenten in der immersiven VR-Pipeline, z. B. das Rendering, erhöhen die Latenz. Kennt man die aktuelle Pose sowie deren Historie unter einem bestimmten dynamischen Modell (z. B. Starrkörperbewegung), lässt sich eine Vorhersage darüber treffen, wo sich der getrackte Punkt zu einem bestimmten zukünftigen Zeitpunkt befinden könnte. Mit einer solchen Vorhersage könnte man die Systemlatenz deutlich reduzieren, jedoch ist die Schätzung nur so gut wie das Bewegungsmodell, das die tatsächlich ausgeführte Bewegung voraussagt. Die Ungenauigkeit der Schätzung wird umso größer, je zufälliger sich das zu verfolgende Objekt bewegt und umso länger der Vorhersagezeitraum ist. Somit entsteht ein Zielkonflikt zwischen der Minimierung der Latenz und der zu erwartenden Genauigkeit der Lokalisierung.

Das Systemmodell (9.1) stellt einen *Markow-Prozess erster Ordnung* dar, was impliziert, dass der aktuelle Zustand des Systems ausschließlich von dem Zustand unmittelbar davor abhängt, sodass vereinfachend gilt

$$p(\mathbf{x}_k|\mathbf{x}_{0:k-1}) = p(\mathbf{x}_k|\mathbf{x}_{k-1}) \ \forall \ k \in \mathbb{N}.$$

Das Beobachtungsmodell (9.2) impliziert, dass die Beobachtungen nur vom aktuellen Systemzustand abhängen und sowohl von früheren Beobachtungen als auch von früheren Zuständen unabhängig sind, sobald der aktuelle Zustand festgelegt wurde, sodass vereinfachend geschrieben werden kann

$$p(\mathbf{y}_k|\mathbf{x}_{0:k}, \mathbf{y}_{1:k-1}) = p(\mathbf{y}_k|\mathbf{x}_k) \ \forall \ k \in \mathbb{N}.$$

Die *Filterdichte* $p(\mathbf{x}_k|\mathbf{y}_{1:k})$ kann durch Anwendung der *Bayes'schen Regel* umformuliert werden in

$$p(\mathbf{x}_k|\mathbf{y}_{1:k}) = \frac{p(\mathbf{y}_{1:k}|\mathbf{x}_k) \, p(\mathbf{x}_k)}{p(\mathbf{y}_{1:k})},$$

was sich wiederum umformulieren lässt in

$$p(\mathbf{x}_k|\mathbf{y}_{1:k}) = \frac{p(\mathbf{y}_k|\mathbf{x}_k) \, p(\mathbf{x}_k|\mathbf{y}_{1:k-1})}{p(\mathbf{y}_k|\mathbf{y}_{1:k-1})}. \tag{9.3}$$

Diese Filterdichte kann über die Zeit verfolgt werden, indem zwei Operationen nacheinander durchgeführt werden:

- *Vorhersage*
  Die vorherige Wahrscheinlichkeitsdichtefunktion des Zustands kann aus der *Chapman-Kolmogorov-Gleichung* (Papoulis 1984) berechnet werden,

$$p(\mathbf{x}_k|\mathbf{y}_{1:k-1}) = \int p(\mathbf{x}_k|\mathbf{x}_{k-1}) \, p(\mathbf{x}_{k-1}|\mathbf{y}_{1:k-1}) \, d\mathbf{x}_{k-1},$$

  wobei die Entwicklung des Zustands $p(\mathbf{x}_k|\mathbf{x}_{k-1})$ durch die Zustandsgleichung (9.1) definiert ist.
- *Korrektur* oder *Update*
  Die aktuelle Beobachtung $p(\mathbf{y}_k|\mathbf{x}_k)$ wird in die Filterdichte eingesetzt, wobei die Normalisierungskonstante im Nenner von (9.3) gegeben ist durch

$$p(\mathbf{y}_k|\mathbf{y}_{1:k-1}) = \int p(\mathbf{y}_k|\mathbf{x}_k) \, p(\mathbf{x}_k|\mathbf{y}_{1:k-1}) \, d\mathbf{x}_k.$$

Die Formulierung des Trackingproblems als eines der Dichteschätzung ist insofern sehr mächtig, da die Repräsentation als Dichteschätzung viele andere bekannte Formen der Parameterschätzung zusammenfasst. Alle Punktschätzungen von $\mathbf{x}_k$, wie z. B. die Maximum-Likelihood-Schätzung, der Median oder der bedingte Mittelwert, können ermittelt werden, sobald $p(\mathbf{x}_k|\mathbf{y}_{1:k})$ bekannt ist.

9.7.2 Kalman-Filter

Der bekannteste Bayes'sche Filter ist zweifellos der *Kalman-Filter* (Kalman 1960), der unter der Annahme eines linearen gaußverteilten Prozesses der optimale Schätzer mit minimalem mittleren quadratischen Fehler für den verborgenen Zustand eines Systems ist. Er bietet eine geschlossene Form zur sequenziellen Aktualisierung von $p(\mathbf{x}_k|\mathbf{y}_{1:k})$ unter den zwei kritischen Annahmen:

- Die Übergangs- und Beobachtungsmodelle $\mathbf{F}_k$ und $\mathbf{H}_k$ sind linear.
- Das Prozess- und Beobachtungsrauschen $\mathbf{u}_k$ und $\mathbf{v}_k$ sind gaußförmig.

Da die Linearkombination einer Gaußverteilung auch wieder gaußverteilt ist, bedeutet dies, dass sowohl $\mathbf{x}_k$ als auch $\mathbf{y}_k$ gaußverteilt bleiben. In Übereinstimmung mit der oben genannten Linearitätsannahme kann die Zustandsgleichung (9.1) und (9.2) dann ausgedrückt werden als

$$\mathbf{x}_k = \mathbf{F}_{k|k-1}\,\mathbf{x}_{k-1} + \mathbf{u}_{k-1}, \tag{9.4}$$

$$\mathbf{y}_k = \mathbf{H}_k\mathbf{x}_k + \mathbf{v}_k, \tag{9.5}$$

wobei $\mathbf{F}_{k|k-1}$ und $\mathbf{H}_k$ die *Übergangs-* und *Beobachtungsmatrizen* sind.

9.8 Sensorfusion

Bei der *Sensorfusion* werden Daten aus mehreren Sensoren miteinander kombiniert, wodurch bessere Ergebnisse erzielt werden können als mit nur einem einzigen Sensor. Dabei können sowohl Sensoren desselben als auch unterschiedlichen Typs miteinander kombiniert werden, um unterschiedliche Ziele wie eine geringere Systemlatenz, eine genauere Auflösung oder einen größeren Sichtbereich zu erreichen. Bezugnehmend auf die Funktionalität können unterschiedliche Fusionsstrategien angewendet werden (Brooks und Iyengar 1998):

- Bei der *komplementären Fusion* wird die Vollständigkeit der Daten erhöht, indem Sensoren (die i. d. R. vom selben Typ sind) unterschiedliche, aber sich überlappende Bereiche oder zu unterschiedlichen Zeiten messen.

- Bei der *konkurrierenden Fusion* erfassen Sensoren gleichzeitig denselben Bereich und erhöhen die Genauigkeit des Gesamtsystems.
- Bei der *kooperativen Fusion* werden die Informationen von mehreren unabhängigen Sensoren extrahiert, um Informationen zu liefern, die von einzelnen Sensoren nicht verfügbar wären.

In realen Anwendungen gibt es oft keine so strikte Trennung zwischen den einzelnen Fusionstypen und es gibt diverse Mischformen, die auch als *hybride Fusion* bezeichnet werden.

Je nach Sensordaten und Ziel sollte eine Fusion in einem früheren oder späteren Verarbeitungsschritt stattfinden (Hall und Llinas 1997):

- Bei der *Datenfusion* (engl. data fusion) werden die rohen Sensordaten durch Signalverarbeitung miteinander verrechnet.
- Bei der *Merkmalsfusion* (engl. feature fusion) erfolgt vor der Verschmelzung eine Extraktion eindeutiger Merkmale und eine Dimensionsreduktion. Die neu kombinierten Merkmalsvektoren werden im Anschluss weiterverarbeitet.
- Bei der *Entscheidungsfusion* (engl. decision fusion) werden die Daten erst zusammengeführt, nachdem alle Signalverarbeitungs- und Mustererkennungsschritte abgeschlossen sind.

Unabhängig von der Ebene der Zusammenführung der Daten lässt sich anhand von Gewichtungsfaktoren festlegen, inwieweit die einzelnen Datenströme für die finale Schätzung berücksichtigt werden. Die Gewichtungsfaktoren können dabei entweder fest eingestellt sein oder sich dynamisch anhand von festzulegenden Gütekriterien an die Daten anpassen. So kann die Gewichtung z. B. umgekehrt proportional zur Unsicherheit der einzelnen Messquellen gewählt werden.

Eine der gängigsten Einsatzgebiete in der Sensorfusion für immersive VR-Anwendungen ist die Zusammenführung von Sensordaten aus Inertial- und optischen Sensoren. So können die Nachteile des einen Sensortyps durch die Vorteile des anderen kompensiert werden: Inertialsensoren bieten zwar eine hohe Abtastfrequenz, akkumulieren aber auch schnell Fehler (driften). Optische Sensoren sind frei von Driftproblemen, haben aber eine relativ langsame Abtastgeschwindigkeit und sind anfällig für Verdeckung.

Positionsschätzwerte aus optischen Sensoren können durch die Inertialsensoren schneller aktualisiert werden. Verliert das optische Tracking das Objekt, liefern die Inertialsensoren weiterhin Informationen über die Veränderungen der Position und Rotation, die Drift nimmt dabei kontinuierlich zu, bis die optischen Sensoren das Objekt wieder erfassen.

Neben den gerade besprochenen Vorteilen der Kombination von optischer und inertialer Sensorik wurde auch gezeigt, dass Ausrichtungsfehler, die häufig auftreten, wenn ein Nutzer seinen Kopf schnell bewegt, reduziert werden können (Hogue et al. 2004). In Corke et al. (2007) werden die Grundlagen der beiden Wahrnehmungsmodalitäten inertial und visuell sowohl aus biologischer als auch aus technischer Sicht vorgestellt.

Literaturverzeichnis

Brooks RR, Iyengar SS (1998) Multi-sensor fusion: fundamentals and applications with software. Prentice-Hall, Inc., Upper Saddle River

Cadena C, Carlone L, Carrillo H, Latif Y, Scaramuzza D, Neira J, Reid I, Leonard JJ (2016) Past, present, and future of simultaneous localization and mapping: toward the robust-perception age. IEEE Trans Robot 32(6):1309–1332

Corke P, Lobo J, Dias J (2007) An introduction to inertial and visual sensing. Int J Robot Res 26(6):519–535

Elliott RJ, Aggoun L, Moore JB (2008) Hidden Markov models: estimation and control, vol 29. Springer Science & Business Media, New York

Gourlay MJ, Held RT (2017) Head-mounted-display tracking for augmented and virtual reality. Inf Display 33(1):6–10

Hall DL, Llinas J (1997) An introduction to multisensor data fusion. Proc IEEE 85(1):6–23

Hogue A, Jenkin M, Allison RS (2004) An optical-inertial tracking system for fully-enclosed VR displays. In: First Canadian Conference on Computer and Robot Vision, 2004. Proceedings. IEEE, London, S 22–29

Holloway RL (1997) Registration error analysis for augmented reality. Presence Teleop Virtual Env 6(4):413–432

Huang J, Fratarcangeli M, Ding Y, Pelachaud C (2017) Inverse kinematics using dynamic joint parameters: inverse kinematics animation synthesis learnt from sub-divided motion micro-segments. Vis Comput 33(12):1541–1553

Kaemarungsi K, Krishnamurthy P (2004) Modeling of indoor positioning systems based on location fingerprinting. In: IEEE Infocom 2004. IEEE 2:1012–1022

Kalman R (1960) A new approach to linear filtering and prediction problems. Trans ASME–J Basic Eng 82(Ser D):35–45

Karami E, Prasad S, Shehata M (2017) Image matching using sift, surf, brief and ORB: performance comparison for distorted images. arXiv preprint arXiv:171002726

Lang P, Kusej A, Pinz A, Brasseur G (2002) Inertial tracking for mobile augmented reality. In: IMTC/2002. Proceedings of the 19th IEEE Instrumentation and Measurement Technology Conference (IEEE Cat. No.00CH37276), Bd 2. Anchorage, S 1583–1587

LaViola Jr JJ, Kruijff E, McMahan RP, Bowman D, Poupyrev IP (2017) 3D user interfaces: theory and practice. Addison-Wesley Professional, Boston

Menache A (2011) Understanding motion capture for computer animation. Elsevier, Amsterdam

Papoulis A (1984) Probability, random variables, and stochastic processes, 2. Aufl. McGraw–Hill, New York

Ausgabesysteme

10

Die Menschen interagieren mit der Welt über ihre Sinne. Eine vollständig immersive virtuelle Welt wäre in der Lage, alle Sinne durch eine vollständig künstliche Umgebung so zu stimulieren, dass die Menschen perfekt getäuscht würden. Um eine möglichst präzise Stimulation der einzelnen Sinne zu ermöglichen und die jeweiligen Besonderheiten adressieren zu können, werden für jede Sinnesmodalität eigene Geräte entwickelt. Je nach Sinneswahrnehmung gelingt dies mehr (visuelle und auditive Wahrnehmung) oder weniger (olfaktorische, gustatorische, haptische und taktile Wahrnehmung und Propriozeption) gut.

Neben der *Visualisierung* von VR-Inhalten, auch *visuelles Rendering* genannt, ist die dazu stimmige Erzeugung von auditiven Reizen, die sogenannte *Auralisation*, auch *akustisches Rendering* genannt, ein weiterer entscheidender Faktor für eine glaubwürdige Darstellung einer virtuellen Welt. Die anderen Sinnesmodalitäten werden bei privaten Anwendungen nicht und im professionellen Umfeld selten stimuliert, da dies technisch sehr aufwendig (haptische und taktile) oder unpraktisch (olfaktorische, gustatorische) ist.

Eine besondere Herausforderung für immersive VR-Anwendungen stellt die Echtzeitverarbeitung dar. Die Generierung und die Wiedergabe der Szenen müssen so schnell erfolgen, dass keine spürbaren Verzögerungen auftreten und die Ausgabe über die verschiedenen Sinnesmodalitäten hinweg miteinander synchronisiert ist. Die Bandbreite der Signale, die für eine perfekte Illusion erzeugt werden müssen, erfordert eine heute nicht verfügbare Leistungsfähigkeit der Computertechnologie. Daher kann eine virtuelle Welt heute nicht eins zu eins mit der realen Welt übereinstimmen.

10.1   Visuelle Ausgabe

Die visuelle Ausgabe ist wohl das wichtigste Merkmal einer immersiven Umgebung und die typischen Brillen, mit ihrem etwas klobigen Formfaktor, sind das Symbolbild für immersive VR geworden. Doch es gibt auch andere Möglichkeiten, visuelle immersive Darstellungen zu realisieren.

Visuelle bzw. *optische Anzeigen* (engl. visual display) lassen sich nach der Distanz zum Auge bzw. dem Ort der Anzeige klassifizieren. Diese können, wie in Abb. 10.1 gezeigt, in vier grundlegend unterschiedliche Arten unterteilt werden:

- *Kontaktlinsen-Displays*, die auf dem Auge aufliegen
- *Kopfbasierte Displays*, die am Kopf befestigt sind und auf dem Gesicht aufliegen
- *Handgehaltene Displays*, die in einer oder zwei Händen gehalten werden
- *Stationäre Displays*, die in der Umgebung verankert sind

Auf die einzelnen Arten von Displays und, wo relevant, auf entsprechende Untergruppen wird im Folgenden näher eingegangen.

10.1.1 Kontaktlinsen-Displays

Aktuell noch eine Zukunftsvision, aber aktiv in der Entwicklung,[1] sind *Kontaktlinsen-Displays* (engl. retinal displays), die in Form einer Kontaktlinse direkt aufs Auge aufgelegt werden (Lingley et al. 2011). Sie können sowohl für AR als auch VR genutzt werden. Die Anzeigeeinheit besteht aus mehreren elektronischen Komponenten und benötigt Antennen für die Kommunikation, eine induktive Kopplung für die Energieversorgung, Sensorik,

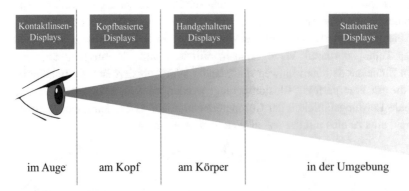

Abb. 10.1 Display-Typologie: Kategorisierung nach der Distanz zum Auge und der Anbringung

---

[1] https://www.mojo.vision/mojo-lens.

Steuereinheit und die Anzeige selbst. Aktuelle Prototypen bieten ein maximales Sichtfeld von 15° bei einer monochromen Anzeige mit einer Pixeldichte von 14.000 ppi.

Da diese Form von Displays i. d. R. mit einer Sensorik kombiniert wird, die auch physiologische Informationen des Auges und der Tränenflüssigkeit erfasst, wird eine nichtinvasive Diagnose medizinischer Parameter in Echtzeit möglich. Daher werden Kontaktlinsen-Displays auch als *Smart Contact Lens* bezeichnet (Park et al. 2018). Ein Überblick über die Möglichkeiten der Nutzung dieses Displaytyps in der Mensch-Maschine-Interaktion ist in Xia et al. (2021) gegeben.

10.1.2 Kopfbasierte Displays

Kopfbasierte Displays sind Geräte, die auf dem Kopf getragen oder vor den Kopf gehalten (engl. head-based display, kurz HBD) werden und sich zusammen mit dem Kopf des Nutzers bewegen. Da die meisten heute gängigen Displays am Kopf getragen werden, wird in diesem Buch durchgehend der gängigere Begriff *Head-Mounted Display* verwendet.

Im Gerät werden, pro Auge, für den Betrachter Bilder auf einem augennahen Bildschirm präsentiert. Dabei können mehrere Techniken unterschieden werden. Bei den meisten HMDs wird als Anzeige ein kleiner nicht transparenter Flachbildschirm verwendet und eine davorgesetzte Optik, damit das Bild für den Betrachter scharf erscheint. Für immersive AR-Anwendungen kann diese Bauweise entsprechend variiert werden, indem die Bildschirme semitransparent sind (*Optical See-Through*) oder indem in die Anzeige die Videobilder eines Kamerapaars eingeblendet werden (*Video See-Through*). Eine schematische Gegenüberstellung der Funktionsweise beider Techniken ist in Abb. 10.2 dargestellt.

Eine weitere Möglichkeit, ein Bild im Auge des Betrachters zu erzeugen, ist die Netzhautanzeige. Eine virtuelle *Netzhautanzeige* (engl. virtual retina display,[2] kurz VRD; manchmal auch retinal scan display oder retinal image display) projiziert ein Rasterbild mit Hilfe von Lasern direkt auf die Netzhaut des Auges, die Sicht auf die Umgebung bleibt dabei erhalten. Der Nutzer nimmt dieses künstlich erzeugte Bild dabei wie eine herkömmliche Anzeige wahr, die vor ihm im Raum zu schweben scheint (Stredney und Weghorst 1998).

Für die Anzeige immersiver VR-Umgebungen bestehen mehrere Herausforderungen, um alle Ansprüche des menschlichen Sehens zu erfüllen. Diese umfassen u. a. die Abdeckung des Sichtfelds, die Eyebox, Winkelauflösung, den Dynamikumfang und die Bereitstellung von korrekten Tiefeninformationen. Diese Anforderungen stehen oft im Gegensatz zueinander und entsprechende Kompromisse müssen eingegangen werden.

---

[2] Nicht zu verwechseln mit dem von Apple verwendeten Markennamen Retina Display.

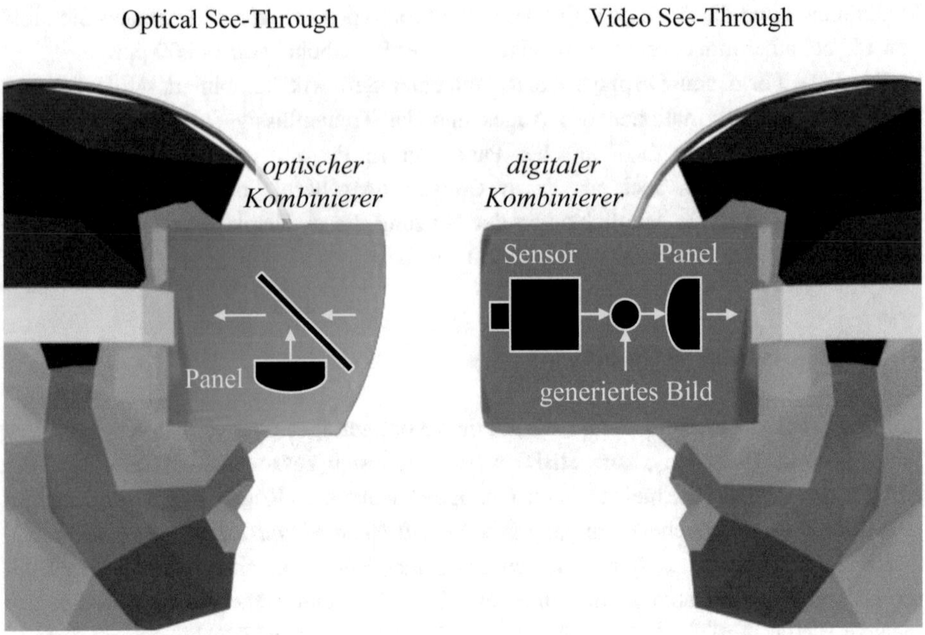

Optical See-Through   Video See-Through

optischer   *digitaler*
Kombinierer   *Kombinierer*

Sensor   Panel

Panel

generiertes Bild

Abb. 10.2 Schematische Darstellung von Optical und Video See-Through Head-Mounted Displays

Neben der optischen Qualität sind auch die ergonomischen Anforderungen an ein leichtes und kompaktes Anzeigesystem ein limitierender Faktor bei der Entwicklung solcher Systeme.

Der prinzipielle Aufbau eines HMDs kann wie folgt beschrieben werden: Das vom Anzeigemodul ausgestrahlte Licht wird auf ein Sichtfeld projiziert, das in die Größe des vom Betrachter wahrgenommenen Bildes umgerechnet wird. Das Anzeigeelement eines Anzeigemoduls wird als *Panel* bezeichnet. Es kann technisch unterschiedlich aufgebaut sein. In HMDs sind üblicherweise entweder organische Leuchtdioden (engl. organic light-emitting diode, kurz OLED), die selbst Licht ausstrahlen, oder Flüssigkristallbildschirme (engl. liquid crystal display, kurz LCD) verbaut. Da LCDs selbst kein Licht ausstrahlen, werden diese von hinten mit zumeist weißleuchtenden Dioden (engl. light-emitting diode, kurz LED) durchleuchtet (dem sogenannten LED-*Backlight*). Das HMD kann durch die folgenden technischen Faktoren beschrieben werden:

- Das *Sichtfeld eines Displays* ist definiert als das Maß der Winkelbreite (horizontales Sichtfeld) und Winkelhöhe (vertikales Sichtfeld), die für den Nutzer vom Panel, evtl. plus Optik, abgedeckt werden. Typische Abdeckungen des Sichtfelds für verschiedene HMDs und andere Geräte sind in Abb. 10.3 dargestellt. Die Referenzwerte des menschlichen Sichtfelds sind in Abschn. 3.1.7 beschrieben. Der Schnittbereich des austretenden Strahlenbündels bildet die Austrittspupille, die i. d. R. mit der Eyebox korreliert ist.

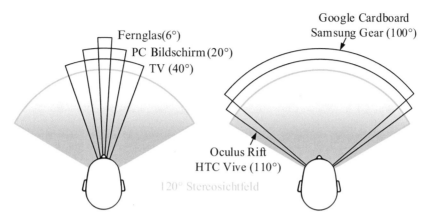

Abb. 10.3 Abdeckungen des Sichtfelds für verschiedene Head-Mounted Displays und andere Geräte

- Die *Eyebox* definiert den Bereich, in dem das gesamte Sichtfeld des Bildes ohne Vignettierung betrachtet werden kann. Sie stellt im Allgemeinen eine 3D-Geometrie dar, deren Volumen stark von der Größe der Austrittspupille abhängt. Eine größere Eyebox bietet mehr Toleranz, um den unterschiedlichen Augenabstand (engl. interpupillary distance, kurz IPD) des Nutzers und das Wackeln des Headsets während der Benutzung auszugleichen.
- Die *Winkelauflösung* wird definiert, indem man die Gesamtauflösung des Bildschirms durch das Sichtfeld teilt. Diese bestimmt die Schärfe des wahrgenommenen Bildes. Der Zusammenhang zwischen Sichtfeld, Winkelauflösung und Panelauflösung ist in Abb. 10.4 dargestellt. Daraus wird ersichtlich, dass ein größeres Sichtfeld, bei konstanter Bildschirmauflösung, zu einer geringeren Winkelauflösung und entsprechend ein kleineres Sichtfeld zu einer höheren Winkelauflösung führen. Die maximale Sehschärfe liegt bei einer Winkelauflösung von ca. 1 Bogenminute. Mit Abb. 10.4 lässt sich damit die Pixelauflösung des Panels per Auge bestimmen, bei 120° FoV sind dies ca. 7000 Pixel.
- Die *Pixeldichte* ist eine Kenngröße zur Beschreibung der Bildauflösung eines Panels. Im Gegensatz zur allgemeinen Größe der Auflösung wird die Pixeldichte auf die Breite und Höhe des Panels bezogen. Die Einheiten sind hier in Pixel per Inch (ppi) angegeben.
- Der *Bildkontrast* hängt von dem durch das Panel selbst erzeugten Licht und unerwünschten Streulicht ab. Um einen hohen Dynamikbereich zu erreichen, sollte das Panel eine hohe Helligkeit, einen guten Schwarzwert[3] und mehr als 1000 (10 Bit)

---

[3] Der *Schwarzwert* (engl. black level) ist definiert als die Helligkeit (minimaler Lumenwert), der abgegeben wird, wenn die Anzeige schwarz darstellt.

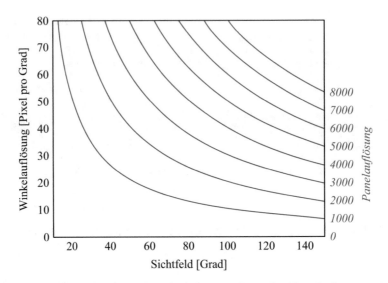

Abb. 10.4 Zusammenhang zwischen Sichtfeld, Winkelauflösung und Panelauflösung

Graustufen aufweisen. Heutzutage liegt die Panelhelligkeit eines typischen VR-Headsets bei etwa 150–200 cd/m² (oder Nits).

- Der *Tiefeneindruck* bildet ein weiteres wichtiges Merkmal jeder 3D-Anzeige. Wie in Abschn. 10.1.9 angesprochen, kann der Tiefeneindruck durch die Anzeige zweier getrennter Bilder für das linke und das rechte Auge erzeugt werden. Die festgelegte Tiefe des angezeigten Bildes stimmt jedoch oft nicht mit der tatsächlichen Tiefe des 3D-Bildes überein, was zu einer falschen Akkommodationswahrnehmung und Akkommodations-Konvergenz-Diskrepanz (Abschn. 3.1.9.1) führt.
- Der *Fliegengittereffekt* (engl. screen door effect) ist ein Anzeigeartefakt und beschreibt den ungewollten, technisch bedingten, schwarzen Abstand zwischen den einzelnen Bildpunkten.
- Die *Füllrate* (engl. fill rate, fillrate) ist das Verhältnis des Flächenanteils der Pixel zur Gesamtfläche. Diese ist i. d. R. bei LCD höher als bei OLED-Panels.

10.1.3 Aufbau und Formfaktor

Der Fokusbereich des normalsichtigen Auges liegt bei ca. 8 cm bis ∞ (mit 16 Jahren) und nimmt mit dem Alter ab (mit 50 Jahren bei ca. 50 cm bis ∞). Daher würde ein Panel, das nahe vor das Auge platziert wird, zu keinem scharfen Bildeindruck führen. Diese Einschränkung des Fokusbereichs erfordert eine zusätzliche Optik, die zwischen dem Auge und dem Panel liegt. Daraus resultiert ein *Formfaktor*, der bei den (aktuell) auf dem Markt verfügbaren VR-Brillen ein deutlich größeres Volumen aufweist als das optischer Brillen. Dabei ist der größte Teil des Volumens leer. Das liegt daran, dass ein bestimmter Abstand zwischen dem Panel und der Optik erforderlich ist, der i. d. R. in der Nähe der

Brennweite des Linsensystems liegt, wie in Abb. 10.5 dargestellt. Um den Formfaktor zu verkleinern, gibt es verschiedene Ansätze, die im Folgenden betrachtet werden.

10.1.3.1 Einfache Linsen

Der einfachste Aufbau von HMDs, Abb. 10.6, besteht aus einfachen Lupen mit je einer Linse pro Auge mit ca. 4 cm Brennweite. Die Variablen d' und d bezeichnen dabei die Distanz zwischen der Linse und dem Panel sowie dem virtuellen Bild, f bezeichnet die Brennweite der Linse. Mit der *Gauß'schen Formel für dünne Linsen*

$$\frac{1}{d} + \frac{1}{d'} = \frac{1}{f}$$

lässt sich der *Vergrößerungsfaktor*

$$M = \frac{f}{f - d'}$$

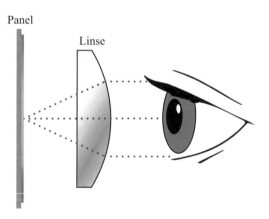

Abb. 10.5 Grundlegendes Funktionsprinzip eines VR-Displays mit konventionellen Linsen

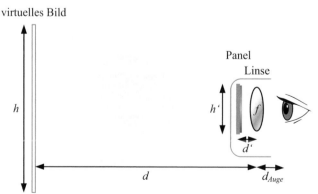

Abb. 10.6 Schematischer Aufbau eines VR-Displays mit konventioneller Linse (seitliche Ansicht)

entsprechend bestimmen. Die Größe des virtuellen Bildes h lässt sich daraus mit der Größe des virtuellen Bildes h' berechnen als $h = Mh'$. Die Distanz, auf die das Auge scharfstellen muss, ergibt sich mit $d + d_{\text{auge}}$.

Während die Bildfläche auf dem Panel nach oben und unten theoretisch nicht begrenzt ist, kann es bei einem Stereosetup, bei dem zwei Bilder auf dem Panel parallel nebeneinander dargestellt werden, zu Einschränkungen kommen. Durch den Augenabstand wird die maximale Bildfläche in Richtung des jeweils zweiten Auges begrenzt, siehe Abb. 10.7. w_1 bezeichnet den Teil des horizontalen virtuellen Bildes zur Nase hin und w_2 zur Nase weg. Das auf dem Panel angezeigte Bild w_1' ist dabei begrenzt durch den Augenabstand $w_1' < \text{IPD}/2$.

Das *horizontale Sichtfeld* für ein Auge berechnet sich dann entsprechend für ein Bild der Größe $(w_1' + w_2') \times h'$, wobei $w' = w_1' + w_2'$ der Breite des Bildes und h' der Höhe des Bildes entspricht, zu

$$\text{fov}_{\text{horizontal}} = \text{fov}_{\text{horizontal}}^{\text{nasal}} + \text{fov}_{\text{horizontal}}^{\text{temporal}} = \tan^{-1}\left(M \cdot \frac{w_1}{2d}\right) + \tan^{-1}\left(M \cdot \frac{w_2}{2d}\right)$$

und für das *vertikale Sichtfeld* zu

$$\text{fov}_{\text{vertikal}} = \text{fov}_{\text{vertikal}}^{\text{superior}} + \text{fov}_{\text{vertikal}}^{\text{inferior}} = 2\tan^{-1}\left(M \cdot \frac{h'}{2d}\right).$$

Das monokulare horizontale Gesamtsichtfeld lässt sich entsprechend approximieren als

$$\text{fov}_{\text{horizontal}}^{\text{mono gesamt}} \approx 2\text{fov}_{\text{horizontal}}^{\text{temporal}}.$$

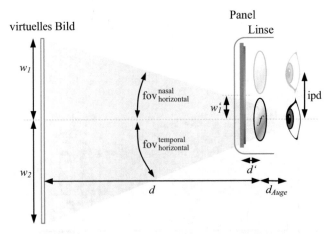

Abb. 10.7 Schematischer Aufbau eines VR-Displays als Stereosetup (Ansicht von oben)

Für die Parameter von Google-Cardboard-Linsen (f = 40 mm, d' = 39 mm, IPD = 64 mm, d_{Auge} = 18 mm) ergeben sich so z. B. für die Vergrößerung ein Faktor von 40 und eine Distanz zwischen virtuellem Bild und Auge von 1,578 m.

10.1.3.2 Fresnel-Linsen

Eine *Fresnel-Linse*, nach dem französischen Physiker Augustin-Jean Fresnel, ist eine Linse mit geringerer Masse und kleinerem Volumen als Linsen herkömmlicher Bauart. Möglich ist dies, indem die Linse in eine Reihe konzentrischer ringförmiger Abschnitte unterteilt wird. Fresnel-Linsen sind zwar dünner als herkömmliche Linsen, aber der erforderliche Abstand zwischen der Linse und dem Panel ändert sich nicht wesentlich, vergleiche Abb. 10.5 mit 10.8, weshalb der Formfaktor eines HMDs nur geringfügig verringert werden kann. Darüber hinaus können Beugungsartefakte, durch die Aufteilung der kontinuierlichen Oberfläche einer Standardlinse in mehrere Linsenringe und die damit verbundenen Diskontinuitäten, auftreten und das Streulicht die Bildqualität beeinträchtigen. Bei hoher Auflösungsdichte des Panels werden Fresnel-Linsen letztendlich keine ideale Lösung für ein weniger voluminöses Display sein (Xiong et al. 2021). Die starke chromatische Aberration der Fresnel-Linse sollte ebenfalls kompensiert werden, wenn ein hochwertiges Abbildungssystem gewünscht wird.

10.1.3.3 Pfannkuchen-Linsen

Neben der Verkürzung der Brennweite besteht eine weitere Möglichkeit zur Verringerung der benötigten Distanz zwischen Auge und Panel durch mehrfaches Umlenken des optischen Pfads, siehe Abb. 10.9. Wenn der Lichtweg gefaltet ist, lassen sich kompakte Formfaktoren realisieren, jedoch ist die Lichtausbeute gering. Bauartbedingt kommt es durch die Reflektion des Lichts auf dem halbdurchlässigen Spiegel zu Lichtleistungsverlusten. Bei gleicher Panelhelligkeit zeigen Headsets mit Pfannkuchen-Linsen ein dunkleres Bild mit einem geringeren Kontrast als dioptische[4] Aufbauten.

Abb. 10.8 Grundlegendes Funktionsprinzip eines VR-Displays mit Fresnel-Linsen

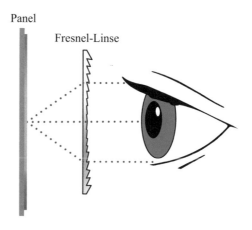

Panel

Fresnel-Linse

---

[4] Als *dioptisch* werden Systeme bezeichnet, die nur lichtbrechende Elemente enthalten.

Abb. 10.9 Grundlegendes
Funktionsprinzip eines
VR-Displays mit
Pfannkuchen-Linsen

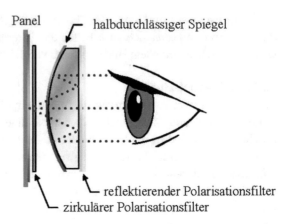

Im Vergleich zu Fresnel-Linsen haben Pfannkuchen-Linsen glatte Oberflächen und weisen viel weniger Beugungsartefakte und Streulicht auf (Xiong et al. 2021). Um den Formfaktor weiter zu verkürzen, lassen sich Pfannkuchen- mit Fresnel-Linsen kombinieren.

10.1.3.4 Mikrolinsen-Array

Mikrolinsen-Arrays (engl. lenslet array) bieten eine aufwendige Möglichkeit, die Brennweite des Systems zu reduzieren, ohne die numerische Apertur[5] zu verringern (Bang et al. 2021). Dabei sind, wie in Abb. 10.10 dargestellt, sowohl das Panel als auch das Mikrolinsen-Array gekrümmt. Möglich wird dieser Aufbau, da flexible OLED-Panels leicht in einer Dimension gekrümmt werden können. Durch die Krümmung des gesamten Anzeigemechanismus lassen sich sehr große diagonale Sichtfelder von über 180° realisieren. Damit eine hohe Bildqualität mit geringen Verzeichnungen möglich wird, ist es jedoch erforderlich, dass die Geometrie jeder einzelnen Mikrolinse, in Anhängigkeit von seiner absoluten Position, optimiert wird.

10.1.4 Objektivverzeichnung

Unabhängig von der Qualität und Art der verwendeten Linsen ergeben sich optische *Abbildungsartefakte*, wie z. B. Bildverzeichnungen oder chromatische Aberrationen.[6] Im Allgemeinen gilt, je größer das Sichtfeld des HMDs, desto größer die Verzeichnungen.

---

[5] Die *numerische Apertur* beschreibt das Auflösungsvermögen eines Objektivs.

[6] Der Begriff der *chromatischen Aberration* (engl. chromatic aberration, auch chromatic distortion) leitet sich aus dem Griechisch-Lateinischen chroma für Farbe und aberrare für Abschweifen ab. Es handelt sich somit bei der chromatischen Aberration um einen Abbildungsfehler im betrachteten Bild, der sich als störende Farbsäume äußert.

Abb. 10.10 Grundlegendes Funktionsprinzip eines VR-Displays mit gekrümmtem Panel und eines Mikrolinsen-Arrays (zur Veranschaulichung vertikal gekrümmt, alternativ ist eine horizontale Krümmung möglich)

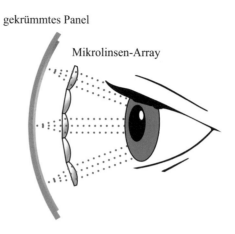

gekrümmtes Panel

Mikrolinsen-Array

Sind diese bekannt, können diese teilweise durch eine softwarebasierte Anpassung des auf dem Panel dargestellten Bildes kompensiert werden.

Die Linsen verursachen eine Kissenverzerrung[7] des wahrgenommenen Bildes, wie in Abb. 10.11 dargestellt. Je nach Augenstellung (wohin ein HMD-Nutzer schaut) unterscheidet sich diese Verzeichnung des Bildes, wie durch den Vergleich der beiden Darstellungen des wahrgenommenen Displaybildes zu sehen ist. Dieses Phänomen, das als *Pupillenschwimmen* (engl. pupil swim) bezeichnet wird, kann immersive VR weniger real erscheinen lassen, weil sich das gesamte Abbild etwas unnatürlich bewegt, wenn das Auge bewegt wird.

Da Kissenverzerrungen von Objektiven mathematisch gut beschrieben werden können, ist eine Kompensation relativ einfach umsetzbar. Radiale und tangentiale Verzeichnungen können mit dem *Brown'schen Verzeichnungsmodell* (auch Brown-Conrady-Modell genannt) korrigiert werden (Brown 1966). Um für die Verzeichnung zu kompensieren, wird die Darstellung des Bildes auf dem Panel so umgerechnet, dass es im Auge des Betrachters ohne Verzerrung erscheint, siehe Abb. 10.12. Da die Verzeichnung auch von der Lage des Mittelpunktes des Auges abhängt, muss diese mit einbezogen werden, sodass für eine möglichst gute Kompensation auf Eye-Tracking zurückgegriffen werden muss.

Die Darstellung auf dem Panel kann auf unterschiedliche Weise umgerechnet werden:

- Das Rendering kann z. B. in zwei Durchgängen erfolgen: Das erste Rendering bildet die Umgebung auf einer Textur ab (entspricht dem normalen Generierungsprozess), das zweite Rendering greift z. B. auf einen Pixel-Shader[8] zurück, der entsprechend jedes

---

[7] Die *Kissenverzerrung* (engl. pincushion distortion) ist eine Verfälschung der Bildgeometrie, die an den Ecken eines Rechtecks Zipfelbildung aufweist, was dann wie ein Kissen aussieht.

[8] Ein *Shader* implementiert in der 3D-Grafik einen Renderingeffekt.

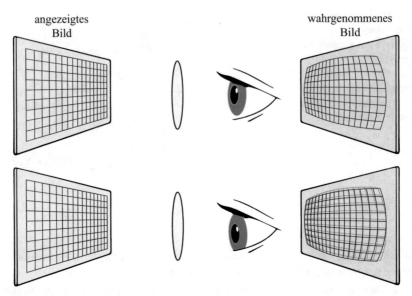

Abb. 10.11 Linsenverzeichnung in Abhängigkeit der Blickrichtung auf das Panel. Im unteren Bild ist zur Verdeutlichung der Differenz das wahrgenommene Bild der oberen Augenstellung in Rot eingezeichnet

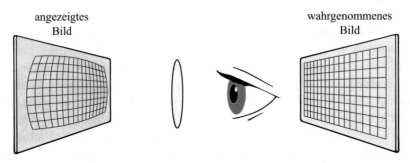

Abb. 10.12 Kompensation der Linsenverzeichnung

Pixel verschiebt. Alternativ kann die Verzerrung beim zweiten Rendering über einen Mesh-Shader erfolgen, was eine deutliche Reduzierung an Rechenaufwand bedeutet.

- Wird die Geometrie direkt mittels eines Vertex[9]-Shaders verändert, kann auf das Rendering einer Zwischentextur verzichtet werden. Diese Methode setzt allerdings, um gute Ergebnisse zu erzielen, eine hohe Punktdichte von jedem Mesh voraus. Ist keine hohe Punktdichte gegeben, erscheinen Linien nicht entsprechend gekrümmt, sondern kantig.

---

[9] Ein *Vertex* ist in der 3D-Grafik ein Eck-, Brenn-, Mittel- bzw. Scheitelpunkt eines Primitivs.

10.1.5 Variable Bildschirmauflösung (Foveated Imaging)

Die Ansteuerung einer hochauflösenden Bildschirmanzeige, ohne Raum- oder Zeitmulti-plexing, mit zwei Bildern mit z. B. einer Auflösung von 7000 auf 7000 Bildpunkten und einer Bildwiederholfrequenz von 90 Hz, müsste mit mehr als 190 Gb/s erfolgen. Durch eine intelligente Verarbeitung kann ein solcher Aufwand sowohl für die Berechnung der Bildinformation als auch für den Datentransfer signifikant reduziert werden.

Die Grundidee ist hier ähnlich zu verlustbehafteten Komprimierungsverfahren, wie beim Audio-Format MP3 oder bei diversen Bild- und Video-Formaten der Joint Photographic Experts Group (JPEG): Informationen, die nicht wahrgenommen werden, sollten erst gar nicht gespeichert bzw. berechnet und übertragen werden. Die Idee einer variablen Bildschirmauflösung, das sogenannte *Foveated Imaging*[10] (Kortum und Geisler 1996), basiert auf der Beobachtung, dass das menschliche Auge nur in der zentralen Fovea-Region eine hohe Sehschärfe hat, die etwa 10° des Sichtfeldes entspricht. Ein entsprechend hochaufgelöstes Bild muss somit nur in diesem Bereich präsentiert werden. In der Umgebung ist ein Bild mit geringerer Auflösung ausreichend, ohne den visuellen Gesamteindruck zu beeinträchtigen.

Damit die Region der höchsten Sehschärfe auf dem Panel bestimmt werden kann, muss die Stellung des Auges relativ zum Panel bekannt sein bzw. verfolgt werden. Nur so kann eine dynamische Anpassung der Auflösung erfolgen.

Um eine variable Bildschirmauflösung zu realisieren, können sowohl Softwareansätze (*Foveated Rendering*), bei denen das Bild dann nicht für alle physikalisch vorhandene Pixel einzeln berechnet wird, als auch Hardwareansätze (*Foveated Display*) realisiert werden. Beim hardwarebasierten Ansatz besteht eine Möglichkeit darin, zwei Anzeige-quellen optisch zu kombinieren: eine für das zentrale (im Bereich der Sehgrube) und eine für das periphere Gesichtsfeld (Hua und Liu 2008). Wenn das hochauflösende Bild nur auf die Fovea projiziert wird, während das periphere Bild niedrig aufgelöst bleibt, kann ein Mikrodisplay mit 2K-Auflösung den Bedarf decken. Eine weitere Möglichkeit besteht darin, eine speziell entwickelte Linse zu verwenden, um eine ungleichmäßige Auflösungsdichte abzubilden (Tan et al. 2018).

Ist die aktuelle Blickrichtung unbekannt, lassen sich keine dynamischen Anpassungen vornehmen. Mittels einer statistisch bestimmten Region der höchsten Sehschärfe wird bei dem sogenannten *Fixed Foveated Rendering* trotzdem eine ungleichmäßig verteilte Auflösung realisiert. Diese lässt sich zur Laufzeit jedoch nicht anpassen. Da nur in einem zuvor bestimmten Bereich der höchste Detailgrad dargestellt wird, reduziert sich der Seheindruck immer dann, wenn der Blick diesen Bereich verlässt.

---

[10] Auf Deutsch etwa Sehgrubenbildgebung.

10.1.6 Variable Bildschirmdistanz

Damit die Akkommodations-Konvergenz-Diskrepanz gelöst werden kann, muss das Anzeigesystem angemessene Akkommodationshinweise erzeugen, was die Variation der
Bildtiefe erfordert. Um für den Betrachter eine variable Bilddistanz zu erzeugen, wurden
verschiedene Ansätze vorgeschlagen. Jedoch ist eine variable Bilddistanz in einem
geometrischen optischen System nicht leicht umzusetzen, weshalb sich der Formfaktor
des HMDs entsprechend vergrößert. Kramida (2016) beschreibt 13 verschiedene Möglichkeiten der Realisierung. Hier wollen wir nur zwei konzeptionell einfache Möglichkeiten
wiedergeben.

Gleitende Optiken (engl. sliding optics) verfügen über ein Panel und eine Optik, die
sich auf derselben Achse mit der Pupille des Betrachters befinden. Je nach Realisierung
werden hier entweder das Panel oder die Optik mechanisch entlang dieser Achse bewegt,
womit sich die Brennweite zum virtuellen Bild ändert.

Anstelle einer gleitenden Optik können auch *mehrere fest verankerte semitranspa-
rente Panels* verwendet werden, wobei jedes eine eigene Tiefenebene darstellt. Die
verschiedenen Teile des Bildes werden dann, je nach Tiefe, auf den unterschiedlichen
Panels dargestellt, die anderen Bildbereiche bleiben transparent. Rolland et al. (2000)
berechneten, basierend auf der Stereoschärfe einer Bogenminute, dass für die natürliche
Betrachtung mindestens 14 Ebenen zwischen 50 cm und ∞ erforderlich sind.

10.1.7 Handgehaltene Displays

Handgehaltene Displays sind Anzeigen, die klein und leicht genug sind, um gehalten
zu werden. Je nach Gerätegröße und Ausrichtung (vertikal oder horizontal) wird zum
Halten auf eine Hand oder auf zwei Hände zurückgegriffen. Typische Geräte sind
hier Smartphones, Tablets und handgehaltene Spielkonsolen. Typischerweise fehlt dieser
Geräteklasse die Fähigkeit, Stereobilder anzuzeigen, mit wenigen Ausnahmen wie z. B.
bei *Nintendo 3DS*. Über IMU-Sensoren kann die Darstellung an die Ausrichtung des
Gerätes angepasst werden. Handgehaltene Displays eignen sich insbesondere für AR-
Anwendungen und werden bereits von vielen Nutzern diesbezüglich eingesetzt. Ist die
Umgebung rein virtuell, wird oft, auch ohne Stereobild, aber mit räumlicher Verortung,
von handgehaltener VR (engl. handheld auch palm VR) gesprochen.

10.1.8 Stationäre Displays

Stationäre Displays werden vom Nutzer nicht getragen, sondern sind während des Betriebs
permanent in der Umgebung verankert. Stationäre VR-Displays sind heutzutage nicht
mehr die ersten Ausgabemedien, die einem in den Sinn kommen, wenn es um die

Darstellung immersiver Erfahrungen geht. Sie sind recht teuer und aufwendig in der Installation, jedoch werden sie im professionellen Umfeld weiterhin gerne genutzt.

10.1.8.1 Monitorbasierte VR-Displays

In der einfachsten Form der stationären VR-Anwendung werden Flachbildschirme zur Ausgabe verwendet. Diese Form der VR wird als *monitorbasierte VR* oder als *Aquarium-VR*[11] bezeichnet. Damit aus einem herkömmlichen Flachbildschirm ein VR-System wird, muss dieser zu einem 3D-System ergänzt werden und sich die gezeigte Szene an die Kopfposition des Betrachters anpassen.

10.1.8.2 Raumfüllende VR-Displays

Raumfüllende VR-Displays unterscheiden sich primär von monitorbasierter VR durch die Größe der Anzeige und dadurch, dass die Anzeige nicht nur auf einer planaren Fläche, sondern auf mehreren Seiten stattfindet. Typisch für eine *Cave Automatic Virtual Environment* (CAVE) ist die Bespielung von mindestens drei Wänden und je nach Umsetzung auch des Bodens, der Rückwand oder Decke eines Raums. Aber auch andere Formfaktoren sind möglich, die mehrere Flächen oder gekrümmte Oberflächen benötigen, siehe Abb. 10.13.

Da vor dem Aufkommen der Flachbildschirme raumfüllende VR-Systeme ausschließlich auf Projektionssysteme setzten, wird diese Form der Darstellung auch manchmal als *projektionsbasierte VR* bezeichnet. Zur Bilddarstellung können heute entweder Monitore oder Projektoren genutzt werden, die verschiedene Vor- und Nachteile mit sich bringen.

Bei der Verwendung von mehreren Flachbildschirmen entsteht ein sichtbarer Übergang zwischen den Bildschirmen (schmaler Rahmen), welcher bei der Verwendung mehrerer Projektoren durch nahtloses Edge Blending[12] unproblematisch ist. Ansonsten sind die Unterschiede die gleichen wie bei einer Anzeige mit nur einem Display: Die Flachbildschirme bieten mehr Leuchtkraft und einen höheren Kontrast als Projektoren. Projektoren eignen sich insbesondere für große Flächen. Im Fall der Aufprojektion[13] gibt es zusätzlich Probleme mit Verschattungen (die dann relativ gering sind, wenn Projektoren kurzdistanzig sind und ausreichend hoch über dem Boden angebracht werden). Rückprojektionen[14]

---

[11] Der Name Aquarium kommt von der gefühlten Ähnlichkeit mit dem Blick durch ein Aquarium, was einen Blick auf eine andere Welt im Inneren freigibt.

[12] Beim *Edge Blending* werden zwei Arten unterschieden. Beim *Hard Edge Blending* werden die Projektionen so ausgerichtet, dass diese ohne Rand ineinander übergehen, beim *Soft Edge Blending* überlappen die Bilder. Durch Überblendung im Überlappungsbereich, indem die Bildhelligkeit pro Anzeige zum Rand hin geringer wird, wird die Gesamthelligkeit möglichst konstant gehalten und somit im Idealfall der Übergang zwischen den Anzeigeeinheiten unsichtbar (dunkle Bereiche sind meistens etwas problematisch, da Projektoren keinen perfekten Schwarzwert haben).

[13] Bei einer *Aufprojektion*, auch Frontprojektion, wird auf eine Leinwand von vorne projiziert.

[14] Bei einer *Rückprojektion* wird auf eine Leinwand von hinten ein spiegelverkehrtes Bild projiziert und von der anderen Seite aus betrachtet.

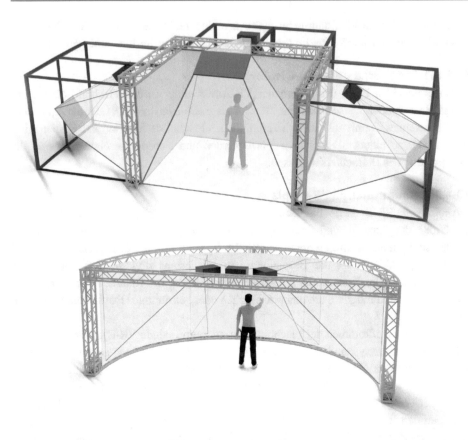

Abb. 10.13 Schematische Darstellung einer CAVE als Rückprojektion (bis auf Boden) und eines 180°-Aufbaus als Aufprojektion

haben dieses Problem zwar nicht, sind aber vom Aufbau wesentlich komplizierter und fordern mehr Platz.

Im Vergleich zu monitorbasierter VR bietet raumfüllende VR eine wesentlich größere Abdeckung des Sichtbereichs. Im Vergleich zu HMDs kommt es auf die jeweilige Umsetzung an. Jedoch bieten HMDs wesentlich mehr Freiräume bei der Gestaltung und trotz hoher Immersionstiefe gibt es Stimmen, die raumfüllende VR als nichtimmersive VR einstufen.

Trotz Nachteilen, wie z. B. ein großer Platzbedarf und hoher Wartungsaufwand, eignet sich raumfüllende VR gut für die Zusammenarbeit mit anderen Nutzern (auch wenn immer nur die getrackte Person einen idealen Blick in die virtuelle Welt hat), da mit diesen wie gewohnt kommuniziert werden kann und jeder voneinander weiß, was die anderen gerade sehen. Ein weiterer Vorteil raumfüllender VR ist die geringere Gefahr der Überanstrengung der Augen im Vergleich zu HMDs.

10.1.9 Darstellung stereoskopischer Bilder

Bei der *Stereoskopie* (altgr. stereos für räumlich und skopeo für betrachten) wird durch die Wiedergabe eines Bilderpaares – welches aus zwei leicht versetzen Blickwinkeln aufgenommen wurde – der räumliche Eindruck von Tiefe vermittelt, die physikalisch aber nicht vorhanden ist. Sie unterscheidet sich somit von der *Monoskopie* (gr. monos bedeutet einzig bzw. alleine), bei der ein Bild ohne Tiefeneindruck dargestellt wird. Aufgrund der wahrgenommenen Tiefe beim Betrachter wird die Stereoskopie auch immer wieder fälschlich als dreidimensional bezeichnet, obwohl die Darstellung jedes einzelnen Bildes nur zweidimensional ist.

Zur Darstellung der beiden individuell für das linke und rechte Auge aufbereiteten Bilder gibt es drei grundlegend verschiedene Möglichkeiten:

- über eine *örtliche Bildtrennung*, bei der räumlich nebeneinander angeordnete Bilder dargestellt werden,
- über *Filtersysteme*, bei denen sich räumlich überlappende Bilder über eine spezielle Brille so gefiltert werden, dass nur die für das linke oder rechte Auge bestimmte Bildinformation weitergegeben wird,
- über *Autostereoskopie*, bei der Licht von räumlich überlappenden Bildern so umgelenkt wird, dass die entsprechende Bildinformation nur das linke oder rechte Auge erreicht.

Ein Beispiel für räumlich nebeneinander angeordnete Bilder ist das *Prismen-Stereoskop*. Wie man beim Betrachten von Abb. 10.14 feststellt, erinnern die Form und Bauweise an heutige HMDs, die ebenfalls aus einem Stereolinsenpaar und einer Displayeinheit für zwei Bilder bestehen.

Wie in Abb. 10.15 dargestellt, werden bei filterbasierten Verfahren Brillen verwendet, die unerwünschte Signale (Bildinhalte für das jeweils andere Auge) herausfiltern. Dabei können verschiedene Techniken angewendet werden, die für den jeweiligen Anwendungsfall mehr oder weniger geeignet sind. Bei großflächigen Anzeigen können sowohl die farbanaglyphischen Darstellungen mit Farbfiltern als auch Polfiltern, Interferenzfiltern oder Shutterverfahren eingesetzt werden und finden somit u. a. im Kino oder in CAVEs Anwendung. Die Funktionsweise der einzelnen Verfahren sowie deren Vor- und Nachteile werden ausführlich in Tauer (2010) behandelt.

Autostereoskopie bezeichnet Verfahren zur Darstellung dreidimensionaler Bilder, um einen Tiefeneindruck durch stereoskopisches Sehen ohne Brille zu vermitteln. Dabei können Parallaxenbarrieren oder Prismenlinsenraster verwendet werden. Diese Systeme eignen sich für kleinere Monitorsysteme. Werden in der Autostereoskopie nur zwei Ansichten erzeugt, spricht man von einem *Single-View-Display*, bei mehr Ansichten von einem *Multi-View-Display*. Gebräuchlich sind bei einem Multi-View-Display fünf bis neun Ansichten, wodurch sich die seitliche Bewegungsfreiheit erhöht, aber die Bildqualität (Bildauflösung) entsprechend sinkt. Das Problem bei Single-View-Displays ist, dass sich die Augen des Nutzers in einem sehr eingeschränkten Korridor vor der Anzeige befinden

Abb. 10.14 Das Prismen-Stereoskop erinnert im prinzipiellen Aufbau an heutige HMDs

Abb. 10.15 Die Bilder des Stereobildpaares werden durch Filter (Farbanaglyph, Polarisation, Interferenz, Shutter) in der Filterbrille des Betrachters getrennt

müssen, dem *Sweet Spot*, damit ein korrekter Stereoeindruck vermittelt wird. Um die räumliche Begrenzung der seitlichen Kopfbewegungen auszudehnen, kann die Anzeige entweder aktiv nachgeführt oder auf mehr Teilbilder (wie beim Multi-View) aufgeteilt werden. Bei der aktiven Nachführung wird die Position des Betrachters (das Bild kann nur für einen Nutzer optimiert werden) verfolgt und die Darstellung sowie Parallaxenbarrieren bzw. Prismenlinsenraster so geändert, dass die eingenommene Position des Betrachters zu einem optimierten Bildeindruck führt.

10.1.10 Vermeidung visueller Überforderung

Bei der Darstellung von stereoskopischen Bildern kann es zu Effekten kommen, die beim Betrachter Irritationen auslösen (z. B. Geisterbilder) und sogar zu einer *visuellen Überfor-*

derung führen können (z. B. durch Teilbildkonflikte, gleichbleibende Schärfeebene oder Akkommodations-Konvergenz-Diskrepanz). Diese Effekte können sich u. a. darin äußern, dass die beiden Teilbilder nicht mehr miteinander fusioniert wahrgenommen werden.

Um diese negativen Effekte zu reduzieren, kann in die Anzeigehardware (z. B. zum Variieren der Schärfeebene) oder in die Bildgestaltung (z. B. durch visuellen Abgleich der beiden Teilbilder zur Reduktion von Teilbildkonflikten) eingegriffen werden. Bei HMDs kann der Augenabstand i. d. R. entweder mechanisch oder zumindest softwareseitig optimiert werden. Justiert wird dieser entweder von Hand, z. B. über einen Drehregler am Gehäuse des Headsets, oder automatisiert.

Doch selbst bei optimaler Einstellung kann es zu Geisterbildern und Teilbildkonflikten kommen.

10.1.10.1 Geisterbild

Als *Geisterbild* (engl. ghosting oder crosstalk) wird eine schwach sichtbare Kopie eines Bildes bezeichnet, das zum Hauptbild versetzt ist. Ein Grund dafür kann in der Bilderstellung (z. B. durch Stitching) oder in der nicht 100% Effektivität der Filter liegen, wie es häufig bei Autostereoskopie oder Systemen mit Filterbrillen auftritt. Der Effekt ist gut in Abb. 10.16 zu erkennen. Im Vordergrund kommt es zu einem starken Versatz zwischen den beiden Bildern, der nach hinten hin aufgrund der Perspektive abnimmt.

10.1.10.2 Teilbildkonflikte

Wie in Abschn. 3.1.9.1 bereits beschrieben, kann es bei stereoskopischen Bildern zu einer Akkommodations-Konvergenz-Diskrepanz kommen. Eine Augenstellung wird umso anstrengender empfunden, je größer diese Diskrepanz wird und so extremwinkliger die

Abb. 10.16 Vergleich des Bildeindrucks eines fusionierten Stereobildes ohne (links) und mit (rechts) Geisterbild

Augen zueinander gedreht sind. Allgemein gilt: Umso ausgeprägter die Konvergenz, desto geringer die Chance, dass sich Bildbereiche noch fusionieren lassen. Der Grund liegt einerseits darin, dass der Bildbereich dann zu nahe ist und nicht mehr darauf akkommodiert werden kann, und andererseits darin, dass die Unterschiede zwischen den Bildern, bedingt durch die Parallaxe, zu groß werden.

Eine gewisse Fehlakkommodation ist unproblematisch und somit bleibt, trotz kleinerer Akkommodations-Konvergenz-Diskrepanzen innerhalb bestimmter Vergenzgrenzen, der Blick auf ein Stereobild für den Betrachter angenehm. Die Vergenzgrenzen liegen etwa bei 0,3–0,4 Dioptrien, was einer Winkeldifferenz von rund 70 Winkelminuten entspricht. Wie aus Abb. 10.17 zu entnehmen ist, unterscheiden sich die minimalen und maximalen Vergenzgrenzen in Abhängigkeit zum realen oder virtuellen (bei HMDs) Abstand zur Bildfläche. In einem HMD, bei dem das virtuelle Bild in ca. 1,5 m Entfernung dargestellt wird, ergibt sich ein Tiefenbereich von ca. 80 cm bis etwas über 3 m, bei dem das Betrachten über eine größere Zeitspanne angenehm bleibt. Die Akkommodations-Konvergenz-Diskrepanz lässt sich durch eine Erhöhung der Schärfentiefe des Auges reduzieren, z. B. durch hellere Bildinhalte, wodurch sich die Pupille verkleinert. Auch ein größerer Abstand vom Panel erhöht die Schärfentiefe.

Beim Kino und teilweise bereits auch in CAVEs, wie ebenfalls aus Abb. 10.17 abgelesen werden kann, ist die Akkommodations-Konvergenz-Diskrepanz hier unproblematisch. Denn hier befindet sich die Anzeige bereits in einer Entfernung, bei der die Darstellung von Distanzen, die bis ins Unendliche reichen, als angenehm empfunden wird. Problematisch können jedoch Inhalte sein, wenn Objekte über einen längeren Zeitraum sehr nahe (kleiner als 2 m) zum Betrachter dargestellt werden.

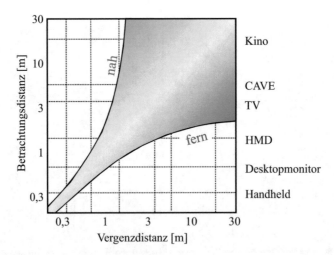

Abb. 10.17 Komfortzone, bei der die Betrachtung von Stereo-3D-Inhalten über einen längeren Zeitraum angenehm ist

Während bei der stereoskopischen Wiedergabe die Akkommodation konstant auf eine Distanz eingestellt ist, muss die Konvergenz der Augen ständig an sich wechselnde Inhalte unterschiedlicher virtueller Tiefe angepasst werden. Die Akkommodation, Konvergenz und Pupillengröße sind jedoch reflexhaft miteinander gekoppelte Mechanismen: Das bedeutet, wenn einer der drei stimuliert wird, reagieren die verbleibenden zwei auch. Eine Trennung tritt nur bei der stereoskopischen Bildwiedergabe auf. Durch einen Schnitt oder spontanes Auftauchen oder Verschwinden im Nahbereich können die Augen gezwungen werden, schnell eine stark konvergente oder nicht konvergente Stellung einzunehmen. Dieser Wechsel entspricht nicht dem natürlichen Sehen und ein erzwungener plötzlicher Wechsel, auch als *Konvergenzsprung* bezeichnet, sollte vermieden werden. Ein Wechsel in der Tiefenebene sollte daher nicht sprunghaft geschehen, sondern über einen längeren Zeitraum. Problematisch wird es insbesondere, wenn eine divergente Augenstellung einzunehmen ist, da Divergenzen der Augenstellungen in der Natur nicht vorkommen. Die Darstellung von Inhalten, bei denen eine divergente Augenstellung erforderlich ist, sollte daher auf jeden Fall vermieden werden.

10.2 Akustische Ausgabe

In Anlehnung an den vorangegangenen Abschnitt über visuelle Ausgabe können auch akustische Displays nach der Distanz zum Ohr bzw. dem Ort der Befestigung klassifiziert werden. Dabei kann ebenso in vier unterschiedliche Distanzen eingeteilt werden:

- *Gehörganghörer* (engl. intra-aural) oder Im-Ohr-Kopfhörer (engl. in-ear headphones), die in den Gehörgang eingeführt werden;
- *Muschelkopfhörer*, die entweder auf den Ohren aufliegen (engl. supra-aural auch on ear), aber diese nicht umschließen, oder ohrumschließende Kopfhörer (engl. circum-aural auch over ear), wobei die Schallreflexionen der gesamten Ohrmuschelanatomie den Klang beeinflussen;
- *handgehaltene Lautsprecher*, die mobil sind und üblicherweise in der Hand gehalten werden, z. B. beim Freisprechen mit dem Smartphone; und
- *stationäre Lautsprecher*, die in der Umgebung platziert werden.

Neben den soeben besprochenen Kopfhörertypen gibt es auch Mischformen wie die Earbud-Ohrhörer (engl. half-in-ear) und Spezialformen wie die Knochenschall-Hörer, bei denen Schwingungen auf Knochen des Kopfes weitergegeben werden, die das Ohr dann wahrnimmt. Des Weiteren unterscheiden sich die Bauformen bei Kopfhörern in „offen" und „geschlossen", was angibt, inwieweit die akustische Außenwelt durch den Kopfhörer hindurch weiterhin wahrgenommen wird (vergleichbar zu AR) oder abgeschottet ist (vergleichbar zu VR).

Zur *Schallwandlung*, also der Umwandlung einer elektrischen Spannung in ein akustisches Signal, können verschiedene Verfahren eingesetzt werden. Das Grundprinzip bleibt jedoch gleich: Es wird eine Masse in Bewegung versetzt, z. B. elektrodynamisch, wobei die Schallwandlung aus der Schwingung einer vom Tonsignal gespeisten Spule in einem Magnetfeld entsteht.

Die *Klangbühne* (engl. sound stage) definiert den Bezugspunkt, an dem ein Ton – relativ zum Hörer – seinen Ursprung hat. Individuelle akustische Ereignisse agieren innerhalb der eigenen Referenzrahmen, sodass der Klang eines bewegten Objektes sich auch bei einer weltbezogenen Klangbühne räumlich verändert. Ein Auto, das an einer Person direkt vorbeifährt, wird von dieser akustisch zuerst von vorne, dann seitlich und anschließend von hinten wahrgenommen.

Unverarbeitete Audiosignale erzeugen bei stationären Lautsprechern ein weltbezogenes Referenzsystem, während bei Gehörganghörern und Muschelkopfhörern dieses kopfbezogen ist und sich somit die akustischen Quellen mit dem Kopf mitbewegen. Bei handgehaltenen Lautsprechern ist das Referenzsystem dann entsprechend die Hand. Während sich für den Musikkonsum sowohl weltbezogene, handbezogene als auch kopfbezogene Klangbühnen eignen, erwarten die Anwender virtueller Welten, dass die Klangbühne eine feste Position in der virtuellen Welt hat und sich nicht mit dem Nutzer bewegt. Wie im Folgenden noch besprochen wird, lässt sich ein Klang so modifizieren, dass er räumlich an einer festen Stelle im weltbezogenen Referenzsystem verankert zu sein scheint, obwohl der Ursprungsort des Schalls vom Lautsprecher in der Nähe des Ohrs ausgeht.

Für eine einfache räumliche Wiedergabe sind mindestens zwei Lautsprecher erforderlich. Mit aufwendiger Signalverarbeitung und einer individuell an den Hörer angepassten Kopfübertragungsfunktion, siehe Abschn. 10.2.2, kann trotz nur zweier Lautsprecher die Räumlichkeit weit über die direkte Linie zwischen diesen hinaus verschoben werden. Werden mehr als zwei Lautsprecher verwendet, kann der Ton, bereits mit einfacher Anpassung der Lautstärken, beliebig zwischen diesen platziert werden. Durch die Kombination vieler Lautsprecher kann durch Wellenfeldsynthese ein akustisches Ereignis auch außerhalb des Volumens zwischen den Lautsprechern platziert werden, siehe Abschn. 10.2.3.

Kopfhörer oder andere Audiosysteme, die in HMDs integriert sind, eignen sich gut als Wiedergabewandler und benötigen im Gegensatz zu kopfgetragenen Videosystemen keine spezifische Hardwaremodifikation. Bei der Verwendung von kopfgetragenen Schallwandlern müssen jedoch die durch physikalische Effekte verursachten Signalveränderungen im Schallfeld durch Signalverarbeitung kompensiert werden. Ansonsten kann es zu einer Beeinträchtigung des Höreindrucks kommen. Akustische VR-Systeme simulieren ein Klangbild an einer beliebigen Position im dreidimensionalen Raum, während sich die tatsächlichen Klangquellen in der Nähe der Ohren (Kopfhörer) oder im Ohr (in-ear headset) des Hörers befinden. Dies wird über eine aufwendige Echtzeitsimulation bzw. -approximation der direkten als auch der indirekten Schallausbreitung und der Filtereigenschaften des Innen- und Außenohrs ermöglicht. In virtuellen Welten liegt das Augenmerk primär auf der visuellen Darstellung. Die Akustik wird oft vernachlässigt oder untergeordnet. Jedoch tragen viele unterschiedliche akustische Eigenschaften wie Lautstärke, Färbung oder Dauer des Nachhalls zum Gesamteindruck einer Umgebung bei.

Erst eine realitätsnahe stimmige Umsetzung kann dazu beitragen, ein fesselndes Erlebnis und eine bestimmte Atmosphäre zu schaffen, die durch visuelle Effekte allein nicht erzielt werden können.

10.2.1 Schallausbreitung

Die physikalischen Eigenschaften des Schalls lassen sich als Überlagerung von Wellen mit unterschiedlichen Druckniveaus und Ausgangspunkten beschreiben, die sich in komprimierbaren Medien wie Luft ausbreiten. Die Ausbreitung einer Schallwelle bewirkt, dass die Moleküle, die eine halbe Wellenlänge voneinander entfernt sind, mit entgegengesetzter Phase schwingen und somit abwechselnd Bereiche mit Kompression und Dekompression erzeugen. Daraus folgt, dass der *Schalldruck*, definiert als die Differenz zwischen dem momentanen Druck und dem statischen Druck, eine Funktion von Position und Zeit ist.

Jede Oberfläche, die sich im Weg der Schallausbreitung befindet, verändert das akustische Signal, indem es entsprechend reflektiert und gedämpft wird. Insbesondere in Räumen können Mehrfachreflexionen auftreten, die sich als *Echo*, *Nachhall* und *Färbung* (engl. coloration) bemerkbar machen. Menschen können mittels dieser Merkmale einen Raum akustisch einordnen. Aber auch die Form des Außenohrs und in geringerem Umfang auch des Kopfes und Oberkörpers verändert den eintreffenden Schall entsprechend.

Ein *Echo* ist eine einzelne Reflexion einer Schallquelle, die einige Zeit nach dem direkten Schall eintrifft. Es kann als eine Welle beschrieben werden, die von einer Diskontinuität im Ausbreitungsmedium reflektiert wurde und mit ausreichender Größe und Verzögerung zurückkehrt. Das menschliche Ohr kann ein Echo nicht vom ursprünglichen Schall unterscheiden, wenn die Verzögerung weniger als 1/10 s beträgt. Dies bedeutet, dass eine Schallquelle mehr als 16,2 m von einer reflektierenden Wand entfernt sein muss, damit ein Mensch ein hörbares Echo wahrnehmen kann. *Nachhall* tritt auf, wenn aufgrund zahlreicher Reflexionen sehr viele Echos fast gleichzeitig eintreffen, sodass sie nicht mehr voneinander zu unterscheiden sind. Große Räume – wie Kathedralen, Sporthallen, Hallenbäder und große Höhlen – sind gute Beispiele für Räume mit Nachhallzeiten von einer Sekunde oder mehr, in denen der Nachhall deutlich hörbar ist.

Jeder geschlossene Raum schwingt bei denjenigen Frequenzen mit, bei denen die angeregten Wellen mit den reflektierten Wellen in Phase sind, sodass sich eine *stehende Welle* bildet. Die Wellen sind in Phase, wenn die Frequenz der Anregung zwischen zwei parallelen, reflektierenden Wänden so ist, dass der Abstand l einem ganzzahligen Vielfachen einer halben Wellenlänge entspricht. Die Frequenzen bei oder in der Nähe einer Resonanz werden verstärkt und als *Modalfrequenzen* oder *Raummoden* bezeichnet. Daher führt der Abstand der Modalfrequenzen zu einer Verstärkung und Auslöschung der akustischen Energie, was den Umfang und die Eigenschaften der *Färbung* (engl. coloration) bestimmt. Die Färbung ist bei Räumen am stärksten bei Bassfrequenzen zwischen 20 und 200 Hz. Bei höheren Frequenzen hat der Raum immer noch einen Einfluss, aber die Resonanzen sind aufgrund der höheren Dämpfung durch Absorption nicht so stark. Die Schärfe und die Höhe der Resonanzspitzen hängen nicht nur von der Geometrie des Raums ab, sondern auch von seinen schallabsorbierenden Eigenschaften. Ein Raum, der z. B. mit Möbeln, Teppichen und Menschen gefüllt ist, hat eine hohe Absorption und kann Spitzen und Täler aufweisen, die zwischen 5 und 10 dB variieren. Ein Raum mit nackten Wänden und Fußboden hingegen weist Spitzen und Täler auf, die zwischen 10 und 20 dB variieren, manchmal sogar noch mehr.

10.2.2 Kopfbezogene Übertragungsfunktion

Der Mensch nimmt die Richtung und Entfernung einer Schallquelle im dreidimensionalen Raum mit zwei Ohren wahr. Geometrisch gesehen sind jedoch n + 1 Empfangspunkte erforderlich, um die Position eines Objektes im n-dimensionalen Raum zu bestimmen. Somit wäre es unmöglich, ein akustisches Ereignis korrekt zu verorten, also die exakte Richtung und Entfernung mit zwei Ohren zu bestimmen. Ebenso könnte kein beliebiger Ort durch nur zwei Lautsprecher simuliert werden. Jedoch werden, wie in Abschn. 3.2.2 besprochen, neben interauralen Zeit- und Lautstärkenunterschieden auch spektrale Veränderungen, durch Reflexionen am Außenohr, die von der Einfallsrichtung abhängen, wie in Abb. 10.18 veranschaulicht, bei der Lokalisation berücksichtigt.

Die Herausforderung bei einer kopfverankerten Stereowiedergabe, ebenso wie bei der visuellen Darstellung im Headset, liegt darin, ein dreidimensionales Klangfeld aufzuspannen, welches sich auf das weltbezogene Referenzsystem bezieht. Damit das akustische Signal unabhängig von der Position und Orientierung wird, ist eine aufwendige Signalverarbeitungspipeline nötig. Durch Nutzung der kopfbezogenen Übertragungsfunktion kann

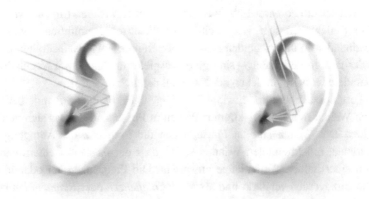

Abb. 10.18 Schematische Darstellung der Reflexionen am Außenohr für zwei verschiedene Einfallsrichtungen

die räumliche Wahrnehmung einer virtuellen akustischen Quelle angenähert werden.[15]
Die *kopfbezogene Übertragungsfunktion* (engl. head-related transfer function, kurz HRTF)
beschreibt im Frequenzbereich die komplexe Filterwirkung von Außenohr, Kopf und
Rumpf auf das akustische Signal und ist somit ein wichtiger Beschreibungsfaktor der
räumlichen Schallfeldrezeption (Iida 2019). Die entsprechende Funktion im Zeitbereich
wird als *kopfbezogene Impulsantwort* (engl. head-related impulse response, kurz HRIR)
bezeichnet. Die HRTF ist definiert als

$$\mathrm{HRTF}_{\mathrm{ohr}}^{(s)}(\alpha, \beta, \gamma, \omega) = \frac{G_{\mathrm{ohr}}^{(s)}(\alpha, \beta, \gamma, \omega)}{F(\alpha, \beta, \gamma, \omega)},$$

wobei G die Übertragungsfunktion zwischen einer Schallquelle und dem Eingang des
Gehörgangs im Freifeld darstellt. Die Übertragungsfunktion ist für jede Person s und Ohr
unterschiedlich, da die Form des linken und rechten Ohrs voneinander abweicht. F ist die
Übertragungsfunktion zwischen einer Schallquelle und dem Punkt, der den Mittelpunkt
des Kopfes der Person im Freifeld ohne die Person selbst abbildet. Die HRTF variiert mit
der Richtung (α, β) einer Schallquelle, wobei die Entfernung γ nur dann einen Einfluss
hat, wenn die Schallquelle einen Abstand von einem Meter zum Ohr unterschreitet.

Der Mensch bestimmt die Richtung des Schalls anhand von Unterschieden in der
Laufzeit, der Lautstärke und im Spektrum zwischen den beiden akustischen Signalen des
linken und rechten Ohrs: Die spektralen Unterschiede lassen sich mit der Richtungsabhän-
gigkeit der HRTF modellieren. Die HRTF ist nicht nur abhängig von der Richtung einer
Schallquelle, sondern auch von der Form des Kopfes und der Ohrmuschel. Daher gibt es
sehr große individuelle Unterschiede. Dies ist ein großes Problem bei der Entwicklung von
praktischen akustischen VR-Systemen, da i. d. R. keine individualisierte HRTF verwendet
wird, sondern eine, die sich aus dem Durchschnitt vieler Personen berechnet und somit
nicht an das Individuum angepasst ist. Dies führt dazu, dass viele Nutzer die vordere und
hintere Richtung verwechseln oder ein Klangbild im Inneren des Kopfes wahrnehmen.

Mit dem *binauralen Rendering* ist es möglich, unter Berücksichtigung der HRTF,
die Raumeigenschaften und die Quelle eines Klangs binaural so abzubilden, dass alle
akustischen Eigenschaften wie Richtung, Raumgröße etc. enthalten sind. In Abb. 10.19
ist der Schallübertragungsweg von einer virtuellen Schallquelle zum linken und rechten
Trommelfell des VR-Nutzers modelliert. Für jede virtuelle Schallquelle muss diese
Berechnung individuell durchgeführt werden. Die am Ohr eintreffenden Töne addieren
sich. Die Anpassung an die Kopfbewegung des Zuhörers muss dabei so schnell erfolgen,
dass sie unterhalb der Schwelle für die Erkennung einer akustischen Systemverzögerung,
d. h. 80 ms, bleibt (Yairi et al. 2005).

---

[15] Eine identische Reproduktion ist bei aktuellem Rechenaufwand und bei der zur Verfügung
stehenden Rechenzeit nicht möglich.

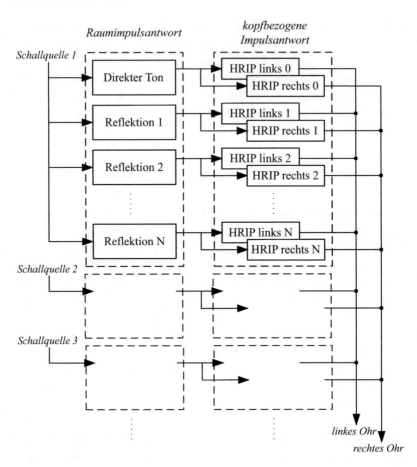

Abb. 10.19 Schallübertragungsweg (im Zeitbereich) von einer Schallquelle zum linken und rechten Trommelfell

Unter der Annahme der Kugelwellenausbreitung ergibt sich das auf einem Meter Abstand normierte *Filterspektrum* als

$$H_{\mathrm{ohr}}(\omega) = \frac{e^{-j\omega t}}{ct} \cdot H_{\mathrm{quelle}}(\Theta, \Phi, \omega) \cdot H_{\mathrm{luft}}(\omega) \cdot \mathrm{HRTF}_{\mathrm{ohr}}^{(s)}(\alpha, \beta, \gamma, \omega), \qquad (10.1)$$

wobei $j\omega t$ die Phasenverzögerung aufgrund der Verzögerung t definiert. $1/(ct)$ bildet das Abstandsgesetz bei Kugelwellenausbreitung ab, H_{quelle} die Quellendirektivität in Quellkoordinaten (Θ, Φ), H_{luft} den Tiefpass der Luftdämpfung. Form und Material bei der Reflexion an Objekten können in der Schallübertragung bzw. -beugung durch Hinzufügen von Dämpfungsfiltern in Gleichung (10.1) modelliert werden.

Das *Filterspektrum* $H_{\mathrm{ohr}}(\omega)$ lässt sich mit der invertierten Fouriertransformation $\mathcal{F}^{-1}$ in die *binaurale Impulsantwort*

$$h_{\text{ohr}}(t) = \mathcal{F}^{-1}\{H_{\text{ohr}}(\omega)\}$$

umrechnen. Mit dieser lässt sich mit einer Faltungsfunktion und einem Quellsignal $s(t)$ das am jeweiligen Ohr auszugebende Signal berechnen:

$$s_{\text{ohr}}(t) = s(t) * h_{\text{ohr}}(t) = \int_{\tau} s(\tau) \cdot h_{\text{ohr}}(t - \tau) d\tau.$$

Damit ergibt sich für mehrere Quellen i und deren Reflexionen r das am linken bzw. rechten Ohr ankommende Gesamtsignal als

$$s_{\text{ohr}}(t) = \sum_i \sum_r s_{\text{ohr}}^{i,r}(t).$$

Reine Spiegelungsmodelle sind nicht in der Lage, Raumschallfelder ausreichend genau zu simulieren. Kombinationen von Bildquellenmodellen und statistischen Modellen wie Ray Tracing und Radiosity ermöglichen jedoch eine Simulation mit akzeptabler Plausibilität. Weitere Informationen findet der interessierte Leser z. B. in Vorländer (2020).

Bewegte Schallquellen komprimieren oder strecken das Frequenzspektrum gemäß dem *Dopplereffekt*. Der Abstand und die Geschwindigkeit in Bezug auf den Hörer sind daher zeitlich variabel und müssen für eine korrekte Berechnung des akustischen Signals mitberücksichtigt werden.

10.2.3 Wellenfeldsynthese

Die *Wellenfeldsynthese* (engl. wave field synthesis, kurz WFS) ist ein Wiedergabe-verfahren für räumliches Audio und ermöglicht die Schaffung realistischer virtueller akustischer Umgebungen (Berkhout et al. 1993). Wie in Abb. 10.20 skizziert, wird eine künstliche Wellenfront erzeugt (rote Linie), indem eine große Anzahl von Lautsprechern einzeln angesteuert wird (hellrote Linien), deren Signale sich entsprechend überlagern. Solche Wellenfronten scheinen von einem virtuellen Ausgangspunkt auszugehen, der sogenannten *virtuellen Schallquelle*.

Im Gegensatz zu herkömmlichen Raumklangverfahren wie Surround-Sound und Bin-auraltechnik hängt die Lokalisierung virtueller Quellen bei der Wellenfeldsynthese nicht von der Position des Zuhörers ab oder ändert sich mit ihr, da das Hörereignis auf natürlichem Weg im Schallfeld entsteht. Dadurch kann sich ein Hörer, ohne Kopfloka-lisierung, frei in der gesamten Hörzone bewegen, während die virtuellen Schallquellen im Weltbezugssystem weiterhin verankert sind und lokalisiert werden können.

In der Praxis sind die theoretischen Möglichkeiten der Wellenfeldsynthese jedoch limitiert. So kann z. B. das Schallfeld für hohe Frequenzen nicht mehr korrekt synthetisiert werden. Es kommt zu sogenanntem *räumlichem Aliasing* (engl. spatial aliasing), bedingt

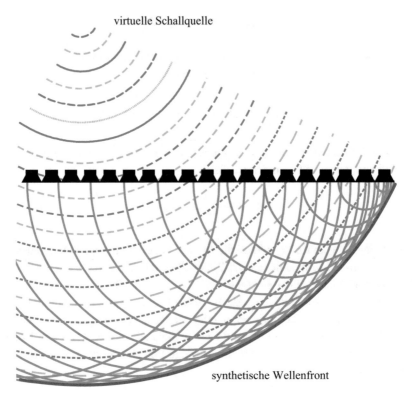

virtuelle Schallquelle

synthetische Wellenfront

Abb. 10.20 Eine durch Wellenfeldsynthese erzeugte synthetische Wellenfront (rote Linie) bildet die Wellenfront der virtuellen Schallquelle (blaue Linien) ab

durch die geometrische Verteilung der Lautsprecher. Auch ist das Lautsprecherarray nicht unendlich lang und es kommt zu *räumlicher Interferenz* (engl. spatial interference) durch störende Reflexionen im Wiedergaberaum.

10.3   Haptische Ausgabe

Die Haptik ermöglicht, eine Vielzahl von Erkundungs- und Manipulationsaufgaben durchzuführen. Obwohl Haptik ein natürlicher und integraler Bestandteil unseres realen Lebens ist, spielt Haptik in immersiven VR-Umgebungen bisher eine eher untergeordnete Rolle. Das Fehlen einer realistischen haptischen Rückmeldung ist ein erhebliches Hindernis bei der Berührung und Handhabung von Objekten in immersiven VR-Welten. Objekte zu greifen und zu manipulieren ist schwieriger, denn es fehlt die gewohnte Einschränkung des Handlungsspielraums. Auch können Material- oder Oberflächeneigenschaften nicht bestimmt werden und Intimitäten lassen sich über soziale VR nicht austauschen. Um eine real wirkende immersive Welt aufzubauen, müssen neben der audiovisuellen Stimulation der Sinne auch die Berührung und mechanische Manipulation von Objekten künstlich nachgebildet werden.

Haptische Displays können multimodale haptische Reize erzeugen, die Kräfte, Vibrationen, Temperatur, Form und bedingt auch Weichheit bzw. Textur einbeziehen. Künstliche haptische Empfindungen können Nutzern Informationen vermitteln, ihnen bei der Erledigung einer Aufgabe helfen, andere Sinnesorgane ergänzen oder ersetzen und virtuelle Interaktionen lebendiger und realistischer machen. Um realistische Empfindungen zu gewährleisten, müssen haptische Reize räumlich und zeitlich konsistent dargestellt werden, d. h., räumliche Kollokationsfehler und Verzögerungen müssen kleiner sein als die Diskriminierungsschwelle des Menschen. Haptisches Feedback kann auf verschiedene Weise erzeugt werden. Dabei kann die haptische Ausgabe, ebenso wie die visuelle und akustische, nach dem Ort der Befestigung in vier Hauptkategorien eingeteilt werden. In der Literatur gibt es keine etablierten Abgrenzungen, Culbertson et al. (2018) führen z. B. nur drei Kategorien auf, die hier um die berührungsfreie Kategorie ergänzt werden:

- *Getragene Haptiken* (engl. wearable) werden an den Händen oder anderen Körperteilen befestigt und übertragen Empfindungen direkt auf die Haut. Sie können über Vibration, seitliche Hautdehnung, Hautverformung und Kraft, z. B. als Exoskelett, auf den Körper einwirken.
- *Greifbare Haptiken* (engl. tangible, auch graspable) können entweder aufgegriffen und frei in der Hand gehalten werden, z. B. VR-Controller, oder sie sind in der Umgebung verankert, z. B. am Boden oder an der Wand. Sind sie verankert, kann dem Nutzer ein entsprechender Widerstand durch Kraftrückkopplung vermittelt werden.
- *Berührbare Haptiken* (engl. touchable) sind i. d. R. in der Umgebung verankert (eine Sonderform sind fliegende Gegenstände, siehe z. B. Auda et al. 2021). Taktile Eigenschaften, die bei Oberflächen verändert werden können, sind z. B. der Reibungskoeffizient oder die Temperatur.
- *Berührungsfreie Haptiken* (oder auch „(Mitten-)In-der-Luft-Haptik", engl. in-air und mid-air-haptics) generieren Stimuli, ohne dass dafür das Objekt berührt werden muss.

In Abb. 10.21 ist je ein Beispiel für jede dieser Hauptkategorien dargestellt. Je nach Klassifizierung wird oft auch zwischen *am Boden verankert* (engl. ground-reference oder world-grounded) und *gehalten* (engl. handheld) eingeteilt, z. B. in Wang et al. (2019). Die meisten taktilen Displays sind auf die Fingerspitzen spezialisiert. Eine Ausnahme sind z. B. Kraftrückkopplungssysteme, die auch andere Gliedmaßen ansprechen. Ein detaillierter Überblick über verschiedene tragbare haptische Geräte für die Fingerspitze und die ganze Hand ist in Pacchierotti et al. (2017) gegeben.

Im Vergleich zu in der Umgebung verankerten Systemen sind tragbare Geräte attraktiv für flexible und mobile Anwendungen, bei denen sich der Nutzer frei und unbelastet in seiner Umgebung bewegen kann. Handgehaltene Geräte sind einfach aufzunehmen und abzulegen, sie bieten i. d. R. jedoch nur vibrotaktile Stimuli und schränken Handhaltungen während der Interaktion zwischen der Hand und virtuellen Objekten ein. Das Anlegen und

getragene Systeme   greifbare Systeme

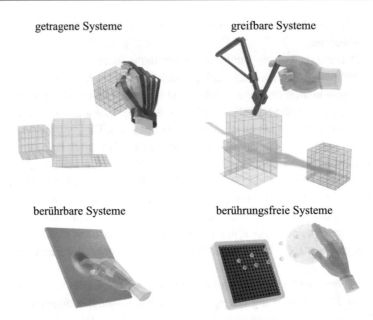

berührbare Systeme   berührungsfreie Systeme

Abb. 10.21 Einteilung haptischer Geräte in die Hauptkategorien getragene, greifbare, berührbare
und berührungsfreie Systeme

Ablegen von getragenen Geräten ist im Vergleich zu handgehaltenen Geräten aufwendiger.
Getragene Geräte bieten jedoch natürlichere Interaktionserlebnisse und haptisches Feedback, da Handhaltungen flexibler sind. In der Umgebung verankerte Systeme kommen
eher bei ortsbezogener VR zum Einsatz, siehe Kap. 15.

Die bisher besprochenen haptischen Systeme können alle in ihren Eigenschaften
verändert werden. Es können aber auch sogenannte *passive haptische Displays* verwendet
werden, bei denen ein reales Objekt als Stellvertreter (engl. proxy) eingesetzt wird.
So lassen sich relativ einfach physische Merkmale, wie Gewicht oder taktile Oberflächenstruktur, innerhalb einer virtuellen Welt integrieren. Sind Objekte in der Umgebung
fest verankert, reicht es, diese einmal einzumessen. Bei beweglichen Objekten ist eine
Nachführung zwischen virtuellen Objekten und ihren physikalischen Repräsentationen
notwendig. So kann z. B. ein Stuhl verschoben und zum Sitzen genutzt, an einer Reling
festgehalten oder durch eine Wand nicht hindurchgelaufen werden. Wie von Insko (2001)
beschrieben, können passive haptische Displays den wahrgenommenen Realismus von
immersiven Umgebungen signifikant verbessern.

Einfaches haptisches Feedback lässt sich durch Vibrationen am Controller erzeugen.
Bei Freihandinteraktion, bei der direkt mit den Händen die Umgebung erkundet wird,
kann die visuelle Umgebung physikalisch nachgebaut sein oder sich auch dynamisch
anpassen. Da ein Nutzer das haptische Ausgabegerät, bei gleichzeitiger Nutzung eines
HMDs, nicht sieht, kann es sich von der grafisch gerenderten Darstellung unterscheiden.
Nur die berührte Stelle muss übereinstimmen und der mechanische Aufbau darf nicht im

Weg sein. Die Rückseite des Objektes kann z. B. an einem Roboterarm befestigt sein. Dieser Aufbau erlaubt eine große Flexibilität, setzt aber voraus, dass schnell erfasst wird, wohin der Nutzer als Nächstes greifen möchte. Der Roboterarm kann dann rechtzeitig angesteuert werden, um einen entsprechenden Stimulus bei der Berührung zu liefern.

10.3.1 Vibration

Haptisches Feedback wird oft – zumindest bei Konsumprodukten – mit dem Feedback von Vibrationen gleichgesetzt. Die Beliebtheit von *Vibrationen* ist darin begründet, dass sich Vibrationsaktoren einfach und kostengünstig integrieren lassen und somit in jedem gängigen handgehaltenen Spiel- und VR-Controller eingebaut sind. Entsprechend angewendet können bereits einfache Vibrationen diverse Ereignisse, wie Zusammenstöße oder das Fahren über eine raue Oberfläche, simulieren und die Immersion verbessern (Salminen et al. 2008).

Vibrationen können vom Menschen von zwei verschiedenen Mechanorezeptoren der Haut, vergleiche auch Abschn. 3.3.1, wahrgenommen werden: Meissner-Körperchen nehmen niederfrequente Schwingungen zwischen 5 und 50 Hz wahr und Pacini-Körperchen höherfrequente zwischen 40 und 400 Hz. Gängige Vibrationsaktoren, wie z. B. exzentrische Rotationsmassemotoren oder lineare Resonanzaktoren, erzeugen i. d. R. Vibrationen mit Frequenzen über 100 Hz. Somit werden primär Pacini-Körperchen aktiviert. Diese sind nicht richtungsempfindlich, sodass Schwingungen, im entsprechenden Frequenzbereich, nicht einer bestimmten Orientierung zugeordnet werden können.

Durch die Verwendung mehrerer Vibrationsaktoren und entsprechend synchronisierter Modulation können auch illusorische Empfindungen, wie z. B. eine kontinuierliche Bewegung über die Haut, umgesetzt werden. Da die Ausbreitung von Schwingungen über Körperschall weitergeleitet wird, lassen sich räumlich nahe beieinander liegende Vibrationen nicht oder nur schwer unterscheiden. Dies kann auch zu einer weiteren Illusion führen. Sind zwei nicht zu weit voneinander entfernte Vibrationsaktoren gleichzeitig aktiviert, sind nicht zwei getrennte Vibrationen zu spüren, sondern eine einzige Phantomvibration zwischen den beiden Aktoren (Alles 1970). Die Stärke der Schwingungen definiert die Position des wahrgenommenen Punktes zwischen den beiden Vibationspunkten.

Im einfachsten Fall vermitteln Vibrationen binäre Informationen durch das Ein- und Ausschalten einer Schwingung mit konstanter Frequenz. Durch die Modulation von Amplitude, Frequenz, Rhythmus und Hüllkurve können Vibrationssignale auch eine größere Bandbreite an Informationen vermitteln. So können haptische Muster nicht nur genutzt werden, audiovisuelle Stimuli zu unterstützen, sondern auch unabhängige Informationen zu kommunizieren (Brewster und Brown 2004). Da die Vibrationsmuster abstrakt sind, muss die Bedeutung des jeweiligen Vibrationssignals jedoch erlernt werden. Da Vibrationen von den meisten Menschen als unangenehm empfunden werden, eignen sich diese für Rückmeldungen, die ein angenehmes Gefühl hervorrufen sollen, eher nicht.

10.3.2 Oberflächenvariation und -simulation

Haptische Oberflächen innerhalb der immersiven VR-Umgebung fühlen sich idealerweise wie natürliche Objekte an und lassen sich in ihrer Form, ihren mechanischen Eigenschaften und der *Oberflächenbeschaffenheit* beliebig verändern. Jedoch lässt sich der menschliche Tastsinn nicht leicht täuschen, weshalb die Simulation von Oberflächenbeschaffenheiten entweder nicht glaubwürdig ist oder sogar zu Irritationen führen kann. Um dennoch realistische Oberflächenbeschaffenheit in der immersiven VR zu realisieren, kann entweder auf reale Objekte zurückgegriffen oder versucht werden, eine taktile Täuschung durch die geschickte Auswahl von Materialeigenschaften und Stimulation zu ermöglichen.

In Hepperle und Wölfel (2017) wird gezeigt, dass die Akzeptanz bei der gleichzeitigen Wahrnehmung der visuellen und haptischen Modalitäten stark von der jeweiligen Materialkombination abhängt. Sieht ein Nutzer z. B. im HMD eine Glasoberfläche, während er am gleichen Ort Aluminium oder Acryl berührt, wirkt es für ihn konsistent. Die Berührung von Holz, während am gleichen Ort im HMD eine Glasoberfläche dargestellt wird, führt jedoch zu Irritationen. Bei ersetzender Realität ist es, mit gewissen Einschränkungen der Materialauswahl, somit möglich, die Materialität im Visuellen zu verändern, ohne dass die physikalische Oberfläche angepasst werden muss. Neben der Textur hat auch die Temperatur bzw. der Temperaturleitwert einer berührten Oberfläche einen Einfluss darauf, wie diese wahrgenommen wird (Kim et al. 2020).

Um die *Struktur* (Textur und Reibung) der Oberfläche zu simulieren, gibt es die Möglichkeit, die Reibung zwischen dem Finger und einer Fläche durch Vibration oder elektrostatische Kräfte zu beeinflussen. Durch Anregung einer Fläche mit Vibrationsfrequenzen im Ultraschallbereich (über 20 kHz) kann die Reibung zwischen dieser und einem Finger reduziert werden (Winfield et al. 2007). Da die Frequenzen außerhalb des menschlichen Wahrnehmungsspektrums liegen, werden diese nicht direkt als Vibrationen wahrgenommen oder gehört.

Bei der Berührung einer Oberfläche vermisst der Nutzer gegebenenfalls ein direktes haptisches Feedback, wie die Textur der Oberfläche oder den Widerstand einer mechanischen Taste. Nichts ist bei der Berührung einer Oberfläche bzw. der Bedienung durch Taster naheliegender als eine haptische Rückmeldung an den Fingern, die die Oberfläche berühren. Mit hohem mechanischem Aufwand kann z. B. eine Oberfläche verändert werden, indem nebeneinander auf zwei Achsen horizontal angeordnete Stifte vertikal verschoben werden. Dieser Ansatz wird als *Pin Arrays* bezeichnet, da jedes Pixel im Tastbild einem physischen Stift entspricht, der durch einen linearen Aktor auf- und abwärts bewegt wird (Follmer et al. 2013). In abgewandelter Form lassen sich solche Systeme sogar in physikalischen Telepräsenzsystemen einsetzen (Leithinger et al. 2014).

10.3.3 Hautverformung

Bei der *Hautverformung* wird eine Kraft auf die Berührungsstelle der Haut ausgeübt. Dabei kann eine Kraft sowohl durch Klemmung als auch Aufliegen auf einem Gegenstand

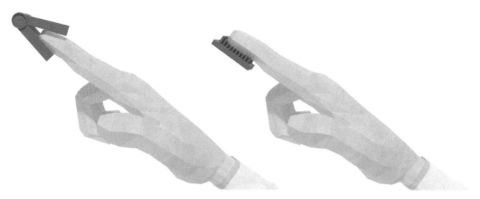

Abb. 10.22 Hautverformung durch Klemmen oder Aufliegen (seitliche Verformung) der Finger-kuppe

übertragen werden, siehe Abb. 10.22. Neben dem Druck, der eine Kraft senkrecht zur Hautoberfläche ausübt, können auch Scherkräfte, die parallel zur Hautoberfläche wirken, signalisiert werden. Dies ist möglich, wenn ein Gegenstand die Haut mit ausreichend Druck berührt und die Reibung ausreichend hoch ist, so dass eine seitliche Kraft auf die Haut übertragen werden kann.

Obwohl die Methode der Hautverformung auf beliebige Stellen der Haut verschiedener Körperteile angewendet werden kann, beschränkt sich die Anwendung i. d. R. auf die Hände und den Oberkörper (in sogenannten *Haptikwesten*).

10.3.4 Kraftrückkopplung

Die *Kinästhesie* bezieht sich auf die Empfindung von Position, Bewegung und Krafteinwirkung. Sie lässt sich mit taktilem (insbesondere vibrotaktilem) Feedback sowie mit anderen sensorischen Modalitäten (insbesondere Sehen und Hören) kombinieren. Zu den beteiligten Rezeptoren der Kinästhesie gehören Muskelspindeln, die Muskeldehnungen weiterleiten, und Golgi-Sehnenorgane, die Veränderungen der Muskelspannung wahrnehmen. Die Stimulierung dieser Rezeptoren kann die Illusion von Bewegung und/oder Kraft erzeugen. Geräte mit *Kraftrückkopplung* (engl. force feedback) können Kraft auf ein oder mehrere Gelenke ausüben, sodass eine Bewegung (und ein Widerstand gegen diese Bewegung) möglich ist. Der Widerstand und die Eigenbewegung des Systems dienen dem Nutzer als zusätzliche Hinweise. Ein Widerstand beim Erfassen eines Objektes impliziert, dass dieses vorhanden ist.

Für die Kraftübertragung muss der Nutzer i. d. R. Kontakt mit dem Gerät haben. Die Kraftübertragung kann durch Greifen, aber auch durch eine Befestigung stattfinden. Im Allgemeinen fungieren kraftbezogene haptische Geräte auch als Eingabegerät. Kraftbezogene haptische Geräte können sowohl in der Umgebung oder am Körper verankert sowie nicht verankert sein, siehe Abb. 10.23. In der Umgebung verankerte Geräte nutzen

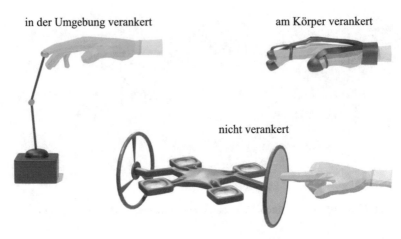

Abb. 10.23 Berührungspunkte mit haptischen Geräten mit Kraftrückkopplung und mögliche Verbindungen zwischen dem Kontaktpunkt von Kraftrückkopplungsgeräten, die in der Umgebung, am Körper und nicht verankert sind

eine physische Verbindung zwischen dem Kontaktpunkt des Nutzers und mindestens einem Punkt in der Umgebung, weshalb ihre Reichweite begrenzt ist. Beispiele dieser Geräteklasse sind Force-Feedback-Joysticks und Lenkräder, aber auch Gelenkarme. Je nach Ausführung können Kraftrückkopplungssysteme große Kräfte entwickeln, weshalb ihr Einsatz immer sicherheitskritisch bewertet werden muss.

Neben Systemen mit wenig Freiheitsgraden werden auch Exoskelette eingesetzt, die am Körper befestigt oder seltener in der Umgebung verankert sind und viele Freiheitsgrade bieten. Ein *Exoskelett* (altgr. exo, dt. außen, skeletós beschreibt eine Stützstruktur eines Organismus), im Zusammenhang mit immersiver VR, bezieht sich auf die auf dem Körper getragenen mechanischen Strukturen, die Bewegungen des Trägers durch Servomotoren einschränken bzw. unterstützen. Exoskelette können zwar auch den ganzen Körper abdecken, bei immersiver VR werden Exoskelette jedoch meistens dafür verwendet, die Haltung der Hand zu erfassen, haptisches Feedback zu geben und eine Kraft auszuüben. Abb. 10.24 zeigt VR-Handschuhe mit Kraftrückkopplung, bei denen die Mechanik weitestgehend im Gerät versteckt ist.

10.3.5 Berührungsfreie Haptik

Die in den vorherigen Abschnitten beschriebenen Anwendungen erfordern für die Illusion einer Berührung den Kontakt mit einem physischen Gegenstand oder einer Oberfläche. Die *berührungsfreie Haptik* versucht, auf die Berührung eines materiellen Gegenstands gänzlich zu verzichten, indem die taktile Empfindung „in der Luft" erzeugt wird, ohne dass ein direkter Kontakt mit dem haptischen Aktor erforderlich ist.

Abb. 10.24 Handschuh mit Kraftrückkopplung. Mit freundlicher Genehmigung von HaptX Inc

Berührungsfreie haptische Systeme sind derzeit noch nicht in der Lage, detaillierte und reaktionsschnelle taktile Empfindungen zu liefern. Sie bieten jedoch neue interaktive Möglichkeiten für die Gestaltung haptischen Feedbacks. Wie von Shen et al. (2022) vorgeschlagen, können so nicht nur die Fingerspitzen stimuliert werden, sondern auch der in Bezug auf die Empfindlichkeit und Dichte der Mechanorezeptoren zweitempfindlichste (hinter den Fingerspitzen) Körperteil: der Mund. Wie in Abb. 10.25 gezeigt, kann über ein am Headset befestigtes Ultraschallwandler-Array die Mundregion stimuliert werden. Küsse, Regentropfen, Schlammspritzer und krabbelnde Käfer lassen sich so auf den Lippen und der Haut spüren.

Ein lokales Druckgefühl kann durch fokussierte Ultraschallstrahlen erzeugt werden. Durch *akustisches Beamforming* (Wölfel und McDonough 2009), bei dem die Phase und Intensität jedes einzelnen Wandlers individuell geregelt wird, kann das Signal so gesteuert werden, dass der Ort des spürbaren Drucks, ohne den mechanischen Aufbau zu verändern, flexibel gewählt werden kann (Carter et al. 2013). Auf der Fingerspitze oder den Lippen können so unterschiedliche Stimuli erzeugt werden, indem ein mit 1 bis 1.000 Hz moduliertes Signal über ein Ultraschallwandler-Array ausgestrahlt wird. Von Nutzern solcher Systeme wird berichtet, dass sie neben dem lokalisierten Druck auch einen vibrationsähnlichen Reiz wahrgenommen haben (Hoshi et al. 2010).

Der Nachteil von ultraschallbasierten Ansätzen ist die geringe effektive Reichweite. Alternativ wurde daher die Verwendung von Luftdruckfeldern vorgeschlagen, bei denen eine taktile Empfindung durch ein Druckgefälle innerhalb eines Luftwirbels erzeugt wird.

Abb. 10.25 Ultraschallwandler-Array zur haptischen Stimulation der Mundregion. Mit freundlicher Genehmigung von Shen et al. (2022)

Wie von Sodhi et al. (2013) gezeigt, kann so ein taktiler Stimulus über eine Entfernung von über einem Meter ausgelöst werden.

10.4   Vestibuläre Ausgabe

Als *vestibuläre Displays* werden Geräte bezeichnet, die das Gleichgewicht, Beschleunigung und Orientierung beeinflussen. Eine tatsächliche Bewegung ist aktuell die einzige Möglichkeit, auf das vestibuläre System einzuwirken, um eine glaubwürdige Stimulation realisieren zu können. Als Alternative wurde die *galvanische vestibuläre Stimulation* (engl. galvanic vestibular stimulation, kurz GVS) vorgeschlagen, die sich direkt auf das vestibuläre System auswirkt (Sra et al. 2019), jedoch bisher keine Akzeptanz gefunden hat. Hier werden durch elektrische Stimulation über Elektroden, die auf den Mastoidknochen hinter beiden Ohr platziert sind, vestibuläre Reflexe hervorgerufen und so der Gleichgewichtssinn und die Richtungswahrnehmung beeinflusst.

Da eine starke Beziehung zwischen dem vestibulären und dem visuellen System besteht, kann durch eine glaubwürdige, passende Stimulation des vestibulären Systems nicht nur die Immersion gesteigert, sondern auch das Auftreten der Cyberkrankheit reduziert werden – dies gilt nicht nur für tatsächliche Bewegungen, sondern auch für die galvanische vestibuläre Stimulation.

Da der physische Freiraum von Bewegungsplattformen stark eingeschränkt ist, können Nutzer nicht kontinuierlich in eine Richtung bewegt werden. Das vestibuläre System ist blind gegenüber Bewegung und reagiert nur auf Beschleunigungen. Eine konstante Geschwindigkeit kann somit nicht wahrgenommen werden und der Trick besteht darin, nur den Beginn und das Ende eines Ereignisses durch Bewegung zu begleiten. So muss das Gerät nicht ständig gieren[16] oder rollen. Eine leichte Neigung nach hinten oder vorne kann auch ausgenutzt werden, um eine Vorwärts- oder Rückwärtsbeschleunigung anzuzeigen. Da durch die Neigung mehr oder weniger Kraft in Richtung Rückenlehne verursacht wird, kann so das Gefühl bei einer Vorwärts- oder Rückwärtsbeschleunigung in der Realität glaubwürdig nachgeahmt werden.

Bewegungsplattformen sind eng gekoppelt an die Fortbewegungsmethoden. Gerade die Kombination von Bewegungsplattformen und Flug- oder Fahrsimulatoren hat sich als sehr effizient erwiesen. Bewegungsplattformen, wie sie z. B. bei Flugsimulatoren eingesetzt werden, verwenden sechs Linearaktoren und ermöglichen Bewegungen in alle sechs Freiheitsgrade. Die Linearaktoren werden dabei, in der als *Stewart-Hexapod-Plattform* bezeichneten Konstellation, paarweise am Boden und an der beweglichen Plattform abwechselnd montiert: Ein Linearaktor wird dabei mit einem Nachbarn am Boden und dem zweiten Nachbarn an der beweglichen Plattform befestigt, siehe Abb. 10.26. Durch den mechanischen Aufbau entstehen entsprechende Einschränkungen, die die seitliche Auslenkung stark einschränken, jedoch einen großen Spielraum bei der Rotation und der Höhe ermöglichen.

Abb. 10.26 Stewart-Hexapod-Plattform

<hr />

[16] Gieren ist eine Drehbewegung um die vertikale Achse (Gierachse) des fahrzeugfesten Koordinatensystems.

Abb. 10.27 CyberMotion-Simulator des Max-Planck-Instituts für biologische Kybernetik. Bildquelle: Berthold Steinhilber, Max-Planck-Institut für biologische Kybernetik

Alternativ zu den weitverbreiteten Stewart-Hexapod-Plattformen können für großformatige Bewegungen Roboterarme oder Seilkonstruktionen eingesetzt werden, siehe Abb. 10.27.

10.5   Olfaktorische Ausgabe

Ein *olfaktorisches Display* ist ein Gerät, das Düfte mit der beabsichtigten Zusammensetzung und Konzentration von Geruchsstoffen freigibt und dem menschlichen Geruchsorgan zuführt (Yanagida 2012). Solche Displays lassen sich einfach umsetzen, indem verflüssigte Düfte, die sich in verschiedenen Fläschchen befinden, in einer auf den Teilnehmer gerichteten Luftstromkammer freigesetzt werden, indem eine Magnetspule geöffnet wird, die einen Tropfen in die Kammer ermöglicht. Neben chemischen olfaktorischen Ausgabesystemen gibt es auch noch solche, die nichtchemisch funktionieren. Beide Verfahren werden in Cheok und Karunanayaka (2018) vorgestellt.

Während die Freigabe von verschiedenen Düften sich einfach umsetzen lässt, ist die Neutralisierung der freigegebenen Düfte, wenn sie nicht mehr zu den Inhalten der virtuellen Welt passen, eine bisher nicht hinreichend gut gelöste Aufgabe. Durch eine konstante Luftströmung kann versucht werden, den vorhandenen Duft zu verstreuen, oder der aktuelle Duft kann durch einen neuen überlagert werden, wobei der neue Geruch stärker sein muss als der vorherige.

Obwohl es immer wieder Versuche gibt, die olfaktorische Ausgabe in immersiven VR-Systemen zu nutzen, konnte sich ihr Einsatz außerhalb der Forschungslabore bisher nicht durchsetzen.

Literaturverzeichnis

Alles DS (1970) Information transmission by phantom sensations. IEEE Trans Man-Mach Syst 11(1):85–91

Auda J, Verheyen N, Mayer S, Schneegass S (2021) Flyables: haptic input devices for virtual reality using quadcopters. In: Proceedings of the 27th ACM Symposium on Virtual Reality Software and Technology, VRST'21. Association for Computing Machinery, New York

Bang K, Jo Y, Chae M, Lee B (2021) Lensiet VR: thin, flat and wide-FoV virtual reality display using fresnel lens and lensiet array. IEEE Trans Vis Comput Graph 27(5):2545–2554

Berkhout AJ, de VRies D, Vogel P (1993) Acoustic control by wave field synthesis. J Acoust Soc Am 93(5):2764–2778

Brewster S, Brown LM (2004) Tactons: structured tactile messages for non-visual information display. In: Proceedings of the Fifth Conference on Australasian User Interface – Volume 28, AUIC'04. Australian Computer Society, Inc., Darlinghurst, S 15–23

Brown DC (1966) Decentering distortion of lenses. Photogramm Eng Remote Sens 32:444–462

Carter T, Seah SA, Long B, Drinkwater B, Subramanian S (2013) Ultrahaptics: multi-point mid-air haptic feedback for touch surfaces. In: Proceedings of the 26th Annual ACM Symposium on User Interface Software and Technology, UIST'13. Association for Computing Machinery, New York, S 505–514

Cheok AD, Karunanayaka K (2018) Virtual taste and smell technologies for multisensory internet and virtual reality. Springer, Cham

Culbertson H, Schorr SB, Okamura AM (2018) Haptics: the present and future of artificial touch sensation. Annu Rev Control Robot Auton Syst 1:385–409

Follmer S, Leithinger D, Olwal A, Hogge A, Ishii H (2013) inform: dynamic physical affordances and constraints through shape and object actuation. UIST 13:2501–988

Hepperle D, Wölfel M (2017) Do you feel what you see? Multimodal perception in virtual reality. In: Proceedings of the 23rd ACM Symposium on Virtual Reality Software and Technology, VRST'17. Association for Computing Machinery, New York

Hoshi T, Takahashi M, Iwamoto T, Shinoda H (2010) Noncontact tactile display based on radiation pressure of airborne ultrasound. IEEE Trans Haptics 3(3):155–165

Hua H, Liu S (2008) Dual-sensor foveated imaging system. Appl Opt 47(3):317–327

Iida K (2019) Head-related transfer function and acoustic virtual reality. Springer, Singapore

Insko BE (2001) Passive haptics significantly enhances virtual environments. The University of North Carolina, Chapel Hill

Kim SW, Kim SH, Kim CS, Yi K, Kim JS, Cho BJ, Cha Y (2020) Thermal display glove for interacting with virtual reality. Sci Rep 10(1):1–12

Kortum P, Geisler WS (1996) Implementation of a foveated image coding system for image bandwidth reduction. In: Human Vision and Electronic Imaging. SPIE 2657:350–360

Kramida G (2016) Resolving the vergence-accommodation conflict in head-mounted displays. IEEE Trans Vis Comput Graph 22(7):1912–1931

Leithinger D, Follmer S, Olwal A, Ishii H (2014) Physical telepresence: shape capture and display for embodied, computer-mediated remote collaboration. In: Proceedings of the 27th Annual ACM Symposium on User Interface Software and Technology. Honolulu, S 461–470

Lingley AR, Ali M, Liao Y, Mirjalili R, Klonner M, Sopanen M, Suihkonen S, Shen T, Otis BP, Lipsanen H, Parviz BA (2011) A single-pixel wireless contact lens display. J Micromech Microeng 21(12):125014

Pacchierotti C, Sinclair S, Solazzi M, Frisoli A, Hayward V, Prattichizzo D (2017) Wearable haptic systems for the fingertip and the hand: taxonomy, review, and perspectives. IEEE Trans Haptics 10(4):580–600

Park J, Kim J, Kim SY, Cheong WH, Jang J, Park YG, Na K, Kim YT, Heo JH, Lee CY, Lee JH, Bien F, Park JU (2018) Soft, smart contact lenses with integrations of wireless circuits, glucose sensors, and displays. Sci Adv 4(1):eaap9841

Rolland JP, Krueger MW, Goon A (2000) Multifocal planes head-mounted displays. Appl Opt 39(19):3209–3215

Salminen K, Surakka V, Lylykangas J, Raisamo J, Saarinen R, Raisamo R, Rantala J, Evreinov G (2008) Emotional and behavioral responses to haptic stimulation. In: Proceedings of the SIGCHI Conference on Human Factors in Computing Systems, CHI'08. Association for Computing Machinery, New York, S 1555–1562

Shen V, Shultz C, Harrison C (2022) Mouth haptics in VR using a headset ultrasound phased array. In: Proceedings of the 2022 CHI Conference on Human Factors in Computing Systems, CHI'22. Association for Computing Machinery, New York

Sodhi R, Poupyrev I, Glisson M, Israr A (2013) Aireal: interactive tactile experiences in free air. ACM Trans Graph 32(4):1–10

Sra M, Jain A, Maes P (2019) Adding proprioceptive feedback to virtual reality experiences using galvanic vestibular stimulation. In: Proceedings of the 2019 CHI Conference on Human Factors in Computing Systems, CHI'19. Association for Computing Machinery, New York, S 1–14

Stredney D, Weghorst S (1998) The virtual retinal display: a new technology for virtual reality and augmented vision in medicine. Med Meets Virtual Real Art Sci Technol Healthcare (R) Evol 50:252

Tan G, Lee YH, Zhan T, Yang J, Liu S, Zhao D, Wu ST (2018) Foveated imaging for near-eye displays. Opt Express 26(19):25076–25085

Tauer H (2010) Stereo-3D: Grundlagen, Technik und Bildgestaltung. Fachverlag Schiele & Schoen, Berlin

Vorländer M (2020) Auralization: Fundamentals of Acoustics, Modelling, Simulation, Algorithms, and Acoustic Virtual Reality. Springer

Wang D, Ohnishi K, Xu W (2019) Multimodal haptic display for virtual reality: a survey. IEEE Trans Ind Electron 67(1):610–623

Winfield L, Glassmire J, Colgate JE, Peshkin M (2007) T-pad: tactile pattern display through variable friction reduction. In: 2007 2nd Joint EuroHaptics Conference and Symposium on Haptic Interfaces for Virtual Environments and Teleoperator Systems. IEEE Computer Society, Tsukaba, S 421–426

Wölfel M, McDonough J (2009) Distant speech recognition. Wiley, Hoboken

Xia Y, Khamis M, Fernandez FA, Heidari H, Butt H, Ahmed Z, Wilkinson T, Ghannam R (2021) State-of-the-art in smart contact lenses for human machine interaction. arXiv preprint arXiv:211210905

Xiong J, Hsiang EL, He Z, Zhan T, Wu ST (2021) Augmented reality and virtual reality displays: emerging technologies and future perspectives. Light Sci Appl 10(1):1–30

Yairi S, Iwaya Y, Suzuki Y (2005) Relationship between head movement and total system delay of virtual auditory display systems. Technical report, Technical Report of IEICE (in Japanese)

Yanagida Y (2012) A survey of olfactory displays: making and delivering scents. In: SENSORS, 2012. IEEE, Taipei, S 1–4

Filmische virtuelle Realität 11

Der Begriff *filmische virtuelle Realität* (engl. cinematic virtual reality, oft auch nur cinematic reality, kurz CVR) umfasst immersive 360° und interaktive filmähnliche Unterhaltung (MacQuarrie und Steed 2017). Als Ausgabegerät wird, wie bei anderen Formen der immersiven VR, ebenso ein getragenes Headset verwendet. Daher unterscheiden die breite Öffentlichkeit und viele Befürworter und Praktiker von VR nicht zwischen filmischer und anderen Formen der immersiven VR (Dolan und Parets 2016). Andere sehen hier jedoch grundsätzliche Unterschiede, denn bei der filmischen VR werden Inhalte nicht in Echtzeit generiert, die Möglichkeiten der Interaktion und freien Fortbewegung sind stark eingeschränkt und es gibt einen linearen, weitgehend festgelegten Ablauf der Geschichte. Die Möglichkeit der Interaktion beschränkt sich lediglich auf die Kopforientierung, der Standort kann nicht selbstbestimmt verändert werden.

Der primäre Unterschied zwischen filmischer VR und Echtzeit-VR besteht in der Aufbereitung der Grafik- und Audioelemente. Während bei filmischer VR ausschließlich vorgefertigtes Bild- und Tonmaterial verwendet wird, sind die Inhalte bei Echtzeit-VR nicht bereits erstellt, sondern werden erst zur Laufzeit generiert. Filmische VR verwendet 360°-Bewegtbildmaterial, das entweder eine mono- oder stereoskopische Ansicht sowie räumlichen Ton enthält. Das vorgefertigte Bildmaterial kann entweder aufgenommen sein oder als bereits gerenderte 3D-Computergrafik vorliegen. Zwar ist eine Änderung zur Laufzeit so nicht mehr möglich, aber diverse Einschränkungen durch die Echtzeitanforderungen sind aufgehoben. Daher reicht die filmische VR bereits an eine sehr realistische Darstellung heran, während bei Echtzeit-VR der Detailgrad durch die Echtzeitanforderungen bei limitierter Rechenkapazität noch eingeschränkt ist. Dies ist in etwa vergleichbar mit dem qualitativen Unterschied zwischen computergenerierter Echtzeitgrafik, wie sie z. B. in Spielen verwendet wird, und gefilmtem Material. Eine Gegenüberstellung zwischen filmischer und Echtzeit-VR ist in Tab. 11.1 dargestellt.

M. Wölfel, *Immersive Virtuelle Realität*, https://doi.org/10.1007/978-3-662-66908-2_11

Tab. 11.1 Vergleich zwischen filmischer und Echtzeit-VR

Filmische VR	Echtzeit-VR
360°-Panoramen/Filme	3D-Grafik
Hohe visuelle Qualität	Niedrigere visuelle Qualität
Eingeschränkte Interaktivität	Hohe Interaktivität
Eingeschränkte Bewegung im Raum	Freie Bewegung im Raum
Freie Blickausrichtung	Freie Blickausrichtung
Keine Anpassung an die Körpergröße	Anpassung an die Körpergröße
Keine Interaktion mit Objekten	Interaktion mit Objekten
Kein Eingriff in Handlung	Handeln beinflusst Handlung
Bilder sind vorbestimmt (diese wurden vorab aufgenommen oder gerendert)	Bilder werden in Echtzeit berechnet und Inhalte sind veränderbar
Ortswechsel können durch den Nutzer nicht bestimmt werden und sind bereits festgelegt	Ortswechel und kontinuierliche Fortbewegungen können durch den Nutzer bestimmt werden
3 Freiheitsgrade (Orientierung)	6 Freiheitsgrade

Ausgehend von der Theorie der emotionalen Befriedigung bei der Mediennutzung wird der Wunsch, Emotionen zu erleben, weithin als Hauptmotivation für die Nutzung von Unterhaltungsmedien angesehen, sei es in Form von Filmen, Fernsehen oder Computerspielen, vergleiche Langewitz (2008). Das Erleben von Emotionen kann für Mediennutzer befriedigend sein, weil diese dazu beitragen, angenehme, neuartige, intensive und sensationelle Erfahrungen zu machen (Bartsch und Viehoff 2010). Immersiven VR-Technologien wird zugeschrieben, dass sie wirksamer zur Stimulation von sensorischen Erfahrungen sind als andere Formen der Repräsentation. In der Studie von Szita et al. (2021) wurde untersucht, wie sich das Erleben eines Kinofilms in der immersiven VR auf das emotionale Engagement, das Gefühl der Präsenz, die Gedächtniseigenschaften und die Erinnerungsgenauigkeit auswirkt. Dabei wurde festgestellt, dass im Vergleich zum Betrachten eines Films auf einem Flachbildschirm sich das Gefühl der Präsenz erhöhte, die physische Umgebung weniger wahrgenommen wurde und die Teilnehmer eher Unbehagen verspürten. Dies wird in Bartsch und Viehoff (2010) bestätigt: Auch hier zeigten das subjektive Erleben und die gemessene physiologische Reaktion eine signifikant stärkere emotionale Wirkung unter der Benutzung eines HMDs. Insbesondere die vier Emotionen Begeisterung, Nervosität, Feindseligkeit und Aufregung waren stärker mit der Nutzung des Headsets korreliert. Die Erinnerungen an das Erlebte sind in immersiver VR lebendiger und es werden stärkere Emotionen hervorgerufen. Jedoch ergab die Studie von Szita et al. (2021) auch, dass sich die HMD-Nutzer an weniger Details erinnerten als die Bildschirmzuschauer. Insgesamt deutet die Mediennutzungsforschung darauf hin, dass die filmische VR ein intensiveres Erlebnis, aber eine geringere Aufmerksamkeit für die Details eines Films bietet als die Betrachtung am Flachbildschirm.

11.1 Die Rolle des Nutzers

Die Rolle des Nutzers muss in jeder immersiven VR-Anwendung und jedem 360°-Film sorgfältig bedacht werden. Der Betrachter nimmt die Sichtweise der Kamera ein, sodass er die Szene nicht von außen betrachtet, sondern sich tatsächlich in der Szene befindet. Beim Film wird diese Sichtweise *Point-of-View-Shot* genannt. Die Rolle, die ein Betrachter in der Szene einnimmt, ist entscheidend für sein Erleben der Szene.

Je nach Anwendung wird dem Nutzer einer immersiven VR-Anwendung oder dem Betrachter eines 360°-Films eine andere Rolle zugeschrieben (Dolan und Parets 2016): Dabei können die beiden Faktoren *Existenz* und *Einfluss* getrennt voneinander betrachtet werden. Der Zusammenhang ist in Abb. 11.1 dargestellt. Bei der Existenz kann die Erfahrung des Nutzers als Beobachter oder Teilnehmer definiert werden. Der Nutzer kann dabei entweder Einfluss auf seine Umgebung (aktiv) haben oder nicht (passiv).

In der Rolle des *Beobachters* ist dieser nicht Teil der Geschichte. Ihm wird keine feste Identität innerhalb der Geschichte zugeschrieben und seine Anwesenheit hat keinen Einfluss auf die Handlung (z. B. Personen weichen nicht aus). Diese Form wird in den meisten Spielfilmen verwendet.

In der Rolle des *Teilnehmers* wird die Identität des Zuschauers innerhalb der Geschichte berücksichtigt. Diese Identität muss nicht mit einer der Figuren innerhalb der Geschichte übereinstimmen, aber die Existenz des Teilnehmers hat Einfluss auf die Darstellung (z. B. Figur spricht direkt in die Kamera zu dem Teilnehmer).

Ist die Rolle *passiv*, behält der Geschichtenerzähler seine autokratische Macht. Es herrscht die traditionelle Denkweise des Geschichtenerzählers vor, bei der der Betrachter, ohne selbst Einfluss nehmen zu können, durch die Geschichte geleitet wird.

Abb. 11.1 Die Rolle des Nutzers

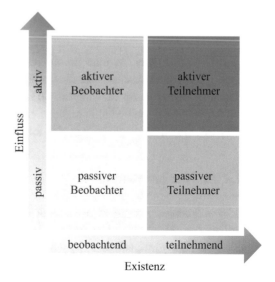

Ist die Rolle *aktiv*, kann der Nutzer in das Geschehen eingreifen und den Ausgang der Geschichte beeinflussen. Bei dieser Form stellt der Geschichtenerzähler dem Zuschauer sorgfältig abgewogene und kalkulierte Entscheidungen vor, aus denen ausgewählt werden kann. Einmal getroffen, beeinflussen diese Entscheidungen den Fortgang der Geschichte. Dadurch, dass dem Betrachter verschiedene Wahlmöglichkeiten eingeräumt werden, erhöhen sich die Handlungsfähigkeit und Aktivierung.

11.1.1 Passiver Beobachter

Der *passive Beobachter* ist seit jeher das Standardmodell für Filminhalte. Der Zuschauer ist nicht Teil der Geschichte und hat keinen Einfluss auf die Ereignisse. Der Zuschauer sieht einfach zu, wie sich die Geschichte entwickelt. Der Geschichtenerzähler behält die vollständige Kontrolle über die Handlung und über die Informationen, die dem Zuschauer präsentiert werden.

11.1.2 Aktiver Beobachter

Der *aktive Beobachter* stellt die Erfahrung neu dar, indem dem Betrachter eine gott-ähnliche Entscheidungsbefugnis verliehen wird. Der Aktiv-Aspekt wird durch eine vom Erzähler vorgegebene Auswahl (Knotenpunkte) begrenzt, durch die der Erzähler eine Vielzahl von Ergebnissen konstruiert hat. Um diese Technik einzusetzen, greift der Erzähler explizit in das Erlebnis des Nutzers ein, indem er einen erklärenden Dialog mit dem Betrachter steuert.

11.1.3 Passiver Teilnehmer

Der *passive Teilnehmer* ist eine relativ neue Form der Erzählung, bei welcher der Zuschauer in der Welt existiert, aber die Geschichte dadurch nicht beeinflusst wird und der Zuschauer als reiner Rezipient fungiert. So kann sich eine Figur der Kamera zuwenden, um mit dem unbestimmten Publikum direkt zu interagieren, das Publikum ist jedoch nicht aufgefordert, darauf zu reagieren und eine Interaktion zu starten.

11.1.4 Aktiver Teilnehmer

Der *aktive Teilnehmer* existiert in der Welt als Figur und hat einen großen Einfluss auf die erlebte Geschichte. Die Geschichte entwickelt sich auf der Grundlage bestimmter Handlungen oder Entscheidungen, gegebenenfalls wird diese an einen früheren Punkt zurückgesetzt (z. B. beim Tod des Probanden). Diese Form der Rolle des Nutzers ist in Videospielen weitverbreitet.

11.2 Regie für filmische virtuelle Realität

Die filmische VR gibt dem Betrachter ein neuartiges Gefühl von Handlungsfähigkeit und Perspektive, das vom herkömmlichen 2D-Film stark abweicht. Durch die verdeckte Sicht auf die Umgebung wird die volle Aufmerksamkeit eingefordert und das genüssliche Futtern von Popcorn ist nicht mehr möglich, ebensowenig wie das kurze Checken von Nachrichten auf dem Secondscreen.[1] Dadurch ergibt sich eine noch nie dagewesene emotionale Bindung und Hingabe zu den filmischen Inhalten.

Die veränderten Bedingungen zwingen Filmemacher dazu, die Art und Weise zu überdenken, wie Filme erlebt werden. Dies hat Auswirkungen auf unterschiedliche Aspekte wie die Länge des Films (die in VR kürzer ist) oder den Schnitt (der in immersiver VR seltener vorkommt). Der Rezipient nimmt den Platz der Kamera ein und hat die Freiheit zu wählen, wohin er schaut. Allerdings birgt dies auch das Risiko, dass der Rezipient Teile des Geschehens verpasst, weil er auf einen für die Handlung irrelevanten Bildbereich schaut und so einen relevanten Aspekt nicht mitbekommt. Somit weichen die Planung und der Dreh eines 360°-Films von einem herkömmlichen Film ab. Dies gilt sowohl für eine konstante Ausleuchtung, die sorgfältige Platzierung der Ausrüstung und für Personen, die nicht Teil der Geschichte sind, damit sie nicht von der Kamera erfasst werden. Aber auch etablierte Techniken des Filmemachens wie Schnitt oder Kamerafahrten können sogar störend sein. Die etablierte Filmsprache scheint nicht mehr zu funktionieren, wenn sie auf VR- und 360°-Filme angewendet wird, so Gödde et al. (2018). Filmemacher sehen in der filmischen VR eine neue Form der Erzählung. So z. B. Steven Spielberg:[2]

> There's going to be a whole new paradigm for narrative storytelling [...]. Most technologies adapt themselves to the conventional narrative. But in this new future world of 360, filmmakers are going to have to tell stories differently. We're going to have to find different ways of leading an audience through the VR experience to get them to look where we need them to look so we don't lose the story.

Die filmische VR erfordert teilweise grundlegend andere Filmtechniken, aber auch ausgewählte etablierte Filmtechniken können für das neue Medium übernommen oder angepasst werden (Mateer 2017). Eine besondere Herausforderung für den Regisseur besteht darin, die Aufmerksamkeit des Zuschauers zu lenken (Syrett et al. 2016), indem er den Blick und damit die Aufmerksamkeit gezielt durch situative Ereignisse leitet. Elementare Hinweisreize wie Licht, Ton und Bewegung sind dafür geeignet.

---

[1] Der *Secondscreen* bezeichnet die Nutzung eines zweiten Bildschirms parallel zum ersten Bildschirm, auf dem z. B. das Fernsehprogramm läuft.

[2] http://www.latimes.com/entertainment/movies/la-ca-mn-ready-player-one-spielberg-cline-201803
23-htmlstory.html.

11.2.1 Lenkung der Aufmerksamkeit

In einer reichhaltigen audiovisuellen Umgebung, wie sie häufig in der VR vorkommt, besteht ein Problem darin, festzulegen bzw. zu entscheiden, welche Objekte oder welche Orte für unsere Aufmerksamkeit ausgewählt werden sollten. Glücklicherweise können *Aufmerksamkeitshinweise* eingesetzt werden, um zu beeinflussen, wo der Blick des Betrachters hinfallen soll. Dabei gibt es mehrere Methoden, z. B. durch visuelle oder auditive *Hervorhebung* (engl. *salience*, siehe z. B. Robinson und Petersen 1992 oder Rothe et al. 2019). Bei der Verwendung von Hervorhebungen ist darauf zu achten, dass die entsprechenden Elemente im Wahrnehmungsbereich des Betrachters liegen, d. h., dass sie sich im Sichtbereich befinden bzw. sich akustisch von den anderen Geräuschen abheben. Die Platzierung von Handlungselementen außerhalb des Sichtbereichs oder in der Peripherie kann aber auch in der Erzählung bewusst genutzt werden, um z. B. den Zuschauer zu überraschen.

Wird es mit Aufmerksamkeitshinweisen übertrieben, z. B. weil die Angst besteht, der Rezipient könnte etwas verpassen, kann der Zuschauer das Gefühl haben, in eine Blickrichtung gezwungen zu werden, anstelle darüber frei entscheiden zu können. Normalerweise ziehen es die Zuschauer jedoch vor, dass ihre Aufmerksamkeit gelenkt wird, dies sich aber nicht erzwungen anfühlt (Nielsen et al. 2016 und Fearghail et al. 2018). Eine erzwungene Aufmerksamkeit kann auch zu einer geringeren Wahrnehmung des „Dortgefühls" (engl. being there) führen. Während bei klassischen Kino- und Fernsehformaten die Kameraeinstellung (Bildausschnitt, Schärfe etc.) als Hinweis eingesetzt werden kann, entfallen bei 360°-Videos viele dieser Hinweismittel. Zu den Faktoren, von denen angenommen wird, dass sie die Aufmerksamkeit beeinflussen, gehören Leuchtdichtekontrast, Kanten- oder Linienorientierung, Farbe, Bewegung, Stereodisparität, aber auch interessante Objekte wie Personen oder Gebäude. Bemerkenswert ist, dass es nicht nur die Amplitude dieser Merkmale ist, die ein bestimmtes Objekt aus der Menge hervorhebt, sondern vielmehr die Abweichung zwischen den Merkmalen des Objektes und seiner Umgebung.

Um die Chancen zu erhöhen, dass der Betrachter seine Aufmerksamkeit auf den gewünschten Bereich legt, können verschiedene Aufmerksamkeitshinweise miteinander kombiniert werden. Wie groß der Effekt des jeweiligen Faktors ist, lässt sich nur schwer bestimmen, da es zu viele unbestimmte Variablen gibt, die hierauf einen Einfluss haben. In der Untersuchung von Fearghail et al. (2018) wurden z. B. der Ton und die Ausrichtung des Hauptdarstellers als wichtigste Faktoren für die Erregung der Aufmerksamkeit identifiziert.

Umgebungselemente können z. B. so gestaltet sein, dass sie reizvolle Schauplätze oder interessante Gebäude zeigen. Bewegungen regen dazu an, ihnen nachzuschauen, z. B. ein Vogelschwarm, der in eine bestimmte Richtung fliegt, oder ein paar Laubblätter, die an einem vorbeigeweht werden. Die Verwendung von Personen, welche die Aufmerksamkeit über die Szene hinweg lenken, hat viele Vorteile. So gibt es viele Verhaltensmuster, auf die hier zurückgegriffen werden können, die bereits in der Kindheit verinnerlicht wurden und so ganz natürlich angewendet werden. Beispielsweise richten Menschen ihre Aufmerksamkeit unweigerlich auf etwas, was andere betrachten, oder folgen mit ihrem Blick der Richtung der ausgestreckten Hand des Gegenübers. In der Analyse von Fearghail et al. (2018) wurde gezeigt, dass Schauspieler, die den Betrachter durch die Szene führen, erfolgreich eingesetzt werden können. Dabei war auch das Auffinden des Hauptdarstellers in der Szene unproblematisch.

Zur Lenkung der Aufmerksamkeit des Nutzers gibt es die Möglichkeit, ihn *ausdrück-lich* darauf hinzuweisen, dass ein bestimmtes Ereignis oder Objekt seine Aufmerksamkeit verdient (*explizite Hinweise*) bzw. ihn *nicht ausdrücklich* auf ein bestimmtes Ereignis oder Objekt aufmerksam zu machen (*implizite Hinweise*). Eine weitere Möglichkeit sind Hinweise, die in der virtuellen Umgebung verankert sind (*diegetische Hinweise*), und Hinweise, die außerhalb dieser Welt liegen (*nichtdiegetische Hinweise*); d. h., diegetische Hinweise sind auch für andere Charaktere wahrnehmbar, sofern sie sich in einer Position befinden, diese auch wahrzunehmen, wohingegen nichtdiegetische Hinweise nur für den Nutzer wahrnehmbar sind. Beispiele für die jeweiligen Kombinationen sind in Tab. 11.2 zusammengefasst.

Der Audiokanal kann durch akustische Hinweise in der Umgebung und zum anderen durch Sprache den Anwender beeinflussen. Ein unbestreitbarer Vorteil in der Verwendung von Ton zum Geben von Hinweisen liegt darin, dass er unabhängig von der Kopforientierung oder Position genutzt werden kann. Findet das akustische Ereignis in

Tab. 11.2 Beispiele für die Lenkung der Aufmerksamkeit

Hinweise		Fokus	Beispiel
Explizit	Diegetische	Frei	Ein Charakter, der durch Dialoge oder Gesten auf relevante Elemente hinweist
Explizit	Diegetische	Erzwungen	Ein Nutzer als Passagier, der auf einer geführten Tour gezwungen wird, bestimmte Orte und Ereignisse zu beobachten
Explizit	Nichtdiegetische	Frei	Pfeile und Zeichen, die der VR-Umgebung überlagert werden
Explizit	Nichtdiegetische	Erzwungen	Ein Nutzer wird z. B. über die Einblendung einer Absperrung daran gehindert, bestimmte Orte zu erreichen
Implizit	Diegetische	Frei	Ein auffälliges Objekt wird in der Umgebung platziert, das die Aufmerksamkeit des Betrachters auf sich zieht, ohne ihn explizit darüber zu informieren, warum es da ist; z. B. Schmetterling, Vogel
Implizit	Diegetische	Erzwungen	Umgebungseinschränkungen wie Gräben oder Figuren, die den Nutzer zwingen, seinen Weg zu ändern
Implizit	Nichtdiegetische	Frei	Verortete Töne, die nicht Teil der VR-Umgebung sind
Implizit	Nichtdiegetische	Erzwungen	Systeme, die die Kontrolle über den Blickpunkt des Nutzers in einer Weise übernehmen, die in der virtuellen Umgebung nicht sinnvoll sind

einem Bereich statt, der für uns nicht sichtbar ist, versuchen wir den Ausgangspunkt des akustischen Signals visuell zu finden und zu erkunden. Durch Sprache, die nicht räumlich verortet sein muss, z. B. bei einem allgemeinen Erzähler, der nicht zu sehen ist, kann der Zuschauer z. B. direkt darauf hingewiesen werden, sich entweder umzuschauen oder in eine bestimmte Richtung („schauen Sie nach links") oder auf ein bestimmtes Objekt zu blicken („schauen Sie auf den grünen Kelch"). Oft werden akustische Hinweise nicht für sich allein genutzt, sondern dienen dazu, visuelle Hinweise zu ergänzen. Dass diese Ergänzung gut funktioniert, wurde bereits von Hoeg et al. (2017) gezeigt.

11.2.2 Szenenwechsel

Der Kameraschnitt in der immersiven VR, bei dem die gesamte 360°-Umgebung von einer Ansicht zur anderen wechselt, kann eine verwirrende Erfahrung sein. Änderungen der Kameraposition, des Blickwinkels, der Ausrichtung und der Beleuchtung haben eine unmittelbare, unbewusste viszerale Wirkung auf den Betrachter. Beim Szenenwechsel verliert der Betrachter seinen visuellen Bezugspunkt, sodass plötzliche Änderungen möglicherweise zu physischer Desorientierung führen können. Bewusste Szenenübergänge, wie Schnitte, werden im herkömmlichen Film gerne als filmisches Stilmittel angewendet. In immersiven VR-Umgebungen hat dies eine stärkere Wirkung und Schnitte sollten vorsichtiger eingesetzt werden, was evtl. zur Folge hat, Geschichten besser auf einen limitierteren Standort und einen engeren Zeitrahmen festzulegen.

Bordwell et al. (2010) fassen den Schnitt zwischen zwei beliebigen Einstellungen als einen Abgleich der grafischen, räumlichen und zeitlichen Kontinuität sowie der rhythmischen Beziehung zusammen. Das Publikum hat gelernt, zwei Aufnahmen miteinander zu verbinden, sofern bestimmte Regeln eingehalten werden. Dabei können auch visuelle Veränderungen angewendet werden, die aus dem „wirklichen Leben" unbekannt sind, aber im Film akzeptiert werden. Die Verwendung mancher dieser visuellen Veränderungen ist jedoch in immersiven VR-Umgebungen nicht unproblematisch und sollte nicht unreflektiert eingesetzt werden (Fearghail et al. 2018). Zu den allgemein anerkannten technischen Regeln gehört beispielsweise, einen Achsensprung zu vermeiden oder ein visuelles Mittel zwischen den Einstellungen beizubehalten.

Von Serrano et al. (2017) wurden die Auswirkungen von Kameraschnitten in immersiver VR denen im 2D-Film gegenübergestellt: Allgemein benötigten Betrachter in der immersiven Umgebung mehr Zeit, um sich nach einem Schnitt neu zu orientieren. Dabei wurde auch deutlich, dass eine größere Fehlausrichtung beim Schnitt auch zu einer größeren Ablenkung beim Betrachter führt, jedoch die Motivation zur Erkundung der Umgebung erhöht. Wie zuvor bereits erwähnt, besteht die Gefahr, dass der Zuschauer nach einem Schnitt desorientiert zurückbleibt. Wenn der Betrachter die Orientierung in der Szene verliert, wird er auch eher die Orientierung in der Erzählung verlieren. Dies führt auch zu Problemen beim Eintauchen des Zuschauers in das Geschehen, da er sich mehr Sorgen macht, interessante Aspekte zu verpassen. Erfolgt bereits ein weiterer

Schnitt, wenn der Betrachter sich noch in der Wiederorientierungsphase befindet, wird die Desorientierung noch weiter verstärkt. Dem Betrachter sollte somit nach einem Schnitt genügend Zeit eingeräumt werden, bis ein weiterer Wechsel erfolgt.

11.3 Besonderheiten bei sitzender Betrachtung

Da Nutzer nicht ohne guten Grund stehen wollen, sollte nach Zielasko und Riecke (2020) generell immer dann eine sitzende Haltung eingenommen werden können, wenn eine natürliche Fortbewegung nicht gegeben ist. Filmische VR wird zudem als eher passives Medium gesehen, bei dem sich entspannt zurückgelehnt werden kann, so wie es der Rezipient vom Film gewohnt ist. Wollten die Rezipienten aktiver sein, würden diese vielleicht auch in diesem Moment ein Computerspiel einem Film vorziehen. Eine stehende Haltung würde somit nicht nur mehr Anstrengung bedeuten, sondern auch der Erwartungshaltung der meisten Nutzer widersprechen.

Hu et al. (2021) führten eine Pilotstudie durch, in der verschiedene Kriterien bei der Betrachtung von 360°-Videos im Stehen und im Sitzen miteinander verglichen wurden. U. a. konnten konnten Hu et al. beobachten, dass bei sitzender Betrachtung die Studienteilnehmer weniger Kopfbewegungen zeigten und weniger Probleme mit den Symptomen der Cyberkrankheit hatten. Aus der Analyse der galvanischen Hautreaktion (engl. galvanic skin response, kurz GSR) leiteten sie zusätzlich ab, dass sich die Teilnehmer bei der sitzenden Betrachtung in einem Zustand geringerer emotionaler Erregung befanden.

Um das gesamte Potenzial des 360°-Raums auszuschöpfen, ist es naheliegend, Handlungen und Objekte überall im Raum zu platzieren. Bei sitzender Nutzung ist jedoch zu berücksichtigen, dass die Bewegungsfreiheit erheblich eingeschränkt ist. Wenn sich bei sitzender VR-Nutzung der Sitz nicht drehen lässt, kann dies zu einer konstant unangenehmen Körperverdrehung führen. Daraus ergeben sich Bildbereiche, die sich für die Platzierung von wichtigen Informationen anbieten (vorne), solche, die zum Entdecken einladen (seitlich) und solche, die außerhalb der Wahrnehmung liegen (hinten).

Gödde et al. (2018) zeigten, dass Nutzer gerne in die Haltung der ersten Blickrichtung (beim Start der VR-Anwendung) zurückkehren und dort auch die Handlung beginnen sollte. Die erste Blickrichtung wird als die natürliche Richtung angesehen, weshalb die Aufmerksamkeit nach der Orientierungsphase i. d. R. auch dorthin zurückschweift, es sei denn, ein Aufmerksamkeitshinweis führt dazu, längerfristig an einen anderen Ort zu schauen (Gödde et al. 2018).

In Zielasko und Riecke (2020) wird empfohlen, wo immer möglich, unabhängig von der Körperhaltung oder zumindest für stehende und sitzende Haltungen zu gestalten und den Nutzer über die eingenommene Körperhaltung frei entscheiden zu lassen. Soll dies berücksichtigt werden, muss ein Kompromiss zu Gunsten des sitzenden Zuschauers eingegangen werden, da der stehende Zuschauer mehr Bewegungsfreiheit mitbringt. Hierdurch werden die kreativen Möglichkeiten etwas eingeschränkt. Problematisch ist hier auch die Höhe der Kamera, insbesondere wenn eine Egoperspektive eingenommen werden soll: Bei filmischer VR ist die Kameraposition ja bereits bei der Inhaltserstellung festgelegt und kann im Nachhinein schlecht angepasst werden. Deshalb kann es leicht zu einer irritierenden Diskrepanz zwischen der gefilmten und der dargestellten Höhe kommen. Aber auch bei anderen Situationen, z. B. in der Interaktion mit Avataren (er steht, während ich sitze, oder umgekehrt), kann eine Nichtübereinstimmung zu Irritationen führen.

11.4   Erstellen von 360°-Videos

Mit speziellen *Panoramakameras* (auch *Rundumkamera* genannt), die meist aus mehreren Einzelkameras in einem *Rig*[3] kombiniert sind und später zu einem gemeinsamen Mono- oder Stereobild zusammengerechnet werden (dem sogenannten Stitching, siehe Abschn. 11.4.2), lässt sich die Welt in 360° erfassen. So entstehen Mono- oder Stereo-360°-Aufnahmen bzw. sphärische Aufnahmen, bei denen der Zuschauer die Möglichkeit bekommt, sich frei umzuschauen.

Ein Beispiel einer solchen Aufnahme, als Rektangularprojektion, zeigt Abb. 11.2. Eine *Rektangularprojektion* wird immer mit dem Seitenverhältnis 2 zu 1 abgebildet und entspricht den Polarkoordinaten 360° zu 180°. Die Verzerrung nach oben und unten nimmt so stark zu, dass der gesamte obere und untere Rand des Bildes dem Zenit bzw. dem Nadir des Aufnahmeortes entspricht. In Abb. 11.3 ist deutlich zu erkennen, wie stark das Bild am oberen und unteren Rand verbogen ist. Theoretisch ist die Abbildung von einer Projektion

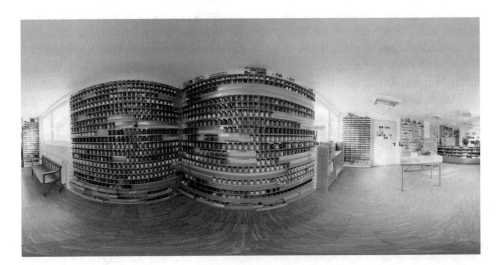

Abb. 11.2 Monoskopische 360°-Aufnahme von Andreas Sieß

---

[3] Ein Rig, auch *Kamera-Rig*, ist eine mechanische Vorrichtung zur Befestigung einer oder mehrerer Kameras (*Multikamera-Rig*).

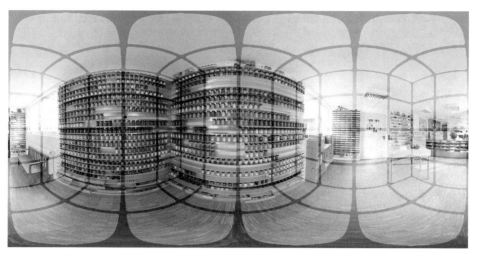

Abb. 11.3 Darstellung der Verzerrung einer equirectangularen Projektion der Textur. Gleich groß erscheinende Flächen in der Kugelprojektion sind optisch abgehoben

auf eine andere verlustfrei. Bei Rasterbildern kommt es aber zwangsläufig immer dann zum Informationsverlust, wenn ein Bildpunkt nicht exakt auf einem anderen Bildpunkt zu liegen kommt.

Hier sei angemerkt, dass für Standbilder, anstelle von einer zeitsynchronen Aufnahme mit mehreren Kameras, auch nicht-zeitsynchrone Aufnahmen von einer Kamera aus verschiedenen Blickwinkeln verwendet werden können. Der Vorteil eines solchen Vorgehens liegt darin, dass Parallaxenfehler reduziert werden können, da die Kamera so angeordnet werden kann, dass es nur ein Projektionszentrum gibt, vergleiche hierzu Abb. 11.4. Bei 360°-Videos ist es durch die gleichzeitige Aufnahme mit mehreren Kameras nicht möglich, die Parallaxe zu vermeiden. Bei Kamera-Rigs ist somit das so genannte *Parallaxenmanagement* (engl. parallax management) wichtig, um alle Kameras so optimal wie möglich zu platzieren.

11.4.1 Stereoskopisches 360°-Video

Da bei der Aufnahme von 360°-Videos, die mit einer Monoperspektive aufgenommen wurden, die binokularen Tiefenhinweise der okulomotorischen Indikatoren der Augenbewegung sowie der binokularen Disparität fehlen, wird sich beim Betrachter nie ein wirkliches Gefühl der Tiefe einstellen können. Es wird immer bei der Erfahrung bleiben, dass man sich in einem 360°-Bild befindet und nicht in einer dreidimensionalen Welt. 3D-Objekte, die über entsprechende Tiefeninformationen verfügen, können mit monoskopischen 360°-Aufnahmen kombiniert werden. Bei dieser hybriden Darstellung muss aber berücksichtigt werden, dass die 3D-Objekte immer vor den erfassten monoskopischen

Aufnahme mit einer Kamera   Aufnahme mit mehreren Kameras

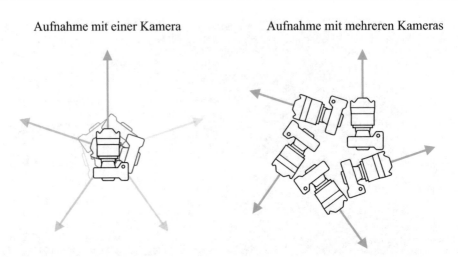

Abb. 11.4 Mögliche Kameraanordnungen für die zeitasynchronen (mittels einer Kamera) und zeitsynchronen Aufnahmen (mittels mehrerer Kameras) eines monoskopischen 360°-Bildes

Inhalten erscheinen (insofern sie sich innerhalb der Kugel befinden, auf der die 360°-Aufnahme abgebildet ist).

Um Tiefeninformationen einfangen zu können, muss das Bild mit zwei getrennten Objektiven aufgenommen werden, die parallel zueinander angeordnet sind und denselben Erfassungsbereich aufweisen. Da ein Stereopaar nur einen idealen Augenabstand für die Blickrichtung nach vorne abbildet, mit abnehmendem Abstand bis hin zu null bei einem seitlichen Winkel von 90°, kann sich aus zwei Einzelbildern kein Stereoeindruck in alle Blickrichtungen ergeben. Für stereoskopische 360°-Aufnahmen sind daher mindestens sechs Kameras erforderlich, drei Kameras pro Auge, die jeweils um 120° zueinander gedreht sind. Jeweils zwei Kameras müssen ein Stereopaar bilden. Dieser Aufbau erhöht den Aufwand und die Komplexität erheblich, weshalb stereoskopische Lösungen nicht nur wesentlich teurer sind als herkömmliche monoskopische 360°-Aufnahmen, sondern auch wesentlich anfälliger für technische Unzulänglichkeiten. Zusätzliche Fehlerquellen können sowohl beim Zusammenfügen der aufgenommenen Stereobilder, z. B. durch Abweichungen der verwendeten Objektive, als auch bei der Darstellung des Stereobildes entstehen.

Im Gegensatz zur Monoaufnahme ist bei stereoskopischen Aufnahmen die Parallaxe jedoch für die Tiefenwirkung notwendig, insofern erleichtert hier die Anforderung an die stereoskopische Anordnung sogar teilweise den mechanischen Aufbau. Die *Stereodisparität* kann dabei durch den Radius des *Projektionskreises*, siehe Abb. 11.5, bestimmt werden. Die Stereodisparität kann so justiert werden, dass sich größere Basislinien für weit entfernte Szenen und eine kleinere Basislinie für nähere Szenen ergeben, jedoch sollte die Disparität nicht zu sehr vom Augenabstand abweichen und es ist zu überprüfen, dass sich hierdurch keine unnatürlichen Augenstellungen ergeben.

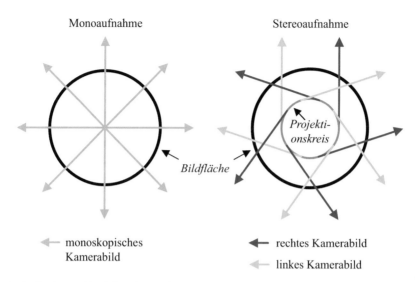

Monoaufnahme

Stereoaufnahme

Projektionskreis

Bildfläche

monoskopisches Kamerabild

rechtes Kamerabild

linkes Kamerabild

Abb. 11.5 Punkt- und kreisförmige Projektion: Projektionslinien, die senkrecht zur kreisförmigen Bildfläche verlaufen, erzeugen eine monoskopische 360°-Aufnahme mit einem Blickpunkt. Projektionslinien, die tangential zum inneren Projektionskreis verlaufen, bilden die stereoskopische 360°-Aufnahme durch kreisförmige Projektionen mit mehreren Betrachtungspunkten

Panoramabilder ergeben sich durch sogenannte perspektivische Projektionen, wobei die jeweiligen Punkte innerhalb einer dreidimensionalen Szene auf die Bildoberfläche entlang der Projektionslinien abgebildet werden. Bei monoskopischen Aufnahmen schneiden sich die Projektionslinien in einem gemeinsamen Punkt, dem *Blickpunkt*. Bei stereoskopischen Aufnahmen kommt die *zirkuläre Projektion* zum Einsatz. Diese ist eine spezielle Art von Mehrpunktprojektion, bei der sowohl das Bild des linken als auch das Bild des rechten Auges dieselbe zylindrische Bildfläche teilen. Wie in Abb. 11.5 dargestellt, befinden sich der linke und der rechte Blickpunkt auf einem inneren Kreis. Die Blickrichtung beider Augen liegt auf einer Linie, die den Projektionskreis tangiert, wobei die Linksaugenprojektion die Strahlen auf der Tangente im Uhrzeigersinn und die Rechtsaugenprojektion die Strahlen im Gegenuhrzeigersinn verwenden. Jedem Punkt auf dem Projektionskreis ist somit sowohl ein Blickpunkt als auch eine Blickrichtung zugewiesen.

Wie ein Punkt in der Szene für ein Stereopanorama auf der Bildfläche abgebildet wird, ist in Abb. 11.6 skizziert. Aus dieser Abbildung ist ersichtlich, dass die Stereobasislinie, d. h. der Abstand zwischen dem linken und dem rechten Blickpunkt, für alle Szenenpunkte in allen Blickrichtungen möglichst erhalten wird.

Wer sich weitergehend mit der Aufnahme von stereoskopischen 360°-Aufnahmen beschäftigen möchte, sei an das Paper von Peleg et al. (2001) verwiesen. Neben der Erstellung von stereoskopischen 360°-Standbildern mit einer einzigen rotierenden Kamera werden dort auch Monooptiken ohne bewegliche Teile behandelt.

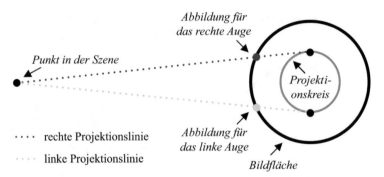

Abb. 11.6 Abbildung eines Punktes in der Szene mit Projektionen auf die Bildfläche für das linke und das rechte Auge

11.4.2 Stitching

Um eine 360°-Ansicht zu erstellen, müssen sowohl die einzelnen monoskopischen als auch die stereoskopischen Aufnahmen, die mit einer oder mehreren Kameras aufgenommen wurden, zu einem Bild bzw. zwei Bildern zusammengefügt werden. Dabei werden die drei folgenden Schritte, die auch in Abb. 11.7 dargestellt sind, durchlaufen:

Schritt 1 **Aufnahme**: Die Umgebung wird mit mehreren überlappenden Bildern fotografisch erfasst.
Schritt 2 **Stitching**: Die einzelnen Bilder werden zueinander im Raum positioniert und zusammengefügt.
Schritt 3 **Projektion**: Das auf der Kugeloberfläche berechnete Bild wird auf eine Fläche abgebildet.

Stitching bezeichnet das Zusammenfügen mehrerer sich überlappender Aufnahmen zu einem einzigen Gesamtbild, z. B. eines Panoramas oder hochauflösenden Bildes. Der Prozess des Zusammensetzens von Bildern kann in die drei Hauptkomponenten Bildregistrierung (metrische Räume werden durch Isometrie/Homographie aufeinander abgebildet), Kalibrierung (Farb- und Helligkeitsanpassung) und Überblendung (der einzelnen Bilder) eingeteilt werden. Die Abb. 11.8 zeigt ein zusammengesetztes Bild mit entsprechenden Stitchinglinien.

Durch die *Bildregistrierung* entsteht ein neues Bild, in dem eine Reihe Einzelbilder neu ausgerichtet und zu einem Gesamtbild zusammengesetzt wird. Dazu umfasst die Bildregistrierung das Auffinden von gleichen Merkmalen in den Einzelbildern und deren Ausrichtung anhand dieser gleichen Merkmale, wobei die absoluten Differenzen zwischen überlappenden Pixeln minimiert werden (Suen et al. 2007).

Die Identifikation und Zuordnung von Merkmalen sind relevant, um Korrespondenzen zwischen den Einzelbildern zu finden, damit die Transformation zu ihrer Ausrichtung mit dem Zielbild geschätzt werden kann. Gute Merkmale sind markante, einzigartige

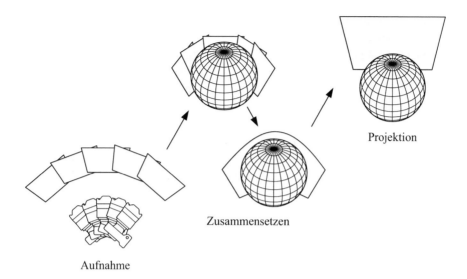

Abb. 11.7 Zusammensetzen der einzelnen Bildaufnahmen für die spätere Abbildung in der Kugel

Abb. 11.8 Dieses Beispielbild zeigt die Stitchinglinien (in Rot) bei der Panoramaerstellung (in diesem Beispiel aus neun Einzelbildern)

Bereiche wie Ecken oder Muster. Geeignete Verfahren werden in Abschn. 9.4.2 genannt. Die *Ausrichtung* ist erforderlich, um ein Bild so zu transformieren, dass es dem Blickwinkel des Zielbildes entspricht, mit dem es zusammengesetzt werden soll. Die Ausrichtung ist, einfach ausgedrückt, eine Änderung des Koordinatensystems, sodass es ein neues Koordinatensystem annimmt mit einem Bild, das dem gewünschten Blickwinkel entspricht. Die Arten von Transformationen, die ein Bild durchlaufen kann, sind eine reine Translation, eine reine Rotation sowie eine Ähnlichkeitstransformation, die Translation, Rotation und Skalierung des zu transformierenden Bildes umfasst, sowie eine affine oder projektive Transformation. Für das Problem der Homographie-Schätzung kann z. B. RANdom SAmple Consensus (RANSAC) eingesetzt werden (Fischler und Bolles 1981).

RANSAC ist ein Resampling-Algorithmus zur Schätzung eines Modells innerhalb einer Reihe von verrauschten Messwerten.

Beim *Zusammensetzen* (engl. compositing) werden die entzerrten Bilder so ausgerichtet, dass sie wie eine einzige Aufnahme einer Szene erscheinen. Bei der *Kalibrierung* und *Bildüberblendung* werden die in der Kalibrierungsphase ermittelten Anpassungen in Kombination mit einer Neuzuordnung der Bilder zu einer Ausgabeprojektion durchgeführt. Es kommen Algorithmen zum Einsatz, um optische Defekte wie Verzeichnung, Vignettierung und Aberration zu minimieren. Die Farbwerte werden für überlappende Bildbereiche zwischen den Bildern angepasst, um Belichtungsunterschiede auszugleichen. An den Übergängen der Bilder kann es zu Nahtstellen kommen, die als sichtbare Linien das zusammengesetzte Bild stören.

11.4.3 Stitchingfehler

Beim Zusammensetzen zu einem Panoramabild sollten die dafür verwendeten Einzelbilder einen angemessenen Überlappungsgrad von mindestens 15 %, jedoch besser 30 %, aufweisen, um genügend gemeinsame Merkmale in beiden Aufnahmen zu haben. Die Bilder müssen eine gleichmäßige Belichtung aufweisen, um die Wahrscheinlichkeit des Auftretens von Nahtstellen zu minimieren und einen homogenen Bildeindruck zu vermitteln. Eine weitere Einschränkung bei der Positionierung des Kameraarrays ist das Einhalten eines gewissen Mindestabstandes. Dieser ist nötig, da es im Nahbereich zu der sogenannten *toten Zone* kommt, also einem Bereich, in dem die Bilder nicht mit ausreichend großer Überlappung erfasst werden, siehe Abb. 11.9. Da jedoch nicht garantiert werden kann, dass die Parallaxe, Objektivverzerrung, Bewegung der Szene und Belichtung bei den Einzelbildern identisch sind, kann es beim Zusammensetzen zu einer

Abb. 11.9 Darstellung der toten Zone für eine Kameraanordung mit fünf Kameras und einem Öffnungswinkel von 110°

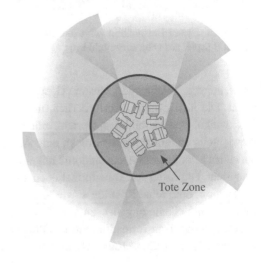

Tote Zone

Tab. 11.3 Übersicht über diverse Stitchingfehler und ihren Grund des Auftretens

Bildfehler	Grund
Vertikale Streifenbildung	Belichtungsschwankungen während synchroner Aufnahme der Bilder oder Veränderung in der Beleuchtung bei zeitlichem Versatz der Aufnahme
Farbverschiebung	Farbunterschiede entstehen durch Belichtungsschwankungen zwischen den Einzelaufnahmen oder einem automatischen Weißabgleich
Vignettierung	Durch Vignettierung wird das Bild in den Ecken dunkler. Dies kommt häufiger bei sehr weitwinkligen Objektiven vor und ist bei der Betrachtung einzelner Fotos kaum sichtbar
Geisterbilder	Dieses Problem tritt häufig auf, wenn die Szene Bewegungen enthält, wie z. B. Menschen, Wolken, Wellen oder Autos. In den zusammengesetzten Bereichen kann es so zu semitransparenten Doppelbildern kommen
Fehlerhafte Anordnung	Beim Zusammensetzen der Bilder kommt es zu einer fehlerhaften Anordnung, z. B. da nicht genügend korrespondierende Punkte gefunden wurden. Dadurch entstehen Stellen, an denen Objekte verzerrt, falsch ausgerichtet oder halbiert wurden
Gekrümmter Horizont	Nachdem die Bilder zusammengefügt wurden, sieht der Horizont eher gekrümmt als gerade aus. Die Hauptursache für dieses Problem ist, dass die Kamera während der Aufnahme nicht horizontal war

Vielzahl von Fehlern kommen. Diese sind in Tab. 11.3 beschrieben. In bewegten Szenen kann es zu zusätzlichen Problemen kommen, wenn sich verändernde Objekte in den Einzelbildern zu unterschiedlichen Zeiten aufgenommen werden. Es kann dann sein, dass diese Objekte mehrfach (Klone) oder teilweise transparent (Geister) im Bild erscheinen. Zusätzliche Verarbeitungsschritte wie Bewegungsausgleich, Deghosting und Begradigung können das Auftreten von Bildfehlern oft weiter reduzieren (Brown und Lowe 2007).

Literaturverzeichnis

Bartsch A, Viehoff R (2010) The use of media entertainment and emotional gratification. Proc-Soc Behav Sci 5:2247–2255

Bordwell D, Thompson K, Smith J (2010) Film art: an introduction, Bd 9. McGraw-Hill, New York

Brown M, Lowe DG (2007) Automatic panoramic image stitching using invariant features. Int J Comput Vis 74(1):59–73

Dolan D, Parets M (2016) Redefining the axiom of story: the VR and 360 video complex. Techcrunch Online

Fearghail CO, Ozcinar C, Knorr S, Smolic A (2018) Director's cut-analysis of aspects of interactive storytelling for VR films. In: International Conference on Interactive Digital Storytelling. Springer, Cham, S 308–322

Fischler MA, Bolles RC (1981) Random sample consensus: a paradigm for model fitting with applications to image analysis and automated cartography. Commun ACM 24(6):381–395

Gödde M, Gabler F, Siegmund D, Braun A (2018) Cinematic narration in VR–rethinking film conventions for 360 degrees. In: International Conference on Virtual, Augmented and Mixed Reality. Springer, Cham, S 184–201

Hoeg ER, Gerry LJ, Thomsen L, Nilsson NC, Serafin S (2017) Binaural sound reduces reaction time in a virtual reality search task. In: 2017 IEEE 3rd VR Workshop on Sonic Interactions for Virtual Environments (SIVE), S 1–4

Hu Y, Elwardy M, Zepernick HJ (2021) On the effect of standing and seated viewing of 360° videos on subjective quality assessment: a pilot study. Computers 10(6):80

Langewitz O (2008) Die Filmgesellschaft: Die Entwicklung einer kommunikationssoziologischen Austauschtheorie am Beispiel interdependenter Kommunikationen zwischen Akteuren im Filmsystem. Cuvillier Verlag, Göttingen

MacQuarrie A, Steed A (2017) Cinematic virtual reality: evaluating the effect of display type on the viewing experience for panoramic video. In: 2017 IEEE Virtual Reality (VR). IEEE, Los Angeles, S 45–54

Mateer J (2017) Directing for cinematic virtual reality: how the traditional film director's craft applies to immersive environments and notions of presence. J Media Pract 18(1):14–25

Nielsen L, Møller M, Hartmeyer S, Ljung T, Nilsson N, Nordahl R, Serafin S (2016) Missing the point: an exploration of how to guide users' attention during cinematic virtual reality. In: Proceedings of the 22nd ACM Symposium on Virtual Reality Software and Technology. Association for Computing Machinery, Munich

Peleg S, Ben-Ezra M, Pritch Y (2001) Omnistereo: panoramic stereo imaging. IEEE Trans Pattern Anal Mach Intell 23(3):279–290

Robinson DL, Petersen SE (1992) The pulvinar and visual salience. Trends Neurosci 15(4):127–132

Rothe S, Buschek D, Hußmann H (2019) Guidance in cinematic virtual reality-taxonomy, research status and challenges. Multimodal Technol Interact 3(1):19

Serrano A, Sitzmann V, Ruiz-Borau J, Wetzstein G, Gutierrez D, Masia B (2017) Movie editing and cognitive event segmentation in virtual reality video. ACM Trans Graph 36(4):1–12

Suen ST, Lam EY, Wong KK (2007) Photographic stitching with optimized object and color matching based on image derivatives. Opt Express 15(12):7689–7696

Syrett H, Calvi L, Gisbergen Mv (2016) The oculus rift film experience: a case study on understanding films in a head mounted display. In: International Conference on Intelligent Technologies for Interactive Entertainment. Springer, Cham, S 197–208

Szita K, Gander P, Wallstén D (2021) The effects of cinematic virtual reality on viewing experience and the recollection of narrative elements. PRESENCE: Virtual Augmented Real 27(4):410–425

Zielasko D, Riecke BE (2020) Either give me a reason to stand or an opportunity to sit in VR. In: 2020 IEEE Conference on Virtual Reality and 3D User Interfaces Abstracts and Workshops (VRW). IEEE, Atlanta, S 283–284

Soziale virtuelle Realität

Der Mensch ist ein soziales und kommunikatives Wesen und nutzt seine Stimme, sein Gesicht und seinen Körper zur verbalen als auch nonverbalen Kommunikation. Die Kommunikation zwischen Menschen findet nicht nur auf den offensichtlichen Kanälen (visuell und akustisch), sondern auch unbewusst und „zwischen den Zeilen" statt. Unsere Worte und die Art, wie wir sprechen, machen nur etwa, je nach Literatur, 30 bis 45 % unserer Kommunikation aus. Mit 55 bis 70 % macht die nonverbale Kommunikation den größeren Anteil der menschlichen Kommunikation aus (Mehrabian 2017). Körperhaltung und Körperbewegungen, Gesichtsausdruck sowie Berührungen geben subtile Hinweise auf Haltung, Persönlichkeit und Absicht (Phutela 2015). Wenn sich Menschen in einer interaktiven Situation nicht verbal äußern, findet dennoch eine nonverbale Kommunikation statt. Selbst keine Kommunikation, z. B. auf eine Anfrage nicht zu reagieren, kann bereits eine Nachricht vermitteln. Der Kommunikationswissenschaftler Paul Watzlawick verdeutlichte das mit seinem berühmt gewordenen ersten Axiom seines Kommunikationsmodells: „Man kann nicht nicht kommunizieren", denn jegliche Form der Kommunikation ist Verhalten und genauso, wie ein Mensch sich nicht nicht verhalten kann, kann er nicht nicht kommunizieren (Watzlawick et al. 2007).

Jegliche Form der Kommunikation zwischen Menschen, ob in einem realen oder virtuellen Raum, am Telefon oder in einem Chat, wird durch die zur Verfügung stehenden Kommunikationsmöglichkeiten bestimmt. Im Vergleich zur Kommunikation von Angesicht zu Angesicht wird bei *computervermittelter Kommunikation* (engl. computermediated communication, kurz CMC) die Art, was und wie Menschen kommunizieren, durch die Modifikationen und Einschränkungen der verfügbaren Kommunikationskanäle erheblich verändert (Wainfan und Davis 2004). So ist z. B. eine zentrale Aussage der *Kanalreduktionstheorie*, dass durch mangelnde Repräsentation der ansonsten reichhaltigen Signale die Kommunikation entsinnlicht wird. Neuere soziale Medien der computer-

M. Wölfel, *Immersive Virtuelle Realität*, https://doi.org/10.1007/978-3-662-66908-2_12

vermittelten Kommunikation, wie Videokonferenzsysteme oder soziale VR-Plattformen, versuchen dem durch reichhaltige mediale Repräsentation entgegenzutreten.

Als *soziale virtuelle Realität* (engl. social virtual reality, kurz SVR) werden Anwendungen bezeichnet, die im virtuellen Raum die gegenseitige Wahrnehmung und Kommunikation, Interaktion und Zusammenarbeit zwischen ihren Nutzern unterstützen (Greenhalgh 1997). Soziale VR spannt einen dreidimensionalen computergenerierten Raum auf, der Besucher mit VR-Headsets unterstützen muss und auch Nicht-VR-Headset-Nutzern zugänglich sein kann. Der Nutzer und alle weiteren Akteure werden dabei in Echtzeit durch Abbilder (Avatare) repräsentiert, die in ihrer Darstellung i. d. R. einem Menschen ähneln, bei dem jedoch nicht zwingend alle Gliedmaßen dargestellt sind. Dargestellte Gliedmaßen und Gesichtszüge bewegen sich in der VR synchron zu den tatsächlichen Körper- und Gesichtsbewegungen, um nonverbale Stimuli in Echtzeit zu erfassen und darzustellen. Die Individuen können sich so in einem gemeinsamen Raum in Echtzeit unterhalten und gemeinsame Aktivitäten ausführen.

Soziale VR ermöglicht dem Nutzer, sich frei im teilweise nutzergenerierten 3D-Raum zu bewegen. Im Vergleich zu „traditionellen" sozialen Medien hat soziale VR drei neue Merkmale:

• hohe Immersion in einem gemeinsamen dreidimensionalen Raum,
• vielfältige Interaktionsmöglichkeiten und
• kontextualisierte soziale Inhalte.

Bevor der Begriff der sozialen VR populär wurde, bezog sich eine *kollaborative virtuelle Umgebung* (engl. collaborative virtual environments, kurz CVE) sowohl auf Desktop- als auch immersive VR-Systeme, die eine Zusammenarbeit in einer gemeinsamen virtuellen Umgebung unterstützen, in der jeder Teilnehmer durch einen Avatar repräsentiert wird.

Wie zuvor angemerkt, sind viele Plattformen, die der sozialen VR zugeordnet werden, auch für Nicht-HMD-Nutzer über PC oder Mobilgerät zugänglich. Die Möglichkeiten der nonverbalen Kommunikation sind in diesem Fall technisch bedingt stark eingeschränkt und es kann zu einem Ungleichgewicht in der nonverbalen Ausdrucksfähigkeit kommen. Gleiches gilt auch dann, wenn HMD-Nutzer unterschiedliche Technologien einsetzen. Susindar et al. (2019) verglichen das Entscheidungsverhalten von Betrachtern auf über Flachbildschirme dargestellte Emotionen (Angst und Wut) gegenüber denen bei HMDs. Am HMD war der Effekt stärker ausgeprägt, was Susindar et al. (2019) folgern ließ, dass der Einsatz von immersiven Umgebungen zu einer effektiveren Emotionsgenerierung führt als der Einsatz von weniger immersiven Medien wie herkömmlichen Flachbildschirmen. Maloney et al. (2020) untersuchten Unterschiede in der nonverbalen Kommunikation zwischen immersiven virtuellen Umgebungen, virtuellen 2D- und 3D-Welten am Flachbildschirm und in der Realität. Ihre Ergebnisse deuten darauf hin, dass nonverbale Kommunikation ähnlich zur Offline-Kommunikation auch in sozialer VR stattfindet. Insgesamt, so die Autoren, wurde die nonverbale Kommunikation in sozialer VR von den Nutzern positiv wahrgenommen.

Im Folgenden wird der Begriff soziale VR exklusiv für immersive Systeme verwendet, die die Kommunikation über HMDs herstellen. Diese Systeme eröffnen Möglichkeiten des sozialen Austausches, die potenziell näher an der sozialen Offline-Kommunikation sind als andere Formen sozialer Medien. Dabei geht es nicht ausschließlich um den sozialen Austausch. Die als soziale VR bezeichneten Systeme können auch auf unterschiedliche Weise eingesetzt werden: zum Spielen, zum Lernen und zur beruflichen Zusammenarbeit.

12.1 Verkörperung

Die Darstellung der Kommunikations- und Interaktionspartner ist eine der grundlegenden Eigenschaften jeder sozialen VR-Anwendung. Dabei muss sich hinter jedem Charakter nicht zwangsläufig ein Mensch befinden, der diesen steuert. Der Charakter kann auch computergesteuert sein. Wird der verkörperte Charakter durch einen Menschen kontrolliert, wird dieser als *Avatar* bezeichnet. Wird dieser durch einen Algorithmus kontrolliert, wird dieser als *verkörperter Agent* (engl. embodied agent) bezeichnet. Ist dieser genügend intelligent, wird sich in Zukunft die Interaktion mit diesem nicht wesentlich von der mit einem Avatar unterscheiden.

Mit dem Begriff Avatar sind mehrere Bedeutungen verbunden. So bezeichnet im Hinduismus Avatar einen Gott, der in Form eines Menschen auf die Erde herabgestiegen ist. Im Digitalen ist die Beziehung zwischen Immaterialität und Materialität umgekehrt: Ein digitales Abbild wird vom Menschen kontrolliert. Ein *Avatar* ist somit eine digitale Repräsentation mit menschengesteuertem Verhalten und menschenähnlichem Aussehen (Bailenson et al. 2004). Entsprechend wird ein sozialer Austausch, der über eine digitale Repräsentation stattfindet, auch als *avatarvermittelte Kommunikation* (engl. avatar-mediated communication) bezeichnet (Bente et al. 2008). Im allgemeinen Sprachgebrauch wird der Begriff Avatar sehr weit gefasst und schließt auch die Darstellung einer computergesteuerten Figur ein, auch wenn sie unabhängig von einem Nutzer agiert. Wie bereits erwähnt, handelt es sich bei dieser Figur jedoch um einen verkörperten Agenten und nicht um einen Avatar im eigentlichen Sinne.

Während des gesamten Kommunikationsprozesses zwischen den Kommunikationspartnern werden das Aussehen und Verhalten der Avatare interpretiert (Garau 2003). Je nach Wiedergabetreue gibt der Avatar die entsprechenden Signale der steuernden Person wieder oder weicht von diesen ab, wodurch es zu Fehlinterpretationen kommen kann. Nach Garau umfasst die *Wiedergabetreue* (engl. fidelity) des Avatars drei Eigenschaften, die sich auf das Aussehen (engl. visual fidelity), und drei, die sich auf das Verhalten (engl. behavioural fidelity) beziehen.

Die drei Eigenschaften mit Bezug auf das Aussehen sind:

- *Realismus*, der i. d. R. von cartoonhaft bis fotorealistisch klassifiziert wird,
- *Ähnlichkeit*, die von einer genauen Abbildung der realen Person bis hin zu keinerlei Übereinstimmung reicht, und

- *Personalisierung*, die i. d. R. durch den Nutzer selbst durchgeführt wird und somit eher die Eigenwahrnehmung repräsentiert. Diese reicht von einem generischen Charakter bis hin zu sehr detailreichen Einstellungsmöglichkeiten, die auch Brillen, Hüte, Körperschmuck, Kleidung etc. einschließen.

Die drei Eigenschaften mit Bezug auf das Verhalten sind:

- *Feinsinnigkeit* (engl. subtlety), die definiert, wie offensichtlich der Ausdruck eines Avatars sein muss (dezent bis übertrieben), um seine Bedeutung zu vermitteln,
- *Präzision*, die die Fähigkeit beschreibt, eine einzige klare Emotion zu vermitteln (ungenau bis präzise), im Gegensatz zu einer Mischung aus verschiedenen Emotionen, und
- *Ausdruckskraft*, die die Stärke der Emotionen festlegt, die der Avatar darstellt (neutral bis ausdrucksvoll).

Dabei besteht eine Notwendigkeit für die Konsistenz zwischen der Wirklichkeitstreue des Verhaltens des Avatars und seinem Aussehen.

12.1.1 Darstellung von Menschen

Wenn die Kommunikationsteilnehmer nicht mit ihrem realen Körper und ihrer eigenen Stimme kommunizieren, sondern dies auf den Avatar übertragen, ist es nicht unbedingt erforderlich, jeweils den höchsten Detail- und Feinheitsgrad anzustreben. Sogar das Aussehen eines Avatars muss dabei nicht unbedingt menschlich sein. Nach Kilteni et al. (2012) gibt es drei Faktoren, die dafür sorgen, dass sich eine *anthropomorphe Abbildung* (gr. anthropos, dt. Mensch, und morphē, dt. Form oder Gestalt, das Adjektiv anthropomorph bedeutet in etwa von menschenähnlicher Gestalt oder mit menschenähnlichen Eigenschaften) so anfühlt, als gehöre sie zu dem Nutzer:

Das Gefühl der Selbstverortung: Die Körperbewegung ist im Einklang mit der Darstellung und erfüllt die Erwartungen des Nutzers, wie diese ausgeführt werden sollten.

Das Gefühl der Handlungsfähigkeit: Der Nutzer hat das Gefühl, er hätte die Kontrolle über die Darstellung der Bewegung.

Das Gefühl des Körperbesitzes: Der Nutzer besitzt eine virtuelle Repräsentation seines Körpers, den er als seinen eigenen akzeptiert.

Interessanterweise ist es oft sogar besser, Informationen und Details nicht darzustellen, als falsche oder unplausible Dinge zu vermitteln. Ein gutes Beispiel hierfür ist, dass Körperteile nicht angezeigt werden. Die meisten immersiven VR-Systeme ermöglichen kein vollständiges Tracking des ganzen Körpers. Aus diesen limitierten Informationen eine überzeugende Charakteranimation zu rekonstruieren, ist technisch aufwendig und es ergeben sich immer wieder Bewegungen des Avatars, die nicht plausibel erscheinen. Es hat sich herausgestellt, dass in einem solchen Fall die Darstellung von Avataren oder

Abb. 12.1 Selbstdarstellung des Autors als einfaches Mesh aus Ready Player Me und als aufwendiges von Simon Janzer modelliertes Mesh auf Basis von Fotogrammetrie

verkörperten Agenten ohne Beine besser geeignet ist, Irritationen beim Betrachter zu verhindern. Jedoch sollte auch berücksichtigt werden, dass erst die Beine einen Avatar „mit der Welt verbinden" und diesen nicht schwebend erscheinen lassen. Da beim Gegenüber ein Abgleich der tatsächlichen und dargestellten Gliedmaßen nicht möglich ist, ist es einfacher, für den Betrachter eine plausible Darstellung zu erreichen. Bei der Darstellung des eigenen Avatars findet ein Abgleich der dargestellten Gliedmaßen mit der eigenen Körperwahrnehmung statt, weshalb eine Abweichung sofort auffällt und bereits bei geringer Abweichung zu Irritationen führen kann.

In Abb. 12.1 werden zwei Darstellungen eines Avatars gegenübergestellt: zum einen ein einfaches Modell aus *Ready Player Me*[1] mit einer geringen Polygonanzahl und zum anderen als aufwendiges, von Hand auf Basis von Fotogrammetrie,[2] modelliertes Modell mit einer hohen Polygonanzahl. Wie gut zu erkennen ist, werden viele spezifischen Merkmale bei einem einfachen Modell nicht wiedergegeben. So ist es z. B. nicht möglich, Alter, Falten, Narben, Muttermale, Leberflecken etc. abzubilden, was eine Identifikation des Charakters stark erschwert. Dadurch kann es leichter zu unbeabsichtigten oder beabsichtigten Verwechslungen (Identitätsdiebstahl) kommen.

12.1.2 Unheimliches Tal

Der Realismus sowie die Darstellungstreue von Avataren sind weiterhin heiß diskutierte Themen. Befeuert werden diese Diskussionen durch ein Phänomen, das als *Unheimliches Tal* (engl. uncanny valley) bekannt ist (Mori et al. 2012). Bei der Darstellung von

---

[1] https://readyplayer.me/de.

[2] Die *Fotogrammetrie* generiert ein 3D-Modell aus mehreren Aufnahmen aus unterschiedlichen Perspektiven eines realen Objektes oder einer Umgebung.

Personen steigt die Akzeptanz nicht mit dem Realismusgrad, sondern bricht – unerwartet – zwischendrin ein. Es besteht somit eine *Akzeptanzlücke* zwischen sehr abstrakt, relativ abstrakt und relativ detailliert dargestellten Personen. Darstellungen von Personen, die in diese Lücke fallen, werden unheimlicher wahrgenommen als andere, daher auch der Name, siehe hierzu auch Abb. 12.2.

Seit der Einführung des Unheimlichen Tals in den 1970er-Jahren durch Masahiro Mori in der Robotik wurde das Phänomen auch auf andere Bereiche angewendet, z. B. auf die Darstellungen von Personen in Filmen (Manaf et al. 2019) und Computerspielen

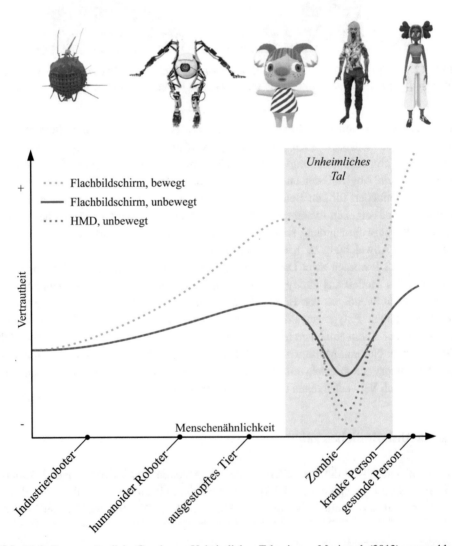

Abb. 12.2 Der ursprüngliche Graph zum Unheimlichen Tal, wie von Mori et al. (2012) vorgeschlagen, ergänzt um die Wahrnehmung im HMD und entsprechenden Charakteren (Hepperle et al. 2022)

(Edward et al. 2007). Im Vergleich zu Flachbildschirmen gibt es Hinweise darauf, dass die Darstellung von Menschen in immersiver VR stärkere negative Emotionen hervorruft (Kim et al. 2012). Hepperle et al. (2022) untersuchten die Auswirkungen des Unheimlichen Tals in Abhängigkeit des verwendeten Ausgabemediums. Dabei fanden die Forscher heraus, dass das Tal stärker ausgeprägt ist, wenn Avatare über HMDs anstelle eines Flachbildschirms betrachtet werden.

Lugrin et al. (2015) untersuchten die *Illusion des virtuellen Körperbesitzes*. Sie fanden heraus, dass die Repräsentation durch einen eher menschenähnlichen virtuellen Körper zu einem stärkeren Gefühl führt, zwei getrennte Körper zu haben, als wenn eine Person durch einen eher roboterähnlichen Körper repräsentiert wird. Sie erwähnten auch, dass die Teilnehmer mehr Wert auf Details wie eine korrekte Armlänge legten, wenn ihr Körper durch einen menschenähnlichen Avatar dargestellt wurde, als wenn dieser eher einem Roboter glich.

Auch die Darstellung der Hände, wenn diese realistisch dargestellt sind, ist in immersiven VR-Umgebungen von besonderer Relevanz. Während der Nutzer seinen Körper nur dann sieht, wenn er nach unten schaut oder in einen Spiegel, der in der virtuellen Umgebung platziert ist, sind die Hände ständig im Blickfeld (insofern diese dargestellt werden). Schwind et al. (2017) untersuchten die Auswirkungen unterschiedlicher Handformen in immersiver VR. Sie fanden heraus, dass sich zwar sowohl Männer als auch Frauen unwohl fühlten, wenn sie die Hände des anderen Geschlechts benutzten, dass aber eine allgemeine Verringerung der Präsenz oder Sympathie, wie durch die Theorie des Unheimlichen Tals erwartet, nicht festgestellt werden konnte.

12.2 Soziale Präsenz und Verhalten

Unter *sozialer Präsenz* wird die Wahrnehmung verstanden, dass der Nutzer das Gefühl hat, sowohl verbal als auch nonverbal, tatsächlich mit anderen Menschen in derselben Umgebung zu kommunizieren. Interessanterweise erfordert das Gefühl der sozialen Präsenz keinen hohen physischen Realismus. Als Teil eines komplexen neurologischen Ablaufs können Bewegungen durch bloßes Beobachten einer anderen Person, eines Tieres oder antromorphen Gegenstandes erkannt und nachgeahmt werden, selbst wenn die Darstellung abstrakt ist. Dies führt dazu, dass das Verhalten des Gegenübers unwillentlich nachgeahmt wird oder eine Person mit einer anderen mitfühlen kann. So muss eine Person z. B. selbst gähnen, wenn sie dieses bei jemand anderem beobachtet. Obwohl die soziale Präsenz mit zunehmendem Verhaltensrealismus (dem Grad, zu dem sich menschliche Darstellungen und Objekte wie in der physischen Welt verhalten) zunimmt, zeigen Nutzer bereits bei relativ geringer Realitätsnähe Angstzustände. Beispielsweise können Angstzustände auftreten, wenn einer virtuellen Figur Schmerzen zugefügt werden (Slater et al. 2006a) oder wenn ein Nutzer mit Angst vor öffentlichen Auftritten vor einem virtuellen Publikum sprechen muss (Slater et al. 2006b). Nach Mansour et al. (2006) sind ein naturgetreues Erscheinungsbild und Verhalten des Avatars ein entscheidender Faktor für die Wahrnehmung der sozialen Interaktion in sozialer VR.

Wie in der Einleitung kurz erwähnt, kann die computervermittelte Kommunikation im Vergleich zur Offline-Kommunikation die Art und Weise unserer Kommunikation und unseres Sozialverhaltens beeinflussen. Das Fehlen von nonverbalen Hinweisen, wie z. B. der Verlust des Blickkontakts bei Videokonferenzlösungen, kann daher zu einer geringeren Akzeptanz von Videokonferenzsystemen führen. Begründet wird dies damit, dass Menschen einen schlechten Blickkontakt mit Täuschung assoziieren (Bekkering und Shim 2006).

Während manche Einschränkungen bzw. Veränderungen offensichtlich sind, z. B. wenn ein Avatar cartoonartig statt realistisch dargestellt wird, sind andere Veränderungen nicht wahrnehmbar. So wird z. B. das Audiosignal in sozialen VR-Umgebungen meistens direkt übertragen und erscheint unverändert. Jedoch kann auch hier, durch die Komprimierung des Audiosignals, die Wahrnehmung einer anderen Person beeinflusst sein. Wie von Siegert und Niebuhr (2021) herausgefunden, hat die Audiokompression Auswirkungen auf die charismatische Wirkung von Sprechern.

Bisher ist wenig über die Veränderungen und Auswirkungen im Sozialverhalten durch soziale VR-Umgebungen bekannt. Daher führten Tanenbaum et al. (2020), mit dem Schwerpunkt auf nonverbalem Verhalten und Verhaltenstreue, eine Bestandsaufnahme der nonverbalen Kommunikation in kommerziellen sozialen VR-Plattformen durch. Sie identifizierten dominante Designstrategien für Bewegung, Mimik und Gestik in kommerziellen VR-Anwendungen, bemerkten aber einen Mangel an Interaktionsparadigmen für den Gesichtsausdruck und das fast völlige Fehlen einer sinnvollen Kontrolle über Aspekte der nonverbalen Kommunikation wie Körperhaltung, Pose und sozialen Status.

So wie Menschen in der realen Welt von ihrer Umgebung und ihrem Gesprächspartner beeinflusst werden, muss auch der Kontext bei der Kommunikation in der virtuellen Welt berücksichtigt werden. Auch hier wirken sich Faktoren aus, wie Umgebung, Gruppengröße, Grad der Ablenkung und das Gefühl der Bequemlichkeit. Gerade in einer Gruppe wird die Kommunikation auch durch die Rollen- und Machtstrukturen der Gruppe bestimmt (Schroeder 2002). Intuitive Aktionen und Reaktionen, die ohne Einfluss von Aufmerksamkeitsprozessen zustande kommen, sind auch im virtuellen Raum relevant. Da bei der *präattentiven Wahrnehmung* das Nervensystem einen Reiz wahrnimmt und einen Effekt auslöst, ohne dass dieser Prozess ins Bewusstsein dringt, bleiben uns hier bestimmte Effekte verborgen.

12.2.1 Proxemik

Der zwischenmenschliche Abstand, den zwei Personen zueinander einnehmen, hängt von der Beziehung der beiden Personen zueinander ab. Wird dieser Raum unter- oder auch überschritten, fühlen sich Personen unwohl. So besteht beispielsweise auch in der immersiven VR der Drang, sich zurückzuziehen, wenn jemand in den persönlichen Raum

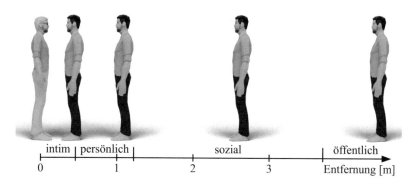

Abb. 12.3 Halls Klassifizierung der sozialen zwischenmenschlichen Distanz im Verhältnis zur physischen zwischenmenschlichen Distanz

eindringt. In der Theorie der *Proxemik* (engl. proxemics, von lat. proximus, der Nächste) werden nach Hall (1963) die Distanzen in vier verschiedene Zonen unterteilt. Der Abstand der jeweiligen Zonen ist dabei stark kulturabhängig. So halten z. B. Nordeuropäer zu ihrem Gegenüber einen größeren Abstand als Südeuropäer. Für Nord- und Mitteleuropäer sind die einzelnen Zonen bestimmt, wie auch in Abb. 12.3 dargestellt, als

- die Intimdistanz bis 46 cm,
- die persönliche Distanz zwischen 46 cm und 122 cm,
- die soziale Distanz zwischen 122 cm und 370 cm sowie
- die öffentliche Distanz ab 370 cm.

Bailenson et al. (2001) untersuchten, wie sich Avatare in der immersiven VR unter Berücksichtigung des persönlichen Raums und des gegenseitigen Blicks im Rahmen des Intimitätsgleichgewichts verhalten. Die Theorie des *Intimitätsgleichgewichts* wurde zuerst von Argyle und Ingham (1972) eingeführt und besagt, dass sich Menschen auf ein Gleichgewichtsniveau der Intimität zwischen Annäherung und Abstand zu anderen hinbewegen, wobei die Intimität eine Funktion der körperlichen Nähe, des Augenkontakts, des Gesichtsausdrucks, des Gesprächsthemas, des Tonfalls usw. ist. Das Ergebnis der Studie von Bailenson et al. (2001) zeigt, dass nonverbale soziale Normen in Bezug auf Proxemik in virtuellen und realen physischen Umgebungen konsistent sind. Ein zu gering empfundener Abstand führt in immersiver VR ebenso zu Unbehagen wie in der realen Umgebung.

12.2.2 Proteus-Effekt

In der Psychologie bezeichnet das *Selbstbild* die Vorstellung über die eigene Person. Es ist von vielen Faktoren abhängig und ist veränderlich. Das *Fremdbild* hingegen ist

die Vorstellung, die sich andere über uns machen. Unser Selbstbild bzw. das Fremdbild
leitet sich u. a. davon ab, wie wir den eigenen Körper bzw. den Körper des Gegenübers
wahrnehmen. Daher ist es nicht verwunderlich, dass die Möglichkeit, den eigenen Avatar
zu personalisieren, sich sowohl in virtuellen 2D-Welten als auch in vollständig immersiven
Welten als sehr beliebt erwiesen hat. Unsere Selbstwahrnehmung in sozialer VR kann
jedoch ziemlich verzerrt sein.

In diesem Zusammenhang ist interessant, dass die visuelle Darstellung des Avatars in
der immersiven VR eine direkte Auswirkung auf die Selbstwahrnehmung hat. Der *Proteus-
Effekt*[3] beschreibt Verhaltens-, Einstellungs- und Wahrnehmungsänderungen, die durch
das Erscheinungsbild des Avatars hervorgerufen werden. Sowohl die Erwartungshaltung,
die durch das Erscheinungsbild ausgelöst wird, als auch die damit verbundenen Eigenschaften werden von der Person, die den Avatar steuert, adaptiert (Yee und Bailenson
2007). So berichteten Yee und Bailenson, dass Menschen in Verhandlungen mit anderen
aggressiver werden, wenn der virtuelle Körper größer dargestellt ist, und bei einer
attraktiveren Darstellung des Gesichts die Person näher an andere Personen heranrückt.
Des Weiteren konnten Kocur et al. (2021) zeigen, dass das Aussehen eines Avatars sich auf
die physiologische Leistungsfähigkeit auswirkt. Dafür untersuchten sie die Auswirkungen
von Avataren, die mit unterschiedlichen Muskel- und Fettanteilen dargestellt wurden.
Dabei fanden sie heraus, dass die Teilnehmer bei der Verkörperung als athletischer Avatar
eine niedrigere Herzrate und eine geringere Wahrnehmung von Anstrengung empfanden
als bei einer nichtathletischen oder durchschnittlichen Darstellung.

Die Auswirkungen der eigenen Verkörperungen in immersiver VR können nicht nur
innerhalb der virtuellen Umgebung zu einer Verhaltensänderung führen, sondern auch über
diese hinaus. Beispielsweise berichten Banakou et al. (2016) von einer länger anhaltenden
Reduktion der rassistischen Voreingenommenheit, auch über die VR-Erfahrung hinaus,
wenn Personen mit heller Hautfarbe in die Rolle einer dunkelhäutigen Person schlüpften.

Literaturverzeichnis

Argyle M, Ingham R (1972) Gaze, mutual gaze, and proximity. Semiotica 6(1):32–49
Bailenson JN, Blascovich J, Beall AC, Loomis JM (2001) Equilibrium theory revisited: mutual gaze
   and personal space in virtual environments. Presence Teleop Virt Environ 10(6):583–598
Bailenson JN, Beall AC, Loomis J, Blascovich J, Turk M (2004) Transformed social interaction: de-
   coupling representation from behavior and form in collaborative virtual environments. Presence
   Teleop Virt Environ 13(4):428–441. MIT Press, Cambridge
Banakou D, Hanumanthu PD, Slater M (2016) Virtual embodiment of white people in a black virtual
   body leads to a sustained reduction in their implicit racial bias. Front Hum Neurosci 10:601
Bekkering E, Shim J (2006) Trust in videoconferencing. Commun ACM 49:103–107

---

[3] Nach der griechischen Mythologie konnte der Meeresgott Proteus seine Gestalt liebig und spontan
ändern.

Bente G, Rüggenberg S, Krämer NC, Eschenburg F (2008) Avatar-mediated networking: increasing social presence and interpersonal trust in net-based collaborations. Hum Commun Res 34(2):287–318

Edward S, Yifan W, Shanshan Y (2007) Exploring the uncanny valley with japanese video game characters. In: DiGRA – Proceedings of the 2007 DiGRA International Conference: Situated Play. The University of Tokyo, Tokyo

Garau M (2003) The impact of avatar fidelity on social interaction in virtual environments. Ph.D. thesis. University of London, London

Greenhalgh CM (1997) Evaluating the network and usability characteristics of virtual reality conferencing. BT Technol J 15(4):101–119

Hall E (1963) A system for the notation of proxemic behaviour. Am Anthropol 65:1003–1026

Hepperle D, Purps CF, Deuchler J, Wölfel M (2022) Aspects of visual avatar appearance: self-representation, display type, and uncanny valley. Vis Comput 38(4):1227–1244

Kilteni K, Groten R, Slater M (2012) The sense of embodiment in virtual reality. Presence Teleop Virt Environ 21(4):373–387

Kim K, Rosenthal MZ, Zielinski D, Brady R (2012) Comparison of desktop, head mounted display, and six wall fully immersive systems using a stressful task. In: 2012 IEEE Virtual Reality Workshops (VRW). Costa Mesa, S 143–144

Kocur M, Habler F, Schwind V, Woźniak PW, Wolff C, Henze N (2021) Physiological and perceptual responses to athletic avatars while cycling in virtual reality. In: Proceedings of the 2021 CHI Conference on Human Factors in Computing Systems, CHI'21. Association for Computing Machinery, New York

Lugrin JL, Latt J, Latoschik ME (2015) Anthropomorphism and illusion of virtual body ownership. ICAT-EGVE. Kyoto, S 1–8

Maloney D, Freeman G, Wohn DY (2020) "Talking without a voice": understanding non-verbal communication in social virtual reality. Proc ACM Hum-Comput Interact 4(CSCW2):175:1–175:25

Manaf AAA, Ismail SNF, Arshad MR (2019) Perceived visual CGI familiarity towards uncanny valley theory in film. Int J Appl Creat Arts 2(1):7–16

Mansour S, El-Said M, Rude-Parkins C, Nandigam J (2006) The interactive effect of avatar visual fidelity and behavioral fidelity in the collaborative virtual reality environment on the perception of social interaction. In: Proceedings of the 10th WSEAS International Conference on Communications, ICCOM'06. World Scientific and Engineering Academy and Society (WSEAS), Stevens Point, Wisconsin, S 387–395

Mehrabian A (2017) Nonverbal communication. Routledge, New York

Mori M, MacDorman KF, Kageki N (2012) The uncanny valley [from the field]. IEEE Robot Autom Mag 19(2):98–100

Phutela D (2015) The importance of non-verbal communication. IUP J Soft Skills 9(4):43

Schroeder R (2002) Social interaction in virtual environments: key issues, common themes, and a framework for research. In: The Social Life of Avatars. Springer, London, S 1–18

Schwind V, Knierim P, Tasci C, Franczak P, Haas N, Henze N (2017) "These are not my hands!": effect of gender on the perception of avatar hands in virtual reality. In: CHI Conference on Human Factors in Computing Systems. ACM, Denver, S 1577–1582

Siegert I, Niebuhr O (2021) Case report: women, be aware that your vocal charisma can dwindle in remote meetings. Front Commun 5:611555

Slater M, Antley A, Davison A, Swapp D, Guger C, Barker C, Pistrang N, Sanchez-Vives MV (2006a) A virtual reprise of the stanley milgram obedience experiments. PLoS one 1(1):1–10

Slater M, Pertaub DP, Barker C, Clark DM (2006b) An experimental study on fear of public speaking using a virtual environment. CyberPsychol Behav 9(5):627–633

Susindar S, Sadeghi M, Huntington L, Singer A, Ferris TK (2019) The feeling is real: emotion elici-
   tation in virtual reality. Hum Factors Ergon Soc Annu Meet 63(1):252–256. SAGE Publications
   Inc
Tanenbaum TJ, Hartoonian N, Bryan J (2020) "How do I make this thing smile?": an inventory
   of expressive nonverbal communication in commercial social virtual reality platforms. In: CHI
   Conference on Human Factors in Computing Systems. ACM, Honolulu, S 1–13
Wainfan L, Davis PK (2004) Challenges in virtual collaboration: videoconferencing, audioconferen-
   cing, and computer-mediated communications. Rand Corporation, Santa Monica
Watzlawick P, Beavin JH, Jackson DD (2007) Menschliche Kommunikation–Formen, Störungen,
   Paradoxien. 10. unveränderte Auflage. Hogrefe AG, Bern
Yee N, Bailenson J (2007) The proteus effect: the effect of transformed self-representation on
   behavior. Hum Commun Res 33(3):271–290

Immersives Lernen

13

Es gibt umfangreiche Ansätze, um Lernprozesse unter Einbeziehung von Technologie zu verbessern. Dabei werden unterschiedliche Begriffe wie technologiegestütztes Lernen, multimediales Lernen, eLearning usw. verwendet. Aktuell ziehen die sogenannten *immersiven Lernumgebungen* die Aufmerksamkeit vieler Pädagogen auf sich, da reale Situationen zum Lernen, mit einem sehr hohen Detailgrad, nachgeahmt werden können (Parong und Mayer 2018). *Immersives Lernen* (engl. immersive learning) bezeichnet eine Lernmethode, bei der die Lernenden in eine virtuelle Welt eintauchen, und bezieht sich meistens auf die Nutzung eines HMDs. BITKOM definiert immersives Lernen in ihrem 2020 erschienenen Impulspapier (Geugis und Fell 2020) als „einen Lernansatz, der digitale Technologien wie VR oder AR nutzt, um Lernende beim Kompetenzaufbau sowie beim Erlernen von Prozessen zu unterstützen. Dies wird u. a. durch die Interaktion, das selbstständige Handeln sowie das Eintauchen des Lernenden in eine interaktive Lernumgebung erreicht." Immersiven Medien wird ein großes Potenzial im Bereich des Lehrens und Lernens einschließlich der Umsetzung von neuartigen Lehr- und Lernszenarien zugesprochen (Zender et al. 2018).

Immersives Lernen bietet sowohl Einzelpersonen als auch miteinander interagierenden Gruppen eine interaktive Lernumgebung, in der mögliche Szenarien repliziert werden, um bestimmtes Wissen, Fähigkeiten oder Techniken zu vermitteln. Der Einsatz immersiven Lernens reicht von Training und Simulation, über Konstruktion, entdeckendes Lernen (Exploration), bis zur Lehre und greift dabei auf Elemente des spielerischen Lernens (Edutainment) zurück. Jedoch grenzt sich das Anwendungsgebiet des immersiven Lernens von einer rein spielerischen Anwendung immersiver Technologien ab, da Gelerntes innerhalb der virtuellen Umgebung auch in der realen Welt Anwendung finden soll.

Die Beweggründe für den Einsatz von immersiver VR zur Vermittlung von Lerninhalten sind: Lerneffizienz, Zeitprobleme, physische Unzugänglichkeit, Einschränkungen (Zugang zu Umgebungen, die nicht erreichbar sind, z. B. Training von Weltallausflügen),

Gefahrensituationen (in einer sicheren Umgebung zu lernen) und ethische Probleme (Freina und Ott 2015). Was immersive VR von anderen digitalen Lehr- und Lernmedien abhebt, ist die Möglichkeit, authentische Lernumgebungen zu gestalten, die reale Situation mit hohem Genauigkeitsgrad abbilden. Unnötige Informationen können ausgeblendet werden. Die Abschirmung der realen Umgebung durch das HMD führt zusätzlich dazu, dass Lehr- und Lerninhalte weniger in Konkurrenz zu alternativen Angeboten stehen, die Aufmerksamkeit fordern. Somit kann immersive VR helfen, die *kognitive Überlastung* zu reduzieren. Die Theorie der kognitiven Überlastung (engl. cognitive load theory) beschreibt die Limitierung des menschlichen Arbeitsgedächtnisses, wonach Lernende nicht mehr als maximal vier Elemente gleichzeitig in ihrer Umgebung kognitiv verarbeiten können, ohne überfordert zu sein. Darauf aufbauend wurde die *kognitiv-affektive Theorie des Lernens mit Medien* (engl. cognitive-affective theory of learning) formuliert, in welcher u. a. die zusätzliche Belastung durch irrelevante Elemente innerhalb eines Lernszenariums erklärt wird (Moreno und Mayer 2007). Als irrelevant sind alle Elemente zu betrachten, die zu Ablenkungen führen können. Dies gilt für alle irrelevanten Dinge, die die Aufmerksamkeit der Lernenden beeinträchtigen und sie so vom eigentlichen Lernstoff ablenken: bewegte Elemente, verspielte Hintergrundgrafiken oder -töne sowie weitere Elemente, die nicht mit der eigentlichen Lernaufgabe verbunden sind.

Neben Lösungen, die spezifisch für das Lernen und die Lehre in immersiven VR-Umgebungen entwickelt werden, können auch Anwendungen, die ursprünglich für einen anderen Zweck entwickelt wurden, für die Wissensvermittlung oder das Training eingesetzt werden. Hierzu eignen sich insbesondere soziale VR-Plattformen oder VR-Spiele, die didaktisch begleitet werden, z. B. indem man virtuell durch den Regenwald streift: Mit der VR-Anwendung *Inside Tumucumaque* von Interactive Media Foundation kann der Nutzer in die Welt des tropischen Regenwalds eintauchen und diese durch die Augen von fünf verschiedenen Tropenwaldbewohnern sehen. Nicht für didaktische Zwecke entwickelt, kann die Anwendung aber auch eingesetzt werden, um für Umweltbedrohungen zu sensibilisieren (Finken und Wölfel 2022).

D. h. jetzt nicht automatisch, dass der Lernerfolg bereits durch den Einsatz von HMDs gesteigert werden kann oder sich der Mehraufwand für die Nutzung oder Erstellung von immersiven Lernanwendungen auszahlt. Es gibt Studien, die vermuten lassen, dass immersives Lernen die Erinnerung der Lernenden an die gelernten Konzepte verbessert, den Wissenstransfer erhöht sowie die emotionale Leistung fördert (z. B. Calvert und Abadia 2020). Demgegenüber stehen Studien, die darauf hinweisen, dass immersives Lernen im Vergleich zu herkömmlichen Lernprozessen keine signifikanten Unterschiede aufweist (z. B. Leder et al. 2019). So stellten Coban et al. (2022) in ihrer Metastudie fest, dass der Gesamteffekt auf die Lernergebnisse gering war. Dabei scheint der Erwerb von prozedural-praktischem Wissen etwas besser abzuschneiden als der Erwerb von deklarativem Wissen. Auch in Jensen und Konradsen (2018) sowie Radianti et al. (2020) wird ausgeführt, dass immersive VR-Umgebungen für den Erwerb von kognitiven und psychomotorischen Fähigkeiten geeignet sind. Eine allgemeingültige Aussage der Wirkung von immersiver VR im Lernprozess kann jedoch nicht getroffen werden, denn dies ist von zu vielen weiteren Faktoren abhängig. In diesem Zusammenhang sei angemerkt, dass bei den meisten bisher durchgeführten Experimenten die Probandenanzahl (Stichprobenumfang) nicht ausreichend groß war, um mittlere bzw. kleine Effekte überhaupt aufspüren zu können.

Aufgrund der schnellen Verbreitung in der Nutzung sowie größerer und bezahlbarer Hard- und Softwareauswahl wird prognostiziert, dass immersive VR-Anwendungen bald in traditionelle Klassenzimmer integriert werden (Calvert und Abadia 2020). In einer Studie zu einer Vorlesungsreihe in immersiver VR mit interaktiven und sozialen Elementen (Deuchler und Wölfel 2022) berichteten Studierende, insbesondere einen Mehrwert darin zu sehen, dass eigene praktische Erfahrungen gesammelt werden können, es Spaß macht und Unterricht in immersiven Umgebungen Abwechslung zum klassischen Frontalunterricht bietet. Problematisch sehen die Studierenden die fehlende Möglichkeit, sich einfach Notizen machen zu können, und es wird kein Mehrwert gesehen, wenn in immersiven Umgebungen 2D-Inhalte wie Folien präsentiert werden.

13.1 Bildung mentaler Modelle

Das in Abschn. 1.5.2 eingeführte mentale Model wurde vereinfachend als unveränderlich angenommen. Dies ist jedoch nicht vollständig, da mit jeder Erfahrung, unabhängig davon, ob diese in der physischen, gemischten oder virtuellen Realität gemacht wird, auch das mentale Modell angepasst werden kann. Unser Gehirn optimiert kontinuierlich die neuronale Struktur und Organisation. Dabei beschreibt die *Neuroplastizität* die Fähigkeit des Gehirns, sich kontinuierlich an veränderte Umgebungen und neue Anforderungen anzupassen. Eine klare Trennung zwischen virtuellen und realen Erfahrungen existiert hier nicht. Es gibt keinen Schalter, der im Gehirn einfach umgelegt wird und die verschiedenen Realitätsebenen strikt voneinander abgrenzt. Somit können sich Veränderungsprozesse des Gehirns, z. B. durch ein einschneidendes Ereignis, sowohl auf unser Verhalten in der realen als auch in virtuellen Umgebungen auswirken. Die Neuroplastizität und Reorganisationsfähigkeit des Gehirns sind somit nicht in jeder Situation wünschenswert, denn die Neuroplastizität kann sogar zu negativen Auswirkungen führen. In immersiver VR durchlebte negative Erfahrungen können sich so auch störend auf Handlungen in realen Umgebungen auswirken oder gelernte Interaktionsstrategien werden fälschlicherweise auf reale Objekte angewendet.

13.1.1 Differenzen zwischen mentalen Modellen

Bei immersiven Lernanwendungen wird versucht, eine Veränderung oder Erweiterung des mentalen Modells kontrolliert herbeizuführen. Dabei gilt es, in der virtuellen Umgebung ein mentales Modell aufzubauen, zu erweitern oder zu verändern, welches dann in der physikalischen Umgebung, mit möglichst wenig Transferleistung, angewendet werden kann.

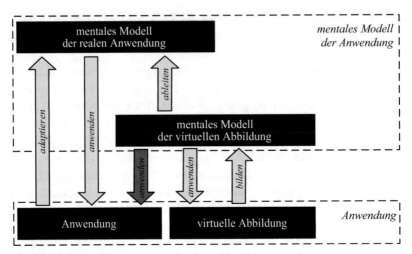

Abb. 13.1 Lernen in immersiven virtuellen Realitäten anhand einer virtuellen Abbildung (digitaler Zwilling) und die spätere Nutzung des Gelernten in der realen Anwendung

Wie in Abb. 13.1 dargestellt, ergeben sich durch die gegebenen Unterschiede zwischen der realen Anwendung und der virtuellen Abbildung, in diesem Zusammenhang wird oft auch von einem *digitalen Zwilling* (engl. digital twin) gesprochen, zwei mentale Modelle. Beim Lernen wird das „mentale Modell der realen Anwendung" anhand der physischen Umgebung gebildet und dort angewendet. Analog dazu wird das „mentale Modell der virtuellen Abbildung" anhand der virtuellen Umgebung gebildet und dort angewendet. Die beiden mentalen Modelle weisen sowohl Gemeinsamkeiten als auch Unterschiede auf (Wölfel 2021). Beide Modelle beschreiben jedoch nicht den vollständigen Sachverhalt, wie dem Venn-Diagramm in Abb. 13.2 zu entnehmen ist. Die vier Kreisflächen repräsentieren die Funktionsweise der Anwendung, ihre virtuelle Abbildung und die jeweils zugehörigen mentalen Modelle.

Eine Interpretation könnte zu der Schlussfolgerung führen, dass alle vier Kreise möglichst deckungsgleich sein sollten. Jedoch repräsentieren mentale Modelle i. d. R. nie die eigentliche Anwendung vollständig und enthalten oft auch Abweichungen. Dennoch können die Nutzer ihre Ziele meistens hinreichend gut erreichen. Ist dies nicht der Fall, muss das mentale Modell angepasst oder ergänzt werden, um der Aufgabe gerecht zu werden. Der Vorteil einer virtuellen Umgebung besteht gerade darin, dass diese keine exakte Nachbildung der Realität sein muss. Somit besteht die Möglichkeit, didaktische Nachteile und Einschränkungen einer realen Umgebung zu reduzieren. Beispielsweise können Reize, Freiheitsgrade oder die Ablaufgeschwindigkeit eines Prozesses bewusst reduziert, eine andere Perspektive eingenommen sowie Gefahrensituationen in sicherer Umgebung erlebt werden.

Insbesondere in immersiven VR-Umgebungen besteht die Gefahr, dass der Nutzer von der Erfahrung überwältigt und dadurch von der eigentlichen Lernaufgabe abgelenkt ist. Nach dem Modell der begrenzten, motivierten, medienvermittelten Informations-

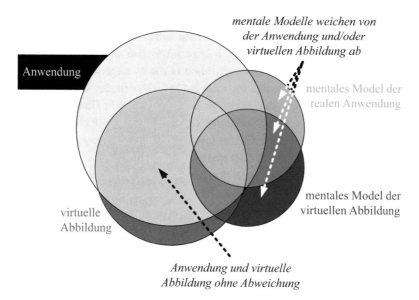

mentale Modelle weichen von
der Anwendung und/oder
virtuellen Abbildung ab

Anwendung

mentales Model der
realen Anwendung

mentales Model der
virtuellen Abbildung

virtuelle
Abbildung

Anwendung und virtuelle
Abbildung ohne Abweichung

Abb. 13.2 Der Zusammenhang zwischen den beiden mentalen Modellen sowie der realen Anwendung und der virtuellen Abbildung in der Darstellung als Venn-Diagramm. Überlappen sich die Flächen, stimmen die Modelle überein, in den anderen Bereichen weichen sie voneinander ab

verarbeitungskapazität (engl. limited capacity model of motivated mediated message processing) sind das Enkodieren, Speichern und Abrufen von Informationen simultane Prozesse, die kognitive Ressourcen erfordern (Lang 2000). Da diese Ressourcen beim Lernen und Rezipieren nur begrenzt zur Verfügung stehen, ist gerade darauf zu achten, dass es beim Nutzer zu keiner Überforderung kommt. Eine zu hohe Reizdichte oder irrelevante Informationen führen zu einer unnötigen Beanspruchung der Ressourcen, die dann gegebenenfalls nicht mehr für den eigentlichen Lernprozess zur Verfügung stehen. Je nach Lernziel wird bestimmt, welcher Teil der immersiven Lernumgebung möglichst genau mit der Realität übereinstimmen sollte und welcher Teil davon abweichen darf. Hamstra et al. (2014) untersuchten die Auswirkungen von Realitätstreue und Simulatortreue auf die Effizienz des Lernens. Sie kamen zu dem Schluss, dass die Art der visuellen Darstellung (Realitätstreue) i. d. R. nur einen geringen Einfluss auf die Ausprägung des mentalen Modells hat, während die funktionale Übereinstimmung (Simulatortreue) einen unmittelbaren Einfluss hat.

13.1.2 Transferleistung

Bevor ein in der virtuellen Umgebung erstelltes mentales Modell in der Realität angewendet wird, kann bereits eine Adaption stattfinden. Der Nutzer überträgt dabei seine bereits gesammelten Erfahrungen, die er durch die Interaktion mit der realen Welt aufgebaut hat, auf sein neu geschaffenes mentales Modell, um für mögliche Abweichungen zu kompensieren, die nicht seiner realen Erfahrung entsprechen. Das gelernte „mentale Modell der virtuellen Abbildung" wird bereits im Geiste modifiziert und bildet das „mentale Modell der realen Anwendung", noch bevor es angewendet wird. Beispielsweise kann so eine gelernte Bedienung mittels Controller in der virtuellen Umgebung bereits gedanklich in eine Bedienung des realen Geräts mittels Handgesten übertragen werden. Diese gedankliche Transferleistung wird zumeist aber nicht hinreichend sein und es kommt während der anfänglichen Interaktion mit der Anwendung zu weiteren Anpassungen des „mentalen Modells der realen Anwendung".

Die *Transferleistung* beschreibt dabei den Aufwand, der betrieben werden muss, damit das im Virtuellen Gelernte in der realen Umgebung richtig angewendet werden kann. Dabei muss, wie zuvor erwähnt, es zu keiner 100%-igen Übereinstimmung der beiden mentalen Modelle kommen, denn mentale Modelle dürfen, um anwendbar zu sein, auch von den tatsächlichen Gegebenheiten abweichen.

Zur Messung des Aufwands bei der Angleichung des durch die virtuelle Abbildung gelernten mentalen Modells mit der realen Anwendung kann z. B. die *Transfer Effectiveness Ratio* (TER)

$$ \text{TER} = \frac{X_R - X_S}{X_R} $$

von (Roscoe 1971) herangezogen werden. Der Parameter X_R ist dabei die Zeit oder die Anzahl der Versuche, die erforderlich sind, um die Fähigkeit für eine bestimmte Aufgabe im Realen zu erlangen. Der Parameter X_S gibt die Zeit oder die Anzahl der Versuche an, die erforderlich sind, um die Fähigkeit für eine bestimmte Aufgabe, auf dem gleichen Kompetenzniveau, zu erlangen, wenn bereits vorher in der virtuellen Umgebung (der Simulation) trainiert wurde.

Die TER bestimmt somit, wie ein Training in der virtuellen Umgebung die Trainingszeit im realen Raum verkürzen kann. Ein TER-Wert von 50 % entspricht einer Verkürzung der Trainingszeit in der Realität um die Hälfte. Je größer der TER-Wert, desto weniger Zeit wird benötigt, um nach dem VR-Training die gelernte Fähigkeit in der Realität anwenden zu können. Der Nachteil des TER-Werts ist zum einen, dass er die Trainingszeit in der virtuellen Umgebung nicht berücksichtigt, und zum anderen, dass nicht alle Vergleiche in Zeiten oder Versuchen Sinn machen oder überhaupt anwendbar sind.

Unter der Berücksichtigung, wie viel Zeit oder wie häufig im Virtuellen trainiert wurde X_V, kann die *Overall Effectiveness Ratio* (OER)

$$ \text{OER} = \frac{X_R - (X_S + X_V)}{X_R} $$

bestimmt werden. Bleibt sie positiv, ist es effizienter, in der virtuellen Umgebung zu lernen. Jedoch gibt es auch Anwendungen, bei denen sich der Einsatz einer virtuellen Lernumgebung lohnt, selbst dann, wenn der Wert unter null liegt (also wenn in Summe mehr Aufwand für das Lernen in der immersiven Umgebung und der Adaption benötigt wird als beim Lernen im Realen). Dies gilt z. B. für sicherheitsrelevante Anwendungen oder Trainings, die im Realen sehr teuer sind.

Die primäre Herausforderung bei der Entwicklung einer immersiven Lernanwendung ist somit, wie sie gestaltet sein muss, um eine korrekte Modellbildung der realen Anwendung zu begünstigen und die benötigte Transferleistung möglichst gering zu halten. Im schlimmsten Fall wird beim Lernen zwar die Leistung der Nutzer innerhalb der immersiven VR-Umgebung besser, aber in der realen Welt bleibt die Leistung unverändert oder verschlechtert sich sogar (Sportillo et al. 2015).

Um Transferverluste möglichst gering zu halten, ist es wichtig zu verstehen, worin die Unterschiede zwischen der immersiven Lernumgebung und der späteren Anwendung in der realen Umgebung bestehen. Lernende profitieren von Lehrinhalten, wenn sie aus den dargebotenen Informationen ein kohärentes mentales Modell der realen Anwendung erstellen können, ohne sich bei der Erstellung oder dem Transfer kognitiv zu überlasten.

13.2 Bereiche des immersiven Lernens

Immersive Lernszenarien finden bereits in einer Vielzahl von Bereichen der schulischen und außerschulischen Bildung und Weiterbildung Anwendung. Beim immersiven Lernen wird oft auf die Verknüpfung zwischen Bildung (Education) und Unterhaltung (Entertainment) gesetzt, was mit dem Kofferwort *Edutainment* zusammengefasst wird. Edutainment kann in immersiver VR genutzt werden, um Wissen weiterzugeben, indem auf den Spieltrieb des Menschen (*Gamification*) oder andere unterhaltsame Elemente gesetzt wird. Ihr Vorteil liegt insbesondere darin, die Anschaulichkeit zu vermittelnder (Lehr-)Inhalte zu verbessern und das Lernerlebnis zu intensivieren.

Um unterschiedliches Wissen, Fähigkeiten und Handlungen in immersiver VR zu vermitteln, können Umgebungen mit verschiedenen, lernbezogenen Handlungsmöglichkeiten (VR-Lernwelten) eingesetzt werden. Diese, wie im Folgenden einzeln beschrieben, sind in der Anwendung i. d. R. nicht strikt getrennt, sondern überlappen sich.

13.2.1 Trainingswelten

In *Trainingswelten* können *prozedurales Wissen*, d. h. praktisch anwendbares Handlungswissen wie z. B. das Fahrradfahren, und psychomotorische Fähigkeiten erworben werden. Handlungen, die in der Realität meist zu aufwendig, gefährlich, kompliziert oder teuer sind, lassen sich so in einer sicheren und kontrollierten Umgebung üben. Dazu zählen z. B. Anwendungen, die den Zusammenbau oder die Wartung von technischen Maschinen lehren. Somit geht es in Trainingswelten um die Vermittlung von prozeduralem Wissen und von Fähigkeiten. Die didaktische Konzeption orientiert sich eher an der *behavioristischen* und *kognitivistischen Lerntheorie*. In Trainingswelten ist es wichtig, dass die Lernenden mit den Objekten in der virtuellen Welt direkt interagieren können und ihre Handlungen unmittelbaren und wahrnehmbaren Einfluss auf die Umgebung bzw. das Ereignis haben (Zender et al. 2019).

13.2.2 Konstruktionswelten

In *Konstruktionswelten* können eigene virtuelle Objekte und Umgebungen gestaltet und konstruiert werden. Da die Inhalte dieser Welten nicht vordefiniert sind, ist entsprechendes Vorwissen über den Gegenstandsbereich nötig. In einer Konstruktionswelt kann zuvor Erlerntes experimentell überprüft werden, indem z. B. die Funktionsweise einer Anwendung oder eines Experiments nachgestellt wird. Somit sind Konstruktionswelten stärker an der *konstruktivistischen Lerntheorie* orientiert (Ackermann et al. 1996).

13.2.3 Explorationswelten

In *Explorationswelten* können authentische und realistische Lernerfahrungen gesammelt werden, indem selbstgesteuert und spielerisch Umgebungen erkundet werden. Explorationswelten erlauben den Zugang zu unzugänglichen Orten und ermöglichen so selbstgesteuerte Ausflüge in die Vergangenheit oder in den menschlichen Körper. Selbstbestimmbar können dabei sowohl die Geschwindigkeit, die Tiefe und die Reihenfolge des dargebotenen, meist deklarativen, Wissens sein. *Deklaratives Wissen*, auch *Sachwissen*, ist rein theoretischer Natur, es beschreibt Sachverhalte, Handlungsanweisungen und symbolische Beschreibungen. Da Explorationswelten einen sehr offenen Interaktionsraum mit vielen Handlungsmöglichkeiten bieten, sind diese insbesondere für Lernende mit einer hohen intrinsischen Lernmotivation geeignet (Kerres 2009).

13.2.4 Experimentalwelten

In *Experimentalwelten* können kausale Zusammenhänge erprobt werden, indem die Auswirkungen veränderbarer Parameter auf der Grundlage eines vorgegebenen Modells beobachtet werden. Anhand der Simulation können Annahmen bestätigt oder falsifiziert werden, indem relevante Parameter unabhängig voneinander verändert werden. Dies ist ein Konzept des entdeckenden Lernens.

13.2.5 Expositionswelten

In *Expositionswelten* ist die Handlungsmöglichkeit eingeschränkt und der Nutzer wird einer bestimmten (vorher bestimmbaren Erfahrung) ausgesetzt. Expositionswelten können

z. B. für therapeutische Zwecke genutzt werden, mit dem Ziel, Patienten zu behandeln, die an einer Angststörung oder Phobie leiden. Die Therapien folgen im Grobem immer denselben Mustern: In einer sicheren, immersiven Umgebung werden die Patienten allmählich an den negativen Reiz herangeführt, bis sie desensibilisiert werden oder in der Lage sind, mit ihren Ängsten klarzukommen. Metaanalysen zeigen bei etlichen Phobien im Vergleich zu Standardtherapien gleich gute oder überlegene Resultate (Riva et al. 2019). Neben der externen Exposition können durch die Darstellung als Avatar weitere physiologische und psychologische Reaktionen ausgelöst werden. So kann Einfluss auf die kognitive Selbstempfindung (Alter, Schönheit, Größe, ethnische Zugehörigkeit) oder die Einstellung gegenüber anderen, z. B. zum Abbau von ethnischen Vorurteilen, genommen werden (Slater und Sanchez-Vives 2016).

13.2.6 Lehrwelten (immersive Lehre)

Neben Welten, in denen direkt Wissen vermittelt wird, gibt es auch solche, die eine soziale Lernumgebung schaffen, in der Wissen durch andere Menschen vermittelt wird, selbst aber keine Inhalte bereitstellen oder vermitteln. Diese werden als *Lehrwelten* bezeichnet und der Unterricht in diesen als *immersive Lehre*.

Darüber hinaus können Klassenzimmervariablen manipuliert werden, um die optimale Lernumgebung zu schaffen. Dies betrifft zum einen für alle gleiche Parameter, wie die freie Gestaltung der Umgebung; z. B. das gemeinsame Beschriften eines Whiteboards, das Anbringen von Post-its zur Aktivierung oder zum Entspannen am Lagerfeuer. Zum anderen betrifft dies aber auch individuelle Parameter; z. B. das Sitzen im vorderen Bereich eines Klassenzimmers oder durch mehr Blickkontakt zum Dozierenden. In einem physischen Klassenzimmer kann nicht jedem Schüler der optimale Platz geboten werden. Im virtuellen Klassenraum können alle von diesen Vorzügen profitieren, was nachweislich, siehe hierzu die Studie von Bailenson et al. (2008), zu einem besseren Lernerfolg führte.

13.3 Faktoren, die das Lernen in VR fördern

Wie zuvor in der Einleitung bereits erwähnt, wird immersiven Medien ein großes Potenzial im Bereich des Lehrens und Lernens einschließlich der Umsetzung von neuartigen Lehr- und Lernszenarien zugesprochen. Doch welche Faktoren sind entscheidend für den Lernerfolg?

Technologische Neuerungen können nur für kurze Zeit begeistern und sind daher für die Effektivität von Lernwerkzeugen unbedeutend (Kerres 2003). Daher sollte der didaktische Mehrwert immer im Vordergrund stehen und nicht eine Technologie genutzt werden um der Technologie willen. Jedoch fehlen immersiven VR-Lernanwendungen aktuell fundierte konzeptionelle und didaktische Grundlagen. Dies, und das Fehlen lernpsychologischer Erkenntnisse mit Fokus auf immersive Medien, wurde bereits mehrfach bemängelt.

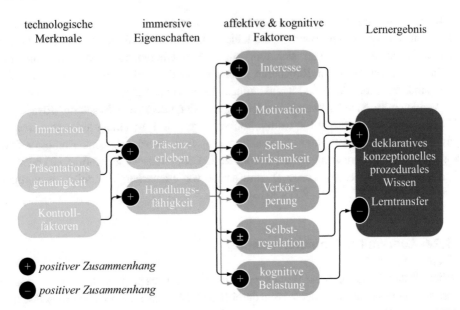

technologische   immersive   affektive & kognitive   Lernergebnis
  Merkmale   Eigenschaften   Faktoren

Abb. 13.3 Cognitive Affective Model of Immersive Learning nach Makransky und Petersen (2021) in Anlehnung an die Darstellung und Übersetzung von Müser and Fehling (2022)

Um dem entgegenzuwirken, schlugen Makransky und Petersen (2021) das *Cognitive Affective Model of Immersive Learning* (CAMIL) vor, siehe Abb. 13.3. Das CAMIL leitet sich aus VR-basierten Erkenntnissen sowie aus allgemeinen Motivations- und Lerntheorien ab. Es beschreibt sowohl den Einfluss technologischer Merkmale auf die beiden Eigenschaften Präsenzerleben und Handlungsfähigkeit immersiver VR-Welten als auch ihre Wirkung auf affektive und kognitive Prozesse des Lernens. Technologische Merkmale wie Immersion, Repräsentationsgenauigkeit und Kontrollfaktoren, wie Grad, Direktheit und Art der Kontrolle, haben einen positiven Einfluss auf das Präsenzerleben und die Handlungsfähigkeit. Das Präsenzerleben und die Handlungsfähigkeit wiederum beeinflussen die affektiven und kognitiven Prozesse wie Interesse, Motivation, Selbstwirksamkeit, Verkörperung, kognitive Belastung und Selbstregulation. Diese wiederum beeinflussen den Erwerb von deklarativem, konzeptuellen und prozeduralem Wissen sowie den Lerntransfer und somit das Lernergebnis. Um das CAMIL zu validieren, untersuchten Petersen et al. (2022) die Auswirkungen des Präsenzerlebens und der Handlungsfähigkeit auf die Lernerfahrung. Die Ergebnisse ihrer Studie zeigen Differenzen zum CAMIL auf. Insbesondere wurde festgestellt, dass die kognitive Belastung das Präsenzerleben vorhersagt und nicht umgekehrt. Somit ist das CAMIL als ein erster Entwurf zu verstehen, dessen genaue Zusammenhänge noch bestimmt werden müssen und vermutlich stark von der jeweiligen Aufgabe und Umsetzung abhängen. Neben den im CAMIL gelisteten Faktoren gibt es eine Reihe weiterer Faktoren, die einen unmittelbaren Einfluss auf den Lernerfolg haben. Zu nennen sind z. B. persönliche Neigungen wie Technikaffinität,

Fähigkeiten wie Arbeitsgedächtnis und räumliches Orientierungsvermögen sowie das Auftreten von Cyberkrankheit.

Neben der Berücksichtigung allgemeingültiger Lehr-, Lern- sowie mediendidaktischer Prinzipien (Mayer 2020) hoben Makransky und Petersen (2021) folgende didaktische Maßnahmen hervor, die eine besondere Bedeutung für immersive Lernmedien haben könnten:

- Das *Kohärenzprinzip* (engl. coherence principle) besagt, dass Menschen besser lernen, wenn irrelevantes Material, das zu hedonistischen Aktivitäten führt, aber das Lernen nicht unterstützt, ausgeschlossen und nicht hinzugefügt wird (Mayer 2020).
- Das *Signalisierungsprinzip* (engl. signaling principle) besagt, dass Menschen besser lernen, wenn Hinweise hinzugefügt werden, die die Organisation des wesentlichen Materials hervorheben (Mayer 2020). Lernenden kann z. B. geholfen werden, ihre Aufmerksamkeit auf relevante Merkmale zu lenken, wobei hier zu beachten ist, dass deren Präsenzgefühl nicht beeinträchtigt wird.
- Das *Modalitätsprinzip* (engl. modality principle) besagt, dass Menschen besser lernen, wenn sowohl Worte und Bilder verwendet werden und nicht nur Worte allein (Mayer 2020). In immersiven Medien bietet es sich an, gesprochene statt geschriebene Wörter zu verwenden, da aktuell die Lesbarkeit eingeschränkt ist.
- Das *Verkörperungsprinzip* (engl. embodiment principle) besagt, dass Menschen besser lernen, wenn verkörperte Agenten eine menschenähnliche Gestik, Bewegung, Augen-kontakt und Mimik zeigen (Mayer 2020).
- Das *Segmentierungsprinzip* (engl. segmenting principle) besagt, dass Menschen besser lernen, wenn eine multimediale Botschaft in benutzerfreundlichen Segmenten und nicht als kontinuierliche Einheit präsentiert wird (Mayer 2020).
- Das *Pre-Training-Prinzip* (engl. pre-training principle) besagt, dass Menschen effizien-ter lernen, wenn sie bereits einige der Grundlagen kennen (Mayer 2020).

Neben der Konzeption und Umsetzung der Lernanwendung spielen weitere Faktoren eine Rolle, die zum Lernerfolg beitragen. Dazu gehört z. B. die Gewährleistung einer unterbrechungsfreien Durchführung. Wie weit der Lernerfolg durch eine Unterbrechung leidet, ist bisher nicht bekannt. Ebenso muss sichergestellt sein, dass die Lernenden mit der Technologie bereits entsprechend vertraut sind oder genügend Zeit haben, sich damit vertraut zu machen. Ansonsten verwenden die Lernenden ihre Zeit und kognitive Kapazitäten darauf, sich daran zu erinnern, wie in der virtuellen Umgebung interagiert und navigiert wird.

Bei immersiver Lehre sollte zusätzlich damit gerechnet werden, dass Lernende tech-nische Hilfe benötigen. Damit alle ankommen, sich einrichten und Probleme beheben können, sollte vor dem Beginn des Unterrichts genügend Zeit gelassen werden. Dafür eig-nen sich Aufenthaltsbereiche, die zum Verweilen, Kommunizieren und Spielen einladen (Deuchler und Wölfel 2022).

Literaturverzeichnis

Ackermann E et al (1996) Constructionism in practice: designing, thinking, and learning in a digital world. Routledge, London

Bailenson JN, Yee N, Blascovich J, Beall AC, Lundblad N, Jin M (2008) The use of immersive virtual reality in the learning sciences: digital transformations of teachers, students, and social context. J Learn Sci 17(1):102–141

Calvert J, Abadia R (2020) Impact of immersing university and high school students in educational linear narratives using virtual reality technology. Comput Educ 159:104005

Coban M, Bolat YI, Goksu I (2022) The potential of immersive virtual reality to enhance learning: a meta-analysis. Educ Res Rev 21:100452

Deuchler J, Wölfel M (2022) Lessons learned in transferring a lecture on virtual reality into immersive virtual reality. In: 20. Fachtagung Bildungstechnologien (DELFI). Gesellschaft für Informatik e.V., Bonn

Finken J, Wölfel M (2022) Influence of immersive virtual reality on cognitive and affective learning goals. In: The Learning Ideas Conference. Springer, Berlin

Freina L, Ott M (2015) A literature review on immersive virtual reality in education: state of the art and perspectives. In: The International Scientific Conference eLearning and Software for Education, Bd 1. Bucharest, S 10–1007

Geugis M, Fell T (2020) Lernen in immersiven Welten – Impulspapier. Bitkom e.V., Berlin

Hamstra SJ, Brydges R, Hatala R, Zendejas B, Cook DA (2014) Reconsidering fidelity in simulation-based training. Acad Med 89(3):387–392

Jensen L, Konradsen F (2018) A review of the use of virtual reality head-mounted displays in education and training. Educ Inf Technol 23(4):1515–1529

Kerres M (2003) Wirkungen und Wirksamkeit neuer Medien in der Bildung. In: Education Quality Forum. Wirkungen und Wirksamkeit neuer Medien. Waxmann, Münster, S 31–44

Kerres M (2009) Multimediale und telemediale Lernumgebungen – Konzeption und Entwicklung. Oldenbourg Wissenschaftsverlag, München

Lang A (2000) The limited capacity model of mediated message processing. J Commun 50(1):46–70

Leder J, Horlitz T, Puschmann P, Wittstock V, Schütz A (2019) Comparing immersive virtual reality and powerpoint as methods for delivering safety training: impacts on risk perception, learning, and decision making. Saf Sci 111:271–286

Makransky G, Petersen GB (2021) The cognitive affective model of immersive learning (CAMIL): a theoretical research-based model of learning in immersive virtual reality. Educ Psychol Rev 33(3):937–958

Mayer R (2020) The cambridge handbook of multimedia learning, 3. Aufl. In: Cambridge handbooks in psychology. Cambridge University Press, Cambridge

Moreno R, Mayer R (2007) Interactive multimodal learning environments. Educ Psychol Rev 19(3):309–326

Müser S, Fehling CD (2022) AR/VR.nrw – Augmented und Virtual Reality in der Hochschullehre. HMD Prax Wirtschaftsinform 59(1):122–141

Parong J, Mayer RE (2018) Learning science in immersive virtual reality. J Educ Psychol 110(6):785

Petersen GB, Petkakis G, Makransky G (2022) A study of how immersion and interactivity drive VR learning. Comput Educ 179:104429

Radianti J, Majchrzak TA, Fromm J, Wohlgenannt I (2020) A systematic review of immersive virtual reality applications for higher education: design elements, lessons learned, and research agenda. Comput Educ 147:103778

Riva G, Wiederhold BK, Mantovani F (2019) Neuroscience of virtual reality: from virtual exposure to embodied medicine. Cyberpsychol Behav Soc Netw 22(1):82–96

Roscoe SN (1971) Incremental transfer effectiveness. Hum Factors 13(6):561–567

Slater M, Sanchez-Vives MV (2016) Enhancing our lives with immersive virtual reality. Frontiers in Robotics and AI 3:74

Sportillo D, Avveduto G, Tecchia F, Carrozzino M (2015) Training in VR: a preliminary study on learning assembly/disassembly sequences. In: International Conference on Augmented and Virtual Reality. Springer, Cham, S 332–343

Wölfel M (2021) Künstliche Intelligenz in der beruflichen Bildung, Franz Steiner Verlag, Stuttgart. Chap Besonderheiten beim Einsatz von immersiven Augmented und Virtual Reality Lernanwendungen

Zender R, Weise M, von der Heyde M, Söbke H (2018) Lehren und Lernen mit VR und AR – Was wird erwartet? Was funktioniert?. In: Schiffner D (ed) DeLFI Workshops. CEUR Workshop Proceedings, Frankfurt

Zender R, Sander P, Weise M, Mulders M, Lucke U, Kerres M (2019) HandLeVR: Action-oriented learning in a VR painting simulator. In: International Symposium on Emerging Technologies for Education. Springer, Switzerland, S 46–51

VR-Spiele

14

Dass der Homo sapiens in Wahrheit ein *Homo ludens*, also ein spielender Mensch ist (Huizinga 1956), führt dazu, dass sich der Mensch auch spielerisch mit der Umwelt auseinandersetzt, sich somit Dinge aneignet, und nach immer neuen spielerischen Erfahrungen strebt. Zu spielen bedeutet, sich mit einer ausgedachten, nach bestimmten Regeln funktionierenden Welt zu beschäftigen. Die Spielwelten können dabei durch Spielpläne ein-, zwei- oder dreidimensionale Räume aufspannen, die gegebenenfalls durch Spielsteine besiedelt werden. Dabei bleibt die Welt aber weitestgehend abstrakt und erschließt sich primär durch die Fantasie des Spielers oder der Spielergruppe. Während eine physikalische Manifestation das Spielen erleichtert, ist dies nicht zwingend nötig. Beim Blindschach z. B. wird rein aus dem Gedächtnis gespielt. Durch die Digitalisierung können Spiele in neue Dimensionen vorstoßen und die aufgespannten Welten können den Realismusgrad, die Interaktivität und das intelligente Verhalten, z. B. durch künstliche Intelligenz agierende Spielfiguren, weiter steigern. *VR-Spiele* (engl. VR games) heben diese Möglichkeiten noch einmal auf eine neue Ebene. Auf der Game Developers Conference 2014 in San Francisco erklärt Shuhei Yoshida, Präsident der Worldwide Studios von Sony Computer Entertainment (freie Übersetzung des Autors): „Die [immersive] VR ist ein Traum vieler Spieleentwickler, seit das Computerspiel erfunden wurde. [...] Viele von uns bei PlayStation haben von einer [immersiven] VR geträumt und davon, was sie für die Spiele bedeuten könnte, die wir entwickeln."

Gerade an den Spielebereich werden große Erwartungen gesetzt, immersive VR im Mainstream zu etablieren. Obwohl viele Entwicklungen der Medientechnik durch die Spieleindustrie vorangetrieben wurden, blieb die immersive VR bisher größtenteils professionellen Anwendungsbereichen wie Simulation und Training, Konstruktion, Visualisierung, Therapie und Rehabilitation vorbehalten. Während immersive VR in Freizeitparks bereits in den 1990er-Jahren ein größeres Publikum erreichte, z. B. Disneys Aladdin (Pausch et al. 1996), gab es im Heimbereich keinen nachhaltigen Erfolg. Der

M. Wölfel, *Immersive Virtuelle Realität*, https://doi.org/10.1007/978-3-662-66908-2_14

Abb. 14.1 Screenshots der beiden VR-Spiele *Beat Saber* (links) und *Superhot* (rechts)

von Nintendo im Jahr 1995 in Japan und den USA eingeführte *Virtual Boy* wurde
schnell wieder vom Markt genommen. Der damalige Misserfolg mag sicherlich mit
teurer und unausgereifter Hardware zusammenhängen. Nun, da immersive VR-Hardware
erschwinglich und zumindest ansatzweise ausgereift ist, scheinen gerade Spiele die
Killerapplikation, die einer schon existierenden Technik zum Durchbruch verhilft, für
immersive VR zu sein. Bislang haben sich diese Erwartungen allerdings nicht erfüllt. In
jüngster Zeit sind jedoch kleinere Erfolge zu verzeichnen.

VR-Spielehits können ein Millionenpublikum erreichen. So wurde z. B. das bisher
meistverkaufte VR-Spiel *Beat Saber* bereits über vier Millionen Mal verkauft, siehe
Abb. 14.1. Mit über zwei Millionen Verkäufen ist z. B. *Half-Life: Alyx* zwar nicht das
erfolgreichste exklusive VR-Spiel, zeigte 2020 aber eindrücklich auf, was bereits mit
immersiver VR möglich ist. Durch seine hohe Qualität und VR-spezifische Umsetzung
wurde die Neugierde auf immersive VR gesteigert und der Absatz von HMDs beflügelt.
Das Spiel *Superhot*, aus dem ebenfalls ein Screenshot in Abb. 14.1 dargestellt ist, besticht
mit einer besonderen Spielästhetik und Spielidee: Das Spiel läuft nur weiter, wenn der
Spieler sich bewegt, und lässt somit viel Raum zum Rätseln und strategischen Vorgehen.

14.1   Besonderheiten von VR-Spielen

Doch wodurch zeichnet sich ein VR-Spiel aus und hebt sich von anderen Formen der
Videospiele ab? Eine Frage, die sich nicht so einfach beantworten lässt. Es fehlt weiterhin
an Erfahrungswissen und wissenschaftlichen Studien, um entscheidende Unterschiede
zwischen VR-Spielen im Vergleich zu PC-, Tablet- oder Konsolenspielen zu identifizieren
(Pallavicini et al. 2019). Ein direkter Vergleich mit gleicher Spielmechanik würde dem
Medium ohnehin nicht gerecht. Erschwerend kommt hinzu, dass sich die Ergebnisse aus
Studien teilweise widersprechen: So zeigen die Ergebnisse von Yildirim et al. (2018) beim
Vergleich des Videospiels *Serious Sam: The First Encounter* am Flachbildschirm oder
mit HMD bei der Zufriedenheit des Spielerlebnisses keine Unterschiede, wohingegen

Shelstad et al. (2017) bei dem Videospiel *Defense Grid 2* eine höhere Zufriedenheit bei der Nutzung eines HMDs im Vergleich zum Flachbildschirm festgestellt haben. Da verschiedene Spiele verglichen wurden, die gegebenenfalls mehr oder weniger gut für die immersive Umgebung umgesetzt wurden, lassen sich die Unterschiede erklären. Dies führt auch vor Auge, dass die Möglichkeiten, die immersive VR bietet, auch richtig genutzt werden müssen.

In Lemmens et al. (2022) wurde die emotionale Wirkung von kommerziellen immersiven VR-Spielen untersucht. In Übereinstimmung mit Studien im therapeutischen Umfeld (Price et al. 2011) konnte bestätigt werden, dass ein stärkeres Präsenzgefühl die Wirksamkeit von Spielinhalten auf emotionale Reaktionen wie Angst und Feindseligkeit erhöht. Die *Game User Experience Satisfaction Scale* (GUESS) von Phan et al. (2016), eine psychometrisch validierte Spieleskala mit neun Subskalen, zeigte bei der Studie von Shelstad et al. (2017) positive Effekte des HMDs gegenüber dem Flachbildschirm bei der Fesselung des Spiels[1] (engl. play engrossment), dem Vergnügen, der kreativen Freiheit[2] und in der auditiven und visuellen Ästhetik auf.

Wie von Yildirim (2019) ausgeführt, rufen VR-Spiele stärkere Symptome der Cyberkrankheit hervor als Spiele am Flachbildschirm. Dies führt unweigerlich zu einer geringeren Freude am Spielerlebnis. Yildirim gibt daher zu bedenken, dass bei Studien, die den Spielspaß untersuchen und vergleichen, das Auftreten von Cyberkrankheit als unabhängige Variable einbezogen werden sollte. Ist dies nicht der Fall – wie bei den zuvor besprochenen Studien – kann ein Bias zugunsten des Spielens am Flachbildschirm nicht ausgeschlossen werden.

14.2 VR-Spielmechaniken

Die *Spielmechanik* (engl. gameplay) legt den Ablauf sowie die spezifische Art und Weise fest, in der Spieler mit einem Spiel interagieren, und bezieht sich insbesondere auf Videospiele (Tavinor 2009). Spielmechaniken umfassen die Spielregeln, die Herausforderungen und deren Bewältigung, die Handlung und die Verbindung des Spielers mit dem Spiel. In der ersten Welle von VR-Spielen wurden beliebte bestehende Spielmechaniken für immersive VR-Spiele übernommen. Es wurde jedoch schnell festgestellt, dass für VR-Spiele Spielmechaniken entwickelt und angewendet werden müssen, die auf die einzigartigen Merkmale und spezifischen Stärken immersiver Medien zugeschnitten sind. Dabei bergen die Konzeption und Entwicklung von immersiven VR-Spielen zahlreiche Herausforderungen, die bei Spielen für Flachbildschirme unbekannt sind.

---

[1] Die *Fesselung des Spiels* ist definiert als der Grad, in dem das Spiel die Aufmerksamkeit und das Interesse des Spielers aufrechterhalten kann.

[2] Die *kreative Freiheit* ist definiert als das Ausmaß, in dem das Spiel die Kreativität und Neugier des Spielers fördert und ihm erlaubt, seine Individualität während des Spielens frei auszudrücken.

Videospiele haben von den Spielern schon immer ein hohes Maß an Interaktion verlangt. Doch was bisher durch einfache Handlungen umgesetzt werden konnte, ist in immersiven Umgebungen wesentlich komplexer. Erik Odeldahl, Creative Director von Fast Travel Games, stellt z. B. in diesem Zusammenhang fest: „Natürlich können wir einen Menschen aus der Dritte-Person-Perspektive im Spiel darstellen und ihn auf Tasteneingaben reagieren lassen, aber das macht keinen Spaß – das ist nicht [immersive] VR." Immersive VR ist viel körperlicher als das Sitzen auf der Couch mit dem Controller in der Hand oder am Schreibtisch.

Die Kameraperspektive aus der ersten Person stellt jedoch die Kameraführung vor neue Herausforderungen, die bei der Darstellung in einer Dritte-Person-Perspektive nicht auftreten. Fällt ein Spielcharakter um, bleibt in einer Dritte-Person-Perspektive das Bild stabil und der Spieler sieht die Figur umfallen. In der Egoperspektive kommt es jedoch zu einer Diskrepanz zwischen der aufrechten Haltung des Spielers und der umfallenden Spielfigur.

Das Ausmaß der Körperbeteiligung eines Videospiels hat einen wichtigen Einfluss, um positive Emotionen hervorzurufen und negative Emotionen zu verringern (Pallavicini und Pepe 2020). Das Spielerlebnis bietet so vielfältige interaktive Möglichkeiten, die sich von den herkömmlichen Spielen am Desktop, an der Konsole und am Tablet unterscheiden und am ehesten noch mit Kinect-Spielen zu vergleichen sind. So stellte z. B. Andrew House (CEO von Sony Computer Entertainment) fest, dass das Regelwerk für das Spieldesign für immersive VR neu geschrieben werden muss.[3]

Viele allgemeine Problematiken der immersiven VR treten auch in VR-Spielen auf. Diese wurden in diesem Buch bereits an anderer Stelle behandelt. Daher wird im Folgenden nicht auf diese eingegangen, sondern es werden spezifische Aspekte von immersiven VR-Spielmechaniken adressiert.

14.2.1 Onboarding

Immersive VR ist auch für viele Spieler wie für andere Anwender ein neues Medium. Jedoch bringen insbesondere Hardcore-Spieler andere Vorerfahrungen und mentale Modelle mit, wie man sich in einer virtuellen Umgebung verhält. Kamerabewegungen und Geschwindigkeiten, wie von Spielen an Flachbildschirmen gewöhnt, können in immersiver VR nicht realisiert werden. Selbst einfache Spielmechaniken müssen für immersive VR umdefiniert werden. Sich durch Kopfbewegungen umschauen zu können, widerspricht der antrainierten Strategie, bei der ein PC- oder Konsolenspieler starr, ohne den Kopf zu drehen, auf den Flachbildschirm schaut. Daher ist es wichtig, dass Spieler sich für immersive VR-Spiele die Zeit nehmen können, sich mit der Umgebung und der Steuerung vertraut zu machen.

---

[3] https://www.theguardian.com/technology/2016/mar/16/playstation-virtual-reality-vr-headset-game-andrew-house.

14.2.2 Informationselemente

Bei Spielen werden häufig Informationen eingeblendet wie z. B. über den Gesundheitszustand oder Spielstand. Diese Informationen befinden sich i. d. R. bei Flachbildschirmen in den Ecken und bleiben dort verankert. In immersiver VR funktioniert dieser Ansatz jedoch im Allgemeinen nicht. Es wird als unangenehm empfunden, wenn Einblendungen, die sich räumlich in der Nähe unserer Augen befinden, konstant angezeigt sind und gleichzeitig die Umgebung beobachtet werden muss. Wie in Abb. 14.2 dargestellt, besteht eine Alternative darin, die Overlays durch eine Anzeige zu ersetzen, die in die natürliche Umgebung integriert ist. Die roten Herzen, die in der Anzeige auf dem Handschuh dargestellt sind, zeigen die Anzahl der Leben an.

14.2.3 Interaktionen

Da die Spieler, sobald sie das HMD aufsetzen, glauben, sich wirklich in der Spielumgebung zu befinden, sind Nutzerinteraktionen in immersiven Umgebungen wichtiger als solche an Flachbildschirmen. Anwender in immersiven Umgebungen erwarten eher so handeln zu können wie im echten Leben. Dies trifft auch auf VR-Spiele zu. Wenn etwas so aussieht, als könnte damit interagiert werden, dann sollte dies auch tatsächlich möglich sein. Der Spieler muss die Möglichkeit haben, Objekte zu berühren, anzuheben, zu werfen oder zu drücken, auch dann, wenn es für den eigentlichen Spielablauf nicht erforderlich ist. Durch die größeren Freiheitsgrade ergeben sich auch mehr Möglichkeiten in der Interaktion. Daher werden die Spieler versuchen, auf die unterschiedlichste Art und Weise ihr Ziel zu erreichen, und somit oft nicht so interagieren, wie es zu erwarten ist. Bei

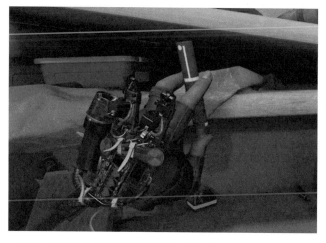

Abb. 14.2 Screenshots des VR-Spiels *Half-Life: Alyx*, bei dem Anzeigeelemente in den Handschuh integriert sind

klassischen Spielen ist der Möglichkeitsraum stark eingeschränkt und daher das Verhalten der Spieler eher vorhersehbar.

14.2.4 Fortbewegung

Die Steuerung von Videospielen hat sich mit der Spieltechnologie weiterentwickelt: In der Ära der 2D-Spiele bewegten sich die Spielercharaktere in eine feste Anzahl möglicher Richtungen (z. B. nach oben, unten, links und rechts), wofür eine Tastatur, Joystick oder Steuerkreuz ausreichten. Mit der Einführung von 3D-Spielen wurden neue Mechanismen eingeführt, um das Sehen und Bewegen in jede Richtung zu ermöglichen. In diesem Zusammenhang etablierte sich, insbesondere für *Ego-Shooter* (auch *First-Person-Shooter*, kurz FPS), das sogenannte *Mouselook*-Steuerungssystem. Dabei kontrolliert der Spieler über die Maus gleichzeitig die Kameraansicht, das Zielen und die Steuerung. Über die Tastatur kontrolliert der Spieler die Fortbewegung.

Erfahrene Spieler von Ego-Shootern sind es von Videospielen gewohnt, eine kontinuierliche Fortbewegungsmethode mittels Mouselook zu verwenden. Bei VR-Spielen sollte somit eine kontinuierliche Fortbewegungsmethode eher Anwendung und Akzeptanz finden als bei anderen Anwendungen oder Anwendergruppen. Wie in Martel und Muldner (2017) gezeigt wird, bevorzugen erfahrene Spieler von Ego-Shootern weiterhin wie gewohnt die Mauseingabe, selbst in der immersiven VR-Umgebung, anstelle der Kontrolle über die Kopforientierung. Ebenso bevorzugt diese Spielergruppe, dass die Kameraansicht und die Bewegungsrichtung miteinander gekoppelt sind, sodass sich die Spielfigur in die Richtung bewegt, in die die Kamera zeigt (Martel und Muldner 2017). Beim Videospiel am Flachbildschirm hat sich der Hardcore-Spieler daran gewöhnt, mit einem starren Blick geradeaus zu schauen. Von Gelegenheitsspielern, ebenso wie bei anderen Anwendungen, könnte diese Koppelung in immersiven VR-Umgebungen aber als Einschränkung empfunden werden.

Neben den individuellen Vorlieben der Nutzer stellen diskontinuierliche Fortbewegungsformen die Spielmechanik vor spezifische Herausforderungen:

- Eine *Vorhersage der Bewegungsrichtung* ist kaum möglich und es besteht eine größere Ungewissheit, an welchem Ort sich die Spielfigur in Zukunft befinden könnte.
- Eine diskontinuierliche Fortbewegung kann zu einer *sehr schnellen Fortbewegung* verwendet werden. Abhilfe kann hier ein Cooldown[4] schaffen, der so ausgelegt werden kann, dass die durchschnittlich benötigte Zeit der diskontinuierlichen in etwa einer kontinuierlichen Fortbewegung entspricht.

---

[4] In Videospielen definiert der *Cooldown* die minimale Zeitspanne, die der Spieler nach der Verwendung einer Fähigkeit oder eines Gegenstands warten muss, bevor diese erneut verwendet werden können.

- Viele Spielelemente basieren auf der Grundlage von *physikalischen Vorgängen*. Bewegt sich ein Objekt nicht kontinuierlich, kann es z. B. schlecht von einem Flugobjekt getroffen werden.
- Unterschiedliche Fortbewegungsmethoden, bei einer Mehrspieleranwendung, führen unweigerlich zu einer Übervorteilung einer der Fortbewegungsarten, da ein Ausgleich des Vor- oder Nachteils kaum gerecht möglich ist.

Literaturverzeichnis

Huizinga J (1956) Homo Ludens – Vom Ursprung der Kultur im Spiel. Rowohlt Verlag, Hamburg

Lemmens JS, Simon M, Sumter SR (2022) Fear and loathing in VR: the emotional and physiological effects of immersive games. Virt Reality 26(1):223–234

Martel E, Muldner K (2017) Controlling VR games: control schemes and the player experience. Entertainment Comput 21:19–31

Pallavicini F, Pepe A (2020) Virtual reality games and the role of body involvement in enhancing positive emotions and decreasing anxiety: Within-subjects pilot study. JMIR Serious Games 8(2):e15635

Pallavicini F, Pepe A, Minissi ME (2019) Gaming in virtual reality: what changes in terms of usability, emotional response and sense of presence compared to non-immersive video games? Simul Gaming 50(2):136–159

Pausch R, Snoddy J, Taylor R, Watson S, Haseltine E (1996) Disney's Aladdin: first steps toward storytelling in virtual reality. In: Proceedings of the 23rd Annual Conference on Computer Graphics and Interactive Techniques, SIGGRAPH'96. Association for Computing Machinery, New York, S 193–203

Phan MH, Keebler JR, Chaparro BS (2016) The development and validation of the game user experience satisfaction scale (guess). Hum Factors 58(8):1217–1247

Price M, Mehta N, Tone EB, Anderson PL (2011) Does engagement with exposure yield better outcomes? Components of presence as a predictor of treatment response for virtual reality exposure therapy for social phobia. J Anxiety Disord 25(6):763–770

Shelstad WJ, Smith DC, Chaparro BS (2017) Gaming on the rift: how virtual reality affects game user satisfaction. In: Proceedings of the Human Factors and Ergonomics Society Annual Meeting, vol 61. SAGE Publications, Los Angeles, S 2072–2076

Tavinor G (2009) The art of videogames. Wiley, Hoboken

Yildirim C (2019) Cybersickness during VR gaming undermines game enjoyment: a mediation model. Displays 59:35–43

Yildirim C, Carroll M, Hufnal D, Johnson T, Pericles S (2018) Video game user experience: to VR, or not to VR? In: 2018 IEEE Games, Entertainment, Media Conference (GEM). Galway, S 1–9

Standortbezogene virtuelle Realität

Standortbezogene virtuelle Realität (engl. location-based virtual reality, kurz LBVR) leitet sich vom Begriff *standortbezogene Unterhaltungsangebote* (engl. location-based entertainment) ab. Standortbezogene Unterhaltungsangebote, in denen Menschen die ihnen zur Verfügung stehende Freizeit genießen, sind z. B. Vergnügungsgärten oder Freizeitparks. In Kombination mit immersiver VR lassen sich so Erlebnisse erschaffen, wie es im eigenen Zuhause nicht möglich ist.

Im Vergleich zur sogenannten *mobilen virtuellen Realität* (MVR) erfordert standortbezogene VR i. d. R. einen aufwendigen Hardwareeinsatz, bei dem zusätzlich nicht VR-spezifische Hardware eingesetzt wird, um den Immersionseindruck noch weiter zu verbessern. Der Aufbau benötigt mehr Zeit für die Einrichtung und wird zumeist in semiöffentlichen oder öffentlichen Orten wie Forschungseinrichtungen, Museen, in der Industrie, VR-Arkaden (engl. arcade center) oder Themenparks eingesetzt (Home 2016). Oft wird auch die Anwendung auf den Einsatz für einen spezifischen Ort oder für entsprechende räumliche Gegebenheiten konzipiert oder der Raum wird an die VR-Inhalte angepasst, um eine stimmige Gesamtumgebung zu schaffen und so das Erlebnis innerhalb der virtuellen Umgebung zu verbessern.

Die physische und virtuelle Umgebung wird so aufeinander abgestimmt, dass es zu einer passgenauen Überlagerung kommt. Haptische Erfahrungen durch die physische Einrichtung von Wänden, Objekten usw. werden ermöglicht (siehe Abb. 1.10): Greift der Nutzer nach einem virtuellen Tisch, spürt er so einen realen Widerstand. Am Tisch kann er sich anlehnen, einen realen Gegenstand ablegen oder darauf sitzen. Durch Bewegungsplattformen werden Geschwindigkeit und Beschleunigung real und das VR-Erlebnis intensiver. Auch Achterbahnen in Freizeitparks werden mit VR-Brillen ausgestattet und bieten ein sehr intensives Bewegungserlebnis, siehe Abb. 15.1.

Es wird zwar immer noch darüber diskutiert, ob immersive VR-Technologien Teil unseres täglichen Lebens werden, wie z. B. Fernseher, Computer oder Smartphones,

M. Wölfel, *Immersive Virtuelle Realität*, https://doi.org/10.1007/978-3-662-66908-2_15

Abb. 15.1 Virtuelle Realität auf der Achterbahn. Mit freundlicher Genehmigung von Thomas Wagner, VR Coaster

als standortbezogenes Unterhaltungsangebot hat es aber bereits Millionen von Nutzern begeistert. Im Gegensatz zu immersiver VR, die im privaten Umfeld genutzt wird, haben ortsgebundene VR-Installationen zusätzliche Anforderungen, bieten aber auch die Möglichkeit, das volle Potenzial von VR zu entfalten: So können Gegenstände aus der physischen Welt wiederentdeckt (eine Comicfigur, die am Eingang zur VR-Installation steht, begrüßt den Anwender in der VR-Umgebung) oder virtuelle Objekte berührt werden. Es hat sich gezeigt, dass bestehende und korrekt abgebildete gemischte Umgebungen, in denen sich Virtuelles und Reales vermischen, die Präsenz und das Gesamterlebnis verbessern können (Hoffman 1998 und Insko 2001).

15.1   Nutzerakzeptanz und -beteiligung

Da standortbezogene VR-Installationen im sozialen Raum aufgebaut sind, ist die Bereitschaft zur Nutzung und die tatsächliche Nutzung der Installation stark von der sozialen Meinung und weiteren sozialen Faktoren beeinflusst. Während die ersten immersiven VR-Installationen großflächige Projektionen verwendeten und so ein gemeinsames Erlebnis erzeugten, verwendet die Mehrheit der heutigen immersiven Installationen HMDs und isoliert somit den Nutzer sowohl von anderen Personen als auch von der Umgebung. Daher muss die soziale Dimension bei der Gestaltung von standortbezogener VR berücksichtigt werden, um die Bereitschaft der Nutzer zu fördern, die Installation nutzen zu wollen und tatsächlich zu nutzen. *Soziale Akzeptanz* ist das Ergebnis eines kollektiven Urteils oder einer kollektiven Meinung über ein Projekt, ein Verhalten oder eine Technologie. Sie ist so stark, dass die Nutzung der Technologie negativ beeinflusst wird, wenn erwartet wird, dass sie nicht den sozialen Normen entspricht. Dies betrifft sowohl die Nutzung von HMDs im privaten, aber insbesondere im (semi-)öffentlichen Raum. Wie der Nutzer glaubt, von Umstehenden wahrgenommen und beurteilt zu werden, ist für ihn wichtig und kann zu Unbehagen und Spannungen führen (Guerin 1986 und Koelle et al. 2018). Daher sind die Passanten- und Zuschauerinklusion, Privatsphäre und Sicherheitsbedenken sowie Augmentation durch Projektionen Themen, die in diesem Zusammenhang Beachtung finden müssen (Gugenheimer et al. 2019). Neben dem alleinigen Verlassen auf etablierte soziale Normen ist besondere Vorsicht geboten, da mit neuartigen kollaborativen Technologien auch neuartige soziale Normen entstehen (Poretski et al. 2018).

Im Folgenden werden Themen behandelt, die besondere Beachtung bei der Verwendung von HMDs im (semi-)öffentlichen Raum finden sollten. Diese sind: der Sprung ins Ungewisse, die Zuschauerblindheit, die Umgebungsblindheit und die soziale Isolation des Nutzers.

15.1.1 Sprung ins Ungewisse

Der potenzielle Nutzer eines HMDs weiß nicht, was er von dem bevorstehenden Erlebnis zu erwarten hat. Insbesondere im (semi-)öffenlichen Raum kann der sogenannte *Sprung ins Ungewisse* (engl. leap into the unknown) ein weiteres Hemmnis sein, das einen potenziellen Nutzer davon abhält, die Anwendung auszuprobieren (Wölfel et al. 2019). Andere Hinderungsgründe sind hygienische Bedenken oder Unsicherheiten hinsichtlich der Cyberkrankheit. Gerade Menschen mit Phobien haben Angst, diesen in immersiven Umgebungen ausgesetzt zu werden. Oft können diese Bedenken genommen werden, wenn potenzielle Nutzer wissen, was sie in der immersiven Welt zu erwarten haben.

Um auf das Geschehen in der virtuellen Welt bestens vorbereitet zu sein, sollte die Verbindung mit der virtuellen Umgebung, die auf dem HMD dargestellt wird, bereits lange vor der eigentlichen Nutzung beginnen. In den Warteschlangen von Freizeitparks z. B. wird das allgemeine Thema bereits vor dem eigentlichen Erlebnis aufgegriffen und präsentiert, um das Engagement innerhalb der Warteschlange und die Vorfreude zu fördern (Ledbetter et al. 2013 und Daniels et al. 2017).

Um zu vermitteln, was in der virtuellen Welt vor sich geht, ist es nicht unüblich, die Egoperspektive des HMD-Nutzers auf einen Bildschirm zu übertragen. Diese Egoperspektive erschwert jedoch anderen, das Geschehen zu verstehen. Bei dieser Art der Darstellung wird der räumliche Zusammenhang der aktuellen Szene nicht deutlich, da das Bild konstant in Bewegung ist und einen Blickwinkel bietet, der ungewohnt ist. Durch eine weitere Kamera, die in der virtuellen Umgebung platziert und den Zuschauern dargeboten wird, lassen sich viele der Nachteile bei der Darstellung aus Egoperspektive für Zuschauer überwinden.

15.1.2 Zuschauerblindheit

Ohne ein „Fenster in die virtuelle Welt", wie einen externen Flachbildschirm, können Umstehende nicht verstehen, was passiert, wenn eine Person, die ein HMD trägt, mit virtuellen Inhalten interagiert. Die *Zuschauerblindheit* und der Sprung ins Ungewisse sind verwandt, ihre Ziele sind jedoch unterschiedlich: Während sich die Zuschauerblindheit an Personen richtet, die nicht die Absicht haben, das HMD zu benutzen, sondern nur daran interessiert sind, andere zu beobachten, betrifft der Sprung ins Ungewisse nur jene Nutzer, die sich auf ihre eigene VR-Erfahrung vorbereiten wollen. Beiden ist jedoch gemein, dass sie dadurch verursacht werden, dass das, was in der virtuellen Welt geschieht, nicht an die Umgebung weitergegeben wird. Dieser Nachteil kann durch die Einführung von Bildschirmen mit Darstellungen in der Dritte-Person-Perspektive und mit der nichtdigitalen Inszenierung überwunden werden, z. B. durch die Platzierung von realen Objekten, die zum Kontext passen.

15.1.3 Umgebungsblindheit

Im Zusammenhang mit standortbezogener VR lassen sich spektakuläre, immersive Erlebnisse schaffen, während gleichzeitig die vollständige Isolierung von der realen Außenwelt eine große Hürde für das Tragen von HMDs darstellt (Medeiros et al. 2021). Der Nutzer kann beobachtet werden, während er selbst nicht so genau weiß, was „da draußen" vor sich geht. Dies kann dazu führen, dass der Nutzer Angst davor hat, sich durch eine unbekannte Umgebung zu bewegen und von anderen beobachtet zu werden (Guerin 1986 und Koelle et al. 2018). Diese Angst wurde bereits früh erkannt: So verwendete W. Industries bereits im Jahr 1990 Türen, um die HMD-Nutzer in der Öffentlichkeit vor unliebsamen Blicken zu schützen.

15.1.4 Soziale Isolation des Nutzers

Wie von Eghbali et al. (2019) hervorgehoben, kann die *Isolation des Nutzers* von „den Anderen" (der eigenen Gruppe sowie Fremden) eine Form der *sozialen Kluft* schaffen, die die soziale Akzeptanz im öffentlichen Kontext beeinträchtigen kann. Während der Nutzung des HMDs ist man nicht mehr Teil der Gruppe. Aber auch einzelne Personen können für den HMD-Nutzer unmittelbarer von Bedeutung sein, z. B. ob das eigene Kind noch neben der Installation wartet. Die Isolation wird durch fehlende Kommunikationsmöglichkeiten mit der Außenwelt hervorgerufen.

Einige Inhalte erfordern einen gemeinsamen Rahmen, in dem ein Informationsaustausch zwischen dem HMD-Nutzer und seinen Begleitern möglich wird, oder es muss die Möglichkeit gegeben werden, gleichzeitig in der virtuellen Welt zu interagieren. Dieser Austausch ist wichtig, denn laut einer Studie der Deutschen Gesellschaft für Kulturmanagement e.V. kommen die meisten Museumsbesucher in Gruppen, um einen „erlebnisreichen Tag" zu verbringen und „gemeinsam etwas zu unternehmen".

Durch eine Umsetzung, in der ein Teil der Erfahrung für alle innerhalb der Gruppe identisch ist und sowohl physische als auch virtuelle Objekte dargeboten werden, kann sowohl die Wahrnehmung der realen als auch der virtuellen Umgebung besser integriert werden. Beispielsweise ermöglicht *Share VR* von Gugenheimer et al. (2017) die Teilnahme an einer gemeinsamen Erfahrung zwischen HMD-Nutzern und ihren Begleitern durch Bodenprojektionen. Die Autoren fanden heraus, dass das Engagement für die Erzählung sowohl bei den HMD-Nutzern als auch bei ihren Begleitern gesteigert werden konnte. *ReverseCAVE* von Ishii et al. (2018) ist ein interessantes Konzept zur Einbindung von Umstehenden über Wandprojektionen und besonders hilfreich für die Weitergabe über soziale Medien, da es Besuchern so einfach ermöglicht wird, Fotos von VR-Inhalten zu machen.

15.2 Publikumstrichter

Die Interaktion im (semi-)öffentlichen Raum mit medialen Installationen durchläuft mehrere Phasen, die für großflächige Displays von Müller et al. (2010) als *Publikumstrichter* (engl. audience funnel) beschrieben wurden. Die erste Verwendung der Trichter-Metapher wurde im Bereich des Marketings verwendet (Townsend und Investment Bankers Association of America 1924). Die Metaper bezieht sich darauf, dass im Ablaufschema, bei jedem Übergang von einem zu einem darauffolgenden Zustand, die Anzahl der Personen reduziert wird. Für die Nutzung eines HMDs im (semi-)öffentlichen Raum schlugen Wölfel et al. (2019) eine Erweiterung des Publikumstrichters vor. Auch hier verringert sich die Anzahl der Personen bei jedem Übergang. Die verschiedenen Rollen, die eine Person einnehmen kann, werden im Folgenden kurz beschrieben (siehe hierzu auch Abb. 15.2):

Rolle 1 **Passant**: Eine Person, die nicht an der Installation beteiligt ist, sie nicht wahrnimmt oder ihr keine Aufmerksamkeit schenkt.

Rolle 2 **Zuschauer**: Eine Person, die die Installation und den HMD-Nutzer beobachtet, sie kann mit anderen Zuschauern über die Installation kommunizieren, aber interagiert nicht mit dem HMD-Nutzer oder der Installation.

Rolle 3 **Implizit interagierender Nutzer**: Eine Person, deren Verhalten nicht primär auf die Interaktion mit der Installation ausgerichtet ist, sondern die unbewusst Aktionen auslöst.

Rolle 4 **Explizit interagierender Nutzer**: Eine Person, die bewusst Aktionen ausführt, um mit der Installation zu interagieren.

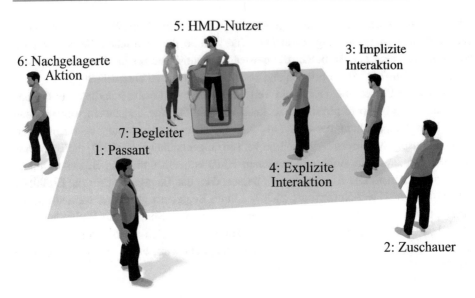

5: HMD-Nutzer

6: Nachgelagerte
   Aktion

3: Implizite
Interaktion

7: Begleiter
1: Passant

4: Explizite
Interaktion

2: Zuschauer

Abb. 15.2 Publikumstrichter für standortbezogene virtuelle Realität

Rolle 5 **HMD-Nutzer**: Eine Person, die ein HMD trägt und in der virtuellen Umgebung
   interagiert.

Rolle 6 **Nachgelagerte Aktion**: Eine Person, die vor Ort weiter mit der Installation interagiert oder außerhalb des Standorts Handlungen im Zusammenhang mit der Installation
   durchführt.

Rolle 7 **Begleiter**: Eine Person, die mit der Person interagiert, die ein HMD benutzt.

Wie zuvor erwähnt, reduziert sich die Anzahl der potenziellen Nutzer mit jedem Übergang
von einer Rolle in eine andere. Auch durchlaufen nicht alle Nutzer zwangsläufig jede
Rolle, zum einen, weil bestimmte Rollen in einer Installation nicht vorgesehen sind,
und zum anderen, weil Rollen übersprungen werden: Ein Passant (Rolle 1) kann z. B.
die Rollen 3 bis 6 überspringen und sofort zum Begleiter (Rolle 7) des HMD-Nutzers
(Rolle 5) werden. Alternativ könnten z. B. die Rollen 3 und 4 übersprungen werden und
direkt in die virtuelle Welt (Rolle 5) eingetaucht werden. In jeder Rolle hat der Nutzer
bestimmte Bedürfnisse, die unterstützt werden müssen, um einen optimalen Durchlauf zu
ermöglichen. Eine ausführliche Beschreibung findet sich in Wölfel et al. (2019).

Am Beispiel der Inszenierung im musealen Kontext der virtuellen Heißluftballonfahrt
Super Nubibus 1834, die u. a. im ZKM Karlsruhe gezeigt wurde, werden die einzelnen
Schritte noch einmal verdeutlicht:

Unsere Probandin Lisa läuft an der Installation vorbei und wird auf sie aufmerksam
(Rolle 1). Lisa bleibt stehen und beobachtet die anderen Personen, wie sie mit der
Installation interagieren (Rolle 2). Sie sieht, wie eine Person, die ein HMD aufhat, in
einem physikalischen Ballonkorb über eine Stadt, die auf den Boden projiziert wird, fährt.
Lisa möchte sich die Stadt auf der Bodenprojektion genauer anschauen, jedoch beginnen

Wolken, die sich auf Lisa zubewegen, die Sicht immer weiter zu verdecken (Rolle 3). Lisa fällt auf, dass, wenn sie sich an einen anderen Standort bewegt, ihr die Wolken folgen. Dies macht sich Lisa nun zunutze, um die Wolken wegzubewegen, indem sie ihren Standpunkt verlagert, sodass die Wolken den Blick auf die Stadt wieder freigeben (Rolle 4). Nachdem der HMD-Nutzer das Headset abgelegt und den Heißluftballonkorb verlassen hat, betritt Lisa den Korb und setzt das HMD auf. Sie folgt den Anweisungen im Display und nachdem sie sich kurz in der virtuellen Umgebung umgeschaut hat, zieht sie am Seil (Rolle 5). Gemächlich, aber unter leichten Vibrationen, setzt sich der Ballonkorb in Bewegung. Da Lisa Höhenangst hat, greift sie nach dem Ballonkorb. Der Ballonkorb gibt Lisa Sicherheit und schützt sie zugleich vor neugierigen Blicken. Von oben spürt Lisa die Wärme des Bunsenbrenners und ein leichter Wind schweift durch ihr langes Haar, während es weiter nach oben geht. Begeistert, und ohne weiter Angst zu empfinden, möchte Lisa ihre Erfahrung sofort teilen. Ihr Freund steht neben dem Korb und verfolgt die Fahrt von Lisa auf der Bodenprojektion (Rolle 7). So können sie sich austauschen, während der Ballonkorb weiter über die historische Stadt gleitet. Nachdem Lisa wieder gelandet ist, das Headset abgezogen und den Ballonkorb verlassen hat, teilt sie das Video, welches ihr Freund von ihr während der VR-Ballonfahrt aufgenommen hat, über soziale Medien (Rolle 6).

15.3 Gestaltungsempfehlungen für die Inszenierung ortsbezogener virtueller Realität

In Ergänzung zu allgemeinen Richtlinien für *Public Screening* (z. B. Vermeidung von ungeeigneten Inhalten wie Nacktheit und Gewalt, Datenschutz) und zu der Interaktion mit Displays im öffentlichen Raum (Brignull und Rogers 2003) wird speziell für die Gestaltung standortbezogener VR Folgendes empfohlen:

- Inszenierung von Umgebung und Warteschlange, um so wertvolle Interaktionen für Passanten, wartende Besucher und Zuschauer mit der immersiven VR-Installation zu schaffen.
- Trennung zwischen den verschiedenen Interaktionszonen, um die gefühlte Sicherheit zu erhöhen und sicherzustellen, dass diese Zonen nicht einfach verlassen werden können.
- Vorbereitung des Nutzers im Vorfeld auf die Erfahrung, die in der immersiven VR zu erwarten ist. Niemand mag den Sprung ins Ungewisse!
- Schaffung von Kommunikationsmöglichkeiten zwischen dem HMD-Nutzer und Umstehenden, ohne dass das Headset abgenommen werden muss.
- Umstehende sollten verstehen können, was vor sich geht und warum der HMD-Nutzer sich entsprechend verhält.
- Sicherheit und Hygiene sind stets zu gewährleisten, was auch so vom potenziellen Nutzer empfunden werden muss.

Literaturverzeichnis

Brignull H, Rogers Y (2003) Enticing people to interact with large public displays in public spaces, Bd 3. Proceedings of INTERACT, Zurich, S 17–24

Daniels EC, Burley JB, Machemer T, Nieratko P (2017) Theme park queue line perception. Int J Cult Herit 2:105–118

Eghbali P, Väänänen K, Jokela T (2019) Social acceptability of virtual reality in public spaces: experiential factors and design recommendations. In: Proceedings of the 18th International Conference on Mobile and Ubiquitous Multimedia, MUM'19. Association for Computing Machinery, New York

Guerin B (1986) Mere presence effects in humans: a review. J Exp Soc Psychol 22(1):38–77

Gugenheimer J, Stemasov E, Frommel J, Rukzio E (2017) Sharevr: enabling co-located experiences for virtual reality between HMD and non-HMD users. In: Proceedings of the 2017 CHI Conference on Human Factors in Computing Systems. ACM, Denver, S 4021–4033

Gugenheimer J, Mai C, McGill M, Williamson J, Steinicke F, Perlin K (2019) Challenges using head-mounted displays in shared and social spaces. In: Extended Abstracts of the 2019 CHI Conference on Human Factors in Computing Systems, CHI EA'19. ACM, New York, S W19:1–W19:8

Hoffman HG (1998) Physically touching virtual objects using tactile augmentation enhances the realism of virtual environments. In: Proceedings. IEEE 1998 Virtual Reality Annual International Symposium (Cat. No.98CB36180). Atlanta, S 59–63

Home M (2016) Virtual reality at the british museum: what is the value of virtual reality environments for learning by children and young people, schools, and families. In: Proceedings of the Annual Conference of Museums and the Web. Los Angeles, S 6–9

Insko BE (2001) Passive haptics significantly enhances virtual environments. PhD thesis

Ishii A, Suzuki I, Tsuruta M, Nakamae S, Suzuki J, Ochiai Y (2018) Reversecave: cave-based visualization methods of public VR towards shareable VR experience. In: Extended Abstracts of the 2018 CHI Conference on Human Factors in Computing Systems. ACM, Montreal, S VS01

Koelle M, Boll S, Olsson T, Williamson J, Profita H, Kane S, Mitchell R (2018) (un)acceptable!?! re-thinking the social acceptability of emerging technologies. In: Extended Abstracts of the 2018 CHI Conference on Human Factors in Computing Systems, CHI EA'18. Association for Computing Machinery, New York

Ledbetter JL, Mohamed-Ameen A, Oglesby JM, Boyce MW (2013) Your wait time from this point will be . . .: practices for designing amusement park queues. Ergon Des 21(2):22–28

Medeiros D, Anjos Rd, Pantidi N, Huang K, Sousa M, Anslow C, Jorge J (2021) Promoting reality awareness in virtual reality through proxemics. In: 2021 IEEE Virtual Reality and 3D User Interfaces (VR). Lisboa, S 21–30

Müller J, Alt F, Michelis D, Schmidt A (2010) Requirements and design space for interactive public displays. In: Proceedings of the 18th ACM International Conference on Multimedia, MM'10. Association for Computing Machinery, New York, S 1285–1294

Poretski L, Lanir J, Arazy O (2018) Normative tensions in shared augmented reality. Proc ACM Hum-Comput Interact 2(CSCW):1–22

Townsend WW, Investment Bankers Association of America (1924) Bond salesmanship. H. Holt, New York

Wölfel M, Hepperle D, Siess A, Deuchler J (2019) Staging location-based virtual reality to improve immersive experiences. EAI Endorsed Trans Creat Technol 6(21):163221

Immersive Entwicklung

Bei der *virtuellen Entwicklung* (engl. virtual engineering) werden Entwicklungsprozesse durch digitale, dreidimensionale Modelle unterstützt. Dafür werden häufig *digitale Zwillinge* (engl. digital twin) eingesetzt, bei denen physische Objekte als auch Prozesse in der digitalen Welt abgebildet werden. Ob der analoge Zwilling bereits in der realen Welt vorhanden ist oder erst entwickelt werden soll, ist dabei unerheblich.

Bei der *immersiven Entwicklung* (engl. immersive engineering) finden die virtuellen Entwicklungsprozesse in einer immersiven Arbeits- und Präsentationsumgebung (HMD, CAVE oder 180- bzw. 360°-Bildschirme) statt. Die unterstützten Entwicklungsprozesse können sich sowohl auf Produkte, Fahrzeuge, Bauwerke, Prozesse und sogar Dienstleistungen beziehen. Dank der vielfältigen Vorteile eines digitalen, immersiven Entwicklungsprozesses können Designer und Ingenieure Probleme, bereits bevor der erste physikalische Prototyp realisiert wird, erkennen und beheben.

Während des Entwicklungsprozesses und bei Entwurfsbesprechungen beziehen sich notwendige Änderungen häufig auf räumliche Zusammenhänge innerhalb des Modells oder der Umgebung (z. B. beim Montageprozess). Die visuelle Wahrnehmung und die Erfassung von räumlichen Zusammenhängen sind stark von der Darstellungsform und Repräsentation abhängig (Marr 2010). So kann eine Entwicklung, die ausschließlich am Flachbildschirm stattfindet, nicht alle Anforderungen erfüllen, insbesondere nicht solche von funktionalen und ergonomischen Erprobungs- und Validierungsprozessen. Durch einen Vergleich zwischen der Darstellung von virtuellen Modellen in einer immersiven Umgebung (in der CAVE) und auf einem Flachbildschirm konnten Paes et al. (2017) nachweisen, dass die immersive Umgebung eine insgesamt bessere räumliche Wahrnehmung des virtuellen Modells bietet. Eine verbesserte räumliche Wahrnehmung führt zu einem verbesserten Verständnis der räumlichen Zusammenhänge. Dies führt zu dem Schluss, dass in immersiven Umgebungen angezeigte räumlich-geometrische Informationen vom Nutzer besser verarbeitet werden (Paes et al. 2017).

M. Wölfel, *Immersive Virtuelle Realität*, https://doi.org/10.1007/978-3-662-66908-2_16

Tab. 16.1 Klassifikation und Anwendungsbereiche von Produktdesignprozessen, die nach Berni und Borgianni (2020) mit immersiver VR durchgeführt werden können

Produktdesignprozess	Anwendungsbereiche
1. Frühe Phasen	Kreative Designphasen (hauptsächlich unterstützt durch virtuelles Skizzieren), individuelles Brainstorming, Konzeptentwicklung
2. Kollaboratives Design	Gruppenbrainstorming, Mitarbeit in den Simulationen, Bewertung und Neugestaltung eines Projekts, gemeinsame Nutzung von Modellen und Daten
3. 3D-Modellierung	Virtuelle Tonmodellierung, geometrische Manipulation und Visualisierung
4. Prototypen	Kontrollvorgänge und Simulationen, um zu überprüfen, ob der Entwurf und die Montage/Demontage der Teile funktionieren, Finite-Elemente-Analyse, 3D-Menschmodellsimulationen und ergonomische Bewertungen
5. Produktbewertung	Evaluierung des virtuellen Prototyps, Einholung des Feedbacks der Nutzer (Reaktionen und Erfahrungen/Präferenzen von Produktvarianten)
6. Bildungszwecke	Unterstützung des Lernprozesses von Schülern, Auszubildenden und Studierenden

Trotz der unbestrittenen Vorteile ist der Einsatz von immersiven Technologien im industriellen Umfeld bisher nur zögerlich aufgegriffen worden und erstreckt sich nicht über den gesamten Entwicklungsprozess: Berni und Borgianni (2020) geben einen detaillierten Überblick über diverse Designaktivitäten und deren Nutzung durch immersive VR-Technologien, siehe Tab. 16.1. HMDs wurden bisher, laut ihrer Studie, insbesondere für virtuelle Prototypen und die Produktbewertung eingesetzt, PC und Flachbildschirme dagegen eher für 3D-Modellierung und kollaboratives Design. Insbesondere in den frühen Phasen des Entwicklungsprozesses werden bisher kaum HMDs verwendet. In der Aus- und Weiterbildung im Umfeld der immersiven Entwicklung etablieren sich HMDs, um z. B. den Umgang mit gefährlichen Komponenten wie Elektrizität, Chemie oder Feuer in einer sicheren Umgebung ohne Verletzungsgefahr zu erlernen. Auch überlegen Verbände und andere Aussteller von Zertifikaten, wie der TÜV, inwieweit sich Fertigkeiten in immersiven VR-Umgebungen prüfen lassen.

16.1   Kollaboratives Design

Kollaboratives Design ist ein Entwicklungs- und Entscheidungsprozess, bei dem mehrere Designer und Ingenieure zusammenarbeiten, um die Perspektiven mehrerer Interessengruppen zu integrieren (Garcia Rivera et al. 2022). Die Kommunikation und Kollaboration während des Entwurfsprozesses sind wichtig, um Ideen von Menschen mit unterschiedlichen Fähigkeiten und Interessen zu berücksichtigen. Kollaboratives Design beginnt mit der Konzeption eines Produkts und durchläuft verschiedene Iterationen. Die Integration von sozialen VR-Elementen kann dabei ein wertvolles Werkzeug sein, um die Anzahl der persönlichen Treffen zu reduzieren. Dabei ist es relevant, wie von Garcia Rivera et al. (2022) hervorgehoben, dass in kollaborativen Designkontexten die physische, soziale und Selbstpräsenz berücksichtigt werden.

16.2 3D-Modellierung

Anwendungen des Computed Aided Designs (CAD) auf dem Flachbildschirm erlauben aufgrund ihrer Komplexität keine intuitive Handhabung von 3D-Modellen und deren Analyse für unerfahrene Nutzer ohne grundlegende CAD- oder Informatikkenntnisse (Naef und Payne 2007). Dies stellt eine große Einstiegshürde für anderweitige Nutzer dar, da die komplizierte CAD-Anwendungssoftware selbst für einfache Änderungen schwer zu verstehen ist. Das Modellieren von 3D-Objekten mit den eigenen Händen statt Maus und Tastatur soll den künstlerischen Schaffensprozess beschleunigen. In der Studie von Cordeiro et al. (2019) wurde beobachtet, auf welche Weise die Nutzer digitale 3D-Modelle in immersiven Umgebungen verändern. Sie beobachteten, dass Nutzer dazu neigen, sich in der immersiven VR-Umgebung so zu verhalten, wie sie es auch in der realen Welt tun würden, um ein physisches Objekt zu manipulieren.

16.3 Prototyping

Prototypen werden erstellt, um ein Produkt zu testen und zu sehen, wie es funktioniert. Bevor ein Prototyp real gebaut wird, kann er bereits in einer immersiven VR-Umgebung ausführlich getestet werden. Durch die Darstellung und Simulation in einer virtuellen Umgebung können etwaige Mängel bereits erkannt und geändert werden, um das Produkt für seinen Zweck zu optimieren, noch bevor der erste reale Prototyp gebaut ist (Gibson et al. 2004).

Innerhalb der immersiven Umgebung lassen sich realitätsnahe 3D-Modelle darstellen. Dadurch ist es möglich, komplexe Geometrien und ihre räumlichen Zusammenhänge anschaulich zu visualisieren, erfahrbar zu machen und zu kommunizieren. So kann ein Automobilhersteller z. B. einen guten Einblick über die Fahrersicht oder die Blendwirkung des Armaturenbretts gewinnen (Berg und Vance 2017). Davon profitieren insbesondere fachfremde Personen, um ein besseres Verständnis für die Möglichkeiten und Probleme eines Produkts zu entwickeln. Die Darstellungsweise von immersiver VR liefert einen natürlicheren und einfacheren Zugang, mit dem alle Beteiligten etwas anfangen können, auch wenn sie nicht technologisch ausgebildet sind. Gerade Fragen der Ergonomie und Benutzerfreundlichkeit (engl. usability) lassen sich besser evaluieren. Daher lässt sich schneller erkennen, welche Eigenschaften eines Produkts gut umgesetzt sind oder seine Funktion beeinträchtigen.

16.4   Produktbewertung

Gemäß EC-61160[1] ist die Produktbewertung anhand von Designprüfungen[2] ein wesentlicher Prozess beim Produktentwicklungsprozess. Der Einsatz immersiver VR-Technologien soll helfen, Probleme zu erkennen, bevor sie bei physischen Prototypen oder dem Endprodukt auftreten. Dazu zählen sowohl das Design, die Ergonomie, die Bedienbarkeit und die Freude bei der Bedienung als auch Passgenauigkeit, mechanische Beanspruchung und Produktionsprozesse.

Die Produktbewertung ist ein kognitiver Prozess, bei dem relevante Informationen klar und anschaulich vermittelt werden müssen, um effiziente Entscheidungen treffen zu können. Da in immersiver VR originalgetreue Größenverhältnisse dargestellt werden, kann um das Modell herumgelaufen (bei kleinen Objekten) oder im Modell (bei großen Objekten) umhergelaufen werden. So lassen sich mögliche Probleme besser identifizieren als am Flachbildschirm. Durch die Virtualisierung kann die Produktbewertung in einer sicheren Umgebung und von jedem beliebigen Standort aus geschehen. Wie von Wolfartsberger (2019) in einer vergleichenden Studie festgestellt, bevorzugen Personen, die im Service und am Prüfstand arbeiten, immersive VR anstelle der Darstellung am Flachbildschirm, da das Betrachten und Begehen der Komponenten eher ihrem realen Arbeitsalltag ähneln. Immersive VR unterstützt somit Entscheidungsprozesse, indem Produkte und Konzepte bereits in der Entwurfsphase realitätsnah untersucht werden können.

Neben der visuellen Inspektion kann bereits getestet werden, wie ein Produkt bedient wird. Dabei können sowohl visuelle, haptische als auch akustische Elemente simuliert werden. Von Bordegoni und Ferrise (2013) wurde gezeigt, dass anhand so simulierter Produkte, die vom späteren physischen Produkt zu erwartenden Eigenschaften wirksam beurteilt werden können. Virtuelle Modelle, die dagegen am Flachbildschirm betrachtet werden, können nicht immer alle Anforderungen an die funktionale und ergonomische Validierung von komplexen 3D-Modellen erfüllen. Die Ergebnisse von Wolfartsberger (2019) zeigen, dass bei Entwurfsprüfungen in immersiven Umgebungen von den Nutzern etwas mehr Fehler in einem 3D-Modell erkannt werden können als am Flachbildschirm. Durch immersive Entwicklung können Designer, Entwickler und Kunden das Design und die Funktionsweise sorgfältiger hinterfragen, indem sie es aus einer ganzheitlichen Perspektive betrachten, die das zukünftige Produkt in einer passenden Umgebung verortet. Auf diese Weise kann im Entwicklungsprozess ein Produkt möglichst weit perfektioniert werden, bevor ein physikalischer Prototyp gebaut werden muss.

---

[1] https://www.vde-verlag.de/iec-normen/212565/iec-61160-2005.html.

[2] Eine *Designprüfung* ist eine systematische Untersuchung eines Designs einschließlich aller Teilergebnisse zur Überprüfung der Qualitätsanforderungen.

16.5 Herausforderungen

Sowohl die CAD-Modelle, die für die Konstruktion und das Design am Flachbildschirm verwendet werden, als auch die Benutzungsschnittstellen unterscheiden sich im Vergleich zu immersiven Umgebungen. Dadurch gibt es besondere Herausforderungen, die zu bewältigen sind, bis ein CAD-Modell in immersiver VR genutzt werden kann, um die zuvor beschriebenen Ziele zu erreichen. Diese betreffen insbesondere die Datenaufbereitung und die Dateninteraktion, auf die im Folgenden näher eingegangen wird.

16.5.1 Herausforderungen der Datenaufbereitung

Die Übertragung von CAD-Daten in eine immersive VR-Umgebung ist keine triviale Aufgabe, die nicht einfach automatisiert werden kann. Die besonderen Herausforderungen ergeben sich dadurch, dass technische CAD-Modelle nicht hinsichtlich der Anforderungen, die für Visualisierung in einer Echtzeitumgebungen einhergehen, konstruiert werden. Die Modelle können zu groß und komplex sein und daher nicht in Echtzeit im autarken HMDs visualisiert werden, oder es handelt sich um vereinfachte Darstellungen, die lediglich schematische Skizzen umfassen. Werden große CAD-Modelle für die Nutzung in immersiver VR automatisch aufbereitet, kann es zu geometrischen Ungenauigkeiten kommen wie falschen Seitennormalen, Rissen usw.

Ein weiteres Problem ist der mangelnde Realismus, da CAD-Modelle oft nicht über detaillierte Material- und Texturinformationen verfügen, die für immersive VR-Anwendungen geeignet sind. Technisch in CAD-Systemen zwar möglich, werden diese Informationen i. d. R. nicht berücksichtigt, da sie für die Konstruktion nicht wesentlich sind und einen entsprechenden Mehraufwand erfordern.

Oft gehen bei der Konvertierung eines CAD-Modells zur Nutzung in immersiven Umgebungen semantische Informationen verloren, da diese in dem alternativen Format nicht abgebildet werden können. Dies hat auch zur Folge, dass Änderungen, die am Modell vorgenommen werden, sich nicht automatisch auf das jeweils andere Modell auswirken, ganz gleich, ob die Änderungen in der CAD- oder in der immersiven VR-Umgebung vorgenommen werden. Änderungen müssen so oft manuell nachgearbeitet werden, was leicht zu Inkonsistenzen zwischen den Modellen führen kann.

In Raposo et al. (2006) werden die Probleme, die bei der Aufbereitung von CAD-Modellen für immersive VR-Anwendungen potenziell auftreten können, im Detail beschrieben.

16.5.2 Herausforderungen in der Dateninteraktion

Je nach Aufgabe wie Entwicklung, Review, Prüfung und Usability werden an die Visualisierung, Manipulation und Interaktion unterschiedliche Anforderungen gestellt.

In der realen Welt werden Gegenstände durch Heben, Schieben, Drücken, Öffnen, Schließen, Auf- oder Abschrauben usw. manipuliert. Doch nicht in allen Situationen ist es sinnvoll, diese Interaktionen im Detail in der virtuellen Umgebung nachzubilden. Einfache Interaktionen bieten sich z. B. an, um Entscheidern schnell und unkompliziert durch einen Entwurf zu leiten. Zur Überprüfung der Usability sind diese aber ungeeignet, da sie nicht den Aufwand abbilden, der bei der späteren Bedienung, Wartung oder Reparatur eines Geräts auftritt.

Bei der Konstruktion einer Schraube wird davon ausgegangen, dass das 3D-Modell im Detail und mit hoher Präzision verändert werden kann. Bei einer Designreview oder einem Usability-Test wären solche Möglichkeiten jedoch eher hinderlich. Bei einem Review ist es hilfreich, wenn die Schraube automatisch in die Mutter springt. Bei einem Usability-Test wäre das aber nicht zielführend. Hier sollte die Schraube präzise in das Loch geführt werden und nur durch entsprechende Drehbewegungen in das Loch eindringen.

Im Gegensatz zu vielen anderen Anwendungen muss bei der Verarbeitung von Konstruktionsdaten mit hochkomplexen Strukturen umgegangen werden. Insbesondere stellen überlappende Kollisionskörper bei der Selektion eine große Herausforderung dar. Daher vermeiden Anwendungen, die einen größeren Gestaltungsfreiraum haben, interaktive Objekte dicht nebeneinander zu platzieren. Im Idealfall selektiert der Anwender immer nur ein Objekt auf einmal. Da die Struktur der einzelnen Objekte durch das CAD-Modell vorgegeben ist, muss damit gerechnet werden, dass viele auswählbare Objekte in unmittelbarer Nähe zueinander platziert sind oder sogar ineinandergreifen. Somit kann es leicht vorkommen, dass bei der Auswahl in der immersiven VR ungewollt auch weitere Objekte aktiviert und verändert werden. Daher ist es wichtig, dem Anwender zu signalisieren, z. B. durch eine Hervorhebung als Outline, welches Objekt gerade selektiert ist.

Literaturverzeichnis

Berg LP, Vance JM (2017) Industry use of virtual reality in product design and manufacturing: a survey. Virtual Real 21(1):1–17

Berni A, Borgianni Y (2020) Applications of virtual reality in engineering and product design: why, what, how, when and where. Electronics 9(7):1064

Bordegoni M, Ferrise F (2013) Designing interaction with consumer products in a multisensory virtual reality environment. Virtual Phys Prototyping 8(1):51–64

Cordeiro E, Giannini F, Monti M (2019) A survey of immersive systems for shape manipulation. Comput-Aided Des Appl 16(6):1146–1157

Garcia Rivera F, Lamb M, Högberg D, Brolin A (2022) The schematization of XR technologies in the context of collaborative design. In: 10th Swedish Production Symposium (SPS2022), Skövde, 26–29 Apr 2022. IOS Press, S 520–529

Gibson I, Gao Z, Campbell I (2004) A comparative study of virtual prototyping and physical prototyping. Int J Manuf Technol Manag 6(6):503–522

Marr D (2010) Vision: a computational investigation into the human representation and processing of visual information. MIT Press, Cambridge

Naef M, Payne J (2007) Autoeval mkii – interaction design for a VR design review system. In: 2007 IEEE Symposium on 3D User Interfaces. Charlotte

Paes D, Arantes E, Irizarry J (2017) Immersive environment for improving the understanding of architectural 3d models: comparing user spatial perception between immersive and traditional virtual reality systems. Autom Constr 84:292–303

Raposo A, Corseuil ET, Wagner GN, dos Santos IH, Gattass M (2006) Towards the use of CAD models in VR applications. In: Proceedings of the 2006 ACM International Conference on Virtual Reality Continuum and Its Applications. Hong Kong, S 67–74

Wolfartsberger J (2019) Analyzing the potential of virtual reality for engineering design review. Autom Constr 104:27–37

Forschungsgegenstand und -tool

Angesichts der Fähigkeit, sowohl reale als auch imaginäre Szenarien abzubilden, bietet das Medium der immersiven VR eine geeignete Grundlage für die Untersuchung von unterschiedlichsten sozialen und psychologischen Phänomenen. Hierbei können sowohl Untersuchungen durchgeführt werden, die Erfahrungen der physischen Welt entsprechen, als auch solche, die im Realen nicht umsetzbar sind. Somit ist der Einsatz der immersiven VR im Bereich der Sozialwissenschaften naheliegend und bereits in den frühen 1990ern wurde der Nutzen immersiver VR für die Sozialwissenschaften entdeckt (Biocca 1992). Die Hoffnung hierbei ist, dass die Erkenntnisse über das menschliche Verhalten, die in immersiven VR-Umgebungen gewonnen werden, entsprechend auf reale Situationen übertragbar sind.

Aber auch als *Medium* wurde die immersive VR, die einen immer größeren Einfluss auf unseren Alltag ausübt, schon früh von der Medienforschung aufgegriffen (Petersen und Bente 2001). Ebenso wie bei anderen Medien bezieht sich die Forschung auf den Umfang der erreichten Personen, ihre Nutzungsgewohnheiten, die wirkungsrelevanten Merkmale, die Bewertung der Darstellungsform und den Inhalt sowie der Betrachtung von Auswirkungen auf die Nutzer.

Somit sind immersive VR-Anwendungen, aus nichttechnologischer Sicht, in mindestens zweierlei Hinsicht als Untersuchungsgegenstand von Interesse:

- Das Medium immersive VR als *Forschungstool*, das ein Werkzeug bietet, um die Notwendigkeit von Experimenten in der realen Welt zu überwinden, da es einige Vorteile bietet.
- Das Medium immersive VR als *Forschungsgegenstand*, das für sich selbst erforscht werden will, welches seine eigenen Regeln hat, die es zu verstehen und mit anderen Medien zu vergleichen gilt. Dies bietet Designern und Entwicklern von VR-Inhalten

M. Wölfel, *Immersive Virtuelle Realität*, https://doi.org/10.1007/978-3-662-66908-2_17

neue Möglichkeiten, das Erlebnis, die Erzählung oder den Inhalt ihrer Anwendungen zu optimieren.

Immersive VR-Umgebungen haben mehrere Vorteile zur Durchführung von sozialwissenschaftlichen Studien. Im Vergleich zu Studien, die auf der Vorstellungskraft anhand von *Vignetten*, d. h. den schriftlichen Ergebnissen einer teilnehmenden Beobachtung[1] beruhen, ist dies insbesondere ein höherer Realismus. Im Vergleich zu Studien, die als Simulation am Flachbildschirm durchgespielt werden, ist dies insbesondere eine verbesserte Simulationstreue. Im Vergleich zu Studien, die im Realraum durchgeführt werden, sind dies insbesondere (Blascovich et al. 2002):

- *Exaktere Replikation* der Versuchsumgebung und des Stimulus, da Parameter programmatisch bestimmt und verändert werden.
- *Leichterer Situationswechsel*, da verschiedene Umgebungen einfach getauscht und ohne Beeinträchtigung durch Vornutzer erprobt werden können.
- *Breitere Stimulierzeugung*, da Reize, die in der realen Welt nicht verfügbar oder schwer zu handhaben sind, wie etwa große Menschenmengen, Kinder, Tiere oder Gefahren wie Höhe oder Feuer, erzeugt werden können.
- *Reduzierte Störungen* durch genau kontrollierte Bedingungen, was eine untersuchte Variable effektiver von Störfaktoren isoliert.
- *Repräsentativere Stichproben*, da vernetzte Umgebungen die Einbeziehung von größeren Stichproben erleichtern, weil nicht nur ortsunabhängig evaluiert, sondern auch eine größere Variation im Teilnehmerpool akquiriert werden kann.
- *Geringere Kosten* je nach Umsetzung. Obwohl die Anschaffungs- und Implementierungskosten für Experimente in immersiver VR hoch sind, sind die Durchführungskosten niedrig.

Inwieweit die gefundenen Erkenntnisse in der immersiven VR tatsächlich von einer Untersuchung im Realraum abweichen, lässt sich nicht pauschal beantworten und ist Gegenstand aktueller Forschung. Fox et al. (2009a) bietet eine interessante Diskussion über die Rolle von immersiver VR in der sozialwissenschaftlichen Forschung.

17.1   Forschungsethik

Jeder neue technologische Fortschritt bringt neue ethische und soziale Herausforderungen mit sich (Moor 2005). Insbesondere mediale Veränderungen wie die immersive VR haben

---

[1] Eine *teilnehmende Beobachtung* ist eine Methode der Feldforschung in den Sozialwissenschaften.

bereits gezeigt, dass sie das Potenzial haben, moralische Vorstellungen zu beeinflussen. Virtuelle Umgebungen bieten die Möglichkeit, Experimente durchzuführen, die in der realen Welt als nicht angemessen gelten. Potenzielle ethische Fragen betreffen z. B. Aspekte der Moral, der Mentalität, der Verantwortung und auch der Menschenrechte (Kenwright 2018). Beispielsweise moralische Dilemmas, die sich auf Leben und Tod beziehen wie das Trolley-Problem[2] (Sütfeld et al. 2017). Bedenken gegenüber VR-Experimenten sind in der Literatur oft paradox. Gerade die angeführten riskanten Effekte und Phänomene der immersiven VR (z. B. die Illusion des Körperbesitzes eines anderen Lebewesens) sind es, die die Technologie für die Durchführung von Studien so mächtig machen.

Unter der Annahme einer realitätsübergreifenden Gültigkeit können Schlussfolgerungen über das Verhalten in der realen Welt gezogen werden, bei einem vermeintlich verminderten Verletzungsrisiko. Das macht deutlich, dass gültige ethische und moralische Prinzipien, die beispielsweise aus der Psychologie abgeleitet wurden (z. B. das Nicht-schadensprinzip, engl. principle of nonmaleficence, Gillon 1985), nicht unreflektiert auf Experimente in immersiver VR angewendet werden können. Die sich daraus ergebenden Änderungen der ethischen Belange müssen daher bei der Planung von immersiven VR-Experimenten berücksichtigt werden.

Da die Beforschung immersiver VR viele Fachdisziplinen umfasst, vor allem Informatik, Ingenieurwesen, Psychologie, Soziologie, Neurowissenschaften und Bildung (Cipresso et al. 2018), ist es besonders herausfordernd, alle Vorstellungen unter einer gemeinsamen Ethik zu vereinen. Dies gilt umso mehr, als ein Großteil des Mediums noch unerforscht ist und potenzielle Risiken oder Nebenwirkungen der Nutzung noch unbekannt sind. Da das Forschungsgebiet in diesem Bereich so umfangreich ist, können wertvolle Richtlinien oder Empfehlungen, wie die von Madary und Metzinger (2016), sowie allgemeine Ratschläge nur einen Rahmen bieten, aber niemals explizit sein. Ein Verhaltenskodex, so detailliert und spezifisch er auch sein mag, kann niemals den gesamten Bereich abdecken. Daher sind spezifische moralische und ethische Überlegungen und Abwägungen für jedes einzelne Forschungsvorhaben erforderlich. Es ist auch denkbar, dass Teile unseres ethischen Kodex in Zukunft durch den konsequenten Einsatz von immersiver VR größeren Änderungen unterworfen sein werden. Bei der Durchführung von Studien von und mit immersiver VR gibt es zahlreiche ethische Fragen, die adressiert werden sollten, deren Erörterung hier aber zu weitreichend sind. Der interessierte Leser sei an die Publikationen von Slater et al. (2020), Madary und Metzinger (2016) und Behr et al. (2005) verwiesen.

---

[2] Beim *Trolley-Problem* (im Deutschen seltener auch als Weichenstellerfall bezeichnet) müssen die Teilnehmer Entscheidungen treffen, in welche Gruppe von Menschen ein Zug fährt, indem sie eine Weiche umstellen oder nicht aktiv handeln.

17.2   Reproduzierbarkeit, Replizierbarkeit und Validität

Der wissenschaftliche Fortschritt hängt von einer soliden Grundlage glaubwürdiger Daten ab. Wissenschaftliche Forschungsergebnisse sind jedoch nicht immer reproduzierbar, replizierbar oder valide. So bemängeln z. B. Lanier et al. (2019) die insgesamt geringe Transparenz der psychologischen und sozialwissenschaftlichen Forschung in und zu immersiver VR. Auch kommt es zu Unstimmigkeiten in der Teststatistik (Nuijten et al. 2015) oder der Verweigerung der Datenweitergabe (Tenopir et al. 2011). Weitere Probleme sind die geringe Stichprobengröße und der homogene Teilnehmerkreis. So wird z. B. von Lanier et al. (2019) die mittlere *Gesamtstichprobengröße* auf weniger als 49 Teilnehmer pro Experiment und auf 25 Teilnehmer pro Bedingung beziffert. Damit bleiben kleine und mittlere Effekte sowie Auswirkungen, die nur bestimmte Personengruppen betreffen, unentdeckt.

17.2.1 Reproduzierbarkeit

Nach Asendorpf et al. (2013) bedeutet *Reproduzierbarkeit* (engl. reproducibility), „dass ‚Forscher B' [. . .] genau dieselben Ergebnisse (z. B. Statistiken und Parameterschätzungen) erhält, die ursprünglich von ‚Forscher A' [. . .] aus den Daten von A berichtet wurden, wenn er derselben Methodik folgt." Im Falle der *Reproduzierbarkeit* muss „Forscher B", um genau dieselben Ergebnisse wie „Forscher A" zu erzielen, in der Lage sein, die von „Forscher A"

- verwendeten Datensätze vollständig aufbereitet und für die weitere Verwendung gut dokumentiert zu erhalten.
- bereitgestellten Daten zu nutzen und mit ihnen zu arbeiten.

Dies erfordert einen umfassenden Bericht über die Methodik sowie ein klares Verständnis der Forschungsfrage.

17.2.2 Replizierbarkeit

Nach Asendorpf et al. (2013) bedeutet *Replizierbarkeit* (engl. replicability), „dass das Ergebnis mit anderen Zufallsstichproben, die aus einem mehrdimensionalen Raum gezogen werden, der die wichtigsten Facetten des Forschungsdesigns erfasst, erhalten werden kann". Um die Replizierbarkeit zu gewährleisten, ist daher die Nachvollziehbarkeit des Versuchsablaufs von größter Bedeutung. Dies lässt sich am besten erreichen, wenn man bei der Durchführung der ursprünglichen Forschung anwesend ist. Doch selbst, wenn eine gute Beschreibung oder ein Verständnis des Versuchsablaufs gegeben ist, kann ein Versuch und dessen Versuchsumgebung in der Realität oft nicht exakt repliziert werden, während dies in immersiver VR ermöglicht wird. Dies setzt jedoch voraus, dass die entsprechende Software und Hardware auch für andere zugänglich sind (je nach Hardware kann diese nicht überall gekauft werden oder ältere Hardware lässt sich nicht mehr beschaffen oder betreiben).

17.2.3 Validität

Ebenso wie Reproduzierbarkeit und Replizierbarkeit beschreibt das Konzept der *Validität* (engl. validity) wünschenswerte Eigenschaften von Forschungsinstrumenten. Die Validität bestimmt die Gültigkeit einer Erkenntnis und soll sicherstellen, dass eine Untersuchung wirklich zielgerichtet das zu beobachtende Merkmal erfasst.

Im Kontext von immersiver VR bestimmt die *interne Validität*, ob das Design, die Durchführung und die Analyse der Studie im Kontext der virtuellen Umgebung konsistent sind. Die *externe Validität* untersucht, ob die Studienergebnisse auf andere Situationen, Personen, Stimuli und Zeiten verallgemeinert werden können. Es handelt sich also um ein Konstrukt, mit dem versucht wird, die Frage zu beantworten, ob die Ergebnisse einer Studie auf andere Situationen verallgemeinert werden können.

Es ist unklar, ob „andere Situationen", auf die in den Definitionen der externen Validität Bezug genommen wird, auch Situationen in einem anderen Medium mit einschließt. Wie an anderer Stelle besprochen, ist die Anwendbarkeit von Erkenntnissen, die im Virtuellen gewonnen wurden, nicht automatisch gegeben. Entsprechendes gilt in umgekehrter Richtung. Daher sollte die Taxonomie der Validität erweitert werden, um diese Differenzierung vornehmen zu können. *Realitätenübergreifende Validität* (engl. cross reality validity) könnte ein geeigneter Begriff sein, um Situationen zu beinhalten, die über das Medium hinweg Gültigkeit haben. Also dann, wenn die Erkenntnisse, die in der virtuellen Umgebung gewonnen wurden, auch für die reale Welt gelten, und umgekehrt.

17.3 Erfassen des Nutzerzustands

Zunächst können zur Untersuchung sozialwissenschaftlicher Phänomene in virtuellen Umgebungen typische Methoden der Bewertung und Datenerfassung wie die Beantwortung von Umfragen, direkte und indirekte Beobachtung sowie audiovisuelle Aufzeichnung angewendet werden. Jedoch können relevante Informationen durch die VR-Hardware (z. B. der Gesichtsausdruck) verdeckt sein. Da immersive VR-Hardware aber bereits mit einer Vielzahl von Sensoren ausgestattet ist, die für die Erzeugung einer reaktionsfähigen, virtuellen Umgebung erforderlich sind, bietet es sich als weitere Methode an, auf diese Sensorinformationen zurückzugreifen. Für die einfache Integration, Wiedergabe und Analyse von Sensorinformationen für immersive Umgebungen wurden bereits mehrere Tools entwickelt (Wölfel et al. 2021).

Eye-Tracking beispielsweise kann in Foveated Rendering (siehe Abschn. 10.1.5) verwendet werden, um die Rechenlast zu reduzieren, aber auch um einen Blickvektor zu bestimmen, aus dem sich die Region oder das Objekt von Interesse des Nutzers berechnen lässt. *Motion Capture* (siehe Abschn. 8.4) erweitert die Möglichkeiten der Interaktion im virtuellen Raum. Ein minimales VR-Setup mit HMDs und handgehaltenen Controllern liefert nur begrenzte Informationen für die Darstellung von Avataren und die Analyse von nonverbalem Verhalten. Ganzkörper-Bewegungserfassungssysteme liefern jedoch reichhaltige Daten, die nicht nur die Darstellung und Interaktion des Avatars verbessern (Almeida et al. 2019), sondern aus denen eine Vielzahl von Informationen wie Emotionen, Absichten, Beziehungen oder sozialer Status abgeleitet werden können (Argyle 2013). Eine automatische Datenerhebung und Weitergabe sensitiver Daten kann in Echtzeit erfolgen, ohne dass hierfür weitere Hardware beschafft oder angebracht werden muss. Während diese Daten einerseits dazu missbraucht werden können, persönliche und sensible Daten über den Nutzer ohne dessen Wissen zu erheben, stellen sie andererseits auch eine reichhaltige Informationsquelle auf rechtlich gesicherter Basis dar, wenn der Nutzer informiert ist und seine Zustimmung gibt.

17.3.1 Zusätzliche Sensorik

Neben den genannten Sensoren können zusätzliche Erkenntnisse gewonnen werden, indem weitere Sensorik zur Messung von *Gehirnaktivität* (Schalk et al. 2004), *Blutdruck* (Arakawa 2018), *Herzaktivität* (Pezoulas et al. 2020) oder *Stresslevel* (Supratak et al. 2016) mit einbezogen wird. Obwohl die Berücksichtigung physiologischer Werte inzwischen relativ etabliert bei der Durchführung von Nutzerstudien ist, werden physiologische Werte erst seit Kurzem in immersiven VR-Experimenten mit einbezogen. Die Verwendung von Sensorik zusätzlich zur bereits vorhandenen VR-Hardware kann problematisch sein, da es evtl. zu Interferenzen, also einem ungewollten Einfluss auf die Messgröße durch andere Elektronik, kommt und die Anbringung weiterer Sensoren durch den gegebenen Hardwareaufbau kompliziert ist. Auch kann durch die zusätzliche Sensorik der Aufwand für die Studiendurchführung stark erhöht sein und eine unbeaufsichtigte oder auf Distanz durchgeführte Datenerfassung erschweren.

17.3.2 Befragungsmethoden

Die vermutlich populärste Messmethodik zur Evaluation immersiver VR-Anwendungen sind Befragungsmethoden, die auf Fragebögen zurückgreifen. Fragebögen sind insbesondere dann ein unverzichtbares Instrument für die meisten VR-Studien, um die Reaktionen der Teilnehmer zu messen, die durch Beobachtung oder sensorische Informationen nicht gut erfasst werden können. Bei der Erstellung und Anwendung von Fragebögen ist darauf zu achten, dass die Auswahl, Reihenfolge und Formulierung sowohl der Fragen als auch der möglichen Antwortoptionen das Messergebnis nicht beeinflussen. Allgemeine Informationen darüber, wie Fragebögen zu erstellen und auszuwerten sind, finden sich z. B. in Lazar et al. (2017).

17.3.2.1 Fragebögen

Zur Messung diverser Faktoren kann oft auf standardisierte und akzeptierte Fragenkataloge zurückgegriffen werden. Fragebögen zum Messen von Präsenz und Cyberkrankheit werden in den Abschn. 17.4.1 und 17.5.1 behandelt. Ein Fragebogen zum Thema Verkörperung findet sich z. B. in Gonzalez-Franco und Peck (2018), die Social Presence Scale (SPRES) von Gunawardena und Zittle (1997) ist eine bekannte Messgröße für die soziale Präsenz und der NASA-Task Load Index (NASA-TLX) von Hart und Staveland (1988) dient zur Messung der Arbeitsbelastung während der Durchführung einer Aufgabe oder unmittelbar danach. Um die Akzeptanz von VR-Hardware zu messen, wurde das Virtual Reality Hardware Acceptance Model (VR-HAM) vorgeschlagen (Manis und Choi 2019).

Ein überwiegender Teil der empirischen VR-Forschung wird unter kontrollierten Laborumgebungen durchgeführt. Laborstudien sind zeitaufwendig und werden oft mit Teilnehmern durchgeführt, die entweder nicht oder sehr (da Studierende der Ingenieurswissenschaften, Informatik oder Medien) mit der Technologie vertraut sind. Problematisch ist auch, dass sich die Studien häufig auf einen homogenen Teilnehmerkreis beschränken, wie Studierende aus den Sozial- oder Ingenieurwissenschaften, welche gegebenenfalls die Teilnahme sogar noch als Studienleistung anrechnen können.

Ein Vorteil von Fragebögen ist, dass diese auch in Abwesenheit des Forschungsleiters beantwortet werden können. Die Durchführung von Remote-Studien in immersiver VR wird in Mottelson et al. (2021) diskutiert. Die Autoren kommen zu dem Schluss, dass Online-VR-Studien durchführbar sind und die Datenqualität im Vergleich zu herkömmlichen Laborstudien nur geringfügig schwieriger zu gewährleisten ist. Auf diese Weise können Untersuchungen unbeaufsichtigt und ortsunabhängig mit einer großen Anzahl von Teilnehmern aus verschiedenen Ländern durchgeführt werden.

17.3.2.2 In-VR-Fragebögen

Fragebögen, die nach der immersiven Erfahrung ausgefüllt werden, beruhen darauf, dass Probanden detaillierte Erinnerungen an jeden Teil der Erfahrung behalten müssen. Normalerweise werden Umfragen nach immersiven VR-Erfahrungen analog auf Papier oder digital über einen Bildschirm durchgeführt. Forschungsergebnisse deuten jedoch darauf hin, dass das Herausnehmen der Teilnehmer aus der virtuellen Umgebung zur Beantwortung der Fragebögen zu einer systematischen Verzerrung der Teilnehmerantworten aufgrund der kollabierenden Präsenz führen könnte, zusätzlich zur räumlichen Desorientierung (Knibbe et al. 2018). Zusätzliche Ungenauigkeiten können durch unzureichendes Vertrauen in das Gedächtnis oder durch Schwierigkeiten bei der Erinnerung nach dem Ereignis verursacht werden (Hodges et al. 2001).

Alexandrovsky et al. (2020) untersuchten mehrere Fragebögen, die direkt in der immersiven VR-Umgebung ausgefüllt wurden. Diese, hier als *In-VR-Fragebögen* bezeichnet, benötigten vergleichbare Zeiten bei der Beantwortung, erhöhten aber den Spaßfaktor im Vergleich zu *Nicht-VR-Fragebögen*, auch wenn die Nutzerfreundlichkeit geringer ist und die körperlichen Anforderungen höher sind, aber innerhalb eines erträglichen Rahmens liegen. Putze et al. (2020) beobachteten, dass der durch das Ausfüllen eines Fragebogens induzierte Bruch in der Präsenz höher ist, wenn ein Fragebogen außerhalb der immersiven VR ausgefüllt wird als innerhalb der immersiven VR. Von Schwind et al. (2019) wurden drei Fragebögen zur Bestimmung der Präsenz sowohl in als auch außerhalb der immersiven Umgebung evaluiert. Hier unterschieden sich die Antworten in den Werten nicht signifikant, ob diese innerhalb oder außerhalb der VR beantwortet wurden. Somit ist unklar, welche Auswirkungen es hat, ob die Fragebögen in oder außerhalb der virtuellen Umgebung durchgeführt werden.

17.4   Messen von Präsenz

Eine Variable, deren Auswertung für immersive Umgebungen von besonderem Interesse ist, ist die *Präsenz*. Die Präsenz wird als Maß für die Qualität oder Effektivität einer virtuellen Umgebung angesehen. Die Präsenz weist eine hohe Korrelation zu der Wirksamkeit virtueller Behandlungen (Villani et al. 2007), dem Einfluss auf Nutzerstudien (Fox et al. 2009b) und der Überzeugungskraft (Tussyadiah et al. 2018) sowie weiteren Parametern auf.

Es gibt viele Debatten darüber, wie Präsenz gemessen werden kann und welche Methodik zuverlässig, gültig, sensibel und objektiv genug ist. Wie bei anderen Datenerhebungen kann das Gefühl der Präsenz entweder durch subjektive Maßnahmen wie Fragebögen als auch objektive Maßnahmen, z. B. physiologische Reaktion auf die virtuelle Umgebung, erhoben werden.

17.4.1 Selbstbericht-Fragebögen zu Präsenz

Es wurden verschiedene Fragebögen entwickelt, um die gefühlte Präsenz zu protokollieren. Schwind et al. (2019) verglichen z. B. 15 Präsenzfragebögen anhand ihrer Häufigkeit der Zitierungen. Dabei war der Präsenzfragebogen von Witmer und Singer (1998) (kurz WS für Witmer and Singer), der zuerst 1994 als Technical Report veröffentlicht wurde und später noch als Journalbeitrag erschien, der am häufigsten zitierte, obwohl er wegen der subjektiv definierten Faktoren und der geringen Anzahl an Items, die die Präsenz direkt bewerten, kritisiert wird (Slater et al. 1999). Da WS aus insgesamt 32 Items besteht, wird der gesamte Fragebogen hier nicht wiedergegeben.

Der Fragebogen von Usoh et al. (2000) (kurz SUS für Slater, Usoh, and Steed) ist laut Schwind et al. (2019) der am zweithäufigsten zitierte Präsenzfragebogen. Er unterteilt sich in sechs Items:

1. Bitte bewerten Sie Ihr Gefühl, sich in der virtuellen Umgebung zu befinden, auf einer Skala von 1 bis 7, wobei 7 Ihre normale Erfahrung, an einem Ort zu sein, repräsentiert.
2. Inwiefern gab es Zeiten während der Erfahrung, in denen die virtuelle Umgebung für Sie die Realität war?
3. Wenn Sie an das Erlebnis zurückdenken, denken Sie dann eher an die virtuelle Umgebung als Bilder, die Sie gesehen haben, oder eher an einen Ort, den Sie besucht haben?
4. Welches Gefühl war während des Erlebnisses insgesamt am stärksten, das Gefühl, in der virtuellen Umgebung zu sein, oder das Gefühl, woanders zu sein?
5. Betrachten Sie Ihre Erinnerung an die virtuelle Umgebung. Wie ähnlich ist die Struktur der Erinnerung mit der Struktur der Erinnerung an andere Orte, an denen Sie heute gewesen sind? Mit „Struktur der Erinnerung" ist gemeint, inwieweit Sie z. B. eine visuelle Erinnerung an die virtuelle Umgebung haben, ob diese Erinnerung in Farbe ist, inwieweit die Erinnerung lebendig oder realistisch erscheint, wie groß sie ist, wo sie sich in Ihrer Vorstellung befindet, inwieweit sie in Ihrer Vorstellung einen Panoramablick hat und andere solche Strukturelemente.
6. Haben Sie während Ihrer Erfahrung oft gedacht, dass Sie sich tatsächlich in der virtuellen Umgebung befinden?

Aufbauend auf früheren Ergebnissen entwickelten und verifizierten Schubert et al. (2001) eine 13-Punkte-Präsenzskala, die in deutscher Sprache die Items zu räumlicher Präsenz, Beteiligung und erlebtem Realismus abfragt und später, in ihrer endgültigen Version des iGroup Presence Questionnaire (IPQ), noch um ein weiteres Element zur „generellen Präsenz" ergänzt wurde. Die 14 Fragen sind in Tab. 17.1 wiedergegeben. Allgemeine Hinweise zur Nutzung des IPQ, ebenso wie eine englische Version, finden sich auf der Website der iGroup.[3] Da einige der Items aus bereits veröffentlichten Skalen, u. a. auch von Witmer and Singer, entnommen wurden und sich die Autoren dazu entschlossen haben, den ursprünglichen Wortlaut und die ursprünglichen Maßstabsanker beizubehalten, haben manche Elemente nicht nur eine Beschriftung der Extrema, sondern auch eine Beschriftung des mittleren Elements. Nach Schwind et al. (2019) ist der IPQ der am dritthäufigsten zitierte.

Da sich die drei Fragebögen in ihrer Anzahl von Items unterscheiden (SUS = 6, IPQ = 14, WS = 32), benötigen sie unterschiedlich lange bei der Abfrage und erlauben eine mehr oder weniger detailliertere Analyse.

---

[3] Die iGroup ist ein multidisziplinäres Projektkonsortium, welches sich mit neuen Schnittstellen zwischen Menschen und der realen und virtuellen Umwelt befasst. Siehe auch http://www.igroup. org/pq/ipq.

Tab. 17.1 Fragen des iGroup Presence Questionnaire, G1 = General Presence (dt. generelle Präsenz), SP = Spatial Presence (dt. räumliche Präsenz), INV = Involvement (dt. Beteiligung), REAL = Experienced Realism (dt. erlebter Realismus), Quelle iGroup

IPQ Name	Frage	7-Items-Likert-Skala
G1	In der computererzeugten Welt hatte ich den Eindruck, dort gewesen zu sein …	Überhaupt nicht – sehr stark
SP1	Ich hatte das Gefühl, dass die virtuelle Umgebung hinter mir weitergeht.	Trifft gar nicht zu – trifft völlig zu
SP2	Ich hatte das Gefühl, nur Bilder zu sehen.	Trifft gar nicht zu – trifft völlig zu
SP3	Ich hatte nicht das Gefühl, in dem virtuellen Raum zu sein.	Hatte nicht das Gefühl – hatte das Gefühl
SP4	Ich hatte das Gefühl, in dem virtuellen Raum zu handeln, statt etwas von außen zu bedienen.	Trifft gar nicht zu – trifft völlig zu
SP5	Ich fühlte mich im virtuellen Raum anwesend.	Trifft gar nicht zu – trifft völlig zu
INV1	Wie bewusst war Ihnen die reale Welt, während Sie sich durch die virtuelle Welt bewegten (z. B. Geräusche, Raumtemperatur, andere Personen etc.)?	Extrem bewusst – mittelmäßig bewusst – unbewusst
INV2	Meine reale Umgebung war mir nicht mehr bewusst.	Trifft gar nicht zu – trifft völlig zu
INV3	Ich achtete noch auf die reale Umgebung.	Trifft gar nicht zu – trifft völlig zu
INV4	Meine Aufmerksamkeit war von der virtuellen Welt völlig in Bann gezogen.	Trifft gar nicht zu – trifft völlig zu
REAL1	Wie real erschien Ihnen die virtuelle Umgebung?	Vollkommen real – weder noch – gar nicht real
REAL2	Wie sehr glich Ihr Erleben der virtuellen Umgebung dem Erleben einer realen Umgebung?	Überhaupt nicht – etwas – vollständig
REAL3	Wie real erschien Ihnen die virtuelle Welt?	Wie eine vorgestellte Welt – nicht zu unterscheiden von der realen Welt
REAL4	Die virtuelle Welt erschien mir wirklicher als die reale Welt.	Trifft gar nicht zu – trifft völlig zu

17.4.2 Physiologische Merkmale zum Messen von Präsenz

Alternativ zu Fragebögen wurde auch versucht, Präsenz anhand von verhaltensbezogenen Maßen wie Reflex oder Schreckreaktion sowie von physiologischen Maßen wie die Veränderung der Herzfrequenz, Hautleitfähigkeit oder Hauttemperatur abzuleiten. Da physiologische Werte starken, individuellen Schwankungen unterliegen, wird für jeden Teilnehmer die Aufzeichnung eines eigenen Referenzwerts erforderlich. Zusätzlich zur Anbringung der Sensorik entsteht somit weiterer zusätzlicher Aufwand. Meehan et al.

(2002) führten in diesem Zusammenhang an, dass zusätzliche Geräte, die zur Messung physiologischer Reaktionen benötigt werden, die gefühlte Präsenz negativ beeinträchtigen können.

Meehan et al. (2002) untersuchten die Eignung von physiologischen Metriken, die Stress in realen Umgebungen messen. Sie konnten zeigen, dass sich Veränderungen der *Herzfrequenz* (das Herz schlägt bei Stress schneller) und in geringerem Umfang auch die Veränderungen des Hautleitwertes (die Handfläche, unabhängig von der Temperatur, schwitzt bei Stress mehr, sodass ihre Leitfähigkeit steigt) Hinweise auf die gefühlte Präsenz in stressigen, immersiven VR-Umgebungen geben können.

Physiologische Merkmale zur Messung von Präsenz haben sich bisher nicht durchgesetzt. Daher werden sie entweder gar nicht oder nur als Ergänzung zu Fragebögen verwendet.

17.5 Messen von Cyberkrankheit

Das Auftreten und insbesondere die Stärke von Cyberkrankheit zu bestimmen und zu vergleichen, ist kein einfaches Unterfangen. Neben der großen Varianz zwischen einzelnen Personen weist die Cyberkrankheit unterschiedliche Krankheitssymptome auf und lässt sich somit nicht durch eine einzige Variable repräsentieren. Außerdem kann sie bereits während der VR-Erfahrung auftreten oder erst nach deren Beendigung. Zum Messen können sowohl subjektive als auch physiologische Kriterien berücksichtigt werden. Fragebögen sind die am weitesten verbreiteten Methoden zur Messung von Cyberkrankheit, da sie einfach anzuwenden sind. Da Fragebögen aber auf einer Selbsteinschätzung beruhen, kann die Bewertung von einem Individuum zum anderen stark variieren. Manche Menschen berücksichtigen zur Einstufung ihrer Körperreaktionen eher ein Schwindelgefühl, während andere eher auf ein Übelkeitsgefühl achten. Fragebögen, die während der immersiven VR-Erfahrung Verwendung finden, unterbrechen auch das Ereignis. Methoden, die objektivere Resultate liefern, wären daher zu bevorzugen. Eine Alternative zu Fragebögen ist der Rückgriff auf physiologisch messbare Veränderungen oder die Beobachtung posturaler Instabilität. Die *posturale Instabilität* ist eine Störung in der Körperhaltung (lat. postural, dt. Haltung), die eine hohe Korrelation mit subjektiven Selbstberichten zur Cyberkrankheit aufweist (Arcioni et al. 2019).

17.5.1 Selbstbericht-Fragebögen zu Cyberkrankheit

Es wurden verschiedene Fragebögen entwickelt, um den Schweregrad der Cyberkrankheit zu protokollieren. Der *Simulator Sickness Questionnaire* (SSQ) von Kennedy et al. (1993) wird, wie durch eine Metaanalyse von Chang et al. (2020) herausgefunden, am häufigsten verwendet.

Der SSQ besteht aus 16 Symptomen, siehe Tab. 17.2, die anhand der Analyse von über 1000 Nutzern von Flugsimulatoren abgeleitet wurden, und dazugehörigen Antworten auf einer 4-Punkte-Skala von *keine* (0), *leicht* (1), *mäßig* (2) oder *schwer* (3) in Abhängigkeit der Auftretensstärke der Symptome.

Der SSQ-Score zeigt die Schwere der Cyberkrankheit an und wird in die Subskalen Übelkeit, Okulomotorik (Augenbewegung) und Desorientierung unterteilt, um Hinweise auf spezifische Auswirkungen zu geben. Dabei wird angenommen, dass für einen Wert unter 5 die Effekte der Cyberkrankheit vernachlässigbar, bei Werten zwischen 5 und 10 minimal, zwischen 10 und 15 signifikant und über 15 besorgniserregend sind.

Die Werte der Subskalen ergeben sich aus der Addition der jeweiligen zugehörigen Symptome, wie sie in Tab. 17.2 angegeben sind, und eines Gewichtungsfaktors als

$$SSQ_{\text{Übelkeit}} = N \cdot 9{,}54$$

$$SSQ_{\text{Okulomotorik}} = O \cdot 7{,}58$$

$$SSQ_{\text{Desorientierung}} = D \cdot 13{,}92$$

und der als Total Score bezeichnete zusammengesetzte Wert des SSQ ergibt sich als[4]

Tab. 17.2 16 Symptome des Simulator Sickness Questionnaire nach Kennedy et al. (1993). [+]N steht für Nausea

Symptom	Übelkeit [N][+]	Okulomotorik [O]	Desorientierung [D]
Allgemeines Unwohlsein	1	1	
Ermüdung		1	
Kopfschmerzen		1	
Angestrengte Augen		1	
Schwierigkeiten, scharf zu sehen		1	1
Erhöhter Speichelfluss	1		
Schwitzen	1		
Übelkeit	1		1
Konzentrationsschwierigkeiten	1	1	
Kopfdruck			1
Verschwommene Sicht		1	1
Schwindel (Augen offen)			1
Schwindel (Augen zu)			1
Gleichgewichtsstörungen			1
Magen macht sich bemerkbar	1		
Aufstoßen	1		

---

[4] In der ersten Veröffentlichung zum SSQ wurde bei der Berechnung der Gesamtpunktzahl fälschlicherweise die Klammerung weggelassen.

$$SSQ_{\text{Total Score}} = (N + O + D) \cdot 3{,}74.$$

Weiterführende Informationen zum SSQ liefert z. B. Bimberg et al. (2020). Es sei noch angemerkt, dass mehrere Studien zeigten, dass Personen, die anfälliger für Reisekrankheiten sind, auch eher über höhere Beschwerden in immersiver VR berichteten. So zeigt z. B. der Motion History Questionnaire (MHQ) eine positive Korrelation mit dem SSQ (Stanney et al. 2003).

Da der SSQ viele Fragen enthält und somit beim Ausfüllen viel Zeit beansprucht, wurden alternative Fragebögen entwickelt, die weniger Zeit benötigen, z. B. sind die *Fast Motion Sickness Scale* (FMS) von Keshavarz und Hecht (2011) oder die Elendsskala (engl. misery scale, kurz MISC) von Bos et al. (2010) bekannte eindimensionale Fragebögen.

Um einen Referenzwert zu erhalten, bietet es sich an, einen Fragebogen bereits vor der VR-Erfahrung ausfüllen zu lassen, um diesen dann mit einem zweiten, nach der VR-Erfahrung, vergleichen zu können. Jedoch kann ein Fragebogen, der darauf hindeutet, dass die darauffolgende Anwendung potenziell ein Unwohlsein auslösen kann, bereits das Testergebnis verfälschen. So berichten laut Young et al. (2007) Nutzer mit einem entsprechenden Vortest höhere Krankheitswerte als solche ohne einen entsprechenden Vortest zur Cyberkrankheit. Daher ist es empfohlen, eher auf Fragen zur Cyberkrankheit in einem Vortest zu verzichten und Probanden auszuschließen, die nicht ihren gewohnten Gesundheits- und Fitnesszustand aufweisen.

17.5.2 Physiologische Merkmale zum Messen von Cyberkrankheit

Physiologische Maßnahmen können während der immersiven VR-Nutzung und ohne die VR-Erfahrung zu unterbrechen reichhaltige Daten liefern. Kim et al. (2005) untersuchten in einer Studie, inwieweit physiologische Merkmale mit dem Auftreten von Cyberkrankheit korrelieren. Dafür wurden physiologische Merkmale vor, während und nach der VR-Erfahrung aufgezeichnet und verglichen. Das Elektrogastrogramm, das Augenblinzeln, die Herzperiode sowie die Delta- und Beta-Bänder des Elektroenzephalogramms lieferten eindeutige Hinweise für das Auftreten von Cyberkrankheit. Andere Studien, z. B. Kiryu et al. (2007), haben ebenfalls gezeigt, dass das Verhältnis zwischen niedrigen und hohen Frequenzen im Elektrokardiogramm mit dem Grad der Cyberkrankheit zusammenhängt.

Literaturverzeichnis

Alexandrovsky D, Putze S, Bonfert M, Höffner S, Michelmann P, Wenig D, Malaka R, Smeddinck JD (2020) Examining design choices of questionnaires in VR user studies. In: CHI Conference on Human Factors in Computing Systems. ACM, Honolulu, S 1–21

Almeida L, Lopes E, Yalçinkaya B, Martins R, Lopes A, Menezes P, Pires G (2019) Towards natural interaction in immersive reality with a cyber-glove. In: 2019 IEEE International Conference on Systems, Man and Cybernetics (SMC). Bari, S 2653–2658. ISSN: 2577-1655

Arakawa T (2018) Recent research and developing trends of wearable sensors for detecting blood pressure. Sensors 18(9):2772. Multidisciplinary Digital Publishing Institute

Arcioni B, Palmisano SA, Apthorp D, Kim J (2019) Postural stability predicts the likelihood of cybersickness in active HMD-based virtual reality. Displays 58:3–11

Argyle M (2013) Bodily communication. Routledge, London

Asendorpf JB, Conner M, Fruyt FD, Houwer JD, Denissen JJA, Fiedler K, Fiedler S, Funder DC, Kliegl R, Nosek BA, Perugini M, Roberts BW, Schmitt M, Aken MAGV, Weber H, Wicherts JM (2013) Recommendations for increasing replicability in psychology. Eur J Personal 27(2):108–119

Behr KM, Nosper A, Klimmt C, Hartmann T (2005) Some practical considerations of ethical issues in VR research. Presence 14(6):668–676

Bimberg P, Weissker T, Kulik A (2020) On the usage of the simulator sickness questionnaire for virtual reality research. In: 2020 IEEE Conference on Virtual Reality and 3D User Interfaces Abstracts and Workshops (VRW). IEEE, Atlanta S 464–467

Biocca F (1992) Communication within virtual reality: creating a space for research. J Commun 42:5–5

Blascovich J, Loomis J, Beall AC, Swinth KR, Hoyt CL, Bailenson JN (2002) Immersive virtual environment technology as a methodological tool for social psychology. Psychol Inq 13(2):103–124

Bos JE, de VRies SC, van Emmerik ML, Groen EL (2010) The effect of internal and external fields of view on visually induced motion sickness. Appl Ergon 41(4):516–521

Chang E, Kim HT, Yoo B (2020) Virtual reality sickness: a review of causes and measurements. International J Hum-Comput Interact 36:1658–1682

Cipresso P, Giglioli IAC, Raya MA, Riva G (2018) The past, present, and future of virtual and augmented reality research: a network and cluster analysis of the literature. Front Psychol 9:2086

Fox J, Arena D, Bailenson JN (2009a) Virtual reality: a survival guide for the social scientist. J Media Psychol Theor Methods Appl 21(3):95

Fox J, Bailenson J, Binney J (2009b) Virtual experiences, physical behaviors: the effect of presence on imitation of an eating avatar. Presence Teleop Virt Environ 18(4):294–303

Gillon R (1985) "Primum non nocere" and the principle of non-maleficence. Br Med J (Clin Res ed) 291(6488):130–131

Gonzalez-Franco M, Peck TC (2018) Avatar embodiment. Towards a standardized questionnaire. Front Robot AI 5:74

Gunawardena CN, Zittle FJ (1997) Social presence as a predictor of satisfaction within a computer-mediated conferencing environment. Am J Dist Educ 11(3):8–26

Hart SG, Staveland LE (1988) Development of NASa-TLX (task load index): results of empirical and theoretical research. In: Advances in psychology, Bd 52. Elsevier, Amsterdam, S 139–183

Hodges B, Regehr G, Martin D (2001) Difficulties in recognizing one's own incompetence: novice physicians who are unskilled and unaware of it. Acad Med 76(10):S87–S89

Kennedy RS, Lane NE, Berbaum KS, Lilienthal MG (1993) Simulator sickness questionnaire: an enhanced method for quantifying simulator sickness. Int J Aviat Psychol 3(3):203–220

Kenwright B (2018) Virtual reality: ethical challenges and dangers [opinion]. IEEE Technol Soc Mag 37(4):20–25. Conference Name: IEEE Technology and Society Magazine

Keshavarz B, Hecht H (2011) Validating an efficient method to quantify motion sickness. Hum Factors 53(4):415–426

Kim YY, Kim HJ, Kim EN, Ko HD, Kim HT (2005) Characteristic changes in the physiological components of cybersickness. Psychophysiology 42(5):616–625

Kiryu T, Uchiyama E, Jimbo M, Iijima A (2007) Time-varying factors model with different time-scales for studying cybersickness. In: International Conference on Virtual Reality. Springer, Berlin/Heidelberg, S 262–269

Knibbe J, Schjerlund J, Petraeus M, Hornbæk K (2018) The dream is collapsing: the experience of exiting VR. In: CHI Conference on Human Factors in Computing Systems. ACM, Montreal, S 1–13

Lanier M, Waddell TF, Elson M, Tamul DJ, Ivory JD, Przybylski A (2019) Virtual reality check: statistical power, reported results, and the validity of research on the psychology of virtual reality and immersive environments. Comput Hum Behav 100:70–78

Lazar J, Feng JH, Hochheiser H (2017) Research methods in human-computer interaction. Morgan Kaufmann, Burlington

Madary M, Metzinger TK (2016) Real virtuality: a code of ethical conduct. Recommendations for good scientific practice and the consumers of VR-technology. Front Robot AI 3:3

Manis KT, Choi D (2019) The virtual reality hardware acceptance model (VR-HAM): extending and individuating the technology acceptance model (TAM) for virtual reality hardware. J Bus Res 100:503–513

Meehan M, Insko B, Whitton M, Brooks FP (2002) Physiological measures of presence in stressful virtual environments. ACM Trans Graph 21(3):645–652

Moor JH (2005) Why we need better ethics for emerging technologies. Ethics Inf Technol 7(3):111–119

Mottelson A, Petersen GB, Lilija K, Makransky G (2021) Conducting unsupervised virtual reality user studies online. Front Virtual Real 2:681482

Nuijten MB, Hartgerink CHJ, van Assen MALM, Epskamp S, Wicherts JM (2015) The prevalence of statistical reporting errors in psychology (1985–2013). Behav Res Methods 48(4):1205–1226

Petersen A, Bente G (2001) Situative und technologische determinanten des erlebens virtueller realität. Z Medienpsychol 13(3):138–145

Pezoulas VC, Exarchos TP, Fotiadis DI (2020) Chapter 2 – types and sources of medical and other related data. In: Pezoulas VC, Exarchos TP, Fotiadis DI (Hrsg) Medical data sharing, harmonization and analytics. Academic Press, Cambridge, S 19–65

Putze S, Alexandrovsky D, Putze F, Höffner S, Smeddinck JD, Malaka R (2020) Breaking the experience: effects of questionnaires in VR user studies. In: CHI Conference on Human Factors in Computing Systems. ACM, Honolulu, S 1–15

Schalk G, McFarland DJ, Hinterberger T, Birbaumer N, Wolpaw JR (2004) BCI2000: a general-purpose brain-computer interface (BCI) system. IEEE Trans Biomed Eng 51(6):1034–1043

Schubert T, Friedmann F, Regenbrecht H (2001) The experience of presence: factor analytic insights. Presence Teleop Virtual Env 10(3):266–281

Schwind V, Knierim P, Haas N, Henze N (2019) Using presence questionnaires in virtual reality. In: Proceedings of the 2019 CHI Conference on Human Factors in Computing Systems, CHI'19. Association for Computing Machinery, New York, S 1–12

Slater M, Gonzalez-Liencres C, Haggard P, Vinkers C, Gregory-Clarke R, Jelley S, Watson Z, Breen G, Schwarz R, Steptoe W, Szostak D, Halan S, Fox D, Silver J (2020) The ethics of realism in virtual and augmented reality. Front Virtual Real 1:1

Slater M et al (1999) Measuring presence: a response to the witmer and singer presence questionnaire. Presence Teleop Virtual Env 8(5):560–565

Stanney KM, Hale KS, Nahmens I, Kennedy RS (2003) What to expect from immersive virtual environment exposure: influences of gender, body mass index, and past experience. Hum Factors 45(3):504–520

Supratak A, Wu C, Dong H, Sun K, Guo Y (2016) Survey on feature extraction and applications of biosignals. Springer International Publishing, Cham, S 161–182

Sütfeld LR, Gast R, König P, Pipa G (2017) Using virtual reality to assess ethical decisions in road traffic scenarios: applicability of value-of-life-based models and influences of time pressure. Front Behav Neurosci 11:122

Tenopir C, Allard S, Douglass K, Aydinoglu AU, Wu L, Read E, Manoff M, Frame M (2011) Data sharing by scientists: practices and perceptions. PLoS ONE 6(6):e21101

Tussyadiah IP, Wang D, Jung TH, tom Dieck M (2018) Virtual reality, presence, and attitude change: empirical evidence from tourism. Tour Manag 66:140–154

Usoh M, Catena E, Arman S, Slater M (2000) Using presence questionnaires in reality. Presence 9(5):497–503

Villani D, Riva F, Riva G (2007) New technologies for relaxation: the role of presence. Int J Stress Manag 14(3):260

Witmer BG, Singer MJ (1998) Measuring presence in virtual environments: a presence questionnaire. Presence 7(3):225–240

Wölfel M, Hepperle D, Purps CF, Deuchler J, Hettmann W (2021) Entering a new dimension in virtual reality research: an overview of existing toolkits, their features and challenges. In: 2021 International Conference on Cyberworlds (CW). IEEE, Caen, S 180–187

Young SD, Adelstein BD, Ellis SR (2007) Demand characteristics in assessing motion sickness in a virtual environment: or does taking a motion sickness questionnaire make you sick? IEEE Trans Vis Comput Graph 13(3):422–428

Stichwortverzeichnis

A

Abbildung 112
   anthropomorphe 314
Abbildungsartefakt 260
Abblende 179
Aberration 260
Absolute Eingabe 114, 118
Action unit 223
Agent 313
Agentenbasierte Interaktion 120
Akkommodations-Konvergenz-Diskrepanz 66
Akkomodation 59
Aktiver Beobachter 296
Aktiver Marker 215
Aktiver Sensor 206
Aktiver Teilnehmer 296
akustische Rendering 251
Akustische Wahrnehmung 72
Akustisches Beamforming 285
Akzeptanzlücke 316
Aliasing 277
AMIGA 43
Angebotscharakter 110
Angulation 230
Anker 17
Anthropologische Gesichtslandmarke 222
Anthropomorphe Abbildung 314
Anzahl Freiheitsgrad 115, 126
Aperture-Selektion 135
Aquarium-VR 265
AR-Marker 216, 236
Arduino 131
ART+COM 45
Artificial Reality 35
ARToolKit 46

Asymmetrische Interaktion 141
Asynchrone Interaktion 142
Auditive Wahrnehmung 72
Aufblende 179
Auffindbarkeit 110
Aufmerksamkeitshinweise 298
Aufprojektion 265
Auge-Hand-Koordination 113
Augenerfassung 219
Augenverfolgung 219
Augmented-Reality-Brille 17
Auralisation 251
Ausrichtung 307
Außenwelt 24
Außerkörperliche Erfahrung 98
Autonome Fortbewegung 178
Autostereoskopie 267
Autosuggestion 98
Avatar 312, 313
Avatarvermittelte Kommunikation 313

B

Backlight 254
Bayes
   Filter 245
   Regel 247
Beamforming 285
Beat Saber 51, 338
Bedienoberfläche 153
Belästigung 99
Benutzeroberfläche 153
Benutzungsoberfläche 153
Beobachter 295
Beobachtung 362

Beobachtungsgleichung 246
Berührung 81
Berührungsfreie Haptik 284
Beschleunigung 178
Beschränkung 115
Bewegungsart 174
Bewegungskrankheit 90
Bewegungsmethode 176
Bewegungsparallaxe 71
Bewegungsraum 175, 176
Bezugssystem 154
    freischwebendes 158
    Hand 158
    Kopf 156
    Objekt 160
    reale Welt 155
    Torso 160
    virtuelle Welt 156
Bildüberblendung 308
Bildkontrast 255
Bildregistrierung 306
Binaural
    Hören 75
    Impulsantwort 276
    Rendering 275
Binokulare Summation 64
Binokularsehen 63
Biofeedback 203
Bipedie 184
Blend Shape 222
Blickerfassung 219
Blickfeld 63
Blickgeführte Steuerung 181
Blickpunkt 219, 305
Blickverfolgung 219
Blinde Bedienung 168
Blockchain 28
Bob Mohl 40
Bob Sproull 38
Bogengang 84
Brechkraft 58
Brennweite 58

C
Cardboard 49
Cave Automatic Virtual Environment
        23, 265
Chaperone 97

Charles Wheatstone 32
Chroma Keying 20
Cinéorama 34
Cocktailparty-Effekt 76
Colavita-Effekt 85
Computervermittelte Kommunikation 311
Cone-Casting-Metapher 135
Controller
    diskreter 206
    handgehaltener 211
    kontinuierlicher 206
Controllersteuerung 180
Cooldown 184, 342
Cornea 57
Cross Reality 21
Cyberbulling 27
Cyberethik 27
CyberGrasp 44
Cyberkrankheit 90, 193
    messen 371
Cybermobbing 27
Cyberspace 5, 27

D
Dactyl Nightmare 43
Daguerreotypie 32
Damien Broderick 22
Daniel Sandin 39
Datenbrille 17
Datenfusion 249
Datenhandschuh 39, 211
Datenmissbrauch 101
Datenraum 27
David Brewster 33
Deklaratives Wissen 330
Descartes 32
Designprüfung 356
Detektion 229
Dióptrik 32
Diegetisch
    Elemente 154
    Hinweis 299
Differentialempfindlichkeit 55
Digitaler Zwilling 326
Digitaler Zwillinge 353
Dioptisch 259
Dioptrie 58
Dioptrique 32

Direkte Interaktion 120
Direkter Hinweisreiz 111
Dish 188
Diskret
    Eingabegerät 206
    Fortbewegung 174
Disparität 64
    negative 65
    positive 65
Display
    Foveated 263
    handgehaltenes 264
    haptisches 279, 280
    head-mounted 253
    head-up 18, 158
    Kontaktlinsen 252
    kopfbasiertes 253
    olfaktorisches 288
    Optical See-Through 18, 253
    raumfüllendes 265
    Sichtfeld 254
    stationäres 264
    Ultimate 38
    vestibuläres 286
    Video See-Through 18, 253
Dissonanz 86
dissoziativer Zustand 99
DIY 131
Do it yourself 131
3-DoF-Tracker 229
6-DoF-Tracker 229
Don Norman 110
Doppelbild 65
Dopplereffekt 277
Drift 114, 232
Dritte-Person-Perspektive 12
Dunkeladaptation 61
3D-Widget 169
Dynamikumfang 206
Dynamisch
    Beschränkung des Sichtfeldes 195
    Einschränkung 209

E
Echo 273
Echtzeit 203
Edge Blending 265
Edutainment 323, 329

Effekt
    Cocktailparty 76
    Colavita 85
    Franssen 79
    Heisenberg 128
    McGurk 85
    Proteus 12, 320
Ego-Motion Tracking 238
Ego-Shooter 342
Egoperspektive 12
Egozentrische Interaktion 121
Eigenbewegung 178
Eigenverkörperung 12
Eigenwahrnehmung 56
Einfluss 295
Eingabe
    absolute 114, 118
    diskrete 206
    isometrische 118
    isotonische 118
    kontinuierliche 206
    relative 114, 118
Eingabegerät 125
Einschränkung 209
Einwegkommunikation 3
Emotion 223
Empirischer Horopter 67
Endolymphe 84
Entdeckbarkeit 110
Entscheidungsfusion 249
Erfassung 203
Eric Howlett 40
Erkennungsgenauigkeit 125
Ernest Cline 5
Ersetzende Realität 20
Erweiterte Realität 16
Erweiterte Virtualität 16, 18
Eskapismus 89
Ethik 27
Existenz 295
Exoskelett 284
Exozentrische Interaktion 121
Experimentalwelt 330
Explizit
    Hinweis 299
    Interaktion 122
Explorationswelt 330
Expositionswelt 330
Extended Reality 22

Externe Validität 365
Eye-Tracker 219
Eyebox 255

F
FACS-Standard 223
Färbung 80, 273
Fast Motion Sickness Scale 373
Federmodell 213, 214
Feedback 112
Fiducial Marker 236
Filmische virtuelle Realität 293
Filterdichte 246, 247
Filterspektrum 276
Filtersystem 267
Filterung 246
Finger-Menü, 168
Fingerprinting 230
First-Person-Shooter 342
Fixationspunkt 59
Fixed Foveated Rendering 263
Flickerfrequenz 62
Fliegengittereffekt 256
Flow 103
Fluch der Dimension 204
Formfaktor 89, 256
Fortbewegung 127, 173, 174
    diskrete 174
    halbnatürliche 187
    kontinuierlich 174
    künstliche 180
    linear 178
    physische 184
Fotogrammetrie 315
Fovea centralis 62
Foveated Display 263
Foveated Imaging 263
Foveated Rendering 263
Fragebogen 367
    In-VR 367
Franssen-Effekt 79
Free flow 158
Freihandgeste 124
Freiheitsgrad 126
    Konflikt 115
Freischwebendes Bezugssystem 158
Fremdbild 319

Fremdwahrnehmung 56
Fresnel-Linse 259
Füllrate 256
Fusion 248

G
Galvanische vestibuläre Stimulation 286
Game User Experience Satisfaction
    Scale 339
Gamification 329
Gängelung des Anwenders 115
Gauß'sche Formel für dünne Linsen, 257
Gaze detection 219
Gaze tracking 219
Gear VR 50
Gefühl der Handlungsfähigkeit, 109
Gehörganghörer 271
Gehirn im Tank 4
Gehirnschnittstelle 147
Geisterbild 269
Gekreuztes Doppelbild 65
Gemischte Realität 16
Genauigkeit 232
Gesamtstichprobengröße 364
Gesichtserfassung 221
Gesichtsfeld 63
Gesichtslandmarke 222
Gesichtsmerkmal 222
Geste
    lexikalisierte 123
    räumliche 123
    Übergang 125
    zeigen 118
Gestenkommunikation 123
Gieren 126
Gifttheorie 91
Glättung 246
Gleiche Lautheit 74
Gleichgewichtsorgan 84
Gleichgewichtssinn 83
Gleitende Optik 264
Go-Go 132
Gorilla-Arm-Syndrom 117
Greenscreen 20
Griffleistenmetapher 142
Guardian 97
Gummihand-Illusion 98

H
Haarzelle 84
Halbnatürliche Fortbewegung 187
Half-Life: Alyx 338
Hand-Bezugssystem 158
Hand-Eingabegeräte 129
Handgeführte Steuerung 182
Handgehaltene Controller 211
Handgehaltener Lautsprecher 271
Handgehaltes Display 264
Handlung 9
Handlungsfähigkeit 109
Haptik
    berührbare 279
    berührungsfreie 279, 284
    greifbare 279
    tragbare 279
Haptikweste 283
Haptisches Display 279
Haptisches Sinnessystem 81
Hard Edge Blending 265
Harter Schnitt 179
Hautleitwert 371
Hautverformung 282
Head-down-Display 18
Head-Mounted Display 253
Head-tilt technique 181
Head-up-Display 18, 158
Headsight 36
Heisenberg-Effekt 128
Hell-Dunkel-Adaptation 60
Helladaption 61
Henry McCollum 35
Hervorhebung 298
Herzfrequenz 371
Heuristisches Verfahren 134
Hick'sches Gesetz 154
Hinweis
    diegetischer 299
    expliziter 299
    impliziter 299
Hinweisreiz 111
    direkter 111
    indirekter 111
    irreführender 111
Hiroo Iwata 44
HMD 23
Höhlengleichnis 4

Holodeck 5
HOMER-Hybrid-Interaktionstechnik
    139
Homo ludens 337
Horizontale Schwenkbewegung 178
Horizontales Sichtfeld 258
Hornhaut 57, 58
Horopter 67
Hover-Effekt 166
Hugo d'Alesi 34
Hybride Fusion 249
Hygienemaßnahme 97
Hyperartikulation 147

I
Ich-Perspektive 12
Illusion
    Gummihand 98
    Ort 10
Immersion 9
Immersive Entwicklung 353
Immersive Lehre 331
Immersive Lernumgebung 323
Immersive virtuelle Realität 23
Immersives Lernen 323
Implizit
    Hinweis 299
    Interaktion 122
    proaktive Interaktion 123
    reaktive Interaktion 122
Impulsantwort
    binaurale 276
    kopfbezogene 275
In-VR-Fragebogen 367
Inception 4
Indirekt
    Interaktion 120
    Sensor 205
Indirekter Hinweisreiz 111
Indoor-Navigation 230
Inertialmesseinheit 233
Informationselement 110
Informationsmaximierung 85
Informationsverarbeitungskapazität 327
Innenwelt 24
Inside-In Tracking 238, 242
Inside-Out Tracking 238, 239

Interaktion 107
    agentenbasierte 120
    direkte 120
    egozentrische 121
    exozentrische 121
    explizite 122
    implizit-proaktive 123
    implizit-reaktive 122
    implizite 122
    indirekte 120
    magische 119
    Mensch-Maschine 107
    Mensch-Maschine-Mensch 107
    Objekt 127
    realistische 119
    soziale 107
    treue 119
    unrealistische 119
Interaktionsdesign 107
Interaktionselement 110
Interaktionsfähigkeit 9
Interaktionsmetapher 118
Interaktionsschleife 5
Interaktionstechnik
    einhändige 131
    freihändige 144
    Go-Go 132
    Griffleiste 142
    HOMER 139
    Laser-Gun 133
    Okklusion 137
    Raycasting 133
    Scaled-World Grab 140
    virtuelle Hand 132
    Voodoo-Puppe 143
    Welt-im-Kleinen 138
    zweihändige 141
Interaktionstreue 118, 119
Interaural
    Lautstärkenunterschiede 75
    Pegeldifferenz 77
    Zeitdifferenz 75, 76
Interferenz 278, 366
Interne Validität 365
Intimitätsgleichgewicht 319
Inversionsbrille 93
Irreführender Hinweisreiz 111
Isolation des Nutzers 348

Isometrische Eingabe 118
Isotonische Eingabe 118
Ivan Sutherland 38

J
James Gibson 110
Jaron Lanier 22, 41
Jeffrey Shaw 45, 46
Jeremy Bailenson 51
Jim Clark 41
Johannes Kepler 32
John Pepper 34
Jonathan Waldern 43
Joystick 182
Jules Dobascq 33
Jump Cut 180

K
Kalibrierung 155, 232, 308
Kalman-Filter 248
Kamera 33, 178
Kamera-Rig 302
Kamerafahrt 178
Kameraschnitt 300
Kanalreduktionstheorie 311
Kinästhesie 83, 283
Kinästhetisch
    Sinnessystem 81
    Wahrnehmung 83
Kinect 47
Kinetic Space 47
Kinetograph 34
Kinetose 90
Kinetoskop 34
Kissenverzerrung 261
Klangbühne 272
Klangbild 73
Klarheit 9
Kneifhandschuh 211
Koartikulation 225
Kognition 11
Kognitive Überlastung 324
Kohärenzprinzip 333
Kollaborative virtuelle Umgebung 312
Kollaboratives Design 354
Kombinierende Modalität 144

Kommunikation
   avatarvermittelte 313
   computervermittelte 311
Komplementäre Fusion 248
Konflikt des Freiheitsgrads 115
Konfusionskegel 76
Konkurrierende Fusion 249
Konkurrierende Modalität 144
Konstruktionswelt 330
Kontaktlinsen-Display 252
Kontextsensitives Menü, 165
kontinuierliche Fortbewegung 174
Kontinuierliches Eingabegerät 206
Kontinuum
   Realität-Virtualität 16, 24
Konvergenz 59
Konvergenzfehler 67
Konvergenzpunkt 59, 65
Konvergenzsprung 271
Konvergenzwinkel 59
Kooperative Fusion 249
Koordination
   Auge-Hand 113
Kopf-hoch-Anzeige 18
Kopfbasiertes Display 253
Kopfbezogen
   Übertragungsfunktion 77, 275
   Impulsantwort 275
Kopfneigetechnik 181
Körpererweiterung 120
Körpernaher Sensor 204
Korrektur 247
Kraftrückkopplung 283
Künstliche Fortbewegung 180
Kutanes Sinnessystem 81

L
Laserpointer 133
Latenz 232
Lateration 230
Laufband 187
Laufen
   Armschwingen 186
   auf der Stelle 185
   simuliertes 185
   umgelenktes 188

Lautstärkenunterschied
   interauraler 75
Leap into the unknown 347
Leap Motion 49
LEEP 40
Lehntechnik 182
Lehrwelt 331
Lernen 323
Lerntheorie 329
Lernwelt 329
Lexikalisierte Geste 123
Lichtfeld 48
Lighthouse Tracking 50, 240
Limitierung des Vokabulars 147
Linden Labs 47
Linearperspektive 69
Linse
   einfache 257
   Fresnel 259
   Pfannkuchen 259
Lochblende 239
Lokalisierung 230
Lokomotion 173
Louis Daguerre 32
Lytro 48

M
Maculaorgan 84
Magische Interaktionstechnik 119
Maker 131
Manipulation 127
Manipulationsaufgabe 130
Maréorama 34
Mark ahead 168
Marker 215, 236
Markow 245
   Prozess 247
Masahiro Mori 316
Matrix 4
Mausinteraktion 137
McGurk-Effekt 85
Mechanorezeptor 81
Medium 361
Menü
   kontextsensitives 165
   Ring 167
   Torte 167
   TULIP 169

Mensch-Maschine-Interaktion 107
Mensch-Maschine-Mensch-Interaktion 107
Menschlicher Joystick 182
Mentale Realität 25
Mentales Modell 25
Merkmal 204
    natürliches 236
Merkmalsextraktion 204
Merkmalsfusion 249
Messabweichung 232
Metapher 118
    Armschwingen 186
    auf der Stelle gehen 185
    Griffleiste 142
    in die Luft greifen 186
Metaversum 5, 27, 28
Michael Naimark 40
Mikrolinsen-Array 260
Mindestabstand 162
Miniaturkarte 184
Modalfrequenz 273
Modalität 9
Modalitätsprinzip 333
Modell
    mentales 25
Monitorbasierte VR 265
Monokulares Sehen 63
Monoskopie 267
Morph Target 222
Morpheus 4
Morton Heilig 36
Motion Capture 215
Motoneuron 213
Mouselook 342
Movie Map 40
Multi-View-Display 267
Multikamera-Rig 302
Multimodalität 85, 144
Muschelkopfhörer 271
Muskelkontraktion 213
Mustererkennung 218
Myron Krueger 35, 39

N
Nachhall 80, 273
Natural User Interfaces 144
Natürliches Laufen 185

Natürliches Merkmal 236
Navigation 127, 173
    Indoor 230
Neal Stephenson 5, 27
Negative Disparität 65
Netzhaut 57
Netzhautanzeige 253
Neuromancer 5
Neuroplastizität 325
Nichtdiegetisches Element 154
Nichtimmersive VR 23
Nicken 126
Nintendo 42, 264
Nozizeptor 82
Nullebene 65
Nullkonformität 114
Numerische Apertur 260
Nutzungskontext 107

O
Oberflächenbeschaffenheit 282
Oberflächenelektromyographie 212
Objekt-Bezugssystem 160
Objektinteraktion 127
Objektorientierung 160
Oculus Quest 50
Oculus Rift 48
Odometrie 239
Offset 114
Okklusion 137
Okklusion-Interaktionstechnik 137
Okulomotorische Tiefenkriterien 72
Olfaktorisches Display 288
Omni 49
Omnidirektionale Tretmühle 187
On-Rails Locomotion 178
Onboarding 124
OpenGL 41
Optical See-Through 18, 253
Optics 32
Optische Anzeige 252
Optische Durchsicht 18
Optisches Tracking 235
Örtliche Bildtrennung 267
Ortsillusion 10
Outside-In Tracking 238, 239
Overall Effectiveness Ratio 328

P

Palmer Luckey 48
Panel 254
Panorama 32
Panoramakamera 302
Panumraum 67
Parallaxe 64
    Bewegung 71
Parallaxenmanagement 303
Parallaxenwinkel 64
Passform 95
Passgenauigkeit 9
Passive haptische Displays 280
Passiver Beobachter 296
Passiver Marker 216
Passiver Sensor 206
Passiver Teilnehmer 296
Paul Watzlawick 311
Pegeldifferenz 77
Pepper's Ghost 34
Peripheres Sehen 62
Peripheriezone 164
Persönliche Präsenz 11
Persönlicher Raum 99
Perspektive
    Dritte-Person- 12
    Ego 12
    lineare 69
Peter Clay 40
Peter Panum 67
Pfannkuchen-Linse 259
Phenakistoskop 34
Philip Rosedale 47
Phonem 146
Phonograph 34
Photopisches Sehen 61
Physische Fortbewegung 184
Physische Präsenz 10
physische Realität 16
Pin Arrays 282
Pixeldichte 255
Platon 4
PlayStation VR 50
Point-of-View-Shot 295
Pose 229
Position 233
Positionsaktualisierung 234
Positionsbestimmung 230

Positionskonformität 113
Positive Disparität 65
Posturale Instabilität 371
Power Glove 42
Präattentive Wahrnehmung 318
Präsenz 9, 368
    messen 368
    persönliche 11
    physische 10
    sozial 11
Präsenzbruch 10
Pre-Training-Prinzip 333
Prinzip des geringsten Aufwandes 116
Prismen-Stereoskop 33, 267
Privatsphäre 101
Projektionsbasierte VR 265
Projektionskreis 304
Propriozeption 83
Proteus-Effekt 12, 320
Prototyp 355
Proxemik 319
Proxy 20
Prozedurales Wissen 329
Prozess 246
Public Screening 351
Publikumstrichter 349
Pupillenschwimmen 261
Push-to-Talk 146
Pygmaion's Spectacles 22

Q

QR-Code 216, 236
Quaternion 234
Querdisparation 64

R

Raoul Grimoin-Sanson 34
Raspberry Pi 131
Raum
    persönlicher 99
    unmöglicher 191
Räumliche Geste 123
Räumliche Lage 229
Räumliche Wahrnehmung 68
Räumliches Gedächtnis 185
Raummode 80, 273

Raumskalabasierte Fortbewegung 185
Raycasting-Interaktionstechnik 133
Readaptation 93
Ready Player Me 315
Ready Player One 5
Reaktionszeit 232
Realismusgrad 119
Realistische Interaktion 119
Realität 4
    Begriff 4
    erweiterte 16
    filmische 293
    gemischte 16
    Hand gehaltene 17
    künstliche 35
    mentale 25
    mobile 345
    nichtimmersive 23
    physisch 16
    reduzierte 20
    simulierte 5
    soziale 312
    standortbezogene 345
    verminderte 20
    virtuelle 6, 41
Realitätenübergreifende Validität, 365
Realitäts-Virtualitäts-Kontinuum, 16, 24
    erweitertes 24
Realitätsbegriff 4
Rec room 5
Reduzierte Realität 20
Referenzrahmen 154
Reichhaltigkeit 9
Reisekrankheit 90
Rektangularprojektion 302
Relative Eingabe 114, 118
Relative Position 233
Rendering
    akustisch 251
    Foveated 263
    visuelles 251
Reproduzierbarkeit 364
Reprojektionsfehler 240
Rest frames 194
Retina 57
Rezeptor 55
Rezipient 3
Richtungskonformität 113
Rig 222, 302

Ringmenü, 167
Robert Baker 32
Robert Fulton 32
Rollen 126
Rollen der Kamera 178
Ronald Azuma 16
Rückkanal 3
Rückmeldung 112
Rückprojektion 265
Ruherahmen 194
Ruherahmenhypothese 194
Rundumkamera 302

S
Sacculus 84
Sachwissen 330
Sakkaden 62
Salience 298
Sayre Glove 39
Schätzfehler 231
Schätzung 245
Schalldruck 273
Schalldruckpegel 74
Schallwandlung 271
Scheinfensterebene 65
Schnitt 179
Schwarzwert 255
Scott Fisher 40
Second Life 47
Secondscreen 297
See-Through 253
Segmentierungsprinzip 333
Sehen
    peripheres 62
    stereoskopisches 63
Sehschärfe 62
Selbstbericht 371
Selbstbild 319
Selektion 127
Sensor
    aktiver 206
    Fusion 248
    indirekter 205
    körpernaher 204
    passiver 206
    Rauschen 206
    virtueller 205
Sensorama 36

Shader 261
Sicherheitsvorkehrung 96
Sichtfeld 63
    Display 254
    dynamische Beschränkung 195
    horizontales 258
    vertikales 258
SIGGRAPH 39
Signalisierungsprinzip 333
Simulacron-3 4
Simulationshypothese 6
Simulator Sickness Questionnaire 371
Simulatorübelkeit 90
Simulierte Realität 5
Simuliertes Laufen 185
Simultane Lokalisierung und Kartierung 239
Single-View-Display 267
Sinneskanal 55
Sinneskonflikt 91
Sinnesmodalität 9
Sinnessystem 81
Skelett 215
    Tracking 243
Skotopisches Sehen 61
Skustische Umgebung 147
Smart Contact Lens 253
Snap-to-Object Ray 135
Snow Crash 5
Soft Edge Blending 265
Somatosensorische Wahrnehmung 80
Soziale Interaktion 107
Soziale Kluft 348
Soziale Präsenz 11, 317
Soziale virtuelle Realität 312
Soziales Medium 99
Soziorezeptor 81
Spielmechanik 339
Spindelmetapher 142
Spotlight-Selektion 134, 135
Spracherkennung 146
Sprung ins Ungewisse 347
Stäbchen 57, 61
Standortbezogene virtuelle Realität 345
Standortbezogener Dienst 14, 230
Standortbezogenes Unterhaltungsangebot 345
Stanley G. Weinbaum 22
Star Trek 5
Stationärer Lautsprecher 271
Stationäres Display 264

Statische Einschränkung 209
Stehende Welle 273
Stellvertreterfahrzeug 194
Stepper 188
Stereo
    Blindheit 68
    Sehschwäche 68
Stereodisparität 304
Stereopsis 64
Stereosetup 258
Stereoskop 33
Stereoskopie 32, 65, 267
    auto 267
Stereoskopisches Sehen 63
Steuerung
    blickgeführte 181
    Controller 180
    handgeführte 182
    menschlicher Joystick 182
    Teleportation 182
Steven Spielberg 100
Stewart-Hexapod-Plattform 287
Sticky-Ray-Metapher 135
Stitching 306
Street View 40
Struktur 282
Super Nubibus 1834 350
Surrogate Vehicle 194
Surrogate Widget 170
Sweet Spot 268
Sword of Damocles 38
Symmetrische Interaktion 141
Synchrone Interaktion 141
Systemkontrolle 127
Szenenbewegung 90
Szenenwechsel 300

T
3-DoF-Tracker 229
3D-Widget 169
Takashi Fujii 44
Tastsinn 81
Teilnehmende Beobachtung 362
Teilnehmer 295
Teleoperation 15
Teleportation 182
Telepräsenz 15
Telesphere Mask 36

Textur 70
The Golden Calf 45
The Judas Mandala 22
Theoretischer Horopter 67
Thermorezeptor 81
Thomas DeFanti 39, 45
Thomas Zimmerman 41
Tiefeneindruck 256
Token 28
Torso-Bezugssystem 160
Tortenmenü, 167
Tote Zone 308
Touchgeste 124
Touchinteraktion 137
Tracking 229, 230
　　Ego-Motion 238
　　inertiales 233
　　Inside-In 238
　　Inside-Out 238, 239
　　Lighthouse 240, 242
　　optisches 235
　　Outside-In 238, 239
　　Skelett 243
　　unprepared 237
Trainingswelt 329
Transduktion 55
Transfer Effectiveness Ratio 328
Transferleistung 328
Transformation 55
Tretmühle 187
Trolley-Problem 363
TULIP-Technik 169
Tunneling 195
Turing-Test 28

U
Ubiquitäres System 13
Überblendung 179
Überforderung 269
　　visuelle 64
Übergangsgeste 125
Übermenschliche Fähigkeit 119
Übertragungsfunktion 77, 275
Ultima Online 45
Ultimate Display 38
Ultraleap 49
Umblickfeld 63
Umgelenktes Laufen 188

Umschlossenheit 9
Uncanny Valley 315
Ungekreuztes Doppelbild 65
Unheimliches Tal 315
Unidirektional 3
Unmöglicher Raum 191
Unprepared Tracking 237
Unrealistische Interaktion 119
Unsichtbarkeitsdilemma 110
Utriculus 84

V
Validität 365
　　externe 365
　　interne 365
　　Realitätenübergreifende 365
Varianz 86
Vektion 91
Veränderungsblindheit 191, 195
Verankerung 17, 154
Verfolgung 229, 230
Verfolgung und Kartierung 239
Vergenz 59
Vergrößerungsfaktor 257
Verkörpert
　　Agent 313
　　Vermittler 120
Verkörperung 12
Verkörperungsprinzip 333
Verletzungsrisiko 96
Verminderte Realität 20
Vermittler 120
Verortung 230
Verringernde Varianz 86
Vertex 262
Vertikales Sichtfeld 258
Vertikales Wippen 179
Verzeichnungsmodell 261
Vestibuläre Wahrnehmung 83
Vestibuläres Display 286
Vestibuläres Labyrinth 84
Vestibuläres System 83
Vibration 281
Video See-Through 18, 253
Videodurchsicht 18
VIDEOPLACE 39
VIEW 40
Vignette 362

Vignettierung 195
Virtual Boy 44, 338
Virtual Perambulator 44
Virtualität 16, 18
Virtuality 43
Virtualizer 49
Virtuelle Entwicklung 353
Virtuelle Hand 132
Virtuelle Realität 6, 22, 41
   immersive 23
   mobile 345
   soziale 312
   standortbezogene 345
Virtuelle Schallquelle 277
Virtuelle Welt 7
Virtueller Sensor 205
Virtuix 49
Virtusphere 188
Visem 146, 223
Visualisierung 251
Visuelle Überforderung 64, 269
Visuelle Anzeige 252
visuelle Dominanz 85
Visuelle Wahrnehmung 57
Visuelles Rendering 251
Visuomotorik 113
Visus 62
Viszeral 57
VIVED 41
Voodoo-Puppen-Interaktionstechnik 143
Vorhersage 246, 247
VR-Krankheit 90
VR-Spiel 337

W
Wahrnehmung 55
   akustische 72
   auditive 72
   eigene 56
   Farbe 61
   fremde 56
   Haptik 80
   kinästhetische 83
   Lautheit 74
   präattentive 318
   räumliche 68

   somatosensorische 80
   vestibuläre 83
   visuelle 57
Wahrnehmungsschleife 11
Walking in Place 185
Wegfindung 127, 173
Wellenfeldsynthese 44, 277
Welt am Draht 4
Welt-im-Kleinen-Interaktionstechnik 138
Widget 153
   3D 169
   intelligentes 170
   Surrogate 170
Wiedergabetreue 313
Wiederholrate 232
Wiimote 47
William Gibson 5
Winkelauflösung 255
Winkelbewegung 178
Wissen
   deklaratives 330
   prozedurales 329
World of Warcraft 45

X
X-Reality 21

Z
Zapfen 57, 61
Zapfentypen 61
Zeigegeste 118
Zeigetechnik 182
Zeitdifferenz
   interaurale 75, 76
Zeitkonformität 114
Zentrale Sehgrube 62
Zirkuläre Projektion 305
Zoetrop 34
Zone der Neugierde 164
Zusammensetzen 308
Zuschauerblindheit 348
Zustandsgleichung 234, 246
Zustandsraum 245
Zweiobjektiv-Kamera 33
Zyklopisches Auge 157

Printed in the United States
by Baker & Taylor Publisher Services